高等职业教育教材

铁道信号专业计算机辅助设计

主　编　徐彩霞
副主编　鲁智鹰　李俊娥　徐　清
主　审　项守宽

中国铁道出版社
2018年·北京

内 容 简 介

本书系统介绍了铁道信号专业利用计算机辅助软件(AutoCAD2008版)绘制相关图纸的要求、基本流程、方法和技巧。教材共13章,主要内容包括计算机绘图基础知识、显示控制、基本绘图命令和编辑命令、标注与注释图形的方法、利用"块"高效绘制图形、辅助工具及专业图纸输出的技能。并且根据专业特点着重介绍了信号专业平面布置图、控制台盘面布置图、电路图与接线图的绘制步骤。最后是实作内容。

本书可作为大、中专院校铁道信号专业计算机绘图课程的教材使用,也可作为有关工程技术人员的培训教材和参考用书。

图书在版编目(CIP)数据

铁道信号专业计算机辅助设计/徐彩霞主编. —北京:
中国铁道出版社,2009.9(2018.1重印)
高等职业教育教材
ISBN 978-7-113-10518-1

Ⅰ.铁… Ⅱ.徐… Ⅲ.铁路信号—信号设计:计算机辅助设计—高等学校:技术学校—教材 Ⅳ.U282—39

中国版本图书馆CIP数据核字(2009)第157526号

书　　名: 铁道信号专业计算机辅助设计
作　　者: 徐彩霞　主编

责任编辑: 金　锋　　**电话:** 010—51873134　　**电子信箱:** zhuminjie_0@163.com
编辑助理: 朱敏洁
封面设计: 冯龙彬
责任校对: 孙　玫
责任印制: 陆　宁

出版发行: 中国铁道出版社(100054,北京市西城区右安门西街8号)
网　　址: http://www.tdpress.com
印　　刷: 三河市华业印务有限公司
版　　次: 2009年9月第1版　2018年1月第7次印刷
开　　本: 787 mm×1 092 mm　1/16　印张:18.25　字数:456千
印　　数: 17001～19000册
书　　号: ISBN 978-7-113-10518-1
定　　价: 35.00元

前　言

本教材是以计算机辅助设计软件 AutoCAD 为平台。目前 AutoCAD 已经广泛用于机械、建筑、航天和水利等工程领域。

图样是工程界的语言，是表达设计思想的重要工具，要将自己的设计方案规范、美观、符合标准的表达出来，不仅要掌握 AutoCAD 的基本知识，还要了解相关行业的标准的和规定，熟悉制图规范。目前，随着铁路大规模的建设和发展，铁道信号工程领域的设计显得越来越重要，这就要求信号专业的学生要掌握铁道信号标准规定，能通过 AutoCAD 软件绘制出相关的图样，将所学知识应用到工作中。当前出版市场尚缺少应用于铁道信号工程领域的计算机辅助设计教程，《铁路信号专业计算机辅助设计》教材的编写正是满足了当前的这种需求，旨在为铁路信号专业工作者服务，通过本教材的使用，能将自己的设计方案按铁路行业标准规范、美观的表达出来。

本书不是单纯的计算机辅助设计教材，也不是简单介绍信号制图，而是将两者有机的融合在一起。在内容的编排上，紧密结合信号图例，由点到面，选取典型的实例，通过实际的操作过程，由浅入深，图文并茂，达到学习软件命令和绘制信号图例的双重目的。编者在制图标准的引用上力求准确，在技术资料的搜集上力求完备，在制图步骤上力求明了，总结成行之有效的方法。

全书共包括 13 章，其中第 1～9 章紧密结合信号专业，根据专业图纸的绘制流程，介绍了计算机辅助设计的相关基础知识；第 10～11 章根据实例出发，介绍绘制信号电路图和绘制信号接线图的绘制要求和绘制方法；第 12 章针对信号专业图纸的特殊性，介绍了图纸输出的技巧；第 13 章通过实作，结合任务，综合所学的内容，介绍了专业图纸绘制的全过程。

为便于学生学习使用，每章有复习思考题，书末附有铁路图形符号推荐尺寸和铁道信号图形符号等内容。

本书由南京铁道职业技术学院徐彩霞主编，铁道第四勘察设计院项守宽主审，广州铁路(集团)公司鲁智鹰、武汉铁道职业技术学院李俊娥、南京铁道职业技术学院徐清副主编。内江铁路机械学校姚晓钟、西安铁路职业技术学院张玮等参加了编写。

由于编者水平有限，编写时间仓促，教材中难免存在疏漏、不妥之处。恳望各院校师生及相关读者提出批评和改进意见，以求不断提高教材质量，更好地为铁道信号的建设服务。

编　者
2009 年 7 月

目　录

第1章 信号专业 AutoCAD 绘图基础

AutoCAD 软件的面世，使得铁道信号专业工程设计人员从大量繁重的人工绘图工作中解放出来。随着软件的不断升级，直至 AutoCAD2008 的出现，信号专业工程设计变得更加高效。利用计算机进行辅助设计已经成为可能，只要努力，人人可以掌握并加以应用。

为了保持 AutoCAD2008 软件的兼容性，AutoDesk 公司不仅保留了以前版本的诸多优点，如操作方便、绘图快捷等，同时在易用性和提高工作效率方面增加了许多新的功能和特性。

本章将主要介绍 AutoCAD2008 中文版的基本操作，如鼠标、键盘的使用方法，坐标的输入技巧等，同时还将介绍如何管理图形文件、信号专业绘图环境的设置要求和方法、绘图的一般流程等方面的知识。

在成功安装 AutoCAD2008 中文版以后，桌面上产生一个 AutoCAD2008 中文版快捷图标，并且在程序组中产生一个 AutoCAD2008 中文版的程序组。与其他基于 Windows 系统的应用程序一样，可以通过双击 AutoCAD2008 中文版快捷图标或从程序组中选择 AutoCAD2008 中文版来启动程序。启动后的界面如图 1－1 所示，包括：标题栏、下拉菜单栏、浮动工具栏、绘图区、命令窗口、状态栏等 6 个部分。

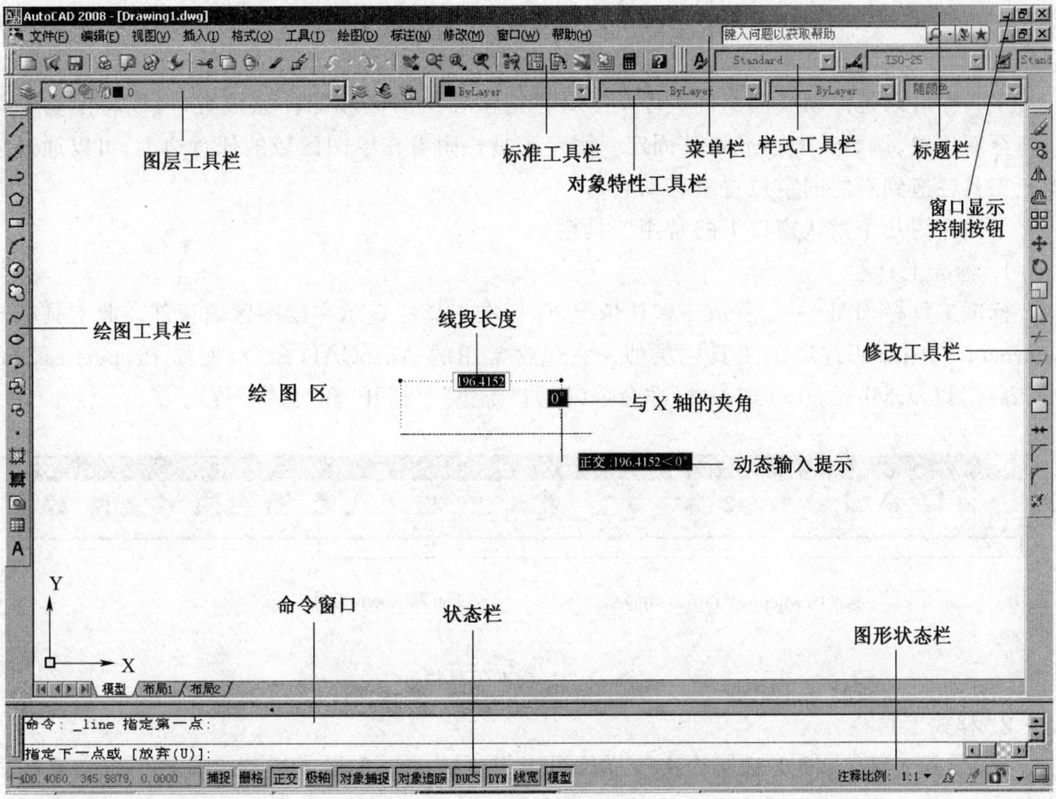

图 1－1　启动后的界面

其中标题栏与大多数 Windows 应用软件一样，位于 AutoCAD 工作界面的最上端，其作用是：显示当前正在编辑的文件名称，内容包括：

(1)显示 AutoCAD2008 标记 。

(2)显示文件名。默认的是 Drawing1. dwg("1"是指第一个，". dwg"是 AutoCAD 文件的默认扩展名)，第一次保存时提示"另存为 . . . "。

(3)三个窗口(模型、布局 1、布局 2)显示控制按钮，即最小化按钮、向下还原按钮、关闭按钮。

下面将对工具栏、菜单栏和面板、绘图环境、工具选项板作简单的介绍。

1.1 工具栏、菜单栏和面板

菜单及快捷菜单、工具栏和面板用来访问常用的命令、设置和绘图模式。

1.1.1 工 具 栏

工具栏中含有大量的工具和清单，以工具按钮和下拉清单的形式提供各种命令。将鼠标或其他定点设备移到工具栏按钮上时，工具栏提示将显示按钮的名称。右下角带有小黑三角形的按钮是包含相关命令的弹出工具栏。将光标放在图标上，然后按鼠标左键直到显示出弹出工具栏。

AutoCAD 最初显示以下几个工具栏："标准"工具栏、"样式"工具栏、"图层"工具栏等，如图 1－1 所示。这些工具栏以及其他工具栏可以显示或隐藏，也可以创建自定义工具栏。

工具栏可以是浮动或固定的。浮动工具栏定位在绘图区域的任意位置，可以将浮动工具栏拖至新位置、调整其大小或将其固定。固定工具栏附着在绘图区域的任意边上，可以通过将固定工具栏拖到新的固定位置来移动它。

下面介绍几个默认窗口下的常用工具栏。

1. 标准工具栏

标准工具栏如图 1－2 所示。默认情况下，标准工具栏显示在绘图区域顶部。此工具栏与 Microsoft Office 程序中的工具栏类似。它包含常用的 AutoCAD 命令(例如 Properties、Pan 和 Zoom)以及 Microsoft Office 标准命令(例如"新建"、"打开"和"保存"等)。

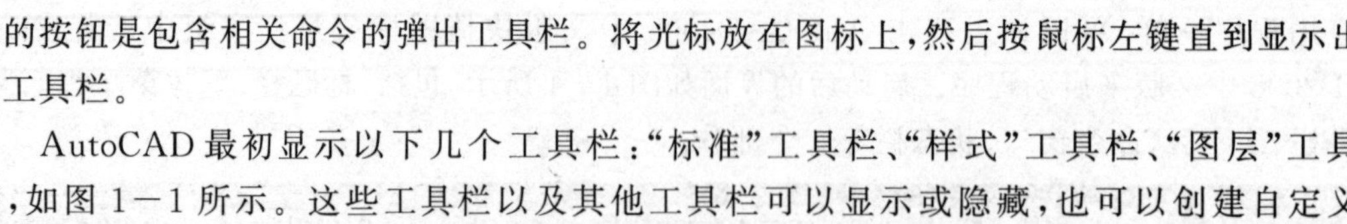

图 1－2　标准工具栏

2. 样式工具栏

如图 1－3 所示，该工具栏为进行样式设置提供捷径。在样式控制工具栏上有文字样式控制按钮、标注样式管理器按钮、表格样式控制按钮和多重引线样式按钮及其设定的样式列表。

图 1－3　样式控制工具栏

3. 图层工具栏

图层用于将不同类型的信息分开放置。如图 1－4 所示，该工具栏中有图层设置按钮、图层控制下拉菜单和图层操作按钮。

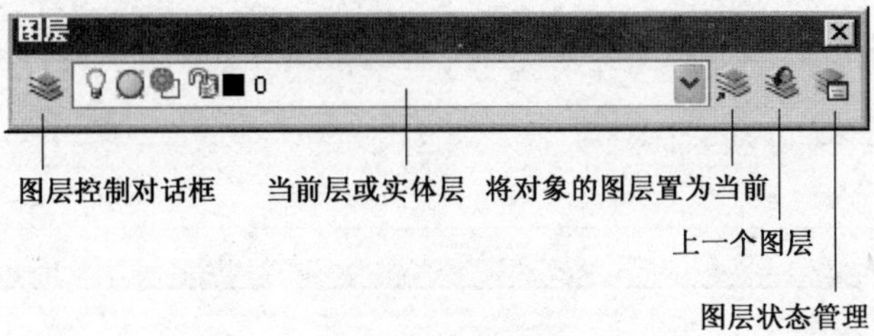

图 1－4　图层工具栏

4. 特性工具栏

绘制的每个对象都具有特性。有些特性是基本特性，适用于多数对象，例如图层、颜色、线型和打印样式。有些特性是专用于某个对象的特性，例如圆的特性包括半径和面积，直线的特性包括长度和角度。在特性工具栏中提供了对象的颜色、线型、线宽等基本特性，如图 1－5 所示。

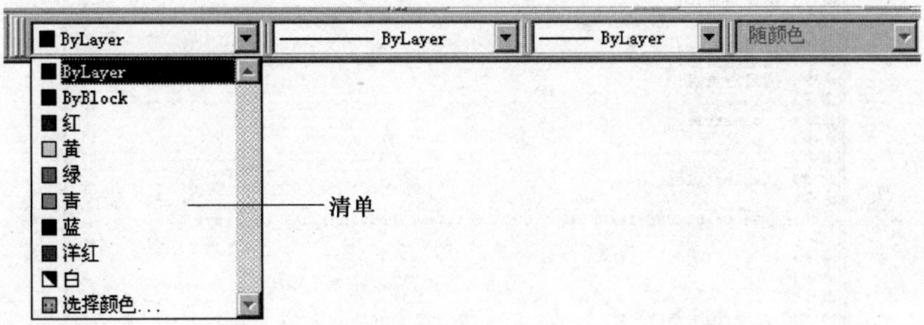

图 1－5　特性工具栏与工具栏中的清单

5. 绘图与修改工具栏

绘图工具栏提供了常用的绘图命令，如直线、射线、正多边形、圆等。修改工具栏用于选择对象、查看和编辑对象特性，以及执行一般的和针对特定对象的编辑操作，如图 1－6 所示。

6. 绘图区及坐标系图标

绘图区是绘制图形的工作场所，绘制的任何对象都显示在这里。在绘图区的左下方有如图 1－7 所示的图标，这是 AutoCAD 默认的坐标系统（WCS），它指示了绘图方位。关于 WCS，将在 1.3.4 中作详细介绍。

7. 命令行

在命令窗口中可以使用键盘输入命令、编辑文字，更正或重复命令，如图 1－8 所示。

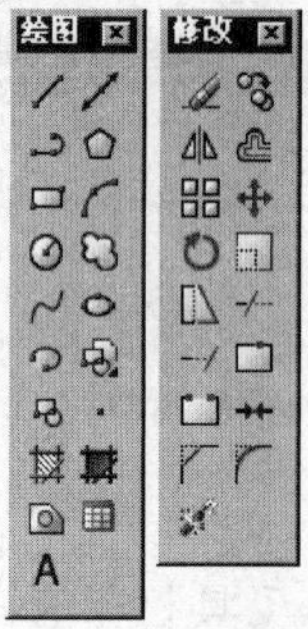

图 1－6　绘图与修改工具栏

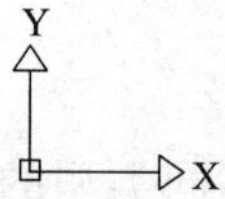

图 1－7　WCS 图标

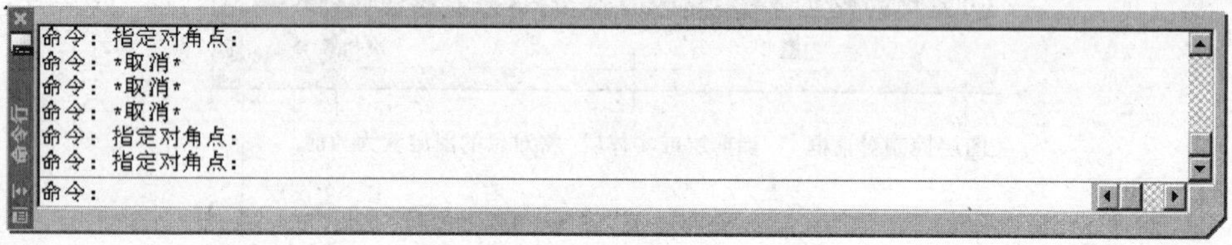

图 1－8　命令行

按 F2 键可查看命令历史记录，呈现文本窗口，如图 1－9 所示。文本窗口与命令窗口相似，可以在其中输入命令，查看提示和信息。可以使用文本窗口查看较长的命令输出，如 list 命令，该命令显示有关所选对象的详细信息。

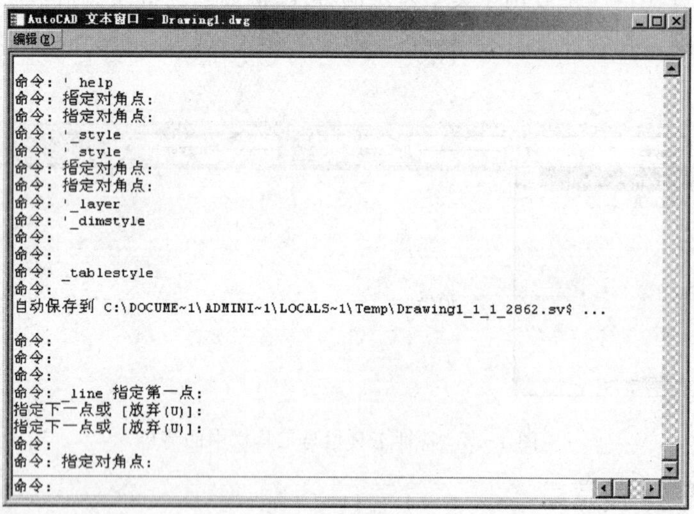

图 1－9　文本窗口

1.1.2　状 态 栏

状态栏包括应用程序状态栏（如图 1－10 所示）和图形状态栏（如图 1－11 所示）。它们提供常用的信息以及打开和关闭图形工具的按钮。

1. 应用程序状态栏

应用程序状态栏显示光标的坐标值，并带有打开和关闭图形工具的若干按钮，如捕捉按钮、栅格按钮、正交按钮、对象捕捉按钮、对象追踪按钮、动态 UCS 按钮（DUCS）、动态输入按钮(DYN)、显示/隐藏线宽按钮、模型和布局空间切换按钮,显示缩放注释的按钮,选择要在状态栏上显示的按钮等,如图 1—10 所示。

图 1—10　应用程序状态栏

2. 图形状态栏

图形状态栏显示缩放注释的若干工具,如图 1—11 所示。对于模型空间和图纸空间,显示不同的工具。图形状态栏打开时,显示在图形的底部。图形状态栏关闭时,图形状态栏上的工具移至应用程序状态栏。

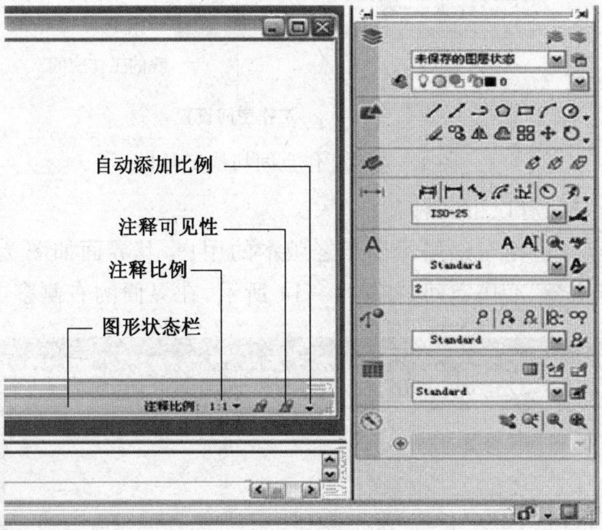

图 1—11　图形状态栏

1.1.3　菜 单 栏

默认情况下菜单栏有 4 种类型的命令执行方式。

1. 下拉菜单栏:在标题栏的下面,以典型的 Windows 方式选择命令。单击该菜单中的某一项将直接执行相应的命令。AutoCAD2008 还可以在自定义界面对话框中修改这些菜单。默认情况下包括菜单栏、编辑、视图、插入、格式、工具、绘图、标注、修改、窗口、帮助等 11 个菜单项目。

2. 子菜单:菜单的后面有向右的黑三角的按钮表示含有子菜单,鼠标在此按钮上停留时将弹出下一级菜单,如图 1—12 所示。

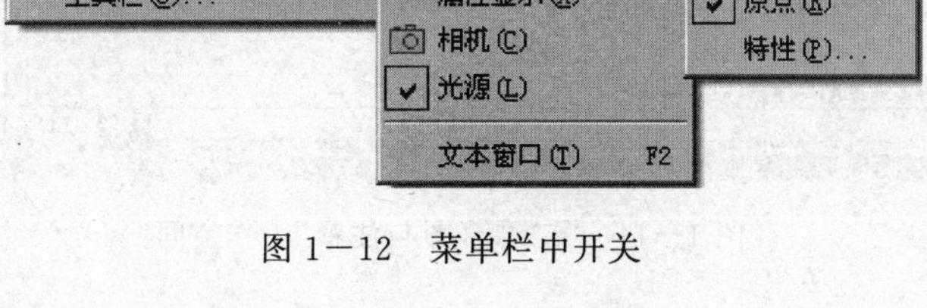

图 1—12　菜单栏中开关

3. 对话框:菜单的后面有省略号的按钮表示含有对话框,单击该菜单将弹出一个对话框。

4. 开关:"√"表示某一项被选中,否则不被选中。

1.1.4 工作空间与面板

1. 工作空间

工作空间是 AutoCAD2008 为了提高绘图效率而新增的功能。工作空间是经过分组和组织的菜单、工具栏、选项板和控制面板的集合,以便在自定义的、面向任务的绘图环境中工作。使用工作空间时,只会显示与任务相关的菜单、工具栏和选项板。

在处理不同任务时,可以轻松地切换工作空间。使用或切换工作空间时,就是改变绘图区域的显示。切换方式有两种:一种是通过工作空间工具按钮进行快速切换到另一个工作空间,如图 1-13 所示。另一种方法是通过"工具"菜单的"工作空间"子菜单进行设置。

图 1-13　工作空间切换工具栏

基于任务的工作空间有以下三种:

(1)AutoCAD 经典:适用于已经习惯于老版本的用户,其界面如图 1-1 所示。

(2)"二维草图与注释"工作空间:如图 1-14 所示,在界面的右侧多了一个面板栏。

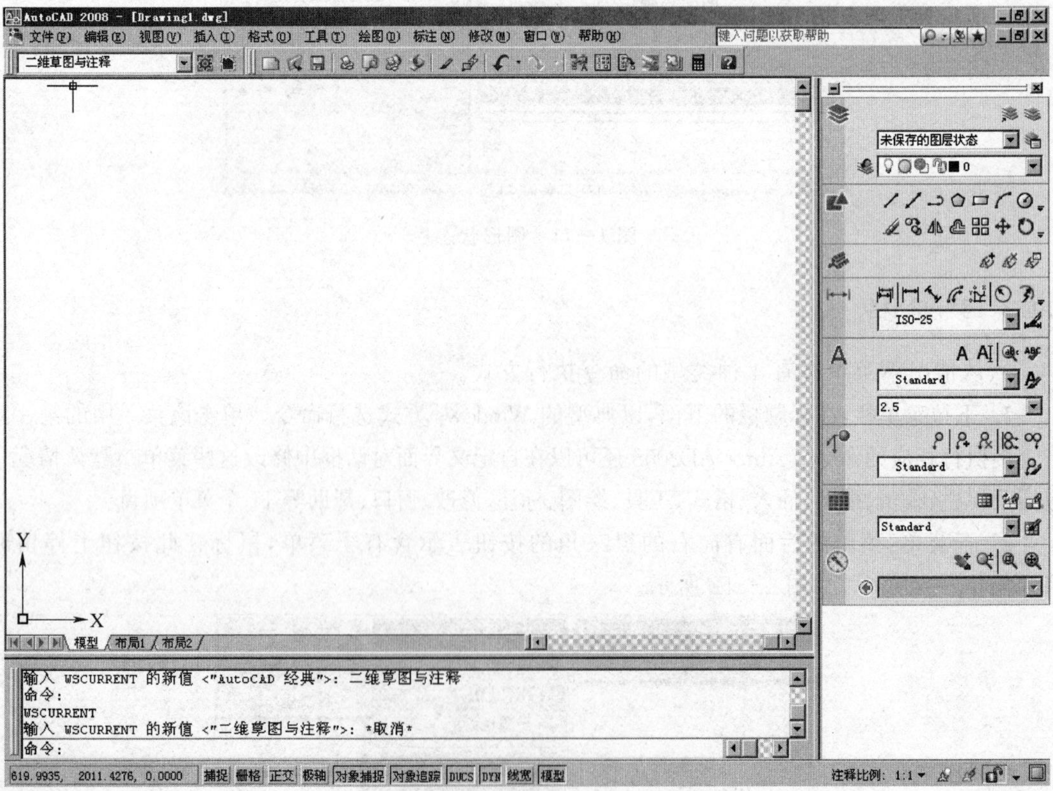

图 1-14　"二维草图与注释"工作空间

(3)"三维建模"工作空间：三维建模不需要的界面项会被隐藏，以使工作区域最大化，如图 1－15 所示。

图 1－15　"三维建模"工作空间

使用【自定义界面】编辑器(CUI)创建或修改工作空间，如图 1－16 所示。创建或修改工作空间的最简便的方法是，设置最适合绘图任务的工具栏和选项板，然后在程序中将该设置保存为工作空间。

2. 面板

面板是一种特殊的选项板，用于显示与基于任务的工作空间关联的按钮和控件。面板提供了与当前工作空间相关的操作的单个界面元素。面板无需显示多个工具栏，从而使应用程序窗口更加整洁。因此，可将进行操作的区域最大化，使用单个界面来加快和简化工作。

默认情况下，当使用二维草图与注释工作空间或三维建模工作空间时，面板将自动打开，也可以手动打开面板：

• 单击菜单中【工具(T)】→【选项板】→【面板(B)】。

• 输入命令"dashboard"。

(1)面板的组织与操作

如图 1－17 所示，每个控制面板均包含相关的工具和控件，它们类似于工具栏中的工具和对话框中的控件。

显示在面板左侧的大图标称为控制面板图标。每个控制面板图标均标识了该控制面板的作用。在有些控制面板上，如果单击该图标，将打开包含其他工具和控件的滑出面板。当单击其他控制面板图标时，已打开的滑出面板将自动关闭，每次仅显示一个滑出面板。

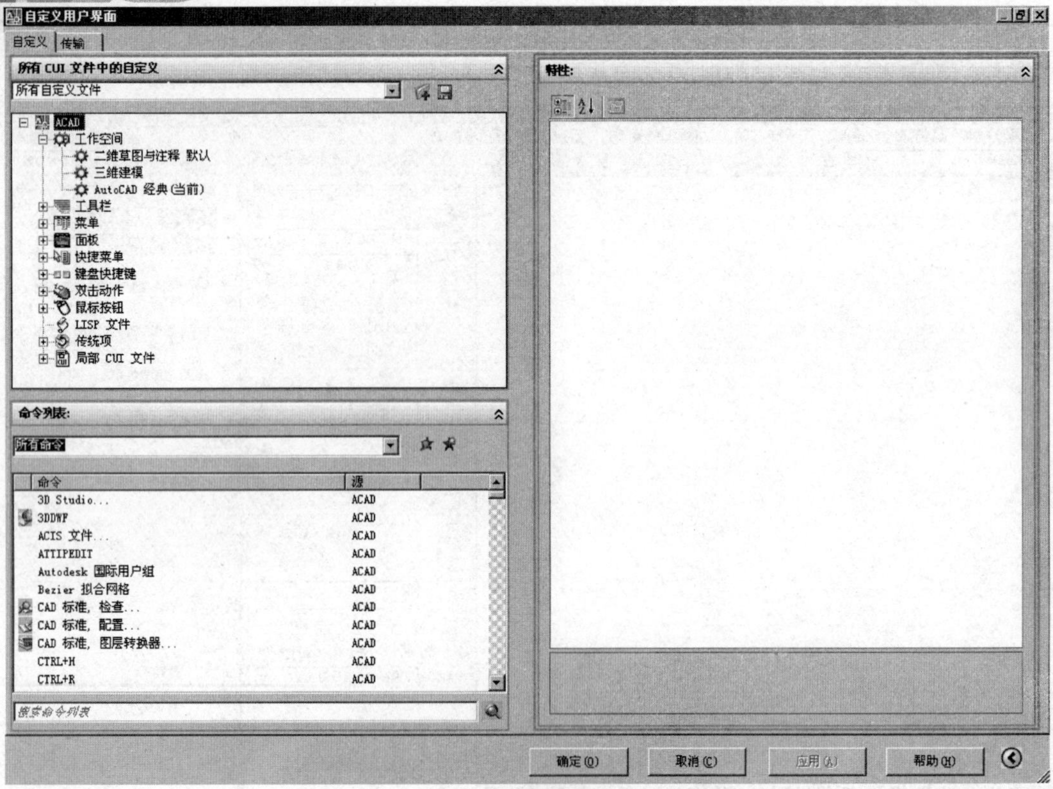

图 1－16 【自定义界面】编辑器

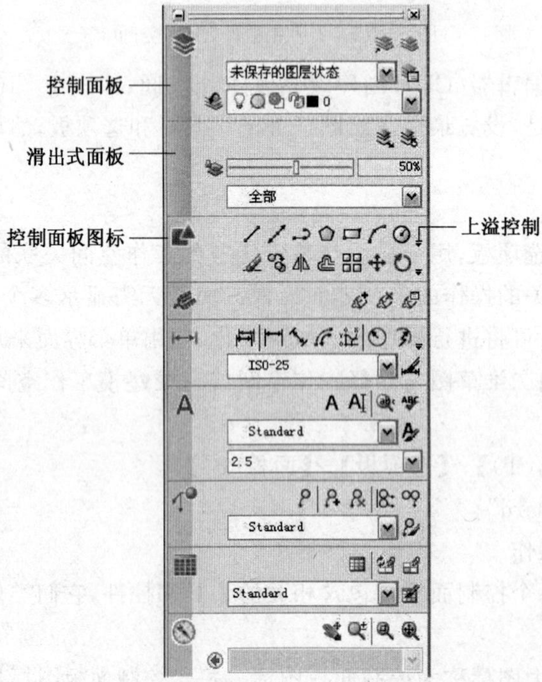

图 1－17 【二维草图与注释】工作空间面板

在水平方向设定面板的大小。如果没有足够的空间在一行中显示所有工具,将显示一个黑色下拉箭头,该箭头称为上溢控件。

(2)自定义面板

使用【自定义界面】对话框创建和修改面板。通过在面板上单击鼠标右键,然后在快捷菜单中单击或清除控制面板的名称,指定显示哪个控制面板。

1.2　工具选项板

工具选项板是"工具选项板"窗口中的选项卡形式区域,提供了一种组织、共享和放置块,图案填充及其他工具的有效方法,如图1-18所示。

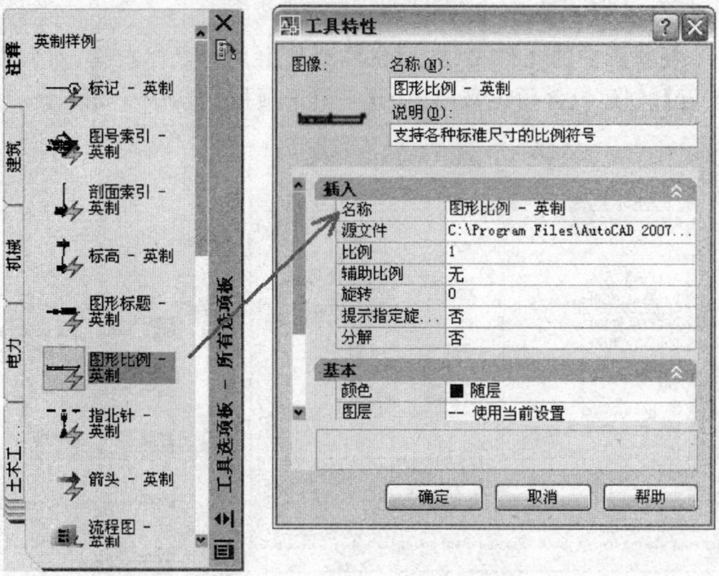

图1-18　【工具特性】对话框

1.2.1　从对象与图像创建及使用工具

创建工具最直接的方法是将对象从图形拖至工具选项板,然后使用新工具创建与拖至工具选项板的对象具有相同特性的对象。

添加到工具选项板的项目称为"工具"。

！注意:将对象拖动到工具选项板上时,可以通过在选项卡上停几秒以切换到其他选项卡。

例如,如果将线宽为0.05 mm的红色的圆从图形拖至工具选项板,则新工具将创建一个线宽为0.05 mm的红色的圆。如果将块或外部参照拖至工具选项板,则新工具将在图形中插入一个具有相同特性的块或外部参照。

1.2.2　自定义工具选项板

使用"工具选项板"窗口中标题栏上的"特性"按钮可以创建新的工具选项板。使用以下方法可以在工具选项板中添加工具:

1. 将以下任意一项拖动到工具选项板：几何对象（例如直线、圆和多段线）、标注、图案填充、渐变填充、块、外部参照或光栅图像。

2. 将图形、块和图案填充从设计中心拖至工具选项板。将已添加到工具选项板中的图形拖动到另一个图形中时，图形将作为块插入。

3. 使用【自定义】对话框将命令拖至工具选项板，正如将此命令添加至工具栏一样。

4. 使用【自定义界面】（CUI）编辑器，将命令从“命令列表”窗格拖至工具选项板。

5. 使用“剪切”“复制”和“粘贴”命令可以将一个工具选项板中的工具移动或复制到另一个工具选项板中。

6. 通过从头创建新选项板并使用快捷菜单重命名、删除或移动选项板来管理工具选项板。

! 注意：建议不要在显示【自定义界面】（CUI）编辑器时创建或重命名工具选项板。

7. 在设计中心树状图中的文件夹、图形文件或块上单击鼠标右键，然后在快捷菜单中单击【创建工具选项板】，创建包含预定义内容的【工具选项板】选项卡，如图 1－19 所示。

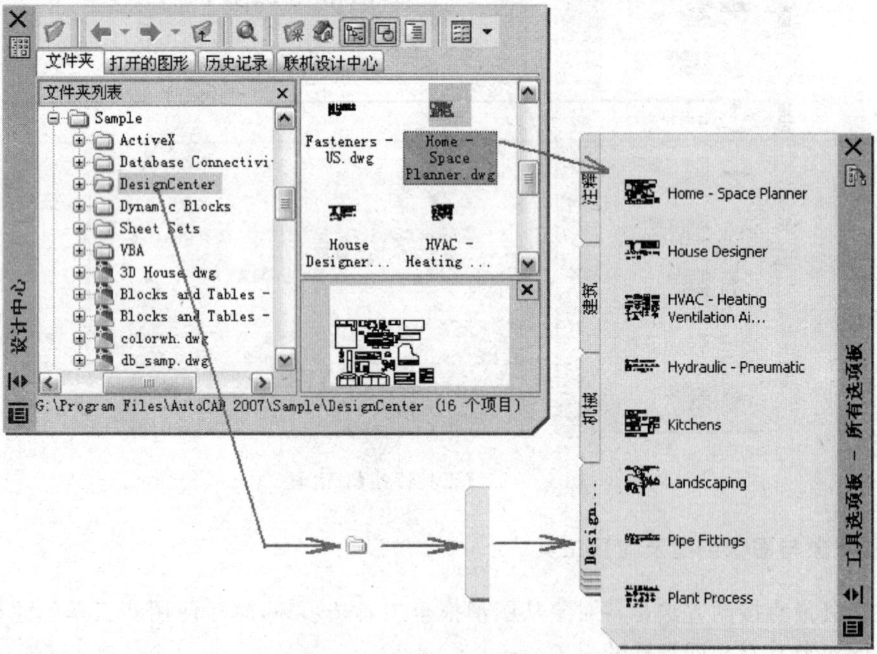

图 1－19　设计中心树状图

! 注意：如果块、外部参照或光栅图像工具的源图形文件移至其他文件夹，则必须修改参照该文件的工具，方法是：在该工具上单击鼠标右键，然后在“工具特性”对话框中指定新的源文件文件夹。

将工具放到工具选项板上后，可以通过拖动或排序来重新排列工具和工具选项板。

1.3　命令输入

因为每个软件功能不同，它们的操作方法也有所区别。在 AutoCAD2008 中文版中，命令操作可以通过鼠标和键盘来进行。想要熟练使用AutoCAD软件，必须学会左右手相互配合，一般左手负责对键盘的操作，右手负责鼠标使用。

1.3.1　鼠标的使用方法

鼠标是最常用的输入设备，在AutoCAD的操作过程中，高效使用鼠标是提高绘图效率的最好途径。

1. 鼠标的几种常用功能

(1)移动鼠标可以发现屏幕指针位于绘图区域中，其形状为十字光标；不在绘图区域中将变为箭头；而在文本窗口中则变为I型光标。继续移动鼠标会发现状态栏上坐标显示中的数字有所变化，这些数字表示屏幕上十字光标的精确位置或坐标，在坐标显示中单击可以将其关闭。

！　注意：只有在绘图区域中单击时，才能更新坐标。

(2)找到状态栏上的【捕捉】按钮之后，使用鼠标的拾取键(通常为左按钮)在其上单击。

！　注意：按钮变暗表示【捕捉】模式已打开。

在屏幕上移动指针会发现，指针附着或“捕捉”到屏幕上预定义的间隔相等的点。再次单击【捕捉】按钮可以关闭【捕捉】模式。

(3)将指针移到绘图区域顶部的【标准】工具栏上。将指针放置在按钮上稍作停留，会显示一个“工具栏提示”弹出式标签，用来标识按钮。

(4)将指针移动到工具栏一端的双条线上，按住拾取键，可以将工具栏拖至屏幕上合适的位置。通过将工具栏拖到绘图区域的顶部、底部或两侧的固定位置即可以将其固定。当工具栏的轮廓出现在固定区域时，释放拾取键。

2. 鼠标键的定义规则

鼠标左键：用于指定位置、指定编辑对象、选择菜单选项、对话框按钮和字段等。

鼠标右键：鼠标右键的操作取决于上下文。它可用于结束正在进行的命令、显示快捷菜单、显示【对象捕捉】菜单、显示【工具栏】对话框等。多数情况下，右键相当于Enter键，用于结束当前的命令。在【选项】对话框中(Options)可以修改单击鼠标右键操作。

技巧：可以将单击鼠标右键行为自定义为计时的，以使快速单击鼠标右键与按Enter键的效果一样，而在长时间单击鼠标右键时显示快捷菜单。

在不同区域单击鼠标右键会弹出不同的快捷菜单，如图1—20所示。

我们通常采用的是滚轮鼠标。滚轮是指滚轮鼠标上的两个按钮之间的小滚轮。滚轮可以转动或按下。可以使用滚轮在图形中进行缩放和平移，而无需使用任何命令。默认情况下，缩放比例设为10%；每次转动滚轮都将按10%的增量改变缩放级别。表1—1列出了AutoCAD中支持的滚轮鼠标动作。

表1—1　鼠标滚轮的作用

动作目标	操作方法	动作目标	操作方法
放大或缩小	转动滚轮：向前，放大；向后，缩小	平移(操纵杆)	按住Ctrl键以及滚轮按钮并拖动鼠标
使对象抻满整个编辑区域	双击滚轮按钮	显示“对象捕捉”菜单	将Mbuttonpan系统变量设置为0并单击滚轮按钮
平　移	按住滚轮按钮并拖动鼠标		

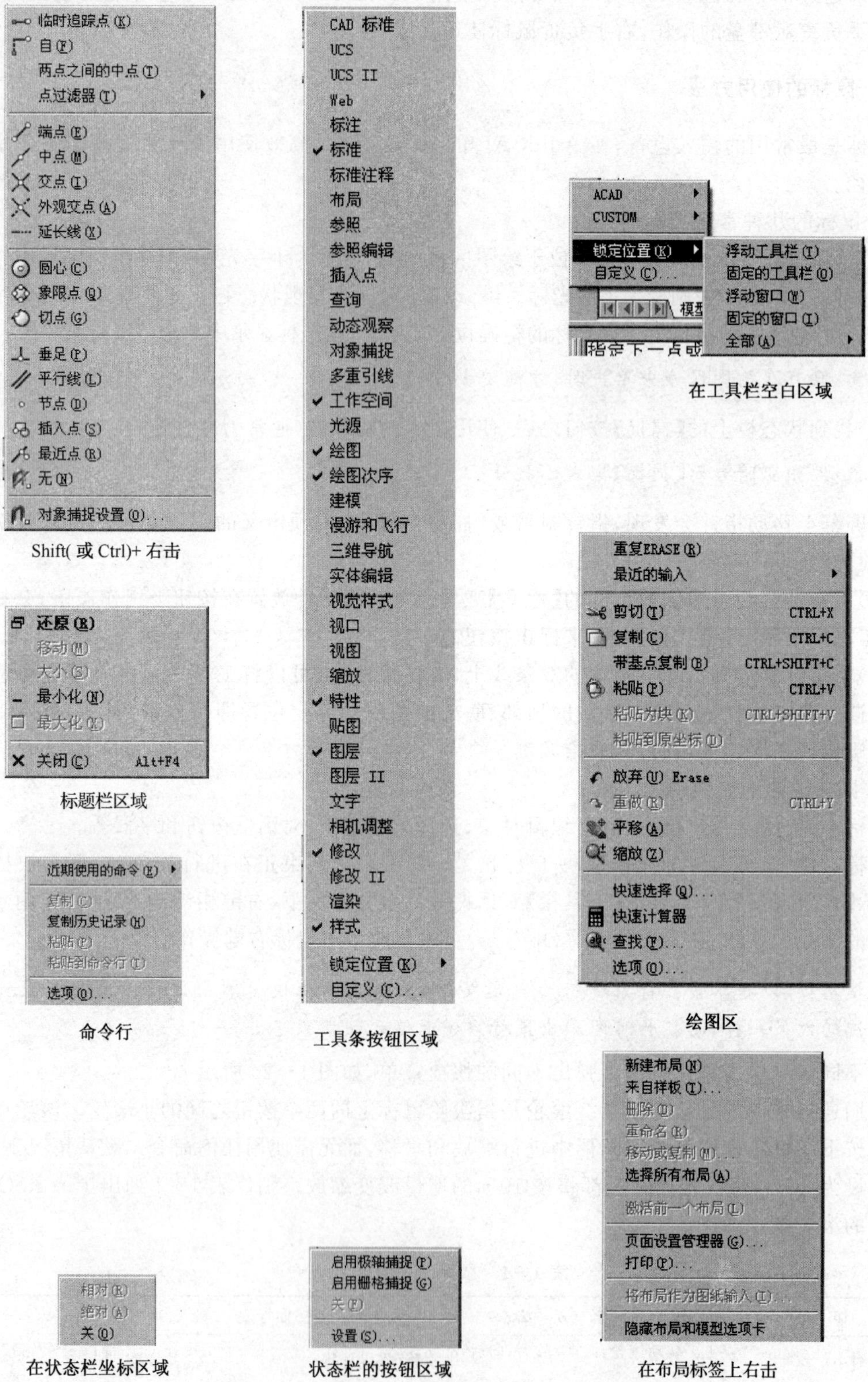

图 1－20　在不同区域右击鼠标弹出不同的菜单

1.3.2　键盘的使用方法

在 AutoCAD 中，所有的命令都能通过键盘输入，而且不分大小写。有些命令具有缩写的名称，称为命令别名。例如，输入直线命令(line)时可以直接输入 L。

! 注意：在命令行中输入标点时，一定要采用半角字符下的标点。

要使用键盘输入命令，则在命令行中输入完整的命令名称或命令别名，然后按 Enter 键或空格键即可，或在输入命令名或响应提示后在定点设备上单击鼠标右键。

对一些不常用的命令，在工具栏中或在菜单中找不到，可以通过键盘直接输入。对命令中必须输入的参数，也可以通过键盘输入。

! 注意：如果启用了“动态输入”并设置为显示动态提示，则可以在光标附近的工具栏提示中输入多个命令。

要查找一个命令，可以在命令行中输入一个字母并按 Tab 键，以便寻找以该字母开头的所有命令。在命令行上单击鼠标右键或按空格键可以重新启动最近使用过的命令。

可以通过指定的命令快捷键进行一些经常使用的操作。记住常用的一些快捷键对提高工作效率有着极大的帮助，如表 1－2 所示。

表 1－2　常用快捷键

功　能	快捷键	功　能	快捷键	功　能	快捷键
超链接	Ctrl＋K	打印	Ctrl＋P	标记集管理器	Ctrl＋7
切换坐标	Ctrl＋I	保存	Ctrl＋S	快速计算器	Ctrl＋8
切换动态 UCS	Ctrl＋D	另存为	Ctrl＋Shift＋S	命令行	Ctrl＋9
切换正交	Ctrl＋L	退出	Ctrl＋Q	VBA，VisualBasic 编辑器	ALT＋F11
在布局视口之间循环	Ctrl＋R	粘贴	Ctrl＋V	粘贴为块	Ctrl＋Shift＋V
剪切	Ctrl＋X	带基点复制	Ctrl＋Shift＋C	切换对象捕捉模式	F3
重做	Ctrl＋Y	启用强制对象捕捉	Shift＋S	切换正交模式	F8
放弃	Ctrl＋Z	对象捕捉替代：端点	Shift＋E	切换栅格捕捉模式	F9
全屏显示	Ctrl＋0	对象捕捉替代：中点	Shift＋V	切换极轴模式	F10
特性	Ctrl＋1	对象捕捉替代：圆心	Shift＋C	切换对象捕捉追踪模式	F11
全部选择	Ctrl＋A	设计中心	Ctrl＋2	隐藏动态输入	F12
复制剪裁	Ctrl＋C	工具选项板窗口	Ctrl＋3	切换动态 UCS 模式	F6
新建	Ctrl＋N	图纸集管理器	Ctrl＋4		
打开	Ctrl＋O	dbConnect	Ctrl＋6		

1.3.3　命令窗口

1. 在命令行中输入命令

(1)指定命令选项

在命令行中输入命令时，将显示一组选项或一个对话框。例如，在命令提示下输入“circle”时，将显示以下提示：

指定圆的圆心或[三点(3P)/两点(2P)/相切、相切、半径(T)]：

通过输入 X，Y 坐标值或通过使用定点设备在屏幕上单击点来指定圆心。

要选择不同的选项，输入括号内的一个选项中的大写字母即可，可以输入大写或小写字母，例如，要选择用三点绘制一个圆，输入 3p。

! 注意：初学者一定要经常关注命令行中的选项，它也是下一步操作的向导！

(2)执行命令

要执行命令，按空格键或 Enter 键。

(3)重复和取消命令

如果要重复刚使用过的命令，可以按 Enter 键，也可以在命令提示下，在定点设备上单击鼠标右键，选择相应的命令。

可以通过输入“multiple”命令或按空格键来重复命令。

要取消进行中的命令，按 Esc 键。

(4)使用透明命令

透明命令用于执行某一个命令的过程中，使用另一个命令。透明命令经常用于更改图形设置或显示选项，例如 Grid 或 Zoom 命令。透明命令通过在命令名的前面加一个单引号来表示。在命令行中，双尖括号(≫)置于命令前，提示显示透明命令。完成透明命令后，将恢复执行原命令。例如，当绘制完一条线段后，再绘制第二条线段时要求第二条线段的始端与第一条线段的中心点对齐时，选择线段按钮，先执行捕捉命令，再进行线段绘制。操作过程如下：

```
命令：line
  指定第一点：'grid
≫指定栅格间距(X)或[开(ON)/关(OFF)/捕捉(S)/纵横向间距(A)]〈10.000〉：
正在恢复执行 LINE 命令。
指定第一点：
```

不选择对象、创建新对象或结束绘图任务的命令通常可以透明使用。透明打开的对话框中所作的修改，直到被中断的命令已经执行后才能生效。

! 注意：不是所有的命令都可以执行透明命令。只有那些不选择对象、不创建新对象、不导致重生成、不结束绘图任务的命令才可以执行透明命令。

2. 在命令行中输入系统变量

系统变量是控制某些命令工作方式的设置。如“捕捉”、“栅格”或“正交”模式，可以打开或关闭。

例如，GRIDMODE 系统变量在更改值时打开或关闭点栅格显示，在这种情况下，GRIDMODE 系统变量在功能上等价于 GRID 命令。

```
命令：GRIDMODE
输入 GRIDMODE 的新值<1>：0                         0 关闭栅格；1 打开栅格
```

又如，DATE 是存储当前日期的只读系统变量，可以显示但不能修改。

```
命令：DATE
DATE= 2454963.58114781(只读)
```

3. 在命令窗口中浏览和编辑

(1)使用命令窗口

在命令窗口中可以使用标准键，如：通过使用上箭头键、下箭头键、左箭头键和右箭头键及 Pageup、Pagedown、Home、End 并按 Enter 键遍历命令窗口中的命令，可以重复当前任务中使用的任意命令。也可以使用 Insert、Del、、Backspace 完成编辑。

如果在命令窗口或文本窗口中单击鼠标右键，将显示快捷菜单，从中可以访问最近使用过的六个命令。

对大多数命令，带有两行或三行预先提示的命令行(称为命令历史)足以供查看和编辑。要查看不止一行的命令历史，可以滚动历史记录或通过拖动其边界调整命令窗口的大小。对于带有文字输出的命令，例如 List 命令，可能需要更大的命令窗口，或者可以按 F2 键来使用文本窗口。

(2)使用文本窗口

文本窗口与命令窗口相似，主要用来显示当前工作任务完整的历史记录，并在其中输入命令，查看提示和信息。

按 F2 键打开文本窗口。文本窗口显示在绘图区域的前面，或输入 TEXTSCR 命令如下所示：

```
命令:TEXTSCR
```

再次按 F2 键可以关闭文本窗口。

List 命令是用来显示所选对象的详细信息。如：

```
命令:list
选择对象:找到 1 个
选择对象:
            圆            图层:0
                          空间:模型空间
            句柄=88
            圆心点,X=165.4934   Y=201.9029   Z=0.0000
            半径 18.9902
            周长 119.3190
            面积 1132.9456
```

4. 在对话框和命令行之间切换

某些命令在命令行和对话框中都可以使用。可以在命令行中显示提示，而不必使用或切换回对话框。大多数情况下，可在命令前键入连字符(—)来禁止显示对话框，而代之以命令行提示。例如：在命令行输入 layer 将显示图层特性管理器；在命令行键入－layer 则显示等价的命令行选项。

5. 固定命令窗口、调整命令窗口的大小和隐藏命令窗口

(1)固定命令窗口

默认情况下，命令窗口是固定的，固定命令窗口与 AutoCAD 窗口等宽。如果输入的文字长于命令行宽度，就会在命令行前弹出窗口以显示该命令行中的全部文字。

固定区域是 AutoCAD 应用程序窗口的边界。可以将浮动命令窗口移动到屏幕的任何位

置并调整其宽度和高度。也可以将命令窗口拖离固定区域使其浮动。

(2)锚定命令窗口

通过锚定,命令窗口保留在 AutoCAD 窗口的左边或右边上,但处于最小化状态,这使得可以在需要时恢复命令窗口,也有助于增加可见绘图区域的大小。

调整命令窗口的大小。通过拖动拆分条可以垂直调整命令窗口的大小。当窗口固定在底部时,拆分条定位在窗口的上边界;当窗口固定在顶部时,拆分条定位在窗口的下边界。

(3)隐藏命令窗口

通过执行以下操作之一隐藏和重新显示命令行:

菜单:"工具"菜单"命令行"。

通过按 Ctrl+9 组合键也可以来隐藏和重新显示命令行。

隐藏命令行时,仍然可以输入命令。但是,某些命令和系统变量将在命令行上返回值,因此,在这些情况下,需要重新显示命令行。

1.3.4 坐标系与动态输入

通过以下几种精确绘图工具可以快速生成精确的图形。

(1)使用坐标和坐标系(UCS):要精确地输入坐标,可以使用几种坐标系输入方法。还可以使用一种可移动的坐标系,以便于输入坐标和建立工作平面。

(2)使用"动态输入"(DYN):"动态输入"在光标附近提供了一个命令界面,以帮助专注于绘图区域。

(3)对象捕捉与对象追踪:对象捕捉模式打开时,AutoCAD2008 指定相对于现有对象的点(例如,直线的端点或圆的圆心),捕捉对象上的位置,而无需输入坐标。

(4)限制光标移动:可以使用几种工具限制或锁定光标移动。

(5)合并或偏移点和坐标:要指定新点的位置,可以合并几个点的坐标值或指定自现有对象的偏移。

(6)指定距离:指定点时,可以输入距离、偏移和等分间距。

1. 坐标系

AutoCAD 有两个坐标系:一个是被称为世界坐标系(World Coordinate System,简称 WCS)的固定坐标系,一个是被称为用户坐标系(User Coordinate System,简称 UCS)的可移动坐标系,如图 1-21 所示。默认情况下,这两个坐标系在新图形中是重合的。

WCS 坐标系 X 轴正向水平向右,Y 轴正向垂直向上,Z 轴与屏幕垂直,正向由屏幕向外。原点为 X 轴和 Y 轴的交点(0,0),图形文件中的所有对象均由其 WCS 坐标定义。

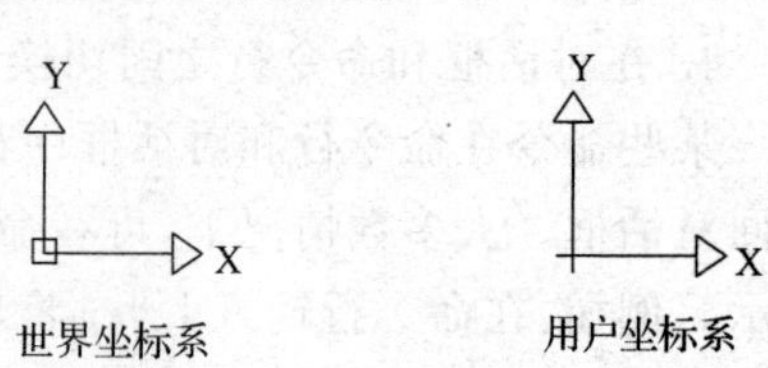

图 1-21 AutoCAD 坐标系图标

使用可移动的 UCS 创建和编辑对象通常更方便。UCS 坐标系,是一种相对坐标系。与世界坐标系不同,坐标系可选取任意一点为坐标原点,也可以任意方向为 X 轴正方向,可以根据绘图需要建立和调用坐标系。关于用户坐标系请参考三维绘图的相关教材。

实际上,所有坐标输入以及其他许多工具和操作,均参照当前的 UCS。基于 UCS 位置和方向的二维工具和操作包括:绝对坐标输入(基于原点的绝对坐标值)和相对坐标输入(基于上一输入点的相对坐标值),如图1—22所示。

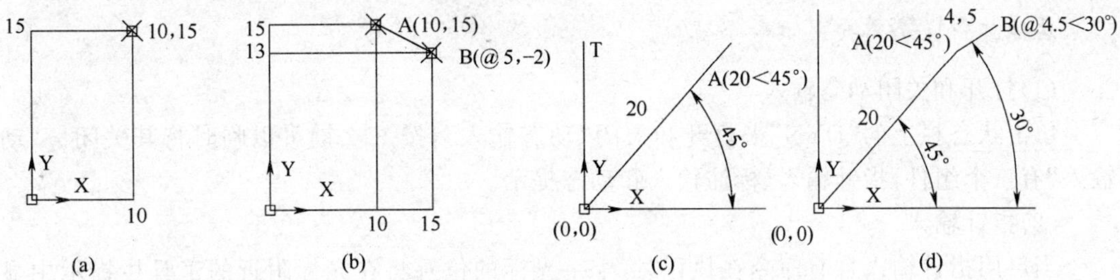

图1—22 四种坐标的操作

(1)绝对直角坐标

指当前点相对坐标原点的坐标值。如:"10,15"指该点与坐标原点的位置。10指X轴方向位置,15指Y轴方向的位置,如图1—22(a)所示。

! 注意:这里的","必须用半角字符输入方式进行,或在英文输入法下进行。

(2)相对直角坐标

相对直角坐标是指当前点相对于某一点的坐标的增量。相对直角坐标前加有一个"@"符号。例如A点的绝对坐标为"10,15",B点相对A点的相对直角坐标为"@5,—2",则B点的绝对直角坐标为"15,13",如图1—22(b)所示。

即B点的绝对直角坐标计算:

X轴 A点X轴坐标+B点X轴坐标=10+5=15

Y轴 A点Y轴坐标+B点Y轴坐标=15+(—2)=13

(3)绝对极坐标

用"距离<角度"表示。其中距离为当前点与坐标原点的距离,角度表示当前点和坐标原点连线与X轴正向的夹角。如,A点的绝对极坐标可表示为"20<45°",如图1—22(c)所示。

! 注意:这里的"<"只是将"距离"和"角度"连接起来,作为两组数字的隔离符号。而不是"小于"号。

(4)相对极坐标

相对极坐标用"@距离<角度"表示,例如"@4.5<30°"表示当前点到下一点的距离为4.5,当前点与下一点连线与X轴正向夹角为30°,如图1—22(d)所示。

2. 使用"动态输入"

动态输入主要控制指针输入、标注输入、动态提示以及绘图工具栏提示的外观。"动态输入"在光标附近提供了一个命令界面,以帮助专注于绘图区域。

启用"动态输入"时,工具栏提示将在光标附近显示信息,该信息会随着光标移动而动态更新。当某条命令为活动时,工具栏提示将会提供输入的位置。

在输入字段中输入值并按Tab键或Enter键后,该字段将显示一个锁定图标,并且光标会受输入值的约束,随后可以在第二个输入字段中输入值。另外,如果输入值后按Enter键,则第二个输入字段将被忽略,且该值将被视为直接距离输入。

完成命令或使用夹点所需的动作与命令提示中的动作类似。区别是注意力可以保持在光标附近。

> ! 注意:动态输入不会取代命令窗口。可以隐藏命令窗口以增加绘图屏幕区域,但是在有些操作中还是需要显示命令窗口。

(1)打开和关闭动态输入

单击状态栏上的“DYN”来打开和关闭“动态输入”,按 F12 键可以临时将其关闭。“动态输入”有三个组件:指针输入、标注输入和动态提示。

(2)指针输入

当启用指针输入且有命令在执行时,十字光标的位置将在光标附近的工具栏提示中显示为坐标,如图 1－23(a)所示。可以在工具栏提示中输入坐标值,而不用在命令行中输入。

第二个点和后续点的默认设置为相对极坐标(对于 Rectang 命令,为相对笛卡尔坐标)。不需要输入“@”符号。如果需要使用绝对坐标,使用“#”号前缀。例如,要将对象移到原点,在提示输入第二个点时,输入#0,0。

使用指针输入设置可修改坐标的默认格式,以及控制指针输入工具栏提示何时显示,如图 1－23(b)所示。

(a)　　　　(b)

图 1－23　指针输入

(3)动态提示

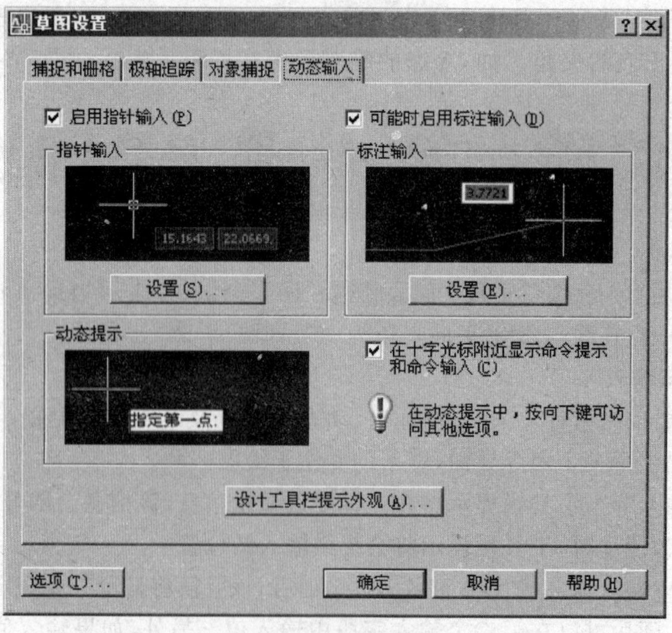

图 1－24　【动态输入】选项卡

在“动态”按钮上单击鼠标右键，然后单击【设置】，以控制启用“动态输入”时每个组件所显示的内容。启用动态提示时，提示会显示在光标附近的工具栏提示中，可以在工具栏提示（而不是在命令行）中输入响应。按下箭头键可以查看和选择选项，按上箭头键可以显示最近的输入，如图 1－23(b)所示。

> ！注意：要在动态提示工具栏提示中使用 PASTECLIP，可键入字母然后在粘贴输入之前用空格键将其删除。否则，输入将作为文字粘贴到图形中。

如果同时打开指针输入和标注输入，则标注输入在可用时将取代指针输入。选项卡主要有三个区：指针输入、标注输入、动态提示，如图 1－24 所示。

1.4　文件操作

1.4.1　创建图形

要创建新图形，一般使用【创建新图形】对话框或【选择样板】对话框，也可以不使用任何对话框。其三种方法如下：

- 使用命令“NEW”或“QNEW”。
- 单击菜单中【文件】→【新建】。
- 单击按钮。

执行该命令后，打开一个对话框。选择合适的图纸样板，如图 1－25 所示。

图 1－25　新建文件对话框

图形样板文件包含标准设置。图形样板文件的扩展名为“.dwt”。通常存储在样板文件中的设置包括：单位类型和精度、标题栏、边框和徽标、图层名、捕捉、栅格和正交设置、栅格界限、标注样式、文字样式、线型等。默认情况下，图形样板文件存储在 template 文件夹中，以便访问，也可以采用“无样板打开”或创建自己的图形样板。

在【选择样板】对话框的右下角，有一个旁边带有个下拉按钮的【打开】按钮。如果单击此箭头按钮，可以在两个内部默认图形样板(公制或英制)之间进行选择。

要创建新图形，可以使用【创建新图形】对话框或【选择样板】对话框，也可以不使用任何对话框。无论选择哪种方式，都可以使用 NEW 命令或 QNEW 命令。快速创建新图形的方法是从头开始，使用默认图形样板文件中的设置。

1.4.2 打开或保存图形

打开图形的方法与使用其他 Windows 应用程序类似。可以使用多种方法查找和打开图形，甚至是损坏的图形。可以自动保存和备份图形。

1. 打开图形

可以使用以下三种方法打开图形：

- 单击工具栏中标准按钮。
- 单击菜单中【文件(F)】→【打开(O)】。
- 使用命令“open”。

此外，还有多种方法可供选择：

(1)使用【文件】菜单上的“打开”以显示【选择文件】对话框，如图 1－26 所示。

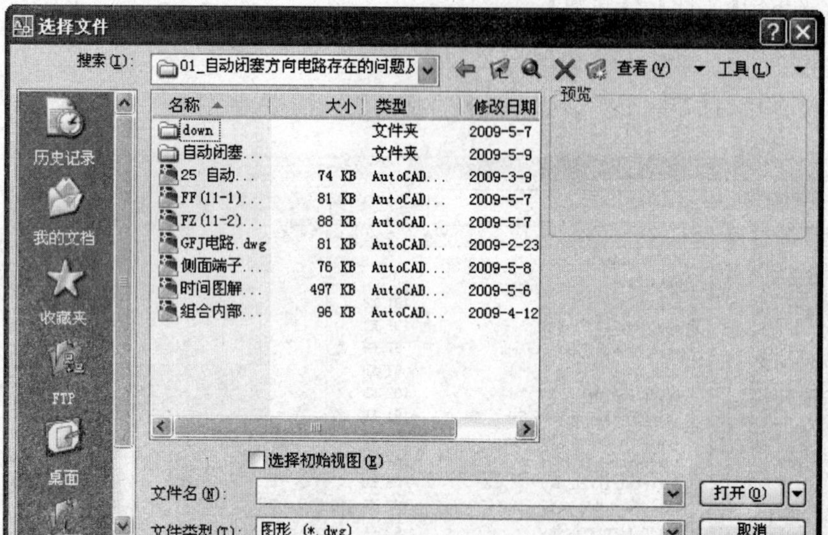

图 1－26 打开图形对话框

(2)在 Windows 资源管理器中双击图形图标启动 AutoCAD 后打开图形。如果程序正在运行，将在当前任务中打开图形，而不会启动另一任务再打开图形。

(3)将图形从 Windows 资源管理器拖动到 AutoCAD 中。

> ! 注意：如果将图形放置到绘图区域外部的任意位置(例如命令行或工具栏旁边的空白处)，将打开该图形。但是如果将一个图形拖放到一个已打开图形的绘图区域，新图形不是被打开，而是作为一个块参照插入。

(4)使用图纸集管理器可以在图纸集中找到并打开图形。

2. 使用多个打开的图形

对于在单个任务中打开的多个图形，可以方便地在它们之间传输信息。方法如下：

(1)快速参照其他图形。

(2)在图形之间复制和粘贴。

(3)使用定点设备的右键将选定对象从一个图形拖动到另一个图形。

3. 保存及另存为图形

(1)保存

可以使用以下任一方法保存图形。

• 使用命令“SAVE”。

• 单击菜单中【文件】→【保存】。

• 单击按钮 。

当第一次存储文件时，AutoCAD 会弹出【图形另存为】对话框，并且将“Drawing1. dwg”作为预设的文件名，其中的序号系统会自动检测，要求确认文件后保存，操作过程见“图形另存为”。

当所编辑的文件已经取过名字，则不作任何提示，系统直接将图形以当前文件名存盘。

(2)另存为

可以使用以下任一方法将图形“另存为 ...”。

• 使用命令“SAVEAS”。

• 单击菜单中【文件】→【另存为】。

• 选用快捷键 Ctrl＋Shift＋S。

在“文件名”框中输入要创建文件的名称。在“文件类型”中，选择要求另存为的格式(DXF、DWT、DWS 等)，如图 1－27 所示。

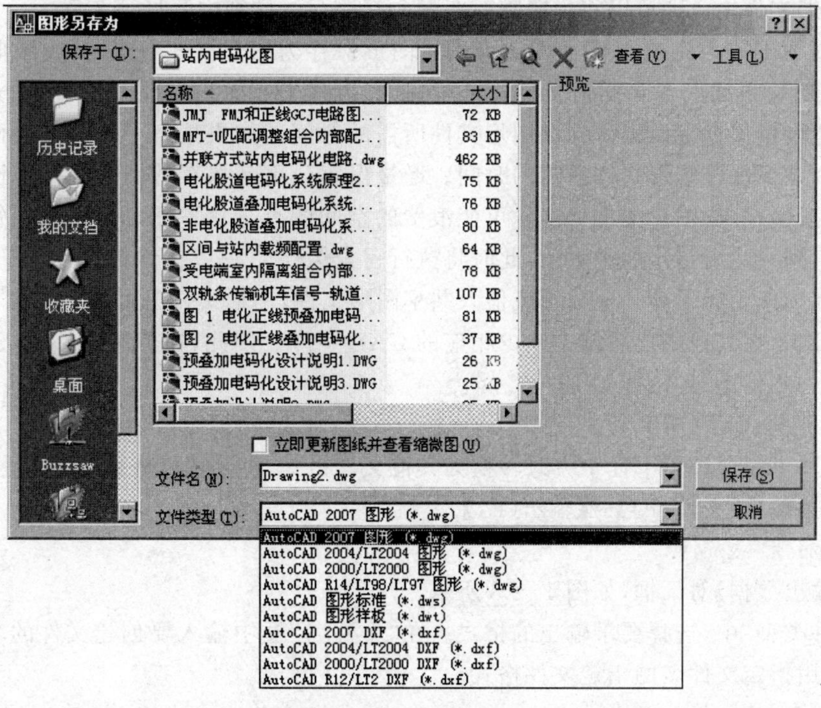

图 1－27　【图形另存为】对话框

【另存为】中可以选择的文件类型如下。

DWG 格式:AutoCAD 的默认图形文件格式。此格式适用于文件压缩和在网络上使用。

! 注意:DWG 文件名称(包括其路径)最多可包含 256 个字符。

DXF 格式:图形交换格式。若将图形输出为 DXF 文件,则会包含由其他 CAD 系统读取的图形信息。

DWT 格式:图形样板格式。该文件类型是十分重要的文件类型。在工程设计中经常将各种常用的设置,如图层、样式、界限、单位、输出布局等作为样板保存。在进入新的图形绘制时如果使用样板,则样板中的全部设置均可以套用,无需重新设置。它能大大减少绘图工作中的重复劳动,使工作人员将精力集中在设计过程中,同时又统一了图纸的格式,使图纸管理更为规范。

技巧:当其他软件对文件类型的某一格式有很好的兼容性时,可以选择相应的格式,以便能在其他软件中打开并进行编辑。AutoCAD2008 提供了多种文件的输出功能。

DWS 格式:标准文件格式。要设置标准,必须先创建定义图层特性、标注样式、线型和文字样式的文件,以所需的 .dwg 格式保存该文件,然后将其保存为扩展名为 .dws 的标准文件。

设置自动保存、备份文件以及仅保存选定对象的方法:

(1)在对图形进行处理时,应当经常进行保存。保存操作可以在出现电源故障或发生其他意外事件时防止图形及其数据丢失。如果要创建图形的新版本而不影响原图形,可以用一个新名称保存它。

(2)保存图形文件的一部分。如果要从现有图形的局部创建新图形文件,可以使用 Block 或 Wblock 命令。使用这两个命令之一,可以在当前图形中选择对象或指定块定义并将它们保存到新图形文件中。还可以将说明随新图形一起保存。详细内容见第 7 章。

(3)保存为不同类型的图形文件。可以将图形保存为图形格式(DWG)或图形交换格式(DXF)的早期版本或保存为样板文件。从【图形另存为】对话框的【文件类型】中选择格式。

(4)设置增量保存可以减少保存图形文件所需的时间。如果指定了增量保存而不是完全保存,则可以减少保存图形文件所需的时间。增量保存只更新保存的图形文件中已更改的部分。使用增量保存时,图形文件将包含可能浪费的空间的百分比。此百分比将在每次增量保存后增加,直到它达到指定的最大值,此时将执行完全保存。

(5)协同工作。如果与其他公司或他人共享图形文件,图形文件中可能会包含不可识别的字符。那是因为在其他用户系统中缺少相应的 CAD 字库。因此,在传递文件时,建议将相关的字库文件一并传递。

4. 输出数据 EXPORT

图形文件可以通过以下任一方式转换为其他文件格式,供其他软件读取。

- 单击菜单中【文件(F)】→【输出(E)】。
- 使用命令“export”。

显示【输出数据】对话框,如图 1-28 所示。

在“文件类型”中,选择要求输出的格式。在“文件名”框中输入要创建文件的名称。对象将输出到使用指定文件名的指定文件格式。

! 注意:“输出数据”对话框记录并存储上一次使用的文件格式选择,以便在当前绘图任务中或绘图任务之间使用。

图 1—28 【输出数据】对话框

> 技巧:如果在另一个应用程序中需要使用图形文件中的信息,可通过输出将其转换为特定格式。还可以使用剪贴板。

可以使用以下输出类型:

(1)三维 DWF(*.dwf):AutodeskWeb 图形格式。

(2)图元文件(*.wmf):MicrosoftWindows 图元文件。

(3)ACIS(*.sat):ACIS 实体对象文件。

(4)平板印刷(*.stl):实体对象立体平板印刷文件。

(5)封装的 PS(*.eps):封装的 PostScript 文件

(6)DXX 提取(*.dxx):属性提取 DXF 文件。

(7)Bitmap(*.bmp):与设备无关的位图文件。

(8)块(*.dwg):图形文件。

(9)V8DGN(*.DGN):MicroStationDGN 文件。

1.4.3 修复或恢复图形文件

在某些情况下,由于硬件故障或传输错误有可能会使图形文件损坏。图形文件损坏后或程序意外终止后,一般通过命令查找并更正错误或通过恢复为备份文件,修复部分或全部数据。

1. 修复损坏的图形文件

如果在图形文件中检测到损坏的数据或者在程序发生故障后要求保存图形,那么该图形文件将标记为已损坏。诊断信息将记录在“acad.err”文件中,这样就可以使用该文件报告出现的问题。如果只是轻微损坏,有时只需打开图形便可修复它。否则,可以使用以下命令:

(1)RECOVER。核查并尝试打开任意图形文件。

(2)RECOVERALL。与恢复类似，它还将对所有嵌套的外部参照上进行操作，结果将显示在“图形修复日志”窗口中。

(3)AUDIT。在当前打开的图形文件中查找并更正错误。

2. 创建和恢复备份文件

备份文件及经常保存工作有助于确保图形数据的安全，出现计算机硬件、电源故障或电压波动、操作不当或软件出错等问题时，可以恢复图形备份文件，以确保在因任何原因导致系统发生故障时将丢失的数据降到最低限度。

(1)使用备份文件

默认情况下，在【选项】对话框的【打开和保存】选项卡中，指定在保存图形时创建备份文件。执行此操作后，每次保存图形时，图形的早期版本将保存为具有相同名称并带有扩展名为 . bak 的文件。该备份文件与图形文件位于同一个文件夹中。

技巧：如果 .dwg 文件丢失，但仍有相应的 .bak 存在，可以在资源管理器下手动将 .bak扩展名改为 .dwg，图形就可以重新打开了。通过将 Windows 资源管理器中的 .bak 文件重命名为带有 .dwg 扩展名的文件，可以恢复为备份版本。

(2)指定时间间隔自动保存图形

如果启用了“自动保存”选项，将以指定的时间间隔保存图形。默认情况下，系统为自动保存的文件临时指定名称为 filename_a_b_nnnn. sv $。各段含义如下：

(1)filename 为当前图形名。

(2)a 为在同一工作任务中打开同一图形实例的次数。

(3)b 为在不同工作任务中打开同一图形实例的次数。

(4)nnnn 为随机数字。

这些临时文件在图形正常关闭时自动删除，出现程序故障或电压故障时，不会删除这些文件。

技巧：要从自动保存的文件恢复图形的早期版本，通过使用扩展名 .dwg 代替扩展名 .sv$ 来重命名文件，然后再关闭程序。

3. 从系统故障恢复

硬件问题、电源故障或软件问题会导致此程序意外终止，发生这种情况，可以恢复已打开的图形文件。

如果程序出现故障，可以将当前工作保存为其他文件。此文件使用的格式为 Drawing File Name _recover. dwg，其中 DrawingFileName 为当前图形的文件名。

程序或系统出现故障后，“图形修复管理器”将在下次启动 AutoCAD 时打开。“图形修复管理器”将显示所有打开的图形文件列表，包括以下图形文件类型：

(1)图形文件(DWG)

(2)图形样板文件(DWT)

(3)图形标准文件(DWS)

! 注意：在图形修复管理器未追踪到意外故障时打开的未保存的图形。确保开始绘图后保存工作，并在此后定期保存。

对于每个图形，都可以打开并选择以下文件(如果存在)：

(1)DrawingFileName_recover. dwg

(2)DrawingFileName_a_b_nnnn. sv$

(3)DrawingFileName. dwg

(4)DrawingFileName. bak

! 注意：图形文件、备份文件和修复文件将按其时间戳记(上次保存的时间)顺序列出。

双击“备份文件”中列出的顶层图形节点，以显示上面列出的文件(最多四个)。在“备份文件”下的任意节点上单击鼠标右键，以显示快捷菜单选项。

1.5 信号专业绘图环境设置

在开始绘制一幅图形之前，首先应根据专业要求进行详细分析，然后决定绘图环境。绘图环境的设定主要有工作空间、图幅(即绘图区域的设定)或称界限、单位精确度要求、捕捉方式、背景色、字体样式、标注样式、图层的设定及其相关设置。

在绘制成套信号产品电路图或接线图时对图纸幅面尺寸、标题栏、图样编号、图幅分区、图线、箭头和指引线、图框等方面都有着统一的规范和要求。这就要求首先对图纸的绘图环境进行设定，形成样板，以后绘制成套图纸时可以套用该样板。这样不仅能够满足美观及一致性的要求，还能提高整套图纸的绘图效率。

1.5.1 绘图一般原则及流程

在安装了 AutoCAD2008 后，软件的工作环境往往不符合专业绘图的要求。这就要从工程设计角度按信号专业规范来调整应用程序。关于软件工作空间和绘图环境前面已经作了介绍。下面就其他几个方面介绍信号专业图形环境设定的基本流程。

1. 分析成套图纸应该设定的环境，自定义绘图环境。包括绘图区域大小(决定采用多大的图纸幅面，简称图幅)、单位、捕捉方式、尺寸样式、文字样式、和图层(图层颜色、线型、线宽、显示方式)等的设置。设定了这些内容后，保存成样板，以便以后套用。

2. 绘制图形。

(1)确定图幅及绘图区域。

(2)创建“块”。由于信号专业有很多重复使用的图块，如继电器、信号机、转辙机等图形，它们在电路中拥有共同的结构和尺寸，只是各自的名称不同，利用已经创建好的“块”，可以使绘图工作事半功倍。

(3)进行标注。其中包括对图形中的某个部分进行的文字标注，也包括尺寸标注。

3. 保存图形。及时对工作进行保存。

4. 打印图形。大量的工程图纸在设计后期需要打印，这就需要将设计好的图形在布局中进行设置，最终交付使用。

1.5.2 自定义绘图环境

自定义绘图环境是通过自定义工作环境中的诸多元素来满足专业的要求。根据工作方式来调整应用程序界面和绘图区域等。

许多设置均可以从快捷菜单和【选项】对话框中访问。某些工作空间元素(例如工具栏和选项板的显示及位置)可以使用【自定义界面】对话框指定和保存。

1. 设置绘图区域

绘图区域即图形界限，是绘图的范围，相当于手工绘图时图纸的大小。图纸幅面尺寸要求采用 A0、A1、A2、A3 及 A4，当幅面不能满足要求时，可按规定加大幅面。信号专业图纸一般大小为 A3(420 mm×297 mm)横向。而 AutoCAD2008 版本默认情况下是 A4(297 mm×210 mm)横向放置。

有关图幅的设置见后面的章节。

在绘图过程中，可以通过 AutoCAD2008 中提供的命令来设定图形界限(limits)。这样有利于确定图形绘制的大小、比例、图形之间的距离，以便检查图形在绘制过程中是否超出了“图框”。

```
命令:LIMITS
重新设置模型空间界限:
指定左下角点或[开(ON)/关(OFF)]<0.0000,0.0000>:on
```

输入 on 打开图形界限功能，再次输入 limits 命令设定其界限范围。

```
命令:LIMITS
重新设置模型空间界限:
指定左下角点或[开(ON)/关(OFF)]<0.0000,0.0000>:
```

也可以通过菜单进行操作：

单击菜单中[格式]→[图形界限]。

检查是否设定了图形界限功能可以通过栅格显示该界限。

2. 单位

信号专业在绘制电路图或接线图时，对单位的大小、精度、角度类型、旋转方向等有着严格的要求。信号机、转辙机、轨道电路、继电器等的绘制尺寸见附录 A。在 AutoCAD2008 中，在屏幕上显示的只是屏幕单位，但屏幕单位总是对应真实的单位。不同的单位其显示格式不同。开始绘图前，一定要先确定图形中要使用的测量单位，并设置坐标和距离要使用的格式、精度和其他惯例。启用方法可用以下任一方式进行：

• 使用命令“units”。

• 单击菜单中【格式】→【单位】。

执行命令后弹出如图 1－29 所示的对话框。AutoCAD2008 的图形单位对话框给出了五个区，并且可以对“方向”进行设置。

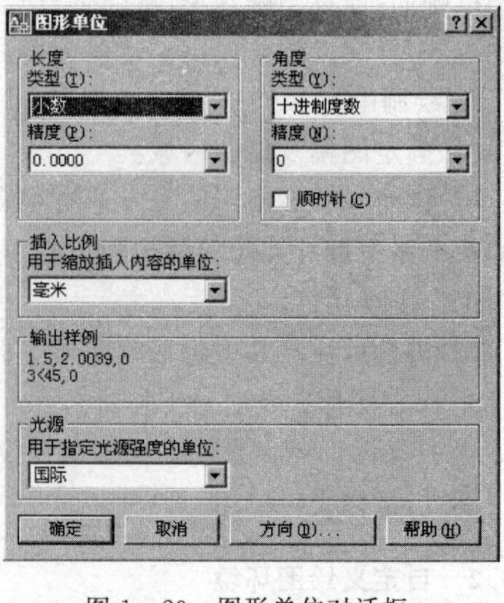

图 1－29 图形单位对话框

(1)【长度】区

指定测量的当前单位及当前单位的精度。

【类型】:设置测量单位的当前格式。该值包括“建筑”、“小数”、“工程”、“分数”和“科学”。一般采用 mm 为单位。

【精度】:设置线性测量值显示的小数位数或分数大小。电路图、接线图一般采用“0.0”的精度。

(2)【角度】区

指定当前角度格式和当前角度显示的精度。

【类型】:设置当前角度格式。

【精度】:设置当前角度显示的精度。

以下惯例用于各种角度测量:十进制度数以十进制数表示,百分度附带一个小写 g 后缀,弧度附带一个小写 r 后缀。度/分/秒格式用 d 表示度,用′表示分,用″表示秒,例如:123d45′56.7″。

勘测单位以方位表示角度:N 表示正北,S 表示正南,度/分/秒表示从正北或正南开始的偏角的大小,E 表示正东,W 表示正西,例如:N45d0′0″E。

此形式只使用度/分/秒格式来表示角度大小,且角度值始终小于 90°。如果角度正好是正北、正南、正东或正西,则只显示表示方向的单个字母。

顺时针:以顺时针方向计算正的角度值。默认的正角度方向是逆时针方向。

技巧:当提示输入角度时,可以点击所需方向或输入角度,而不必考虑"顺时针"设置。

(3)【插入比例】区

控制插入到当前图形中的块和图形的测量单位。如果块或图形创建时使用的单位与该选项指定的单位不同,则在插入这些块或图形时,将对其按比例缩放。插入比例是源块或图形使用的单位与目标图形使用的单位之比。如果插入块时不按指定单位缩放,选择"无单位"。

! 注意:当源块或目标图形中的"插入比例"设置为"无单位"时,将使用"选项"对话框的"系统配置"选项卡中的"源内容单位"和"目标图形单位"设置。

(4)【输出样例】区

显示用当前单位和角度设置的例子。

(5)【光源】区

控制当前图形中光度控制光源强度的测量单位。

! 注意:为创建和使用光度控制光源,必须从选项列表中指定非常规的单位。如果"插入比例"设置为"无单位",则将显示警告信息,通知渲染输出可能不正确。

(6)【方向控制】按钮

如图 1—30 所示,单击方向按钮,出现【方向控制】对话框。设置零角度的方向。下列选项会影响角度、显示格式、极坐标、柱坐标和球坐标等条目。

【东】:指定正东方向(默认方向)。

【北】:指定正北方向。

【西】:指定正西方向。

【南】:指定正南方向。

【其他】:指定除正方向以外的其他方向。

【角度】:选择"其他"时指定零角度值。可通过输入值来指定角度。

"拾取角度"按钮:基于假想线的角度定义图形区域中的零角度,该假想线连接使用定点设备指定的任意两点。只有选定"其他"时,此选项才可用。

3. 捕捉和栅格

AutoCAD2008 为绘图人员提供了多种精确绘图工具。其中“捕捉”和“栅格”是经常使用的工具。通过“捕捉”可以将屏幕上的拾取点锁定在特定的位置，而且这些位置隐含了间隔捕捉点。“栅格”是在屏幕上可以显示出来的具有指定间距的点，这些点只是为绘图时提供一种参考，其本身不是图形的组成部分，也不会被输出。栅格设定太密时，屏幕上则显示不出来。可以设定捕捉点为栅格点。“捕捉”和“栅格”可以通过以下三种方式进行启用：

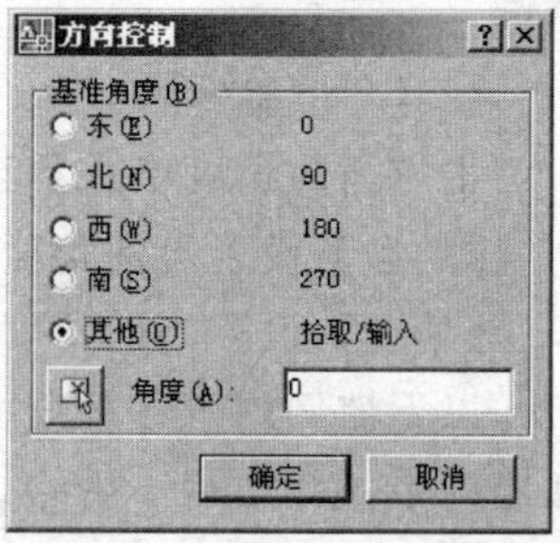

图 1－30 【方向控制】对话框

- 使用命令“dsettings”。
- 单击菜单中【工具】→【草图设置】。
- 在状态栏中右击【捕捉】或【栅格】按钮，选择快捷菜单中的【设置...】来进行。

执行该命令后，弹出【草图设置】对话框，如图 1－31 所示。该对话框共有 4 个选项卡，第一个选项卡即“捕捉和栅格”。该选项卡包括 5 个区：捕捉间距、栅格间距、极轴间距、栅格行为、捕捉类型。具体设置如下：

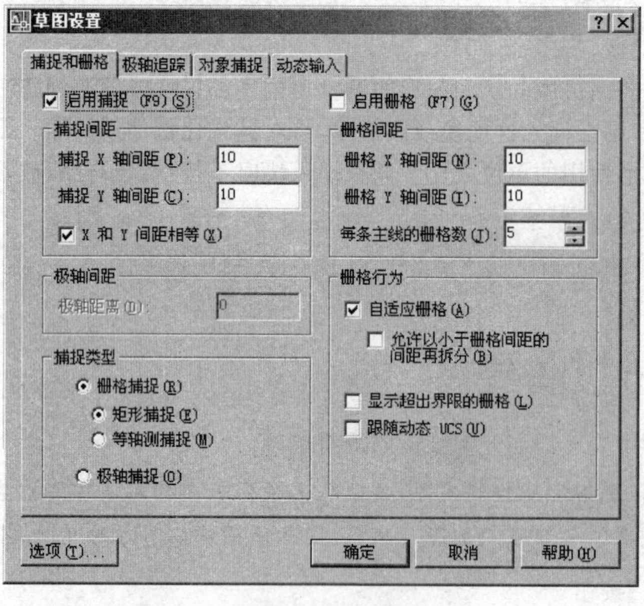

图 1－31 【捕捉和栅格】选项卡

(1)【启用捕捉】：打开或关闭捕捉模式。也可以通过单击状态栏上的“捕捉”，按 F9 键来打开或关闭捕捉模式。

(2)【捕捉间距】：控制捕捉位置处的不可见矩形栅格，以限制光标仅在指定的 X 和 Y 间隔内移动。

【捕捉 X 轴间距】：指定 X 方向的捕捉间距，间距值必须为正实数。

【捕捉 Y 轴间距】：指定 Y 方向的捕捉间距，间距值必须为正实数。

【X 和 Y 间距相等】：为捕捉间距和栅格间距强制使用同一 X 和 Y 间距值。捕捉间距与栅格间距可以不同。

(3)【极轴间距】：控制 PolarSnap(极轴捕捉)增量距离。

极轴距离选定“捕捉类型和样式”下的“极轴捕捉”时，设置捕捉增量距离。如果该值为 0，则极轴捕捉距离采用“捕捉 X 轴间距”的值。“极轴距离”设置与极坐标追踪和/或对象捕捉追踪结合使用。

(4)【捕捉类型】:设置捕捉样式和捕捉类型。

【栅格捕捉】:如果指定点,光标将沿垂直或水平栅格点进行捕捉。

【矩形捕捉】:当捕捉类型设置为“栅格”并且打开“捕捉”模式时,光标将捕捉矩形捕捉栅格。

【等轴测捕捉】:当捕捉类型设置为“栅格”并且打开“捕捉”模式时,光标将捕捉等轴测捕捉栅格。

【极轴捕捉】:如果打开了“捕捉”模式并在极轴追踪打开的情况下指定点,光标将沿在【极轴追踪】选项卡上相对于极轴追踪起点设置的极轴对齐角度进行捕捉。

(5)【启用栅格】:按 F7 键,打开或关闭栅格模式。

(6)【栅格间距】:控制栅格的显示,有助于形象化显示距离。

【栅格 X 间距】:指定 X 方向上的栅格间距。

【栅格 Y 间距】:指定 Y 方向上的栅格间距。

【每条主线的栅格数】:指定主栅格线相对于次栅格线的频率。

4. 极轴追踪

极轴追踪提供了拾取特殊角度上点的方法。启用极轴追踪可以在设定的极轴角度上根据提示精确移动光标。通过按 F10 键打开或关闭极轴追踪。还可以通过以下任一方法进行启用:

- 使用命令“dsettings”。
- 单击菜单中【工具】→【草图设置】。
- 状态栏中右击【极轴】按钮,选择快捷菜单中的【设置...】来进行。

【极轴追踪】选项卡如图 1－32 所示。该选项卡包括三个区:极轴角设置、对象捕捉追踪设置、极轴角测量。具体设置如下:

(1)【极轴角设置】:设置极轴追踪的对齐角度。

【增量角】:设置用来显示极轴追踪对齐路径的极轴角增量。可以输入任何角度,也可以从列表中选择 90、45、30、22.5、18、15、10 或 5 这些常用角度。

【附加角】:对极轴追踪使用列表中的任何一种附加角度。

> ! 注意:附加角度是绝对的,而非增量的。

【角度列表】:如果选定“附加角”,将列出可用的附加角度。要添加新的角度,单击【新建】。要删除现有的角度,单击【删除】。

【新建】:最多可以添加 10 个附加极轴追踪对齐角度。

> ! 注意:添加分数角度之前,必须将 AUPREC 系统变量设置为合适的十进制精度以防止不需要的舍入。例如,如果 AUPREC 的值为 0(默认值),则输入的所有分数角度将舍入为最接近的整数。

【删除】:删除选定的附加角度。

(2)对象捕捉追踪设置:设置对象捕捉追踪选项。

【仅正交追踪】:当对象捕捉追踪打开时,仅显示已获得的对象捕捉点的正交(水平/垂直)对象捕捉追踪路径。

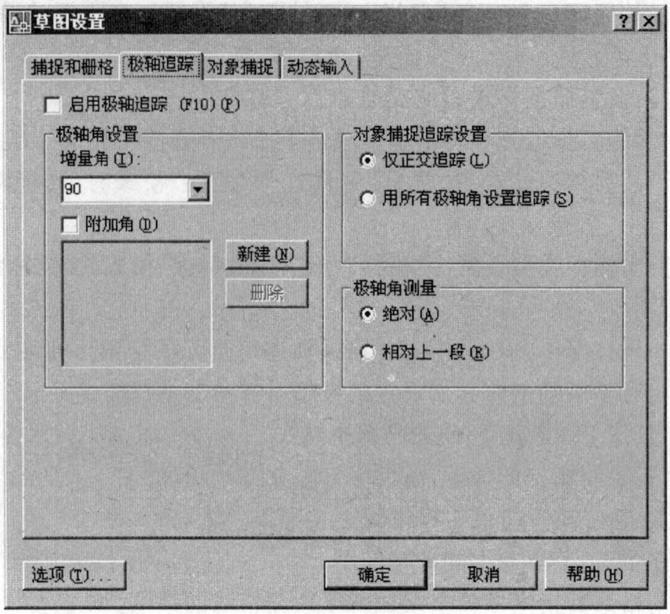

图 1－32 【极轴追踪】选项卡

【用所有极轴角设置追踪】:将极轴追踪设置应用于对象捕捉追踪。使用对象捕捉追踪时,光标将从获取的对象捕捉点起沿极轴对齐角度进行追踪。

> ! 注意:单击状态栏上的“极轴”和“对象追踪”也可以打开或关闭极轴追踪和对象捕捉追踪。

(3)【极轴角测量】:设置测量极轴追踪对齐角度的基准。

【绝对】:根据当前坐标系(UCS)确定极轴追踪角度。

【相对上一段】:根据上一个绘制线段确定极轴追踪角度。

5. 对象捕捉

(1)对象捕捉模式:使用对象捕捉追踪,在命令中指定点时,光标将沿基于其他对象捕捉点的对齐路径进行追踪。使用对象捕捉功能,可以在对象上的精确位置指定捕捉点。选择多个选项后,将应用选定的捕捉模式,以返回距离靶框中心最近的点。按 Tab 键以在这些选项之间循环。

启用对象捕捉的方法有如下三种:

• 使用命令“dsettings”。

• 单击菜单中【工具】→【草图设置】。

• 在状态栏中右击【对象捕捉】按钮,选择快捷菜单中的【设置...】来进行,如图 1－33 所示。

【端点】:捕捉到圆弧、椭圆弧、直线、多线、多段线线段、样条曲线、面域或射线最近的端点,或捕捉宽线、实体或三维面域的最近角点,如图 1－34 所示。

【中点】:捕捉到圆弧、椭圆、椭圆弧、直线、多线、多段线线段、面域、实体、样条曲线或参照线的中点,如图 1－35 所示。

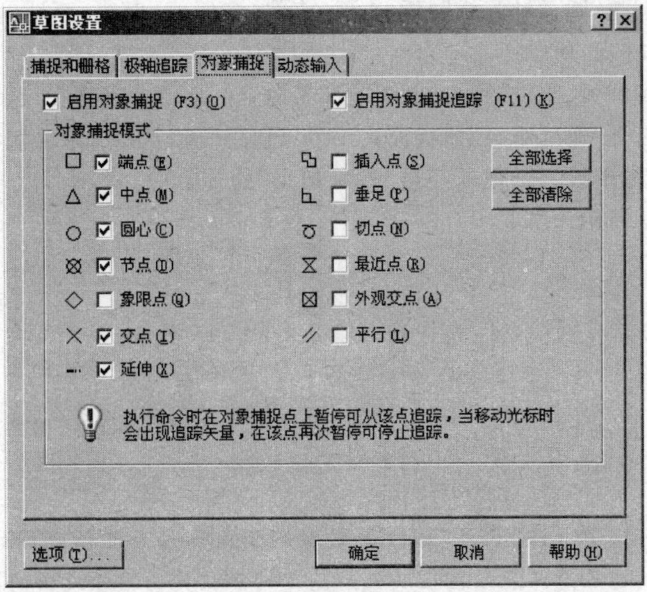

图 1—33　【对象捕捉】选项卡

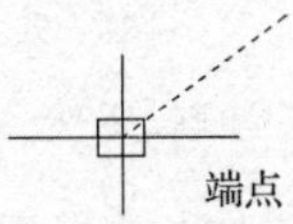

图 1—34　捕捉端点

图 1—35　中点捕捉

【圆心】:捕捉到圆弧、圆、椭圆或椭圆弧的圆点，如图 1—36 所示。

【节点】:捕捉到点对象、标注定义点或标注文字起点，如图 1—37 所示。

【象限】:捕捉到圆弧、圆、椭圆或椭圆弧的象限点，如图 1—38 所示。

【交点】:捕捉到圆弧、圆、椭圆、椭圆弧、直线、多线、多段线、射线、面域、样条曲线或参照线的交点。“延伸交点”不能用作执行对象捕捉模式，如图 1—39 所示。

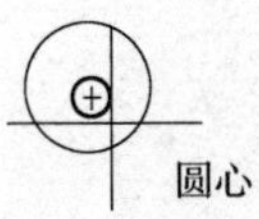

图 1—36　圆心捕捉

图 1—37　节点捕捉

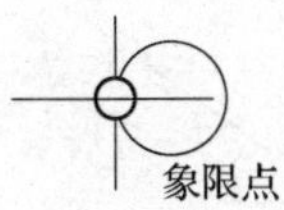

图 1—38　象限点捕捉

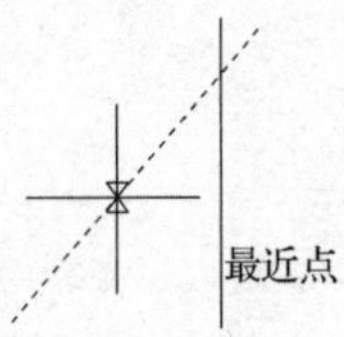

图 1—39　交点捕捉

> ! 注意:如果同时打开“交点”和“外观交点”执行对象捕捉，可能会得到不同的结果。“交点”和“延伸交点”不能和三维实体的边或角点一起使用。

【延伸】:当光标经过对象的端点时，显示临时延长线或圆弧，以便在延长线或圆弧上指定点。

> ! 注意:在透视视图中进行操作时，不能沿圆弧或椭圆弧的尺寸界线进行追踪。

【插入点】:捕捉到属性、块、形或文字的插入点，如图 1—40 所示。

【垂足】:捕捉圆弧、圆、椭圆、椭圆弧、直线、多线、多段线、射线、面域、实体、样条曲线或参照线的垂足,如图1—41所示。

【切向】:捕捉到圆弧、圆、椭圆、椭圆弧或样条曲线的切点。当正在绘制的对象需要捕捉多个垂足时,将自动打开"递延垂足"捕捉模式。可以使用"递延切点"来绘制与圆弧、多段线圆弧或圆相切的直线或构造线。当靶框经过"递延切点"捕捉点时,将显示标记和AutoSnap工具栏提示,如图1—42所示。

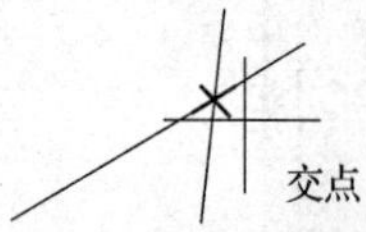

图1—40 插入点捕捉

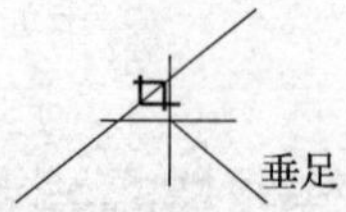

图1—41 垂足捕捉

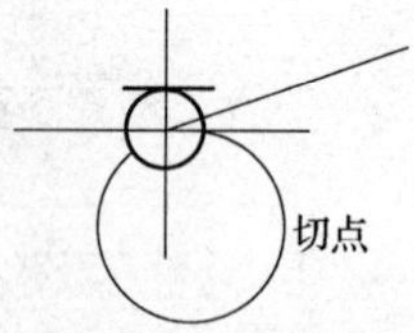

图1—42 切点捕捉

! 注意:当用"自"选项结合"切点"捕捉模式来绘制除开始于圆弧或圆的直线以外的对象时,第一个绘制的点是与在绘图区域最后选定的点相关的圆弧或圆的切点。

【最近点】:捕捉到圆弧、圆、椭圆、椭圆弧、直线、多线、点、多段线、射线、样条曲线或参照线的最近点。

! 注意:在设置捕捉模式时,尽量不要勾选"最近点",否则,易对其他捕捉模式产生干扰。

【外观交点】:捕捉到不在同一平面但是可能看起来在当前视图中相交的两个对象的外观交点。"延伸外观交点"不能用作执行对象捕捉模式。

【平行】:将直线段、多段线线段、射线或构造线限制为与其他线性对象平行。其步骤如下:

第一步:指定线性对象的第一点。

第二步:指定平行对象捕捉。将光标停留移至其他线性对象,直到获得角度。

第三步:将光标移回正在创建的对象。如果绘制对象时的路径与上一个线性对象平行,则会在源平行对象上显示一个平行标志,如图1—43所示。

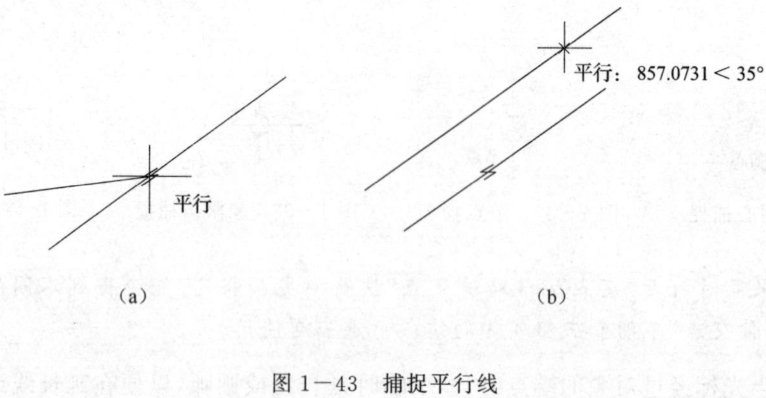

图1—43 捕捉平行线

! 注意:使用平行对象捕捉之前,关闭正交模式。在平行对象捕捉操作期间,会自动关闭对象捕捉追踪和极轴捕捉。使用平行对象捕捉之前,必须指定线性对象的第一点。

(2)设置对象捕捉的方法通常采用以下三种方式:

• 按住 Shift 或 Ctrl 键并单击鼠标右键以显示“对象捕捉”快捷菜单，如图 1—44 所示。

• 通过打开的对象捕捉工具条，单击“对象捕捉”工具栏上的对象捕捉按钮，如图 1—45 所示。

• 在命令提示下输入对象捕捉的名称。如键入“MID”，则用中点捕捉模式覆盖其他对象捕捉模式。也可以用诸如 END、PER、QUA 的方式输入多个对象捕捉模式。

! 注意：在提示输入点时指定对象捕捉后，对象捕捉只对指定的下一点有效。

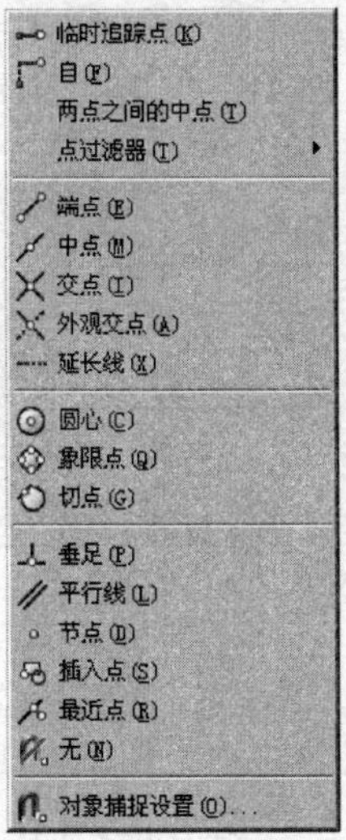

图 1—44 对象追踪快捷菜单

图 1—45 对象捕捉工具条

(3)对象捕捉参数和自动追踪设置

当图形比较密集时，即使采用对象捕捉，也可能由于图线较多而出现误选的现象。此时就要通过设置合适的靶框来避免这种现象的发生。同样，也可以设置是否在自动捕捉时提示标记或在极轴追踪时是否实现追踪向量等。还可以通过草图设置捕捉参数满足这种要求。可用以下三种启用方法：

• 使用命令“options”。

• 单击菜单中【工具】→【草图设置】。

• 通过右击状态栏上的【捕捉】【栅格】【正交】【极轴】【对象捕捉】【对象追踪】【DYN】【线宽】等按钮，在快捷菜单中选择【设置】来打开草图设置对话框，如图 1—46 所示。

该对话框有六个区：自动捕捉设置、自动捕捉标记大小、对象捕捉选项、自动追踪设置、对齐点获取、靶框大小。具体设置如下：

①【自动捕捉设置】选项：如果光标或靶框处于对象上，按 Tab 键可以遍历该对象可用的所有捕捉点。

【标记】：当十字光标移到捕捉点上时显示的几何符号。

【磁吸】：十字光标自动移动并锁定到最近的捕捉点上。

【显示自动捕捉工具栏提示】：工具栏提示是一个标签，用来描述捕捉到的对象部分。

【显示自动捕捉靶框】：主要用来控制自动捕捉靶框的显示。

②【自动捕捉标记大小】：设置自动捕捉标记的显示尺寸。

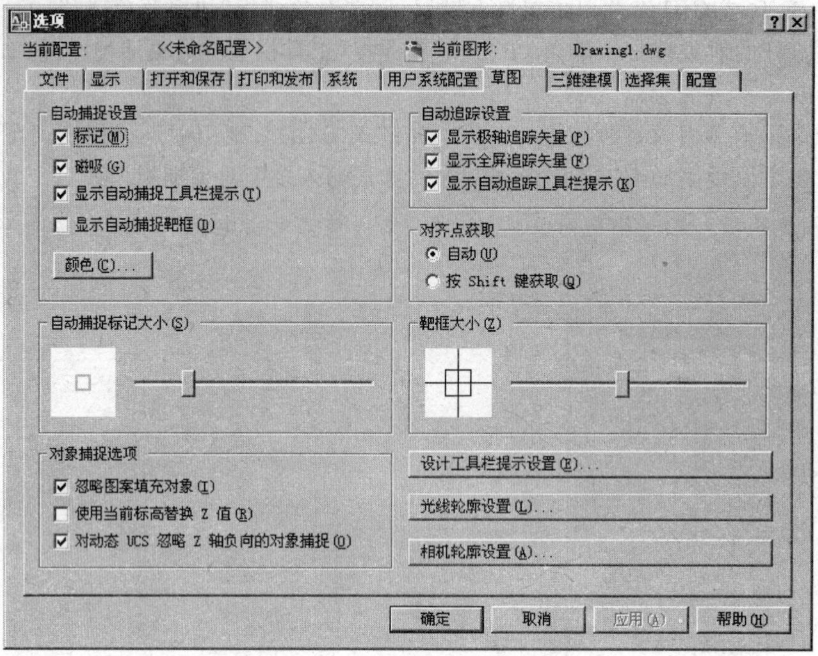

图 1－46 【草图】选项卡

③【对象捕捉】选项：指定对象捕捉的选项。

【忽略图案填充对象】：指定在打开对象捕捉时，对象捕捉忽略填充图案。

【使用当前标高替换 Z 值】：指定对象捕捉忽略对象捕捉位置的 Z 值，并使用为当前 UCS 设置的标高的 Z 值。

【对动态 UCS 忽略负 Z 对象捕捉】：指定使用动态 UCS 期间对象捕捉忽略具有负 Z 值的几何体。

④【自动追踪设置】：该设置在极轴追踪或对象捕捉追踪打开时可用。

【显示极轴追踪矢量】：当极轴追踪打开时，将沿指定角度显示一个矢量。使用极轴追踪，可以沿角度绘制直线。极轴角是 90°的约数，如 45°、30°和 15°。

【显示全屏追踪矢量】：追踪矢量是辅助按特定角度或与其他对象特定关系绘制对象的构造线。如果选择此选项，对齐矢量将显示为无限长的线。

【显示自动追踪工具栏提示】：控制自动追踪工具栏提示和正交工具栏提示的显示。

⑤【对齐点获取】：控制在图形中显示对齐矢量的方法。

【自动】：当靶框移到对象捕捉上时，自动显示追踪矢量。

【用 Shift 键获取】：当按 Shift 键并将靶框移到对象捕捉上时，将显示追踪矢量。

⑥【靶框大小】：设置自动捕捉靶框的显示尺寸。如果选择“显示自动捕捉靶框”，则当捕捉到对象时靶框显示在十字光标的中心。靶框的大小确定磁吸将靶框锁定到捕捉点之前，光标应到达与捕捉点多近的位置。取值范围为 1～50 像素。

⑦ 相关按钮

a. 设计工具栏提示外观，用以控制工具栏提示的外观，如图 1－47 所示。

可以用来控制绘图工具栏提示的颜色、大小和透明度。

b.【光线轮廓设置】：指定光线轮廓的外观，如图 1－48 所示。

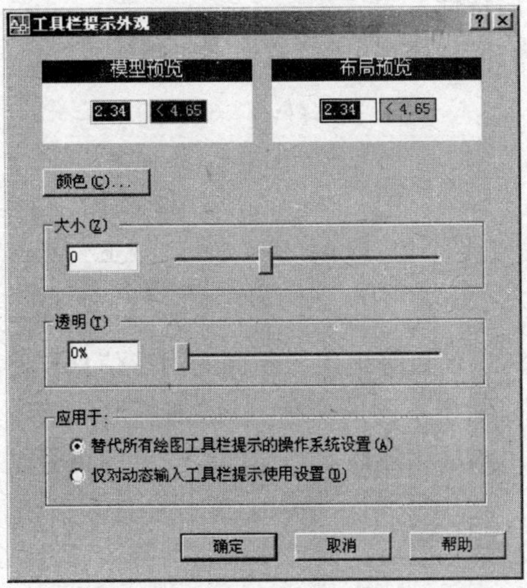

图 1－47　【工具栏提示外观】对话框

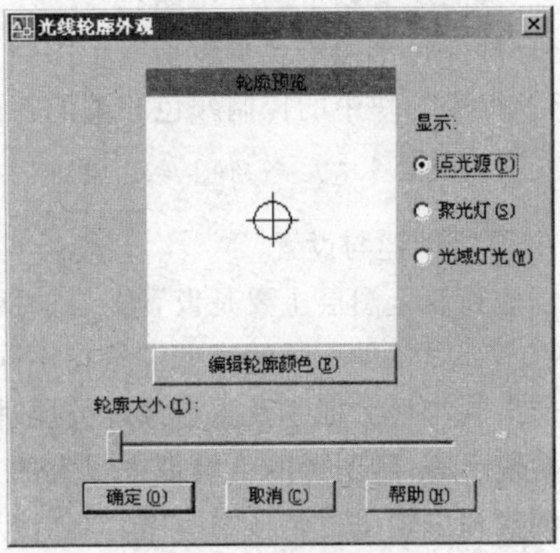

图 1－48　【光线轮廓外观】对话框

【轮廓预览】:显示光线轮廓的当前外观并在更改时进行更新。

【点】:在预览中显示点光源轮廓。

【聚光灯】:在预览中显示聚光灯轮廓。

【光域】:在预览中显示光域灯光轮廓。

【编辑轮廓颜色】:显示【图形窗口颜色】对话框。

【轮廓大小】:调整轮廓的尺寸。

c.【相机轮廓设置】:指定相机轮廓的外观。

1.5.3　图　　层

图层是图形中使用的主要组织工具。图层就像透明的覆盖层,相当于图纸绘图中使用的重叠图纸。可以想象为没有厚度又完全对齐的若干张透明图纸叠加起来的,同时具有相同的坐标、图形界限及显示时的缩放倍数。可以在各图层上面分别组织和编辑图形中的对象。这不仅能使图形的各种信息清晰、有序、便于观察,而且给图形的编辑和输出带来极大的方便。

图层用于依据功能在图形中组织信息以及执行线型、颜色及其他标准。如在划分图幅时绘制的区域边线和一些辅助线,在输出时不需要打印,那么就将这些对象放在某一图层上,打印时设置成一个图层具有其自身的属性和状态。所谓图层属性通常是指该图层所特有的线型、颜色、线宽等。而图层的状态则是指其开/关、冻结/解冻、锁定/解锁状态等。同一图层上的图形元素具有相同的图层属性和状态。

通过创建图层,可以将类型相似的对象指定给同一个图层使其相关联。例如,可以将构造线、文字、标注和标题栏置于不同的图层上,然后进行以下操作:

(1)图层上的对象在任何视口中是可见还是暗显。

(2)是否打印对象以及如何打印对象。

(3)为图层上的所有对象指定何种颜色。

(4)为图层上的所有对象指定何种默认线型和线宽。

(5)图层上的对象是否可以修改。

(6)对象是否在各个布局视口中显示不同的图层特性。

默认情况下,AutoCAD自动创建一个图层名为“0”的图层。“0”图层不能删除或重命名图层“0”。该图层有以下两个用途:

(1)确保每个图形至少包括一个图层。

(2)提供与块中的控制颜色相关的特殊图层。

! 注意:建议创建几个新图层来组织图形,而不是将整个图形均创建在图层“0”上。

1. 图层创建与设置

创建和设置图层主要是设置图层的属性和状态,以便更好地组织不同的图形信息。例如,将工程图纸中各种不同的线型设置在不同的图层中,赋予不同的颜色,以增加图形的清晰性。将图形绘制与尺寸标注及文字注释分层进行,并利用图层状态控制各种图形信息的可否显示、修改与输出等,给图形的编辑带来很大的方便。

创建和设置图层包括如下内容:创建新图层、设置图层颜色、设置图层线型及线宽、设置图层状态等。

(1)创建新图层

新建图层命令操作有如下三种方式:

- 单击图层工具栏 按钮。
- 单击下拉菜单中【格式】→【图层】。
- 使用命令“LAYER”。

打开【图层特性管理器】对话框,单击【新建】按钮,这时在图层列表中将出现一个名称为“图层1”的新图层。可以为其输入新的图层名(如中心线层),以表示将要绘制的图形元素的特征,如图1—49所示。

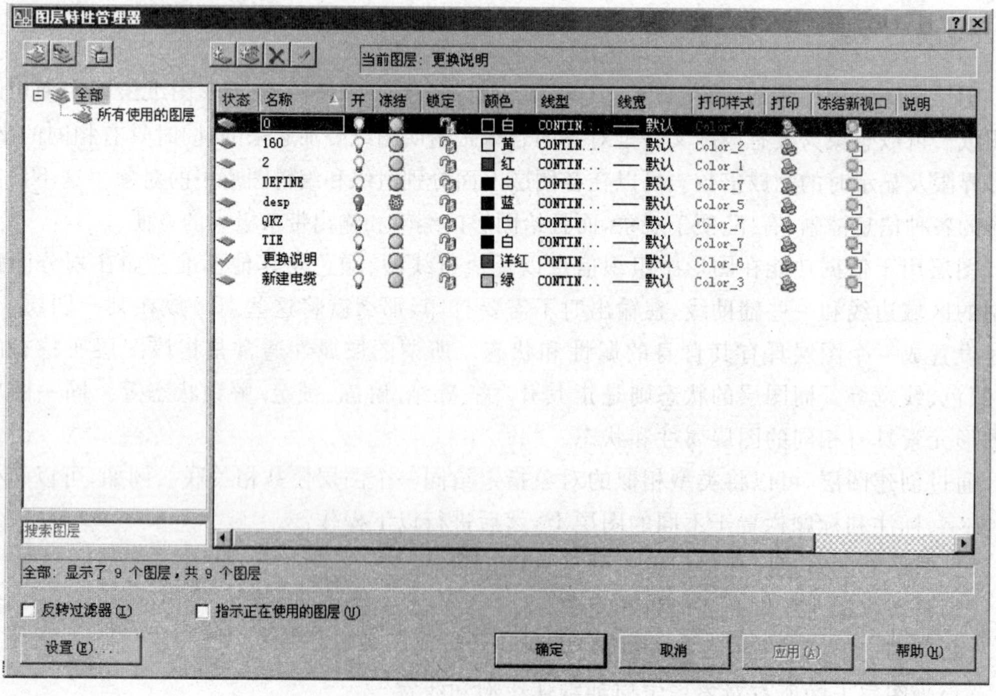

图1—49 创建新图层

对话框中显示图形中图层的列表及其特性。可以添加、删除和重命名图层，更改图层特性、设置布局视口的特性替代或添加说明。图层过滤器控制将在列表中显示的图层，也可以用于同时更改多个图层。

各图标按钮设置如下：

新特性过滤器：根据图层的一个或多个特性创建图层过滤器。

新组过滤器：创建图层过滤器，其中包含选择并添加到该过滤器的图层。

图层状态管理器：将图层的当前特性设置保存到一个命名图层状态中，需要时可以恢复这些设置。

创建新图层：列表将显示名为 LAYER1 的图层。该名称处于选定状态，因此可以立即输入新图层名。新图层将继承图层列表中当前选定图层的特性（颜色、开关状态等）。

所有视口中已冻结的新图层：创建新图层，然后在所有现有布局视口中将其冻结。可以在“模型”选项卡或布局选项卡上访问此按钮。

删除图层：将选定图层标记为要删除的图层。单击“应用”或“确定”时，将删除这些图层。只能删除未被参照的图层。参照的图层包括图层 0 和 DEFPOINTS、包含对象（包括块定义中的对象）的图层、当前图层以及依赖外部参照的图层。

> ! 注意：局部打开图形中的图层也被视为已参照并且不能删除。如果绘制的是共享工程中的图形或是基于一组图层标准的图形，删除图层时要小心。

置为当前：将选定图层设置为当前图层，以便在所创建的当前图层上绘制对象。

【当前图层】：显示当前图层的名称。

【搜索图层】：输入字符时，按名称快速过滤图层列表。关闭图层特性管理器时，不保存此过滤器。

【状态行】：显示当前过滤器的名称、列表视图中显示的图层数和图形中的图层数。

【反向过滤器】：显示所有不满足选定图层特性过滤器中条件的图层。

【指示正在使用的图层】：在列表视图中显示图标以指示图层是否正被使用。在具有多个图层的图形中，清除此选项可提高性能。

【设置】：显示【图层设置】对话框，从中可以设置新图层通知设置、是否将图层过滤器更改应用于“图层”工具栏以及更改图层特性替代的背景色。

【应用】：应用对图层和过滤器所做的更改，但不关闭对话框。

在图层右侧窗口右击出现【图层】快捷菜单，如图 1－50 所示。其中各项设置如下。

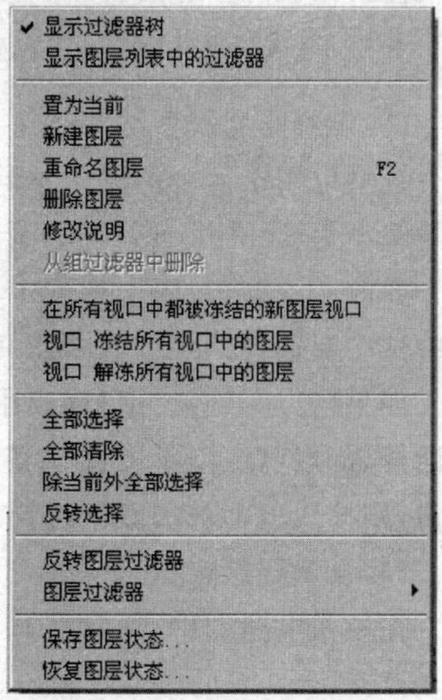

图 1－50　【图层】快捷菜单

【显示过滤器树】：显示树状图。清除此选项可以隐藏树状图。

【在图层列表中显示过滤器】：在列表视图的顶部显示过滤器。过滤器将按字母顺序列出。清除复选标记可在列表视图中仅显示图层。

【置为当前】:将选定图层设置为当前图层。

【新建图层】:创建新图层。列表将显示名为 LAYER1 的图层。可以立即编辑此图层名。新图层将继承图层列表中当前选定图层的特性(颜色、开关状态等)。

【重命名图层】:重命名图层。双击图层名称,或按 F2 键可以重命名图层。

【删除图层】:从图形文件定义中删除选定图层。

【修改说明】:为选定图层或过滤器添加说明,或修改说明中的文字。

【从组过滤器中删除】:将选定图层从树状图中选定的组图层过滤器中删除。

【所有视口中已冻结的新图层】:创建新图层,然后在所有现有布局视口和新视口中将其冻结。

【视口冻结所有视口中的图层】:冻结所有现有图层视口和新视口中选定的图层。

【视口解冻所有视口中的图层】:解冻所有现有图层视口和新视口中的选定的图层。

【全部选择】:选择列表视图中显示的所有项目。

【全部清除】:删除列表视图中所有选定项目的选择状态,最后选定的图层或过滤器除外。

【除当前外全部选择】:选择列表视图中显示的所有项目,当前图层除外。

【反转选择】:选择列表视图中显示的所有项目,当前选定的项目除外。

【反转图层过滤器】:显示所有不满足选定图层特性过滤器中条件的图层。

【图层过滤器】:单击过滤器可将其应用到列表视图。

【保存图层状态】:保存图形中所有图层的图层状态和图层特性设置。

【恢复图层状态】:选择一个命名图层状态来恢复图形中所有图层的设置。

(2)设置图层颜色

为便于区分图形中的元素,要为新建图层设置颜色。为此,可直接在【图层特性管理器】对话框中单击图层列表中该图层所在行的颜色块,此时系统将打开【选择颜色】对话框,如图 1—51 所示。单击所要选择的颜色如“红色”,再单击【确定】按钮即可。

> ! 注意:也可在“详细信息”设置区的【颜色】下拉列表框中选择某一颜色(如红色、黄色等),或选择【其他】选项,利用【选择颜色】对话框来设置颜色。

(3)设置图层线型

线型也用于区分图形中不同元素,例如点划线、虚线等。AutoCAD2008 在默认情况下,图层的线型为 Continuous(连续线型)。

要改变线型,在图层列表中单击相应的线型名如“Continuous”,在弹出的【选择线型】对话框中选中要选择的线型如“HIDDEN”,即可选择虚线,如图 1—52 所示。

如果【已加载的线型】列表中没有满意的线型,可单击【加载】按钮,打开【加载或重载线型】对话框,从当前线型库中选择需要加载的线型(如 HIDDEN),如图 1—53 所示。单击【确定】按钮,则该线型即被加载到选择线型对话框中以供选择。

(4)设置图层线宽

在一张电路图中,通常有几种图线宽度,需按照图形符号的有关规定绘制。相关设置详见第 3 章。

在工程图样中,不同的线型其宽度是不一样的,以此提高图形的表达能力和可识别性。设置线宽时,可在图层【详细信息】设置区的【线宽】下拉列表框中选择某一线宽值,或在图层列表中单击“默认”，打开【线宽】对话框，如图 1－54 所示，在“线宽”列表中进行选择。

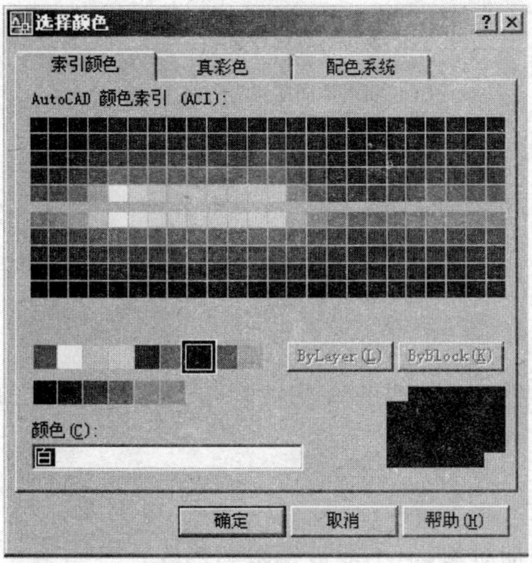

图 1－51　选择颜色

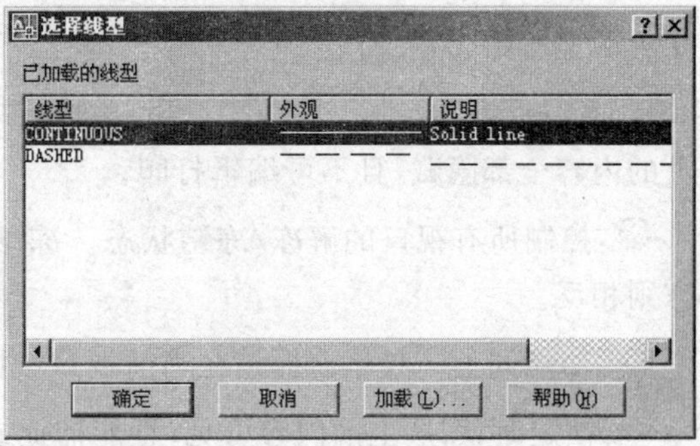

图 1－52　选择线型

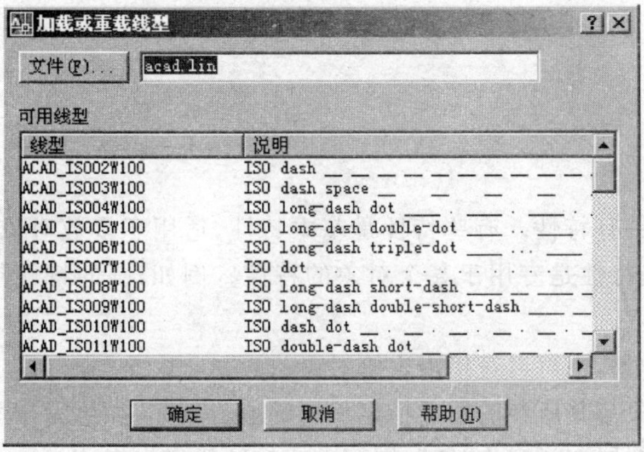

图 1－53　加载或重载线型

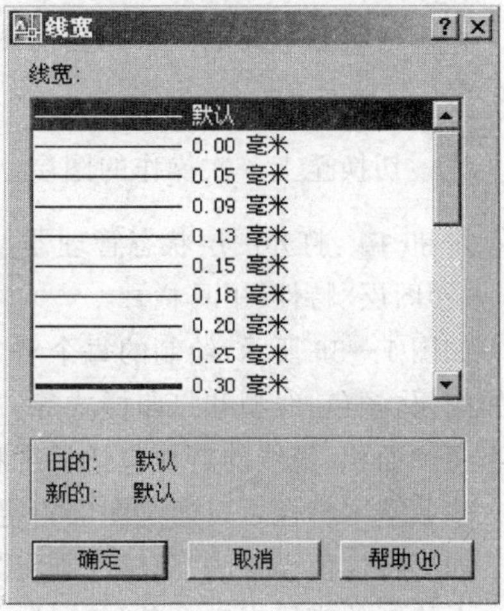

图 1－54　线宽

另外，单击界面状态行中的【线宽】按钮，也可以打开或关闭线宽的显示。

信号专业电路图和接线图中的图线最小线宽应不小于 0.25 mm。

2. 管理图层

利用“对象特性”工具栏和图层特性管理器管理图层，可以大大提高工作效率。前面已经对图层特性管理器做了详细介绍，下面介绍如何利用“对象特性”工具栏快速管理图层。

(1)“图层”工具栏

“图层”工具栏中的各按钮的用途如图 1－55 所示。具体设置如下：

：打开图层特性管理器。

：控制某图层的打开/关闭状态。打开图层时可显示和编辑图层上的内容；关闭时，图

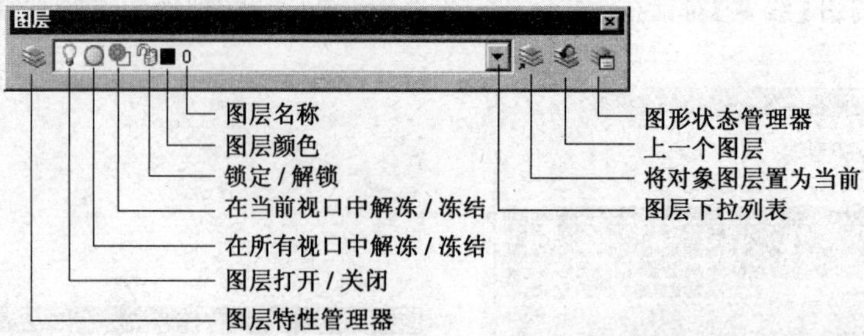

图 1—55 “图层”工具栏

层上的内容全部隐藏,且不可编辑打印。

:控制所有视口的解冻/冻结状态。冻结时图层上的内容全部被隐藏,不可编辑打印,解冻则相反。

:功能同上。只是前提是在当前视口中操作。

:锁定时,图层上的内容可见,且能捕捉或添加对象,但不能被编辑和修改。

颜色:提示该层的颜色。在随后的颜色设置框中可修改颜色。

层名:显示当前的图层名。

:设置某对象的图层为当前图层。在图形中选择一个对象,该对象所在的图层被置为当前层。

:切换至上一次操作的图层。

按钮 :打开图层状态管理器。

(2)图层“特性”工具栏

如图 1—56 所示,绘制的每个对象都具有特性。有些特性是基本特性,适用于多数对象。例如图层、颜色、线型和打印样式等。有些特性是专用于某个对象的特性。例如,圆的特性包括半径和面积,直线的特性包括长度和角度。

多数基本特性可以通过图层指定给对象,也可以直接指定给对象。

如果特性值设置为“随层”,则将为对象与其所在的图层指定相同的值。例如,如果为在图层 0 上绘制的直线指定颜色“随层”,并将图层 0 指定为“红”,则该直线的颜色将为红。

如果将特性设置为一个特定值,则该值将替代图层中设置的值。例如,如果将图层 0 上的直线指定为“蓝色”并将图层 0 指定为“红色”,则直线的颜色为蓝色。

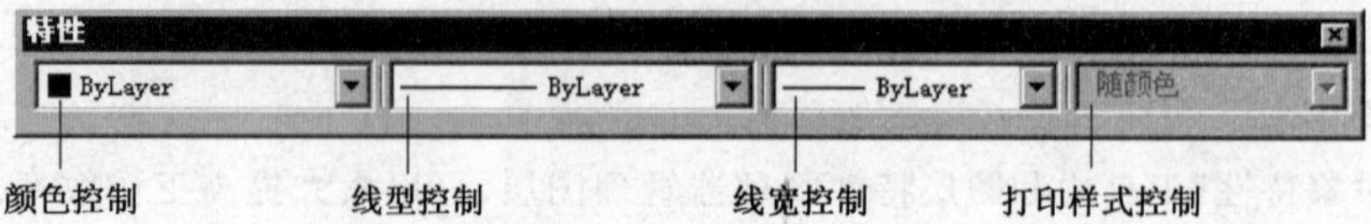

图 1—56 “特性”工具栏

(3)复制特性

使用“特性匹配” ,可以将一个对象的某些或所有特性复制到其他对象。该工具位于标准工具栏中。

可以复制的特性类型包括(但不仅限于):颜色、图层、线型、线型比例、线宽、打印样式、视口特性替代和三维厚度。

默认情况下,所有可应用的特性都自动地从选定的第一个对象复制到其他对象。如果不希望复制特定的特性,可以在执行该命令的过程中随时选择“设置”选项禁止复制该特性。

将特性从一个对象复制到其他对象的步骤如下:

a. 菜单:【标准】工具栏→【特性匹配】。

b. 选择要复制其特性的对象。

c. 如果要控制传递某些特性,输入 s(设置)。在【特性设置】对话框中,清除不希望复制的项目(默认情况下所有项目都打开)。单击【确定】按钮。

d. 选择对其应用选定特性的对象并按 Enter 键。

(4)设置线型比例

通过全局修改或单个修改每个对象的线型比例因子,可以以不同的比例使用同一线型。

默认情况下,全局线型和单个线型比例均设置为 1.0。比例越小,每个绘图单位中生成的重复图案就越多。例如,设置为 0.5 时,每一个图形单位在线型定义中显示重复两次的同一图案。不能显示完整线型图案的短线段显示为连续线。对于太短,甚至不能显示一个虚线小段的线段,可以使用更小的线型比例。

1.6　帮助信息

掌握帮助系统的使用,会从中获益匪浅。启用方法有如下三种:

- 单击工具栏中标准 ? 按钮。
- 单击菜单中【帮助(H)】→【帮助(H)】。
- 使用命令“help”或“?”或按“F1”键(或者输入'help 用于透明使用)。

要显示某菜单的帮助,打开该菜单,然后按 F1 键。

> ! 注意:当命令处于活动状态时,按 F1 键或输入'help 将显示该命令的帮助。在对话框中选择“帮助”按钮将显示关于该对话框的帮助。

帮助系统中包含了有关如何使用的完整信息。在帮助窗口中,可以在左侧窗格中查找信息。左侧窗格上方的选项卡提供了多种查看所需主题的方法。右侧窗格中显示所选的主题。

【在帮助中查找信息】:帮助窗口左侧窗格中的选项卡提供了多种查找信息的方法。

【搜索】:使用【搜索】选项卡根据输入的关键字查找相关的主题。

【了解帮助主题的组织方式】:此帮助系统中的大多数主题都有三个选项卡,显示在帮助窗口的右窗格上方。这三个选项卡显示不同类型的信息。

【打印帮助主题】:要打印当前主题,最快捷的方式是在该主题上单击鼠标右键,然后单击【打印】。

【显示和隐藏“目录”窗格】:使用【帮助】工具栏上的【隐藏】按钮可以隐藏包含“目录”“索引”和【搜索】选项卡的窗格,从而缩小“帮助”窗口。

【获取其他帮助】:可以访问其他几种帮助资源。

复习思考题

1. 三键鼠标各键的功能有哪些?
2. 重新执行命令的方法都有哪些?
3. 如何设置系统的自动保存文件的间隔时间?
4. 简述 AutoCAD 的主要功能。
5. 信号专业对图纸有哪些要求?
6. 如何设置文件的自动保存间隔时间为 10 min?
7. 什么叫简图、电路图、接线图?
8. 打开一个图形文件,执行 zoom 命令中的比例选项,看看 3、3x、3xp 的区别。
9. 打开一个图形文件,把它另存为“test1. dwg”。
10. 什么叫图层?怎么使用图层?
11. 如何设置信号专业绘图环境?练习按照信号专业要求进行绘图设置。
12. 如何在绘图过程切换图层?
13. 什么叫动态输入?怎样进行动态输入?
14. 如何恢复图形文件?
15. 如何自定义绘图环境?
16. 绘制信号专业图纸的一般原则及流程有哪些?
17. 如何快速复制对象特性?

第2章 显示控制

信号专业的图纸一般较长。在绘制幅面较长或较大的图时，使用控制显示的命令会十分频繁。通过显示控制命令，可以观察绘制图形中任何细小的结构和任意复杂的整体图形。同时通过显示控制命令，可以保存和恢复命名视图，设置多个视口。显示控制功能主要通过视图菜单和相应工具栏来实现，但并不改变图形的尺寸，也不影响实体间的相对关系。本章主要介绍显示控制命令的使用方法。

2.1 显示【选项】对话框

打开工具菜单中的【选项】对话框，如图2—1所示。选择显示标签，可以对窗口元素、显示精度、布局元素、显示性能等进行详细设置。

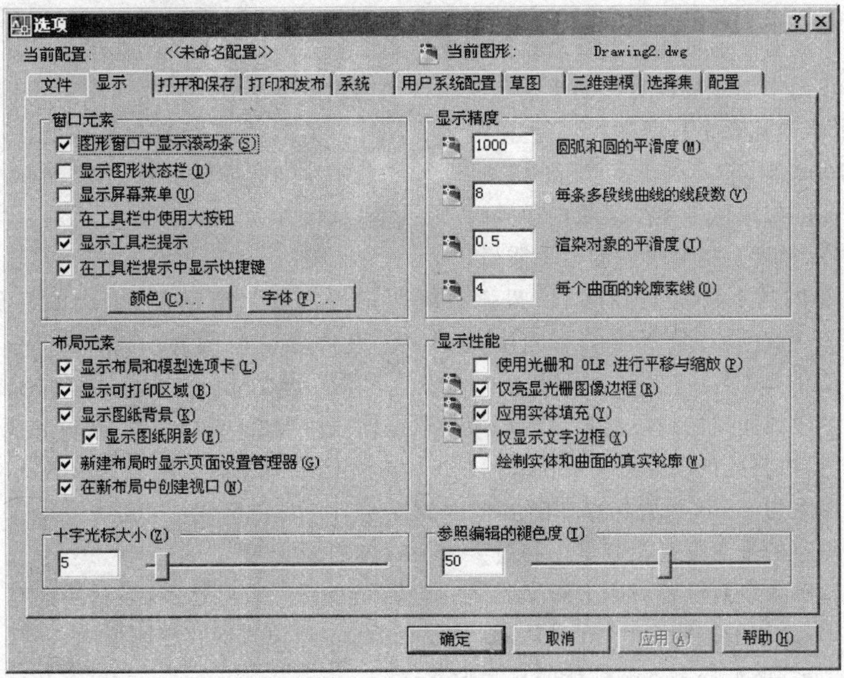

图2—1 【选项】对话框

(1)【窗口元素】：控制绘图环境特有的显示设置。

【图形窗口中显示滚动条】：在绘图区域的底部和右侧显示滚动条。

【显示图形状态栏】：将显示用于缩放注释的若干工具。图形状态栏打开后，将显示在绘图区域的底部。图形状态栏关闭后，显示在图形状态栏中的工具将移到应用程序状态栏。

【显示屏幕菜单】：在绘图区域的右侧显示屏幕菜单。屏幕菜单字体由Windows系统字体设置控制。如果使用屏幕菜单，应将Windows系统字体设置为字号符合屏幕菜单尺寸限制的字体。

【在工具栏中使用大按钮】:以 32×30 像素的更大格式显示图标。默认显示尺寸为 15×16 像素。

【显示工具栏提示】:当光标移动到工具栏的按钮上时,显示工具栏提示。

【在工具栏提示中显示快捷键】:当光标移动到工具栏的按钮上时,显示快捷键。

【颜色】:指定主应用程序窗口中元素的颜色。

【字体】:指定命令窗口文字字体。

【布局元素】:控制现有布局和新布局的选项。布局是一个图纸空间环境,可在其中设置图形进行打印。

【显示布局和模型选项卡】:在绘图区域的底部显示布局和"模型"选项卡。清除该选项后,状态栏上的按钮将替换这些选项卡。

【显示可打印区域】:显示布局中的可打印区域。可打印区域是指虚线内的区域,其大小由所选的输出设备决定。在打印图形时,绘制在可打印区域外的对象将被剪裁或忽略。

【显示图纸背景】:显示布局中指定的图纸尺寸的表示。图纸尺寸和打印比例确定图纸背景的尺寸。其中显示图纸阴影复选框指在布局中的图纸背景周围是否显示阴影。

【新建布局时显示页面设置管理器】:设置与图纸和打印设置相关的选项。

【在新布局中创建视口】:在创建新布局时自动创建单个视口。

(2)【十字光标大小】:用来控制十字光标的尺寸。有效值范围为全屏幕的 1%～100%。在设定为 100%时,看不到十字光标的末端。当尺寸减为 99%或更小时,十字光标才有有限的尺寸,当光标的末端位于绘图区域的边界时可见。默认尺寸为 5%。

(3)【显示精度】:控制对象的显示质量。

【圆弧和圆的平滑度】:控制圆、圆弧和椭圆的平滑度。值越高,生成的对象越平滑,重生成、平移和缩放对象所需的时间也就越多。有效取值范围为 1～20 000。默认设置为1 000。

【每条多段线曲线的线段数】:设置每条多段线曲线生成的线段数目。数值越高,对性能的影响越大。可以将此选项设置为较小的值(如 4)来优化绘图性能。取值范围为－32 767～32 767。默认设置为 8。该设置保存在图形中。

【渲染对象的平滑度】:控制着色和渲染曲面实体的平滑度。

【曲面轮廓索线】:设置对象上每个曲面的轮廓线数目。数目越多,显示性能越差,渲染时间也越长。有效取值范围为 0～2 047。默认设置为 4。该设置保存在图形中。

(4)【显示性能】:控制影响性能的显示设置。

【带光栅图像/OLE 平移和缩放】:控制在使用实时 Pan 和 Zoom 时光栅图像和 OLE 对象的显示。清除此选项可优化性能。如果打开了拖动显示并选择"带光栅图像/OLE 平移和缩放",将有一个对象的副本随着光标移动,就好像是在重新定位原始位置。

【仅亮显光栅图像边框】:选择此项,则光栅图像被选中时只亮显图像边框。

【应用实体填充】:要想使此设置生效,必须重新生成图形。该设置保存在图形中。清除此选项可优化性能。

【仅显示文字边框】:显示文字对象的边框而不显示文字对象。在选择或清除此选项之后,必须使用 REGEN 更新显示。

【绘制实体和曲面的真实轮廓】:控制在当前视觉样式设置为二维线框或三维线框时,是否显示三维实体对象的轮廓边。

(5)【布参照编辑的褪色度】:指定在位编辑参照的过程中对象的褪色度值。通过在位编辑参照,可以编辑当前图形中的块参照或外部参照。当在位编辑参照时,未被编辑的对象的显示强度低于可以编辑的对象的显示强度。有效值的范围为 0%～90%。默认设置是 50%。

2.2 精　　度

精度是指平衡平滑几何图形的网格密度,而非指单位设置精度。VIEWRES 命令控制当前视口中曲线式二维划线(例如圆和圆弧)的显示精度。例如:

命令:VIEWRES

是否需要快速缩放?【是(Y)/否(N)】＜Y＞:y　　*按 Enter 键("快速缩放"不再是此命令的功能选项,只是为了保持脚本的兼容性才保留了此选项)*

输入圆的缩放百分比 (1－20 000) ＜100＞:10 000　　*输入一个大于 1 000 的值以增加圆弧和圆的平滑度*

输入一个小于 1000 的值以降低圆弧和圆的平滑度

正在重生成模型。

矢量数目越大,圆或圆弧的外观越平滑。例如,如果创建了一个很小的圆然后将其放大,它可能显示为一个多边形。使用 VIEWRES 增大缩放百分比并重生成图形,可以更新圆的外观并使其平滑。减小缩放百分比会有相反的效果。虽然通过 VIEWRES 的设置,可以改变圆弧和圆的显示平滑度,但 VIEWRES 设置越高,系统重新生成的时间也越长。在绘图时,为了改善性能,可以将 VIEWRES 的值设置得低一些。如果只是希望使渲染图形中的圆和圆弧看起来更漂亮,可以忽略有关快速缩放的提示。

2.3 重　　画

在绘制图形的过程中,有时会在编辑区域留下一些痕迹,即"点"。重画操作(REDRAW)经常用来快速刷新或清除当前视口中的这些痕迹,而不更新图形数据库。有以下两种方式:

• 使用命令"redraw"(或'redraw,用于透明使用)、"redrawall"(或'redrawall,用于透明使用)。

• 单击菜单中【视图(V)】→【重画(R)】。

REDRAW 只刷新当前视口中的点标记;而 REDRAWALL 刷新显示所有视口。

! 注意:也可以单击按钮 。该按钮是自定义用户界面按钮。在工具条按钮区域的快捷菜单中选择"自定义"对话框,将 拖放至工具条相应的位置即可,如图 2－2 所示。

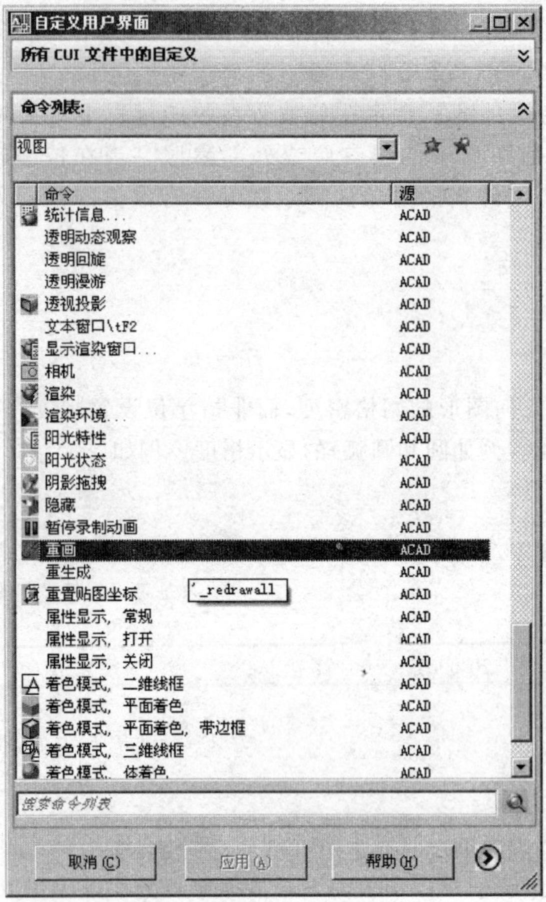

图 2—2　自定义用户界面对话框

2.4 重生成

在绘制图形过程中，有时画出的圆不像圆而像一个多变形，这时要通过从数据库中重新计算屏幕坐标来更新图形的屏幕显示，从当前视口重生成整个图形。

1. 使用 REGEN 清除杂散像素可以通过以下两种方式实现：

• 使用命令“regen”。

• 单击菜单中【视图(V)】→【重生成(G)】。

REGEN 在当前视口中重生成整个图形并重新计算所有对象的屏幕坐标。还重新创建图形数据库索引，从而优化显示和对象选择的性能。

2. 使用 REGENALL 重生成图形并刷新所有视口有以下两种方式：

• 使用命令“regenall”。

• 单击菜单中【视图(V)】→【全部重生成(A)】。

REGENALL 用于在所有视口中重生成整个图形并重新计算所有对象的屏幕坐标。还可以重新创建图形数据库索引，从而优化显示和对象选择的性能。如图 2—3 所示，使用 redrawall 前，信号机机构不圆，有点像多边形；执行 REDRAWALL 命令后，信号机机构线条变得很平滑。

(a) 执行redrawall前　　(b)执行redeawall后

图 2－3　显示精度

2.5　显示缩放及实时平移

在绘制图形时，可以通过缩放工具条和 ZOOM 命令来完成显示缩放和移动观察功能。

1．缩放

缩放工具条如图 2－4 所示。

图 2－4　缩放工具条

启用方法如下：

命令：zoom

指定窗口的角点，输入比例因子（nX 或 nXP），或者

【全部(A)/中心(C)/动态(D)/范围(E)/上一个(P)/比例(S)/窗口(W)/对象(O)】<实时>：

：全部缩放，在当前视口中缩放显示整个图形。在平面视图中，所有图形将被缩放到栅格界限和当前范围两者中较大的区域中。

：中心缩放，缩放显示由中心点和放大比例(或高度)所定义的窗口。高度值较小时增加放大比例，高度值较大时减小放大比例。

：动态缩放，缩放显示在视图框中的部分图形。视图框表示视口，可以改变它的大小，或在图形中移动。移动视图框或调整它的大小，将其中的图像平移或缩放，以充满整个视口。首先显示平移视图框，将其拖动到所需位置并单击，继而显示缩放视图框，调整其大小然后按 Enter 键进行缩放，或单击以返回平移视图框，按 Enter 键以使用当前视图框中的区域填充当前视口。

：范围缩放，用尽可能大的比例来显示视图，以便包含图形中的所有对象。此视图包含已关闭图层上的对象，但不包含冻结图层上的对象。

：上一个，缩放显示上一个视图。最多可恢复此前的 10 个视图。

! 注意：如果更改视觉样式，视图将被更改。如果输入 ZOOM Previous，它将恢复上一个不同着色的视图，而不是不同缩放的视图。

：比例缩放，以指定的比例因子缩放显示。输入的值后面跟着 x，根据当前视图指定比例。例如，输入 .5x 使屏幕上的每个对象显示为原大小的二分之一。输入值并后跟 xp，指定相对于图纸空间单位的比例。例如，输入 .5xp 以图纸空间单位的二分之一显示模型空间。创建每个视口以不同的比例显示对象的布局。输入值，指定相对于图形界限

的比例。(此选项很少用)例如,如果缩放到图形界限,则输入 2 将以对象原来尺寸的两倍显示对象。

:窗口缩放,缩放显示由两个角点定义的矩形窗口框定的区域。

:对象缩放,缩放以便尽可能大地显示一个或多个选定的对象并使其位于绘图区域的中心。可以在启动 ZOOM 命令前后选择对象。

:实时缩放,通过向上推动或向下拉动鼠标中间键的方法进行动态缩放。光标将变为带有加号(+)和减号(-)的放大镜。单击鼠标右键,可以显示包含其他视图选项的快捷菜单。

当前图形区域用于确定缩放因子。Zoom 设置中以移动窗口高度的一半距离表示缩放比例为 100%:在窗口的中点按住拾取键并垂直移动到窗口顶部则放大 100%;在窗口的中点按住拾取键并垂直向下移动到窗口底部则缩小 100%。

! 注意:若将光标置于窗口底部,按住拾取键并垂直向上移动到窗口顶部则放大比例为 200%。当达到放大极限时光标的加号消失,这表示不能再放大;当达到缩小极限时光标的减号消失,这表示不能再缩小。松开拾取键时缩放终止。可以在松开拾取键后将光标移动到图形的另一个位置,然后再按住拾取键便可从该位置继续缩放显示。要在新的位置上退出缩放,按 Enter 键或 Esc 键。

另外,在缩放工具条中还有两个按钮,即 和 。分别是放大两倍(即 2X)和缩小一半(即 0.5X)。

2. 平移

可以通过以下几种方式实现:

- 使用命令“pan”。
- 单击菜单中【视图(V)】→【平移(P)】→【实时】。
- 单击工具按钮为 。通过平移视图以重新确定其在绘图区域中的位置,或缩放视图以更改比例。

技巧:使用 PAN 的“实时”选项,通过移动定点设备可以进行动态平移,也可以通过按压滚轮不放进行拖动。与使用相机平移一样,PAN 不会更改图形中的对象位置或比例,而只是更改视图。

可以通过放大和缩小操作改变视图的比例,类似于使用相机进行缩放。ZOOM 不改变图形中对象的绝对大小,只改变视图的比例。

当在图形中进行局部特写时,可能经常需要将图形缩小以观察总体布局。使用“缩放到上一个”可以快速返回到上一个视图。

光标形状变为手形 工具。通过按住鼠标中间键不放移动鼠标,可以锁定光标于相对

图 2-5 手形光标及其边界

视口坐标系的当前位置。图形显示随光标向同一方向移动。

到达逻辑范围(图纸空间的边缘)时，将在此边缘上的手形光标上显示边界栏，如图 2－5 所示。根据此逻辑范围处于图形顶部、底部还是两侧，将相应地显示出水平(顶部或底部)或垂直(左侧或右侧)边界栏。

释放鼠标中间键，平移将停止。

技巧：可以释放拾取键，将光标移动到图形的其他位置，然后按鼠标中间键，从该位置平移显示。

2.6 鸟瞰视图

2.6.1 基本概念

在大型图形中，通过鸟瞰视图(DSVIEWRES)命令，可以在显示全部图形的窗口中快速平移和缩放。

在绘图时，如果“鸟瞰视图”窗口保持打开状态(如图 2－6 所示)，则无需中断当前命令便可以直接进行缩放和平移操作。

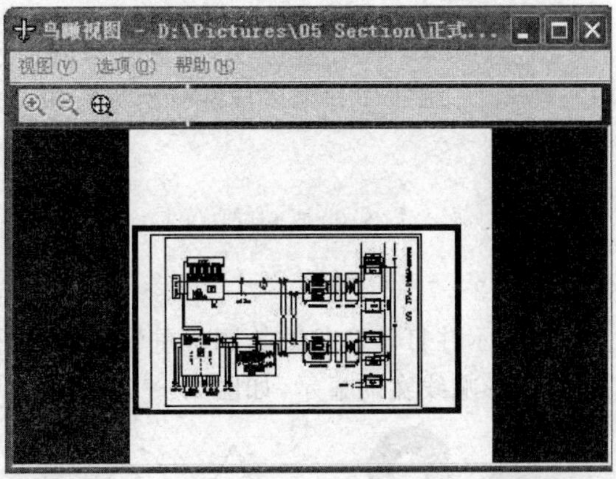

图 2－6 鸟瞰视图

使用“视图框”进行平移和缩放操作过程中，视图框在“鸟瞰视图”窗口内，是一个用于显示当前视口中视图边界的粗线矩形。通过在“鸟瞰视图”窗口中改变视图框可以改变图形中的视图。要放大图形，将视图框缩小。要缩小图形，将视图框放大。单击左键可以执行所有平移和缩放操作。单击鼠标右键可以结束平移或缩放操作。启用方法如下：

- 单击菜单：“视图”→“鸟瞰视图”。
- 使用命令条目“dsviewer”。

2.6.2 “鸟瞰视图”窗口

1.【视图】菜单

通过放大、缩小图形或在“鸟瞰视图”窗口显示整个图形来改变鸟瞰视图的缩放比例。

【放大】:以当前视图框为中心,放大两倍“鸟瞰视图”窗口中的图形显示比例。

【缩小】:以当前视图框为中心,缩小两倍“鸟瞰视图”窗口中的图形显示比例。

【全局】:在“鸟瞰视图”窗口显示整个图形和当前视图。

! 注意:在“鸟瞰视图”窗口中显示整幅图形时,“缩小”菜单选项和按钮不可用。当前视图几乎充满“鸟瞰视图”窗口时,“放大”菜单选项和按钮不可用。如果两种情况同时发生,例如,使用 Zoom 的“范围”选项后,这两个选项都将不可用。所有菜单选项也可通过在“鸟瞰视图”窗口中单击鼠标右键从快捷菜单访问。

2.【选项】菜单

切换图形的自动视口显示和动态更新。所有菜单选项也可通过在“鸟瞰视图”窗口中单击鼠标右键从快捷菜单访问。

【自动视口】:当显示多重视口时,自动显示当前视口的模型空间视图。关闭自动视口时,将不更新“鸟瞰视图”窗口以匹配当前视口。

【动态更新】:编辑图形时更新“鸟瞰视图”窗口。关闭动态更新时,将不更新“鸟瞰视图”窗口,直到在“鸟瞰视图”窗口中单击。

【实时缩放】:使用“鸟瞰视图”窗口进行缩放时实时更新绘图区域。

2.7 填充模式

FILL 命令控制诸如图案填充、二维实体和宽多段线等对象的填充。启用方法如下。

命令:fill(或'fill,用于透明使用)
输入模式【开(ON)/关(OFF)】<当前>:输入 on 或 off,或按 Enter 键

【开】:打开“填充”模式。如图 2－7(a)所示。

【关】:关闭“填充”模式。仅显示并打印对象的轮廓。重生成图形后,修改“填充”模式将影响现有对象。“填充”模式设置不影响线宽的显示,如图 2－7(b)所示。

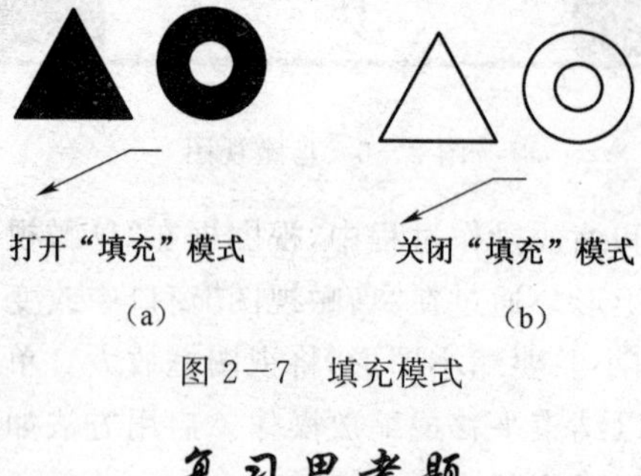

图 2－7 填充模式

复习思考题

1. 鸟瞰视图在移动显示区域时,绘图区中的对象显示是否同步变化?
2. 重画与重生成有什么不同?
3. 观察 FILL 处于 ON 或 OFF 状态中,箭头图形的状态。
4. 要显示前面显示过的画面有什么办法?
5. 如何改变图形的显示精度?

第3章 基本绘图命令

信号专业的图形有平面布置图、盘面图、电路图、接线图、配线图、机械结构图等类别。不管什么图形，都是由点、直线、圆、圆弧以及一些曲线组成，同时也应遵守国标《技术制图 图线》的规定画法。

所有图线的图线宽度 b 应按图样的类型和尺寸大小在下列数中选择：0.13 mm；0.18 mm；0.25 mm；0.35 mm；0.5 mm；0.7 mm；1 mm；1.4 mm；2 mm。

表3—1 图线标准

图线名称	图线型式	图线宽度	用途	说明	图线应用举例
粗实线		b	a. 轮廓线 b. 可见导线 c. 图形符号用线 d. 表格用线		可见轮廓线、可见过渡线
虚线	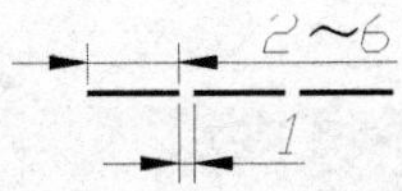	约 $b/3$	a. 辅助线 b. 机械联动线 c. 不可见轮廓线 d. 计划扩展内容用线		不可见轮廓线、不可见过渡线
细实线		约 $b/3$	共同完成同一功能而又不安装在该单元内的元器件的外围框线		尺寸线、尺寸界限、剖面线、重合断面的轮廓线及指引线等
波浪线	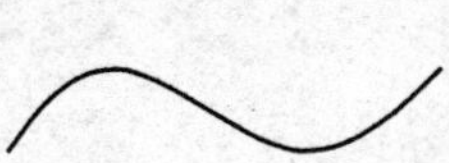	约 $b/3$			断裂处的边界线等
双折线	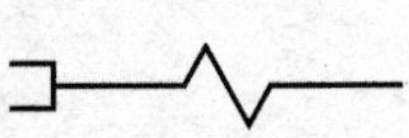	约 $b/3$			断裂处的边界线
点画线		约 $b/3$	a. 分界线 b. 围框线	电路图中需要表示出某一部分是功能单元或结构单元时，可采用点划线围框围起来。当用围框围起来的单元有详细资料可查时，则在围框内绘出标记，其内电路可简化	轴线、对称中心线等
双点画线		约 $b/3$		用点划线围框围起来表示一个单元的电路图	极限位置的轮廓线、相邻辅助零件的轮廓线等

3.1 绘制直线

3.1.1 基本操作步骤

1. 通过以下方法输入直线绘制命令：

- 单击菜单中【绘图(D)菜单】→【直线(L)】。
- 单击绘图工具栏：。
- 使用命令“line”。

2. 指定起点

可以在命令提示下输入坐标值，也可以在所需位置单击鼠标。

3. 指定端点以完成第一条线段

若要在执行 LINE 命令期间放弃前一条直线段，输入 u 或单击工具栏上的“放弃”按钮或者按键盘上的 Esc 键即可。

4. 指定其他线段的端点。

5. 按 Enter 键或空格键结束，或者按 c 键使一系列直线段闭合。

> 技巧：再次按下空格键，重复最近一次的操作。

例如，绘制一条直线。

命令：line
指定下一点或【放弃(U)】：
指定下一点或【放弃(U)】：
指定下一点或【闭合(C)/放弃(U)】：　　*选择闭合，输入 C，系统会自动连接起始点和最后一个端点，从而会出一个封闭的图形。选择放弃，输入 U，擦除最近一次绘制的直线段。*

3.1.2 精确绘制直线方法

要精确定义每条直线端点的位置，可以采用以下方法。

1. 使用绝对坐标或相对坐标输入端点的坐标值

例：利用坐标及正交模式绘制牵出线符号，如图 3－1 所示。

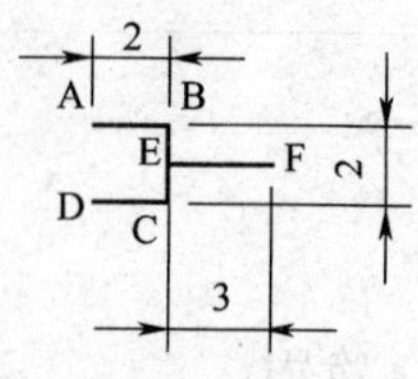

图 3－1　牵出线

分析：该图形中线条呈垂直和水平状态，应采用正交模式绘制。

命令：line
指定第一点：0,0　　*定义 D 点绝对坐标*

指定下一点或【放弃(U)】:@2,0	输入 C 点相对坐标,绘制 DC 段
指定下一点或【放弃(U)】:@0,2	输入 B 点相对坐标,绘制 CB 段
指定下一点或【闭合(C)/放弃(U)】:@−2,0	输入 A 点相对坐标,绘制 BA 段
指定下一点或【闭合(C)/放弃(U)】:	回车结束线段的绘制
命令:line 指定第一点:	按空格键,重复线段绘制命令,并利用捕捉功能找到 BC 的中点点击鼠标左键,输入 E 点
指定下一点或【放弃(U)】:＜正交开＞3	打开"正交"开关,将鼠标向右拖动,并输入线段长度 3 mm,完成 EF 线段绘制
指定下一点或【放弃(U)】:	回车结束 line 命令

! 注意:在正交模式下利用鼠标直接绘图时,移动鼠标在 X 方向和 Y 方向的增量哪个大,系统就认为用户想在该方向上绘制直线,同时显示该方向的橡筋线。

2. 指定相对于现有对象的对象捕捉

极轴追踪可以自动捕捉预先设定好的极轴角度,默认为 90°的倍数。当极轴追踪打开后,光标移动到设定的角度附近时,会呈现追踪线及自动捕捉极轴角度,同时显示相对坐标。此时,可以输入数值以确定极轴方向的长度值,或单击鼠标左键,确定输入点的坐标。

例:仍旧以牵出线符号为例进行绘制。

分析:该图形中线条既然呈垂直和水平状态,可以利用在极轴追踪时输入极轴坐标的方法进行绘制。打开"极轴""对象捕捉""对象追踪"开关,利用追踪快速指定"下一点"。如图3−2所示。

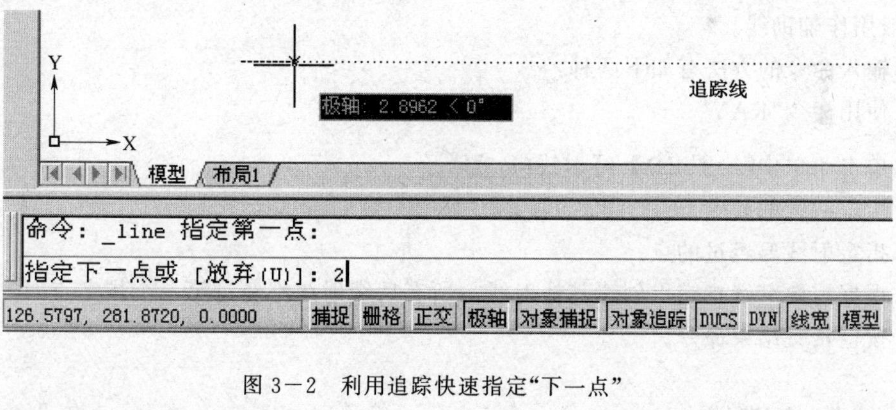

图 3−2 利用追踪快速指定"下一点"

命令:_line 指定第一点:	
指定下一点或【放弃(U)】:2	在出现追踪线时,输入 2。
指定下一点或【放弃(U)】:2	
指定下一点或【闭合(C)/放弃(U)】:2	
指定下一点或【闭合(C)/放弃(U)】:	按空格键结束绘制。

技巧:最快捷的方法是从现有的直线进行偏移,然后修剪或延伸到所需的长度。如果希望线段作为单个对象连接,使用多段线对象而不要使用直线对象。

例:利用极轴追踪绘制如图 3—3 所示的 KZ 图形。

分析:AB 与 CB 呈对称状态,已知条件是 B 点与 C 点的相对坐标为(@3,1)。先确定 C 点,然后用相对坐标输入 B 点,由于 BD 是水平线段,故采用正交模式输入 BD 线段坐标 14。AB 线段的输入方法可以是:先用对象追踪的方法捕捉到 B 点,然后输入与 B 点的相对坐标(@—3,1),找到 A 点。

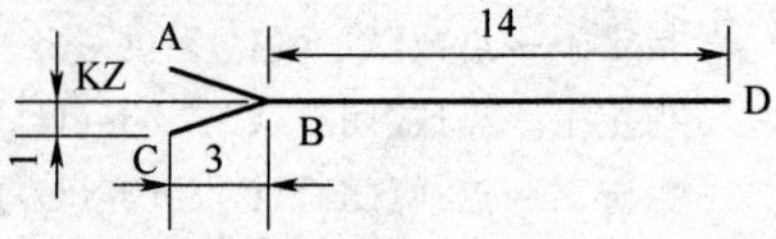

图 3—3　KZ 的绘制

命令:_line 指定第一点:	*在绘图区域任意点击一点以确定 C 点*
指定下一点或【放弃(U)】:@3,1	*输入 B 点相对坐标,绘制 CB 线段*
指定下一点或【放弃(U)】:<正交开>14 右	*打开正交模式,拖动鼠标向右,注意让橡筋线呈向状态,输入 14,以确定 D 点*
指定下一点或【闭合(C)/放弃(U)】:	*按"空格"键或"回车"键,以结束线段的绘制*
命令:line 指定第一点:	*按"空格"键重复最近的操作,即重复 line 命令,并捕捉 B 点*
指定下一点或【放弃(U)】:<正交关>@—3,1	*输入 A 点的相对坐标*
指定下一点或【放弃(U)】:	*点击鼠标右键,选择"确定",或按空格键,结束命令*

3.2　绘制射线

射线仅在一个方向上延伸,射线是一条有起点、通过另一点或指定某方向无限延伸的直线,一般用作辅助线。

1. 输入命令的方法有如下两种:
- 使用命令"RAY"。
- 单击菜单中【绘图(D)】→【射线(R)】。

2. 指定射线的起点。
3. 指定射线要经过的点。
4. 根据需要继续指定点创建其他射线。所有后续射线都经过第一个指定点。
5. 按空格键结束命令。

3.3　绘制构造线

构造线也叫参照线,是通过两点并确定两个方向无限延长的直线,一般用做辅助线。可用以下三种操作绘制:

- 使用命令"xline"。
- 单击工具栏绘图按钮。
- 单击菜单中【绘图】→【构造线】。

指定点或【水平(H)/垂直(V)/角度(A)/二等分(B)/偏移(O)】:	*指定点或输入选项*

1. 指定点：两点确定一条构造线。用无限长直线所通过的两点定义构造线的位置。第一个点（根）是构造线概念上的中点，即通过“中点”对象捕捉到的点。按空格键结束命令。

2. 水平：创建平行于 X 轴的构造线。创建一条通过选定点的水平参照线。

3. 垂直：创建平行于 Y 轴的构造线。创建一条通过选定点的垂直参照线。

4. 角度：用两种方法中的一种创建构造线。或者选择一条参考线，指定那条直线与构造线的角度，或者通过指定角度和构造线必经的点来创建与水平轴成指定角度的构造线。

5. 二等分：创建二等分指定角的构造线。指定用于创建角度的顶点和直线。

6. 偏移：创建平行于指定基线的构造线。指定偏移距离，选择基线，然后指明构造线位于基线的哪一侧。

例：绘制某一条线的平行线。

```
命令：_xline 指定点或【水平(H)/垂直(V)/角度(A)/二等分(B)/偏移(O)】：a
输入构造线的角度(0)或【参照(R)】：r
选择直线对象：
输入构造线的角度<0>：                    按默认角度 0 按空格键结束命令
```

二等分：创建一条参照线，使其经过选定的角顶点，并且将选定的两条线之间的夹角平分。

例：绘制 BAC 的角平分线，如图 3－4 所示。

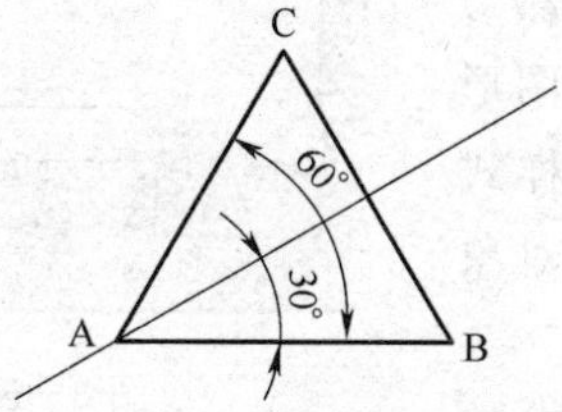

图 3－4　绘制角平分线

```
命令：_xline 指定点或【水平(H)/垂直(V)/角度(A)/二等分(B)/偏移(O)】：b
指定角的顶点：          点击 A 点，指定 A 点为顶点
指定角的起点：          点击 B 点，指定 B 点为起点
指定角的端点：          点击 C 点，指定 C 点为端点
指定角的端点：          按空格键，结束构造线的绘制命令
```

此构造线位于由三个点确定的平面中。偏移：创建平行于另一个对象的参照线。

```
命令：_xline 指定点或【水平(H)/垂直(V)/角度(A)/二等分(B)/偏移(O)】：o
指定偏移距离或【通过(T)】<通过>：12        输入构造线与参考线段间的距离
选择直线对象：                              选择要参考的对象
指定向哪侧偏移：                            指定构造线位于参考线的哪一侧
选择直线对象：                              按空格键结束命令
```

3.4 绘制多线

3.4.1 绘制多线

多线是由 1～16 条平行线组成的线型，这些平行线称为元素。如信号平面布置图中的间距相等的两条线路、双线轨道电路图中的两根钢轨及设备布置图中信号楼的墙体等都可以采用多线进行绘制。这样可以大大提高绘图效率。

在绘制多线之前，首先要对多线的样式进行设定。设定的方法有如下三种：

• 使用命令"_mlstyle"。

• 单击菜单中【格式】→【多线样式...】。

• 打开【多线样式】对话框，如图 3－5所示。

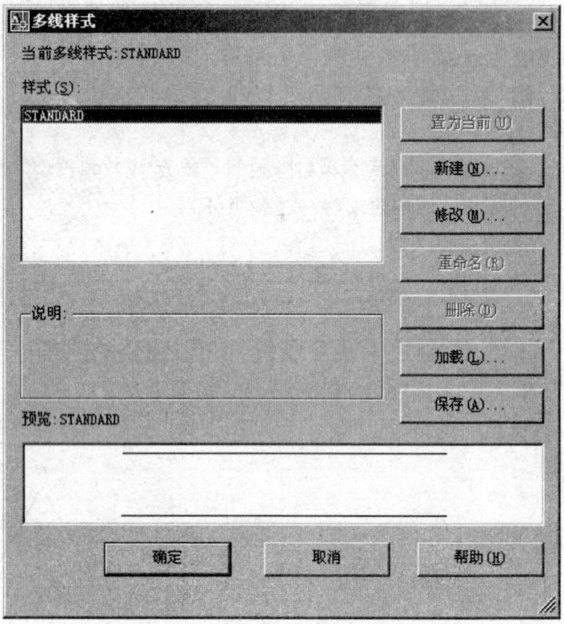

图 3－5 【多线样式】设置对话框

1.【多线样式】对话框

当前多线样式：显示当前多线样式的名称，该样式将在后续创建的多线中用到。

【样式】：显示已加载到图形中的多线样式列表。

多线样式列表中可以包含外部参照的多线样式，即存在于外部参照图形中的多线样式。外部参照的多线样式名称使用与其他外部依赖非图形对象所使用语法相同。

【说明】：显示选定多线样式的说明。

【预览】：显示选定多线样式的名称和图像。

【置为当前】：设置用于后续创建的多线的当前多线样式。从"样式"列表中选择一个名称，然后选择"置为当前"。

! 注意：不能将外部参照中的多线样式设置为当前样式。

【新建】：显示【创建新的多线样式】对话框，从中可以创建新的多线样式。

【修改】：显示【修改多线样式】对话框，从中可以修改选定的多线样式。不能修改默认的 STANDARD 多线样式。

! 注意：不能编辑 STANDARD 多线样式或图形中正在使用的任何多线样式的元素和多线特性。要编辑现有多线样式，必须在使用该样式绘制任何多线之前进行设置。

【重命名】：重命名当前选定的多线样式。不能重命名 STANDARD 多线样式。

【删除】：从"样式"列表中删除当前选定的多线样式。此操作并不会删除 MLN 文件中的样式。

不能删除 STANDARD 多线样式、当前多线样式或正在使用的多线样式。

【加载】:显示【加载多线样式】对话框,从中可以从指定的 MLN 文件加载多线样式。

【保存】:将多线样式保存或复制到多线库(MLN)文件。如果指定了一个已存在的 MLN 文件,新样式定义将添加到此文件中,并且不会删除其中已有的定义。默认文件名是 acad. mln。

2.【新建多线样式】【修改多线样式】对话框

用户可以通过【新建】按钮打开【创建新的多线样式】对话框,如图 3－6 所示。输入新样式名后,单击【继续】按钮,打开另一个【新建多线样式:×××】对话框,如图 3－7 所示。

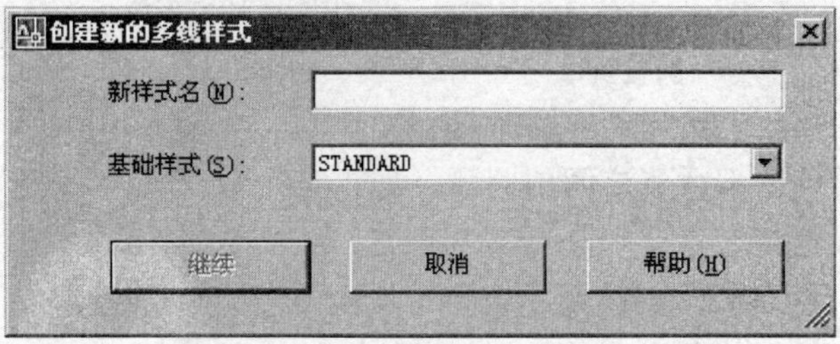

图 3－6　创建新的多线样式

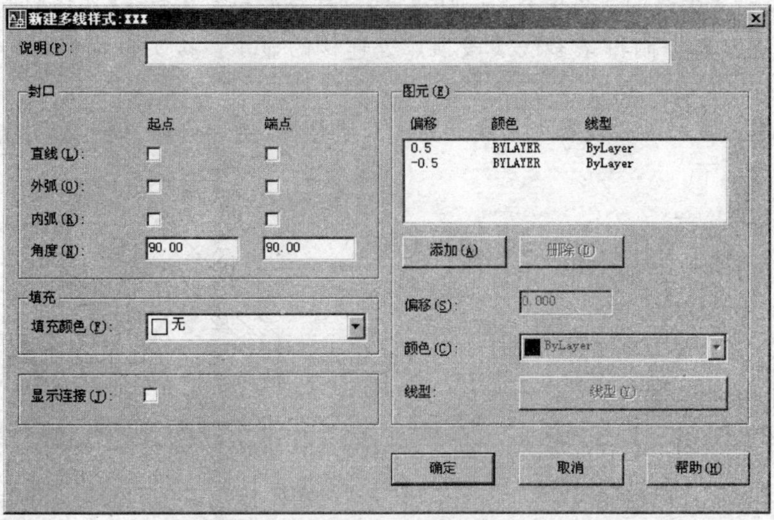

图 3－7　【新建多线样式】对话框

多线的特性包括:

(1)元素的总数和每个元素的位置。

(2)每个元素与多线中间的偏移距离。

(3)每个元素的颜色和线型。

(4)每个顶点出现的称为 joints 的直线的可见性。

(5)使用的封口类型。

(6)多线的背景填充颜色。

在【新建多线样式】对话框中可以设置新多线样式的特性和元素,或将其更改为现有多线样式的特征和元素。

(1)【说明】:为多线样式添加说明,最多可以输入 255 个字符(包括空格)。

(2)【封口】:控制多线起点和端点封口。具体设置如下。

【直线】:显示穿过多线每一端的直线段,如图 3—8 所示。

【外弧】:显示多线的最外端元素之间的圆弧。如图 3—9 所示。

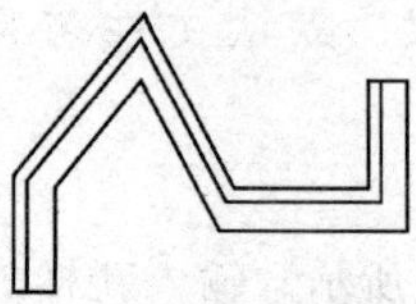

图 3—8 多线直线封口

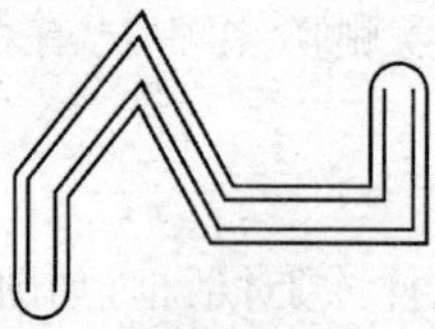

图 3—9 多线圆弧封口

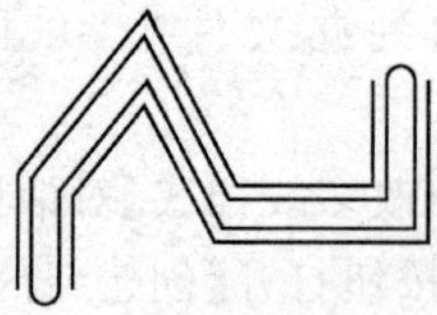

图 3—10 多线内弧封口

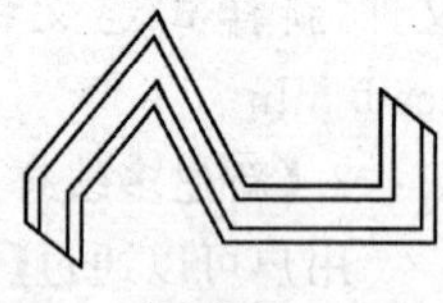

图 3—11 多线角度封口

【内弧】:显示成对的内部元素之间的圆弧。如果有奇数个元素,则不连接中心线。例如,如果有 6 个元素,内弧连接元素 2 和 5、元素 3 和 4。如果有 7 个元素,内弧连接元素 2 和 6、元素 3 和 5;元素 4 不连接,如图 3—10 所示。

【角度】:指定端点封口的角度,如图 3—11 所示。

(3)【填充】:控制多线的背景填充。具体设置如下。

填充颜色:设置多线的背景填充色。如果选择“选择颜色”,将显示【选择颜色】对话框。

(4)【显示连接】:控制每条多线线段顶点处连接的显示。接头也称为斜接,如图 3—12 所示。

(5)【图元】:设置新的和现有的多线元素的元素特性,例如偏移、颜色和线型,如图 3—13 所示。具体设置如下。

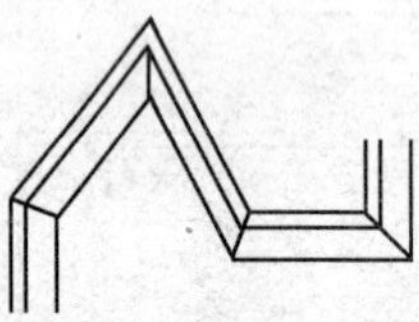

图 3—12 【显示连接】设置

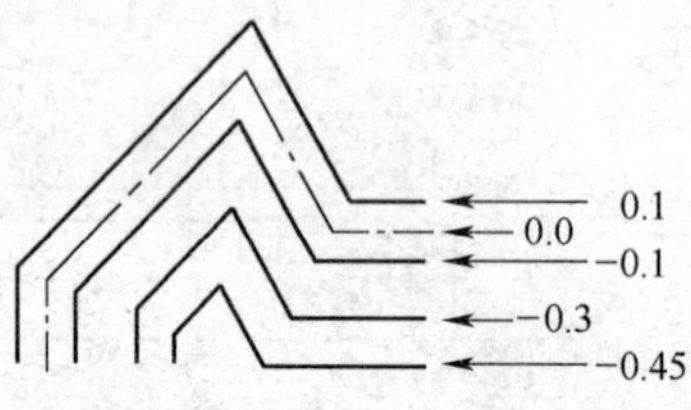

图 3—13 给多线样式中的每个元素指定偏移值

【偏移、颜色和线型】:显示当前多线样式中的所有元素。样式中的每个元素由其相对于多线的中心、颜色及其线型定义。元素始终按它们的偏移值降序显示。

【添加】:将新元素添加到多线样式。只有为除 STANDARD 以外的多线样式选择了颜色或线型后,此选项才可用。

【删除】:从多线样式中删除元素。

【偏移】:为多线样式中的每个元素指定偏移值。

【颜色】:显示并设置多线样式中元素的颜色。如果选择“选择颜色”,将显示【选择颜色】对话框。

【线型】:显示并设置多线样式中元素的线型。如果选择“线型”,将显示【选择线型特性】对话框，该对话框列出了已加载的线型。要加载新线型，请单击“加载”。将显示【加载或重载线型】对话框。

当多线样式设定完毕，按如下步骤绘制多线：

(1)输入命令。可以通过以下两种方式进行：

• 单击菜单中【绘图(D)】→【多线(U)】。

• 使用命令“MLINE”。

(2)在命令提示下，输入“st”，选择一种样式。

(3)若要列出可用样式，输入样式名称。

(4)若要对正多线，输入“j”并选择上对正、无对正或下对正。

(5)若要修改多线的比例，输入“s”并输入新的比例。

(6)开始绘制多线，指定起点。

(7)指定第二个点。

(8)指定其他点或按空格键。如果指定了三个或三个以上的点，可以输入“c”闭合多线。

例：绘制如图 3－14 所示双轨。

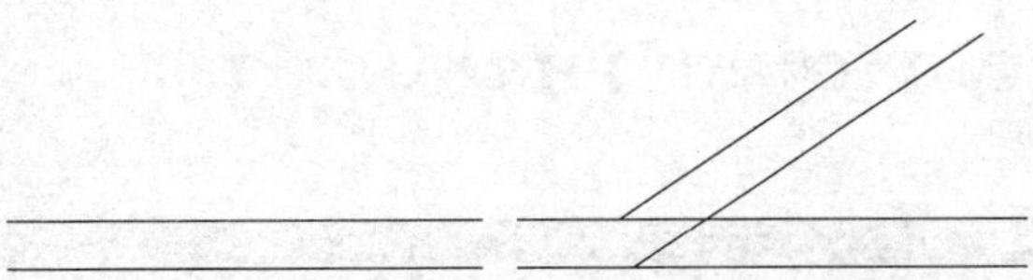

图 3－14　双轨轨道电路中的道岔

```
命令：_mline
当前设置：对正＝上，比例＝1.00，样式＝STANDARD
指定起点或【对正(J)/比例(S)/样式(ST)】：
指定下一点：<正交开>
指定下一点或【放弃(U)】：
命令：指定对角点：
命令：_mline
当前设置：对正＝上，比例＝1.00，样式＝STANDARD
指定起点或【对正(J)/比例(S)/样式(ST)】：
指定下一点：
指定下一点或【放弃(U)】：
命令：mline
当前设置：对正＝上，比例＝1.00，样式＝STANDARD
指定起点或【对正(J)/比例(S)/样式(ST)】：
指定下一点：<正交关><正交开><正交关>
指定下一点或【放弃(U)】：
命令：_explode
选择对象：指定对角点：找到 2 个
选择对象：
命令：_extend
```

```
当前设置：投影＝UCS，边＝无
选择边界的边...
选择对象或＜全部选择＞：指定对角点：找到 2 个
选择对象：
选择要延伸的对象，或按住 Shift 键选择要修剪的对象，或
【栏选(F)/窗交(C)/投影(P)/边(E)/放弃(U)】：
选择要延伸的对象，或按住 Shift 键选择要修剪的对象，或
【栏选(F)/窗交(C)/投影(P)/边(E)/放弃(U)】：
```

当然，绘制平行线条有很多的方法，如偏移、通过绘制平行线的方法等。

3.4.2 【多线编辑工具】对话框

【多线编辑工具】对话框(如图 3－15 所示)用来修改多线对象。该对话框将显示工具，并以四列显示样例图像。第一列控制交叉的多线，第二列控制 T 形相交的多线，第三列控制角点结合和顶点，第四列控制多线中的打断。根据具体的图样选择具体的工具即可。启用方法如下：

- 单击菜单中【修改(M)】→【对象(O)】→【多线(M)...】。
- 使用命令“mledit”。

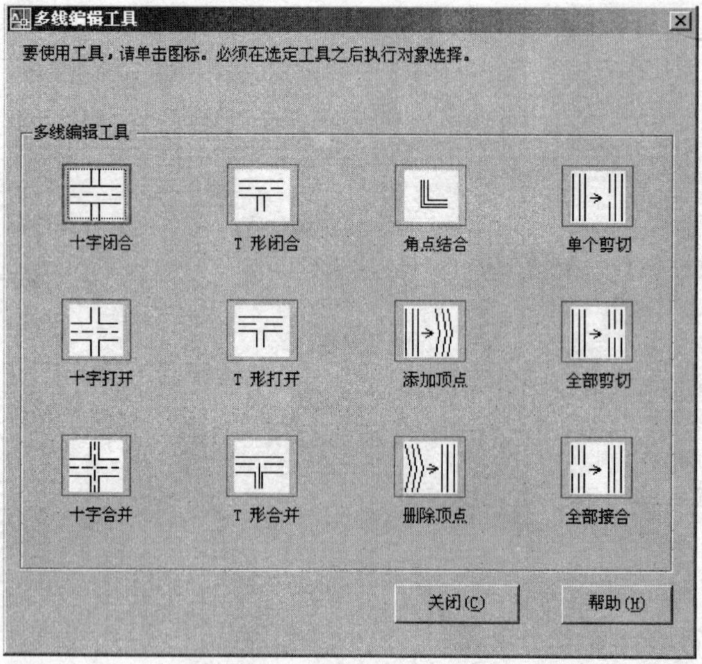

图 3－15 【多线编辑工具】对话框

3.5 绘制多段线

多段线是信号专业的电路图和接线图中，经常采用的绘图工具。用以绘制导线和箭头等。它是由一系列具有宽度性质的相互连接的直线段或圆弧组成的单一的实体，如图 3－16 所示。

图 3-16　列车运行方向

通过以下方式启用：

• 单击菜单中【绘图(D)】→【多段线(P)】。

• 单击工具栏绘图按钮。

```
命令:_pline
指定起点:
当前线宽为 0.2000
指定下一个点或【圆弧(A)/半宽(H)/长度(L)/放弃(U)/宽度(W)】:
```

1.【下一点】:绘制一条直线段。将显示前一个提示。

2.【圆弧】:将弧线段添加到多段线中。

```
指定下一个点或【圆弧(A)/半宽(H)/长度(L)/放弃(U)/宽度(W)】:a
指定圆弧的端点或
【角度(A)/圆心(CE)/方向(D)/半宽(H)/直线(L)/半径(R)/第二个点(S)/放弃(U)/宽度(W)】:a
指定包含角:30
指定圆弧的端点或【圆心(CE)/半径(R)】:
```

! 注意:对于 PLINE 命令的“中心”选项,输入 ce;对于“中心”对象捕捉,输入 cen 或 cEnter。

(1)【圆弧端点】:弧线段与多段线的上一段相切。将显示前一个提示。

(2)【角度】:指定弧线段的从起点开始的包含角。输入正数将按逆时针方向创建弧线段。输入负数将按顺时针方向创建弧线段。

【圆弧端点】:指定端点并绘制弧线段。

【中心】:指定弧线段的圆心。

【半径】:指定弧线段的半径。

(3)【中心】:指定弧线段的圆心。

【圆弧端点】:指定端点并绘制弧线段。

【角度】:指定弧线段的从起点开始的包含角。

【长度】:指定弧线段的弦长。如果上一线段是圆弧,程序将绘制与上一弧线段相切的新弧线段。

(4)【关闭】:从指定的最后一点到起点绘制弧线段,从而创建闭合的多段线。必须至少指定两个点才能使用该选项。

(5)【方向】:指定弧线段的起始方向。

(6)【宽】:指定从宽多段线线段的中心到其一边的宽度。

起点半宽将成为默认的端点半宽。端点半宽在再次修改半宽之前将作为所有后续线段的统一半宽。宽线线段的起点和端点位于宽线的中心。

典型情况下,相邻多段线线段的交点将倒角。但在弧线段互不相切、有非常尖锐的角或者使用点划线线型的情况下将不倒角。

(7)【直线】:退出“圆弧”选项并返回初始 PLINE 命令提示。

(8)【半径】:指定弧线段的半径。

【圆弧端点】:指定端点并绘制弧线段。

【角度】:指定弧线段的包含角。

(9)【第二点】:指定三点圆弧的第二点和端点。

(10)【放弃】:删除最近一次添加到多段线上的弧线段。

(11)【宽度】:指定下一弧线段的宽度。

起点宽度将成为默认的端点宽度。端点宽度在再次修改宽度之前将作为所有后续线段的统一宽度。宽线线段的起点和端点位于宽线的中心。

一般情况下,相邻多段线线段的交点将倒角。但在弧线段互不相切、有非常尖锐的角或者使用点划线线型的情况下将不倒角。

3.【关闭】:从指定的最后一点到起点绘制直线段,从而创建闭合的多段线。必须至少指定两个点才能使用该选项。

4.【半宽】:指定从宽多段线线段的中心到其一边的宽度。起点半宽将成为默认的端点半宽。端点半宽在再次修改半宽之前将作为所有后续线段的统一半宽。宽线线段的起点和端点位于宽线的中心。

5.【长度】:在与上一线段相同的角度方向上绘制指定长度的直线段。如果上一线段是圆弧,程序将绘制与该弧线段相切的新直线段。

6.【放弃】:删除最近一次添加到多段线上的直线段。

7.【宽度】:指定下一条直线段的宽度。

起点宽度将成为默认的端点宽度。端点宽度在再次修改宽度之前将作为所有后续线段的统一宽度。宽线线段的起点和端点位于宽线的中心。

例:绘制如图 3－16 所示线路上的列车运行方向。

```
命令:_pline
指定起点:
当前线宽为 0.0000
指定下一个点或【圆弧(A)/半宽(H)/长度(L)/放弃(U)/宽度(W)】:w
指定起点宽度<0.2000>:
指定端点宽度<0.2000>:
指定下一个点或【圆弧(A)/半宽(H)/长度(L)/放弃(U)/宽度(W)】:4
指定下一点或【圆弧(A)/闭合(C)/半宽(H)/长度(L)/放弃(U)/宽度(W)】:w
指定起点宽度<0.2000>:1
指定端点宽度<1.0000>:0.2
指定下一点或【圆弧(A)/闭合(C)/半宽(H)/长度(L)/放弃(U)/宽度(W)】:4
指定下一点或【圆弧(A)/闭合(C)/半宽(H)/长度(L)/放弃(U)/宽度(W)】:w
指定起点宽度<0.2000>:
指定端点宽度<0.2000>:1
指定下一点或【圆弧(A)/闭合(C)/半宽(H)/长度(L)/放弃(U)/宽度(W)】:4
指定下一点或【圆弧(A)/闭合(C)/半宽(H)/长度(L)/放弃(U)/宽度(W)】:w
指定起点宽度<1.0000>:0.2
```

指定端点宽度＜0.2000＞:0.2 指定下一点或【圆弧(A)/闭合(C)/半宽(H)/长度(L)/放弃(U)/宽度(W)】:4

指定下一点或【圆弧(A)/闭合(C)/半宽(H)/长度(L)/放弃(U)/宽度(W)】:

例:用多段线绘制如图 3－17 所示继电器符号。要求线段宽为 0.2 mm,加强接点符号宽 1 mm。

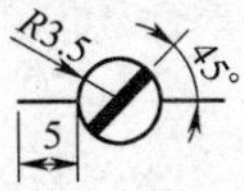

图 3－17　有极继电器

分析:该图有直线和两个半圆组成的多段线。先用多段线绘制圆,再绘制两边的直线。

命令:_pline

指定起点:

当前线宽为 0.2000

指定下一个点或【圆弧(A)/半宽(H)/长度(L)/放弃(U)/宽度(W)】:w　　*设定线宽*

指定起点宽度＜0.2000＞:0.2

指定端点宽度＜0.2000＞:

指定下一个点或【圆弧(A)/半宽(H)/长度(L)/放弃(U)/宽度(W)】:a

指定圆弧的端点或

【角度(A)/圆心(CE)/方向(D)/半宽(H)/直线(L)/半径(R)/第二个点(S)/放弃(U)/宽度(W)】:r

指定圆弧的半径:3.5

指定圆弧的端点或【角度(A)】:7　　*在水平追踪线上输入 7,而不是 3.5*

指定圆弧的端点或

【角度(A)/圆心(CE)/闭合(CL)/方向(D)/半宽(H)/直线(L)/半径(R)/第二个点(S)/放弃(U)/宽度(W)】:

指定圆弧的端点或

【角度(A)/圆心(CE)/闭合(CL)/方向(D)/半宽(H)/直线(L)/半径(R)/第二个点(S)/放弃(U)/宽度(W)】:

命令:_pline

指定起点:

当前线宽为 0.2000

指定下一个点或【圆弧(A)/半宽(H)/长度(L)/放弃(U)/宽度(W)】:5

指定下一点或【圆弧(A)/闭合(C)/半宽(H)/长度(L)/放弃(U)/宽度(W)】:

命令:　PLINE

指定起点:

当前线宽为 0.2000

指定下一个点或【圆弧(A)/半宽(H)/长度(L)/放弃(U)/宽度(W)】:5

指定下一点或【圆弧(A)/闭合(C)/半宽(H)/长度(L)/放弃(U)/宽度(W)】:

命令:_pline

指定起点:＞＞

正在恢复执行 PLINE 命令。

指定起点:

当前线宽为 0.2000

```
指定下一个点或【圆弧(A)/半宽(H)/长度(L)/放弃(U)/宽度(W)】:w
指定起点宽度<0.2000>:1
指定端点宽度<1.0000>:
指定下一个点或【圆弧(A)/半宽(H)/长度(L)/放弃(U)/宽度(W)】:
指定下一点或【圆弧(A)/闭合(C)/半宽(H)/长度(L)/放弃(U)/宽度(W)】:
```

3.6 绘制矩形

矩形经常用于围栏或边框的绘制，如图 3－18 所示。值得提醒的是，对于这类图一般先完成围栏内部的绘制，最后根据围栏内的对象所占据的空间绘制围栏。

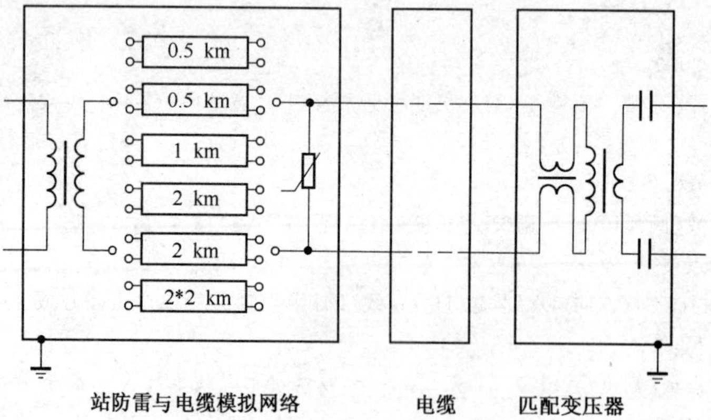

图 3－18　围栏

使用矩形 RECTANG 工具可创建矩形形状的闭合多段线。可以指定长度、宽度、面积和旋转参数。还可以控制矩形上角点的类型(圆角、倒角或直角)。绘制方法如下：

- 单击菜单中【绘图(D)】→【菜单矩形(G)】。
- 单击工具栏绘图按钮。

如绘制图形边框时，方法如下：

```
命令:_rectang
指定第一个角点或【倒角(C)/标高(E)/圆角(F)/厚度(T)/宽度(W)】:0,0
指定另一个角点或【面积(A)/尺寸(D)/旋转(R)】:420,297
```

1. 第一个角点：指定矩形的一个角点。

另一个角点：使用指定的点作为对角点创建矩形。

区域：使用面积与长度或宽度创建矩形。如果“倒角”或“圆角”选项被激活，则区域将包括倒角或圆角在矩形角点上产生的效果。

标注：使用长和宽创建矩形。

旋转：按指定的旋转角度创建矩形。

2. 倒角：设置矩形的倒角距离。

3. 标高:指定矩形的标高。

4. 圆角:指定矩形的圆角半径。

5. 厚度:指定矩形的厚度。

6. 宽度:为要绘制的矩形指定多段线的宽度。

例:绘制如图 3－19 所示的(a)、(b)、(c)图。

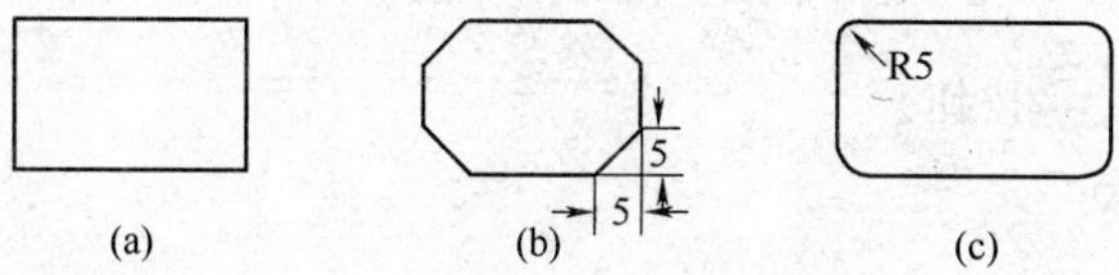

图 3－19　不同指定方式下矩形的绘制

图 3－19(a)的绘制过程如下:

```
命令:_rectang
指定第一个角点或【倒角(C)/标高(E)/圆角(F)/厚度(T)/宽度(W)】:c
指定矩形的第一个倒角距离＜0.0000＞:
指定矩形的第二个倒角距离＜0.0000＞:
指定第一个角点或【倒角(C)/标高(E)/圆角(F)/厚度(T)/宽度(W)】:w
指定矩形的线宽＜0.0000＞:0.5
指定第一个角点或【倒角(C)/标高(E)/圆角(F)/厚度(T)/宽度(W)】:
指定另一个角点或【面积(A)/尺寸(D)/旋转(R)】:
```

图 3－19(b)的绘制过程如下:

```
命令:_rectang
当前矩形模式:  宽度＝0.5000
指定第一个角点或【倒角(C)/标高(E)/圆角(F)/厚度(T)/宽度(W)】:c
指定矩形的第一个倒角距离＜0.0000＞:5
指定矩形的第二个倒角距离＜5.0000＞:
指定第一个角点或【倒角(C)/标高(E)/圆角(F)/厚度(T)/宽度(W)】:
指定另一个角点或【面积(A)/尺寸(D)/旋转(R)】:
```

图 3－19(c)的绘制过程如下:

```
命令:_rectang
当前矩形模式:  倒角＝5.0000x5.0000   宽度＝0.5000
指定第一个角点或【倒角(C)/标高(E)/圆角(F)/厚度(T)/宽度(W)】:f
指定矩形的圆角半径＜5.0000＞:
指定第一个角点或【倒角(C)/标高(E)/圆角(F)/厚度(T)/宽度(W)】:
指定另一个角点或【面积(A)/尺寸(D)/旋转(R)】:
命令:指定对角点:
```

! 注意:绘制的矩形是一个由多段线组成的集合,编辑时是一整体,通过分解命令(explode)将其分解成单个的线段,但分解的同时也失去了线宽性质。线宽是否可见与 fillmode 变量有关。

3.7 绘制正多边形

使用 POLYGON 可创建具有 3～1 024 条等长边的闭合多段线。如图 3－20 所示在复示信号机的绘制过程中经常用到正多边形。操作方法如下：

- 单击菜单中【绘图(D)】→【菜单正多边形(Y)】。
- 单击工具栏绘图按钮。
- 使用命令“polygon”。

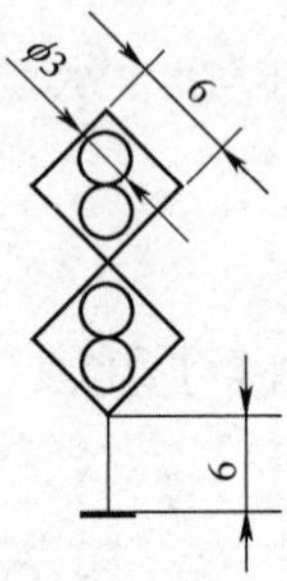

图 3－20　驼峰复示信号机

命令：_polygon 输入边的数目＜4＞：6	*输入边的数目，当前值是四边形。输入介于 3 和 1024 之间的值或按空格键确认。*
指定正多边形的中心点或【边(E)】：	*定义正多边形的绘制方法：是从中心点还是从边开始绘制。默认绘制方法从正多边形的中心点开始绘制。*

当定义了从正多边形的“边”开始绘制时，通过指定第一条边的端点来定义正多边形。

指定边的第一个端点：	*指定点(1)*
指定边的第二个端点：	*指定点(2)*

当定义了从正多边形中心点开始绘制时，命令行会出现：

输入选项【内接于圆(I)/外切于圆(C)】＜当前＞：	*输入 i 或 c 或按空格键*

内接于圆：指定外接圆的半径，正多边形的所有顶点都在此圆周上。

外切于圆：指定从正多边形中心点到各边中点的距离。

例：绘制如图 3－21 所示的正方形。

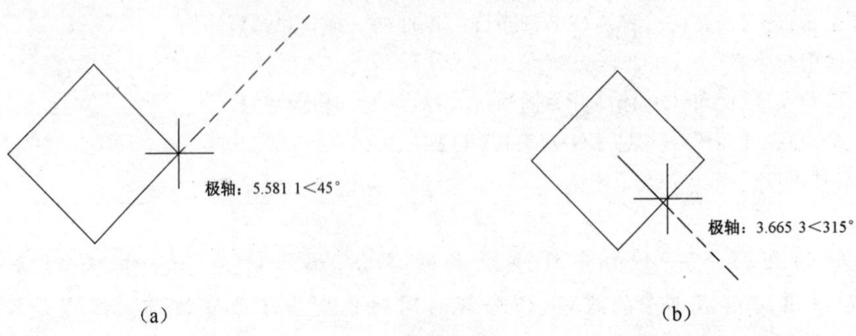

(a)　　　　(b)

图 3－21　不同指定方式下正方形的绘制

分析：根据 3－21 图，已知条件边长是 6 的情况下，可以采用指定正多边形的“边”，又知其边与水平线夹角是 45°，可以采用追踪 45°角的办法，如图 3－21(a)所示。也可以采用指定正多边形的中心点，用外切于圆的办法绘制，如图 3－21(b)所示。

图 3－21(a)的绘制过程如下：

命令：_polygon 输入边的数目＜4＞：
指定正多边形的中心点或【边(E)】：e 指定边的第一个端点：指定边的第二个端点：　*6 当追踪到 45° 时输入 6*
命令：指定对角点：
命令：指定对角点：
命令：_. erase 找到 2 个

如图 3－21(b)的绘制过程如下：

命令：　polygon 输入边的数目＜4＞：
指定正多边形的中心点或【边(E)】：
输入选项【内接于圆(I)/外切于圆(C)】＜C＞：c
指定圆的半径：3

3.8　绘制圆弧

如图 3－22 所示，圆弧也是经常使用图素之一。圆弧的获得可以通过相应的圆弧命令完成绘制。根据图样中的已知条件，通过指定圆心、端点、起点、半径、角度、弦长和方向值的各种组合形式来得到圆弧。启用方法如下：

- 单击工具栏绘图  按钮。
- 使用命令“arc”。
- 单击菜单中【绘图(D)】→【圆弧(A)】→【三点(P)】。

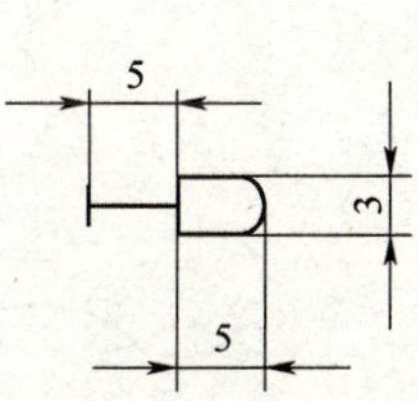

图 3－22　按钮柱

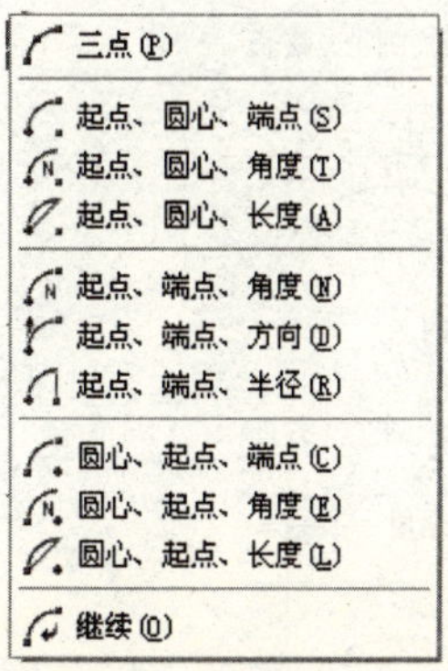

图 3－23　11 种定义圆弧的方式

共有 11 种定义圆弧的方式，如图 3－23、图 3－24 所示。

三点：指定圆弧的起点、圆弧上的任意一点、终点。

起点：指定圆弧的起始点。

终点：指定圆弧的终止点。

圆心：指定圆弧的圆心。

方向：指定和圆弧起点相切的方向。

长度：指定圆弧的弦长。正值绘制小于 180°的圆弧，负值绘制大于 180°的圆弧。

角度：指定圆弧包含的角度。顺时针为负，逆时针为正。

半径：指定圆弧的半径。按逆时针绘制，正值绘制小于 180°的圆弧，负值绘制大于 180°的圆弧。

指定圆弧的起点或【中心(C)】：*指定点、输入 c 或按空格键以开始绘制上一条直线、圆弧或多段线的切线。*

起点：指定圆弧的起点。

! 注意：如果未指定点就按空格键，最后绘制的直线或圆弧的端点将会作为起点，并立即提示指定新圆弧的端点。这将创建一条与最后绘制的直线、圆弧或多段线相切的圆弧。

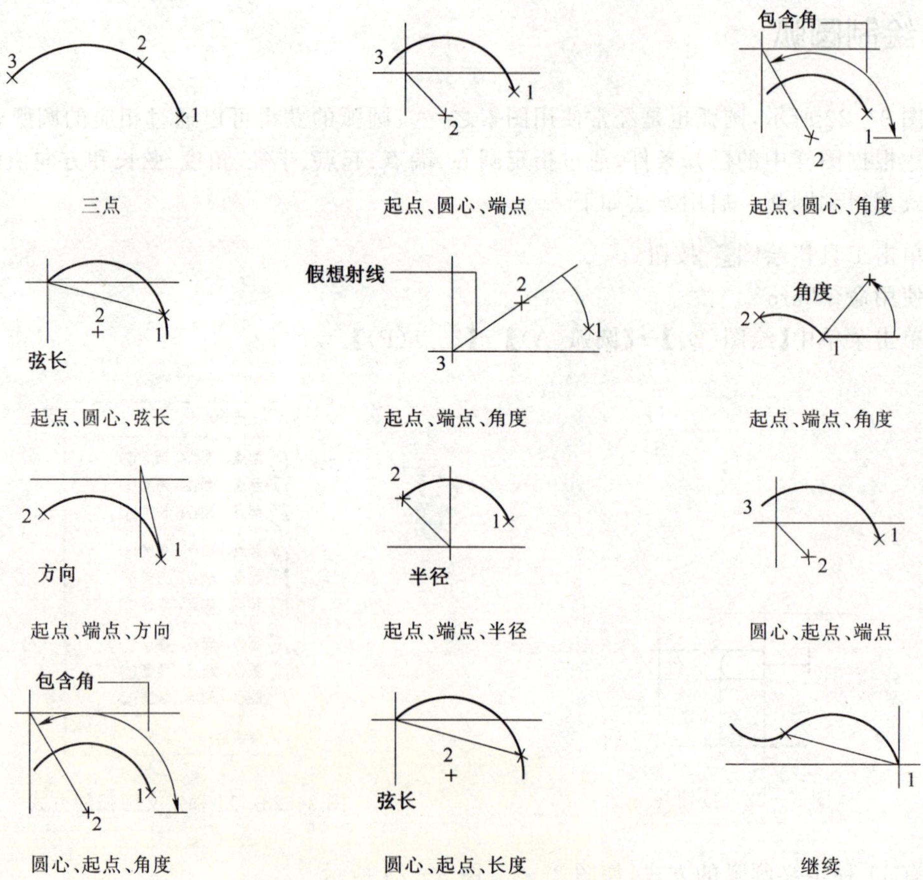

图 3－24　不同指定方式下圆弧的绘制

例:绘制附录 A 中按钮柱符号。

分析:按钮柱圆弧的已知条件有两个端点和半径 1.5 mm。

第一步,绘制相关线段:

```
命令:_pline
指定起点:
当前线宽为 1.0000
指定下一个点或【圆弧(A)/半宽(H)/长度(L)/放弃(U)/宽度(W)】:w
指定起点宽度<1.0000>:0.2
指定端点宽度<0.2000>:
指定下一个点或【圆弧(A)/半宽(H)/长度(L)/放弃(U)/宽度(W)】:2
指定下一点或【圆弧(A)/闭合(C)/半宽(H)/长度(L)/放弃(U)/宽度(W)】:
命令: pline
指定起点:
当前线宽为 0.2000
指定下一个点或【圆弧(A)/半宽(H)/长度(L)/放弃(U)/宽度(W)】:5
指定下一点或【圆弧(A)/闭合(C)/半宽(H)/长度(L)/放弃(U)/宽度(W)】:
命令: pline
指定起点:1.5
当前线宽为 0.2000
指定下一个点或【圆弧(A)/半宽(H)/长度(L)/放弃(U)/宽度(W)】:3
指定下一点或【圆弧(A)/闭合(C)/半宽(H)/长度(L)/放弃(U)/宽度(W)】:
命令: pline
指定起点:
当前线宽为 0.2000
指定下一个点或【圆弧(A)/半宽(H)/长度(L)/放弃(U)/宽度(W)】:3.5
指定下一点或【圆弧(A)/闭合(C)/半宽(H)/长度(L)/放弃(U)/宽度(W)】:
命令: pline
指定起点:
当前线宽为 0.2000
指定下一个点或【圆弧(A)/半宽(H)/长度(L)/放弃(U)/宽度(W)】:
指定下一点或【圆弧(A)/闭合(C)/半宽(H)/长度(L)/放弃(U)/宽度(W)】:
```

第二步,采用起点、端点、半径绘制圆弧:

```
命令:_arc 指定圆弧的起点或【圆心(C)】:
指定圆弧的第二个点或【圆心(C)/端点(E)】:_e
指定圆弧的端点:
指定圆弧的圆心或【角度(A)/方向(D)/半径(R)】:_r 指定圆弧的半径:1.5
```

第三步,将圆弧修改为具有一定宽度的多段线:

```
命令:'_ToolPalettes
命令:_pedit 选择多段线或【多条(M)】:选择多段线或【多条(M)】:
是否将其转换为多段线?<Y>
```

输入选项【闭合(C)/合并(J)/宽度(W)/编辑顶点(E)/拟合(F)/样条曲线(S)/非曲线化(D)/线型生成(L)/放弃(U)】:w

指定所有线段的新宽度:0.2

输入选项【闭合(C)/合并(J)/宽度(W)/编辑顶点(E)/拟合(F)/样条曲线(S)/非曲线化(D)/线型生成(L)/放弃(U)】:

3.9 绘制圆

在信号专业中,很多设备的表示都涉及圆,如按钮、继电器及其接点、转辙机、信号机等,见附录所示。表3－2所示列出了信号基本灯光及相应颜色的表示方法。

表3－2 信号基本灯光颜色

序号	符号	名称	说明	序号	符号	名称	说明
1	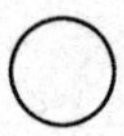	绿灯		7		空位灯	
2		黄灯		8	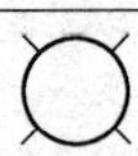	亮稳定灯光	
3		红灯		9		亮闪光	
4		蓝灯		10	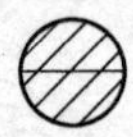	双半黄灯	机车信号
5		月白灯		11		半红半黄灯	机车信号
6		白灯					

圆的绘制方法大致有六种,如图3－25、图3－26所示。

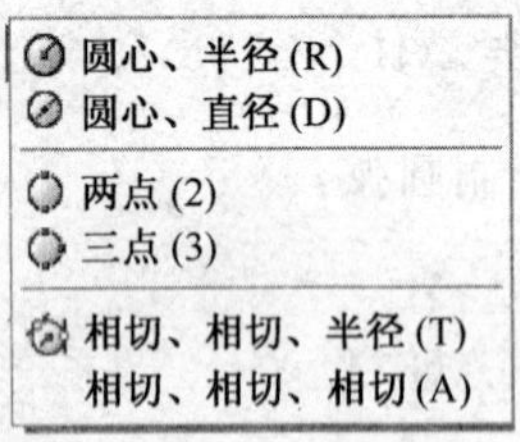

图3－25 圆的绘制命令

也可以通过以下任一方法绘制:

- 单击工具栏绘图按钮。
- 单击菜单中【绘图(D)】→【圆(C)】→【圆心、半径(R)】。
- 使用命令"circle"。

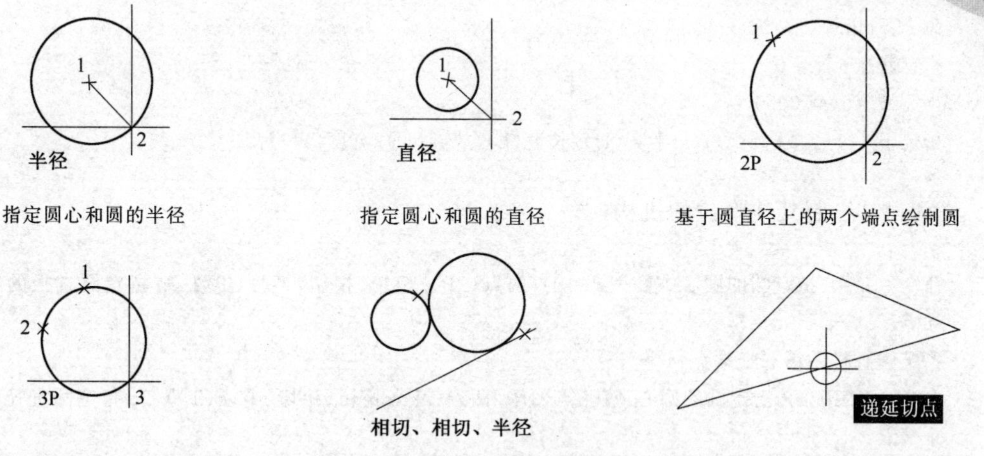

指定圆心和圆的半径　　指定圆心和圆的直径　　基于圆直径上的两个端点绘制圆

基于圆周上的三点绘制圆　　基于指定半径和两个相切对象绘制圆　　相切、相切、相切画圆，类似用 3P 画圆

图 3－26　不同指定方式下圆的绘制

```
指定圆的圆心或【三点(3P)/两点(2P)/相切、相切、半径(T)】:指定点或输入选项
```

例:绘制如图 3－27 所示的进站信号机。

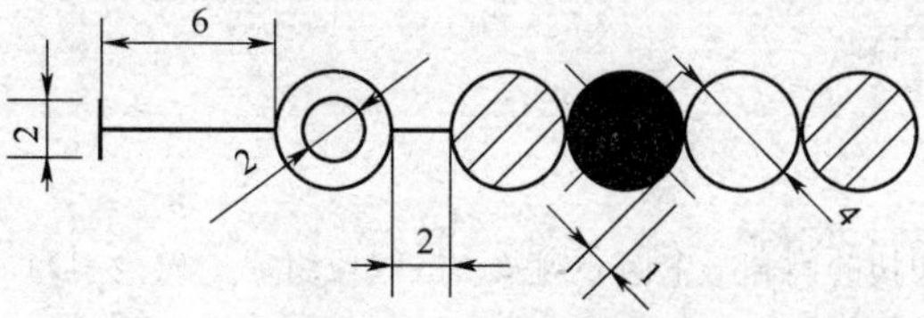

图 3－27　进站信号机

分析:若从左向右画，则白灯的已知条件是左象限点与左线段的右端点重合，半径是 2，其他圆两两相切；若从右向左画，则黄、绿、红、黄信号机构两两相切，白灯的已知条件是右象限点或与右线段的左端点重合，半径是 2。圆的绘制可以采用两点(2P)进行绘制。

方法一:

第一步，用多段线绘制信号机基础部分:

```
命令： pline
指定起点：
当前线宽为 0.2000
指定下一个点或【圆弧(A)/半宽(H)/长度(L)/放弃(U)/宽度(W)】:6
```

第二步，绘制信号机白灯灯位的机构部分:

```
命令:_circle 指定圆的圆心或【三点(3P)/两点(2P)/相切、相切、半径(T)】:2p 指定圆直径的第一个
端点：
指定圆直径的第二个端点:4
```

第三步，用多段线绘制白灯灯位与黄灯位间的线段:

```
命令:_pline
指定起点:
当前线宽为 0.2000
指定下一个点或【圆弧(A)/半宽(H)/长度(L)/放弃(U)/宽度(W)】:2
```

第四步,绘制其他灯位的机构:

```
命令:_circle 指定圆的圆心或【三点(3P)/两点(2P)/相切、相切、半径(T)】:2p 指定圆直径的第一个端点:
指定圆直径的第二个端点:4
命令: CIRCLE 指定圆的圆心或【三点(3P)/两点(2P)/相切、相切、半径(T)】:2p 指定圆直径的第一个端点:
指定圆直径的第二个端点:4
命令: CIRCLE 指定圆的圆心或【三点(3P)/两点(2P)/相切、相切、半径(T)】:2p 指定圆直径的第一个端点:
指定圆直径的第二个端点:4
命令: CIRCLE 指定圆的圆心或【三点(3P)/两点(2P)/相切、相切、半径(T)】:2p 指定圆直径的第一个端点:
指定圆直径的第二个端点:4
```

方法二:

分析:该信号机由四个相切的圆和一个同心圆及一些线段组成。先绘制四个相切的圆,然后绘制线段及同心圆。

```
命令:_circle 指定圆的圆心或【三点(3P)/两点(2P)/相切、相切、半径(T)】:
指定圆的半径或【直径(D)】<2.0000>:2
命令: CIRCLE 指定圆的圆心或【三点(3P)/两点(2P)/相切、相切、半径(T)】:2p 指定圆直径的第一个端点:
指定圆直径的第二个端点:@-4,0
命令: CIRCLE 指定圆的圆心或【三点(3P)/两点(2P)/相切、相切、半径(T)】:2p 指定圆直径的第一个端点:
指定圆直径的第二个端点:@-4,0
命令: CIRCLE 指定圆的圆心或【三点(3P)/两点(2P)/相切、相切、半径(T)】:2p 指定圆直径的第一个端点:
指定圆直径的第二个端点:@-4,0
命令:
命令:_line 指定第一点:
指定下一点或【放弃(U)】:@-2,0
指定下一点或【放弃(U)】:
命令:
命令:_circle 指定圆的圆心或【三点(3P)/两点(2P)/相切、相切、半径(T)】:2p 指定圆直径的第一个端点:
指定圆直径的第二个端点:
>>输入 ORTHOMODE 的新值<0>:
```

正在恢复执行 CIRCLE 命令。

指定圆直径的第二个端点：@－4,0

命令： CIRCLE 指定圆的圆心或【三点(3P)/两点(2P)/相切、相切、半径(T)】：

指定圆的半径或【直径(D)】＜2.0000＞：1

命令：

命令：_line 指定第一点：

指定下一点或【放弃(U)】：@－6,0

指定下一点或【放弃(U)】：

命令：

命令：_line 指定第一点：1

指定下一点或【放弃(U)】：2

指定下一点或【放弃(U)】：

3.10　绘制圆环

圆环是填充环或实体填充圆，即带有宽度的闭合多段线。要创建圆环，指定它的内外直径和圆心。通过指定不同的中心点，可以继续创建具有相同直径的多个副本。要创建实体填充圆，将内径值指定为 0。

创建圆环的步骤如下：

1. 单击菜单中【绘图(D)】→【菜单圆环(D)】或输入命令“DONUT”。
2. 指定内直径(1)，如图 3－28 所示。
3. 指定外直径(2)。
4. 指定圆环的圆心(3)。
5. 指定另一个圆环的中心点，或者按空格键结束命令，如图 3－29 所示。

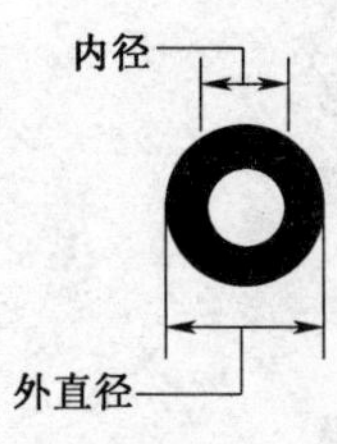

图 3－28　圆环的内径与外径

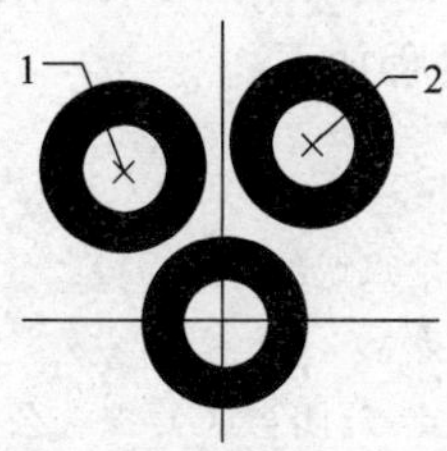

图 3－29　标记圆心

将根据中心点来设置圆环的位置。指定直径后，将提示用户指定绘制圆环的位置。将在每个指定点(2)处绘制一个圆环。圆环内部的填充方式取决于 FILL 命令的当前设置。

3.11　绘制样条曲线

样条曲线是经过或接近一系列给定点的光滑曲线。一般用轨道电路人工交叉、牵引电流的连接线、交流继电器的绘制、滤波器等符号的绘制过程中，如图 3－30 所示。

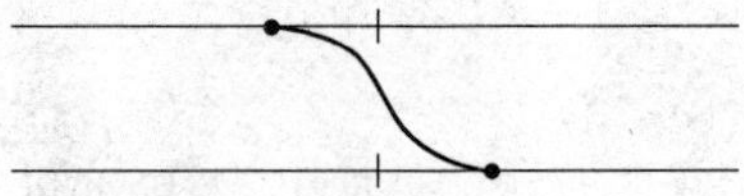

图 3－30　轨条连接线(通牵引电流)

绘制样条曲线的两种方法如下：

- 单击工具栏绘图按钮。
- 单击菜单中【绘图(D)】→【样条曲线(S)】。

命令：_spline
指定第一个点或【对象(O)】：　*使用指定点创建样条曲线。*
指定下一点：　*输入点一直到完成样条曲线的定义为止。*

输入两点后，将显示以下提示：

指定下一点或【闭合(C)/拟合公差(F)】＜起点切向＞：　*指定点、输入选项或按空格键*

具体设置如下：

指定下一点：连续地输入点将增加附加样条曲线线段，直到按空格键结束。输入 undo 以删除上一个指定的点。按空格键后，将提示指定样条曲线的起点切向。

闭合：将最后一点定义为与第一点一致并使它在连接处相切，这样可以闭合样条曲线。

拟合公差：修改拟合当前样条曲线的公差。根据新公差以现有点重新定义样条曲线。可以重复更改拟合公差，但这样做会更改所有控制点的公差，不管选定的是哪个控制点。

如果公差设置为 0，则样条曲线通过拟合点。输入大于 0 的公差将使样条曲线在指定的公差范围内通过拟合点。

例：绘制如图 3－30 所示的轨条连接线。

分析：两根钢轨采用多段线绘制，轨条连接线采用样条曲线。忽略直线线段的绘制，样条曲线的绘制过程如下：

命令：_spline
指定第一个点或【对象(O)】：
指定下一点：
指定下一点或【闭合(C)/拟合公差(F)】＜起点切向＞：
指定下一点或【闭合(C)/拟合公差(F)】＜起点切向＞：
指定下一点或【闭合(C)/拟合公差(F)】＜起点切向＞：f
指定拟合公差＜0.0000＞：
指定下一点或【闭合(C)/拟合公差(F)】＜起点切向＞：
指定起点切向：

3.12　绘制椭圆和椭圆弧

如图 3－31 所示的转辙机内部启动片结构示意图中用到椭圆命令。椭圆由定义其长度和宽度的两条轴决定。较长的轴称为长轴，较短的轴称为短轴，如图 3－32 所示。

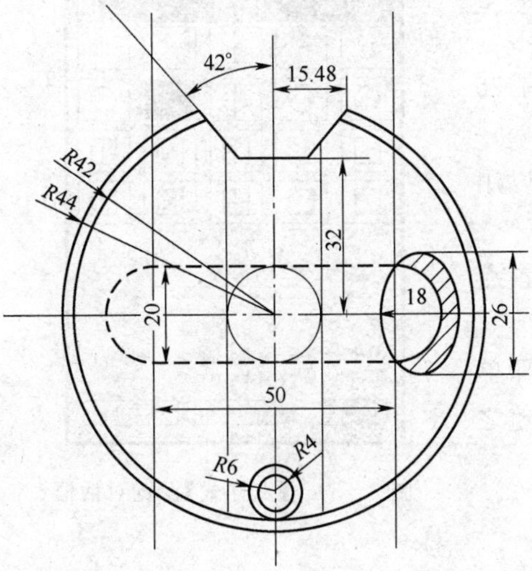

图 3－31　启动片

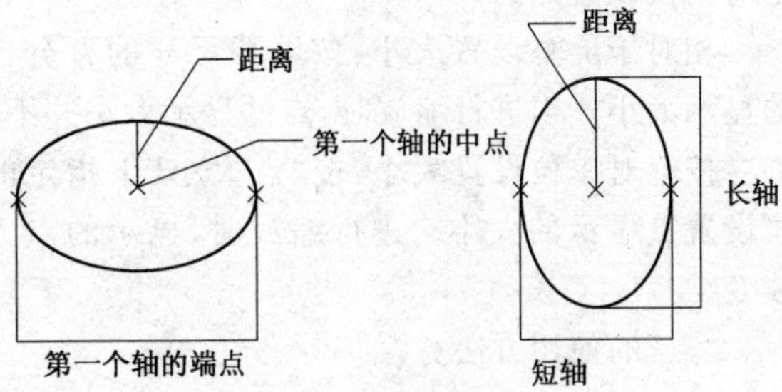

图 3－32　椭圆的短轴与长轴

椭圆的绘制方法有三种：中心点、轴与端点、圆弧。如图 3－33 所示。

创建椭圆的方法有如下三种：

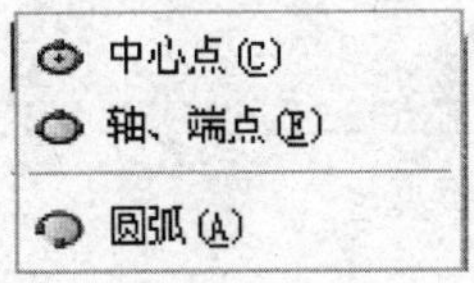

图 3－33　椭圆的三种绘制方法

- 单击工具按钮。
- 输入命令“ELLIPSE”。
- 单击菜单中【绘图】→【椭圆】→【轴、端点】。

绘制启动片中的椭圆的方法如下：

```
命令：_ellipse
指定椭圆的轴端点或【圆弧(A)/中心点(C)】：
指定轴的另一个端点：18
指定另一条半轴长度或【旋转(R)】：13
指定椭圆的轴端点或【圆弧(A)/中心(C)/等轴测圆(I)】：指定点或输入选项
```

具体设置如下：

【轴端点】：根据两个端点定义椭圆的第一条轴。第一条轴的角度确定了整个椭圆的角度。第一条轴既可定义椭圆的长轴也可定义短轴。

【圆弧】：创建一段椭圆弧。第一条轴的角度确定了椭圆弧的角度。第一条轴既可定义椭圆弧长轴也可定义椭圆弧短轴。

【中心】：用指定的中心点创建椭圆弧。

【等轴测圆】：在当前等轴测绘图平面绘制一个等轴测圆。

3.13　绘制点

点对象对于对象捕捉和相对偏移非常有用，如图 3－34 所示。在使用点时，一般先要设定点的样式使其有更好的可见性并更容易地与栅格点区分开。启用方法如下：

- 单击菜单中【格式(O)】→【点样式(P)...】。

• 使用命令“ddptype”(或'ddptype,供透明使用)。

具体设置如下：

【显示图像】：指定用于显示点对象的图像，共有 20 种显示方式。

【点大小】：可以相对于屏幕设置点的大小，也可以用绝对单位设置点的大小。

相对于屏幕设置大小：按屏幕尺寸的百分比设置点的显示大小。当进行缩放时，点的显示大小并不改变。

按绝对单位设置大小：按“点大小”下指定的实际单位设置点显示的大小。进行缩放时，显示的点大小随之改变。

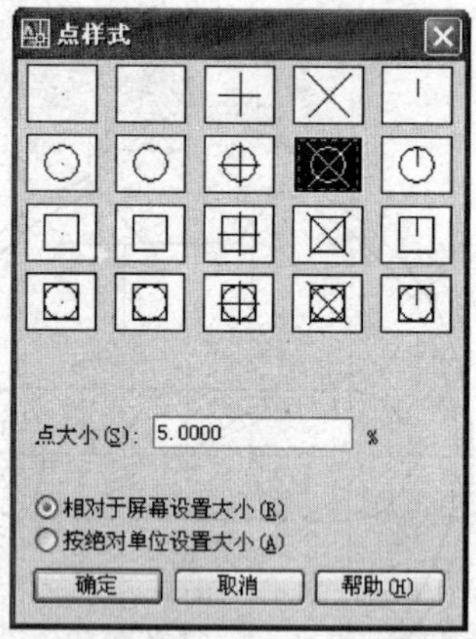

图 3－34 【点样式】设置对话框

“点”的使用方法有：

• 单击工具栏中绘图 。

• 单击菜单中【绘图(D)】→【点(O)】→【点(S)】。

```
命令条目:point
命令:_point
当前点模式:  PDMODE=35   PDSIZE=0.0000
指定点:
```

3.14 绘制等分点

有些时候要求对某个对象进行等距的划分，并需要在等分点上进行标记。AutoCAD 提供了两种方式来划分对象。

1. DIVIDE(定数等分)：“divide”命令可以将指定的对象平均分为若干段，并利用点或块对象进行标识。该命令要求提供分段数，然后根据对象总长度自动计算每段的长度。

被等分的对象可以是直线、圆、圆弧、多段线等，等分数目由绘图人员，绘制定数等分点有以下两种方法：

• 单击菜单中【绘图】→【点】→【定数等分】。

• 使用命令“DIVIDE”(或者“DIV”)。

如用 DIVIDE 命令在线上绘制等分点如图 3－35 所示的操作步骤如下：

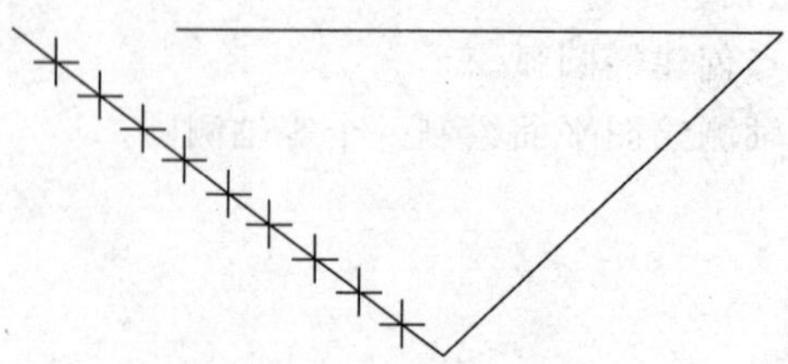

图 3－35 DIVIDE 命令演示

命令:DIVIDE	启动 DIVIDE 命令
选择要定数等分的对象:	选择要等分的对象
输入线段数目或【块(B)】:10?	输入等分的数目
命令:	回车再次启动 DIVIDE 命令
选择要定数等分的对象:	选择要等分的对象
输入线段数目或【块(B)】:B?	以图块等分
输入要插入的块名:circle?	输入图块名
是否对齐块和对象?【是(Y)/否(N)】<Y>:?	图块是否要绕着插入点旋转
输入线段数目:10?	输入等分的数目

编辑 DIVIDE 命令等分的实体,如果没有选中点目标,点的大小和形式不会发生变化。

2. MEASURE(定距等分):"measure"命令也可以将指定的对象平均分为若干段,并利用点或块对象进行标识。该命令要求用户提供每段的长度,然后根据对象总长度自动计算分段数。

"MEASURE"命令的调用方式为:

• 单击菜单中【绘图】→【点】→【距等分】。
• 使用命令"MEASURE"(或者"ME")。

调用该命令后,系统提示用户选择被等分的对象:

```
Select object to measure:
```

然后提示指定等分后每段的长度或选择"block(块)"选项来使用块对象进行等分:

```
Specify length of segment or【Block】:
```

3.15　绘制二维填充

创建实体填充的三角形和四边形。创建实体填充的三角形和四边形。启用方法有如下两种:

• 单击菜单中【绘图(D)】→【建模(M)】→【网格(M)】→【二维填充(2)】。
• 使用命令"solid"。

```
指定第一点:指定点(1)
指定第二点:指定点(2)
```

! 注意:要创建四边形区域,必须从左向右指定顶部和底部边缘。如果在右侧指定第一点而在左侧指定第二点,那么第三点和第四点也必须从右向左指定。继续指定点对时,务必持续这种"之"字形顺序以确保得到预期的结果。

前两点定义多边形的一条边。

```
指定第三点:在第二点的对角方向指定点(3)
指定第四点或<退出>:指定点(4)或按空格键
```

在"指定第四点"提示下按空格键将提示创建一个填充三角形,指定点(5)可以创建一个四边形区域。

后两点构成下一填充区域的第一条边,将重复提示输入第三点和第四点,连续指定第三和第四点将在单个实体对象中创建更多相连的三角形和四边形,按空格键结束 SOLID 命令。

仅当 FILLMODE 系统变量设置为开并且查看方向与二维实体正交时才填充二维实体。

图 3－36 驼峰峰顶符号

例:绘制如图 3－36 所示的驼峰图标。

分析:先绘制两条线路,然后绘制驼峰符号,最后镜像。其中一个驼峰符号的绘制如下:

```
命令:solid
指定第一点:
指定第二点:
指定第三点:
指定第四点或<退出>:
```

3.16 绘制宽线

通过 TRACE 命令用以创建具有一定宽度的宽线。在绘制电路时,经常要绘制一些围框,用以标明具有特定功能或结构的单元电路,以免被误解。如图3－37所示,围框一般采用0.5 mm的线宽。

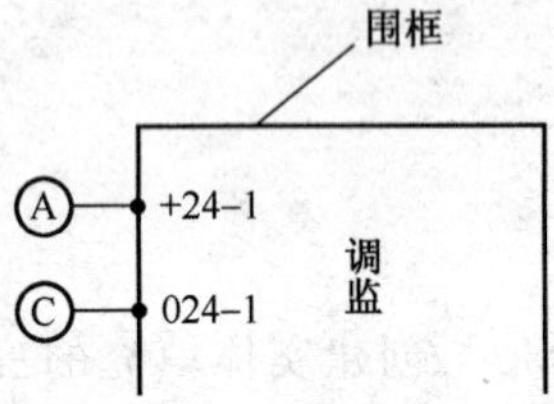

图 3－37 围框

```
命令:trace
指定宽线宽度<当前>:指定距离或按空格键
指定起点:指定点(1)
指定下一点:指定点(2)
指定下一点:指定点(3)或按空格键结束命令
```

宽线的端点在中心线上,且始终被剪切成方形。TRACE 自动计算连接到邻近线段的合适倒角。指定下一线段或按空格键后,将绘制所有线段。考虑到倒角的处理方法,TRACE 没有放弃选项。

> ! 注意:如果填充模式打开,则宽线是实心的。如果填充模式关闭,则只显示宽线的轮廓。

例:绘制如图 3－37 所示的围框。

分析:用正交的方法绘制第一条竖线和横线,最后竖直线的最后端点采用对象追踪的方法捕捉。

```
命令:trace
指定宽线宽度<3.0000>:0.5
指定起点:
指定下一点:
指定下一点:
指定下一点:
指定下一点:
命令:指定对角点:
```

3.17　信号专业基本绘图

在绘制专业图纸时,应注意:

(1)同一图纸中,同类图线的宽度应保持一致。虚线、点画线及双点画线的线段长短间隔应大致相等。

(2)两条平行线之间的距离应不小于粗实线的两倍宽度,其最小距离不得小于 0.7 mm。

(3)虚线及点画线与其他图线相交时,都应以线段相交,不应在空隙或短画处相交。

下面介绍信号产品电路图中几种常用的连接线的画法及要求:

1. 元器件之间的连接

电路图中各元器件之间的连接线应以单线表示,一般水平或垂直绘制,连接线的相交,一般应成直角。当需要表示连接线交叉时,应采用电气连接符号,如图 3-38 所示。

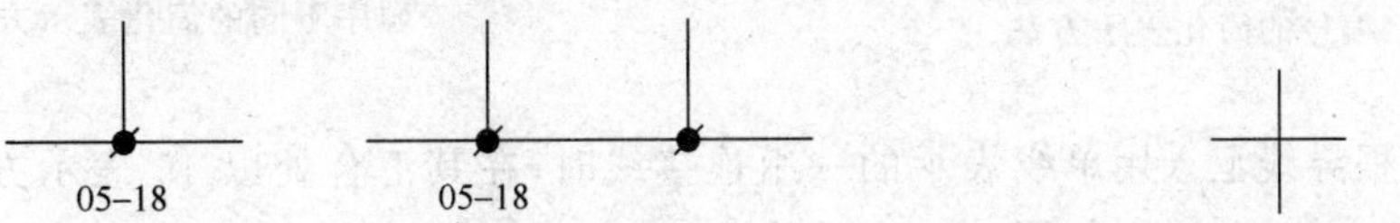

(a) 连接线交叉　　(b) 非连接线交叉

图 3-38　用单线表示的元器件之间的连接线示意图

2. 连接线的方向

连接线改变方向时,应离开垂直交叉点一段距离,如图 3-39 所示。

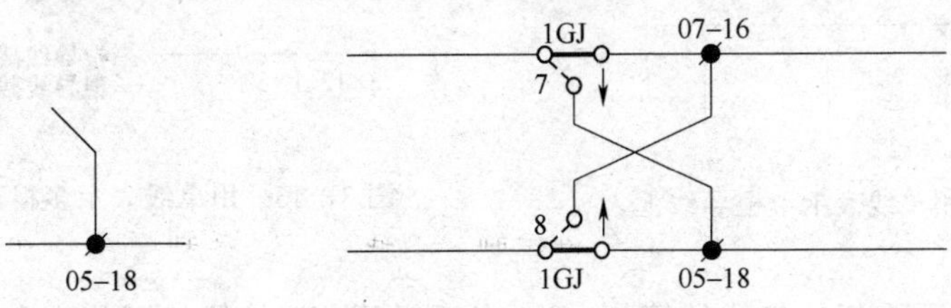

图 3-39　连接线改变方向时的绘制方法

3. 屏蔽线

屏蔽线连接的画法如图 3-40 所示。

图 3－40　屏蔽线连接的画法

4. 连接线的标记

必要时可在连接线的上方或中断处标注其识别标记，如图 3－41 所示。

图 3－41　在连接线的上方或中断处标注识别标记

5. 连接线的简化

(1)如果有一组线，其两端都各自按顺序编号，可采用简化方法，如图 3－42 所示。

(2)在一组线中，当两端的编号相同顺序不同时，可采用简化方法，如图 3－43 所示。

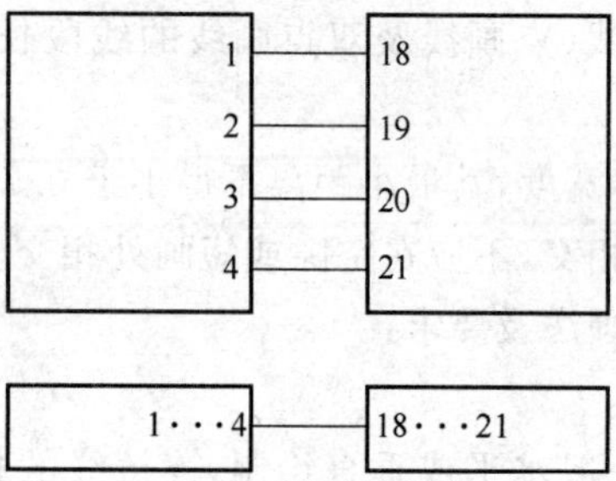

图 3－42　两端都各自按顺序编号的简化表示方法

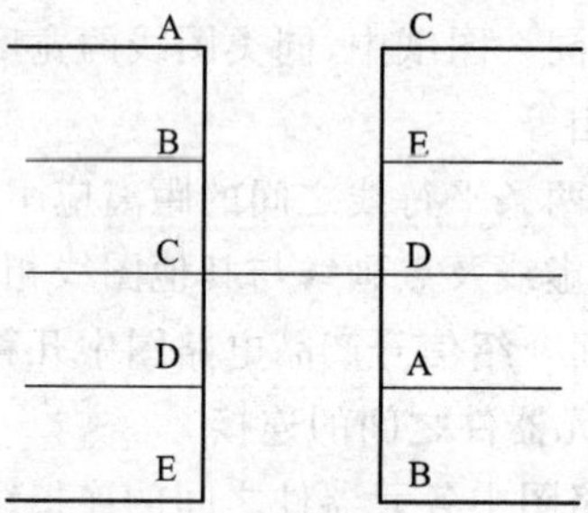

图 3－43　两端的编号相同顺序不同的简化表示方法

(3)当单根导线汇入用单线表示的一组连接线时，在其汇合处以 45°表示方向，并在每根导线的两端标注相同标志，如图 3－44 所示。

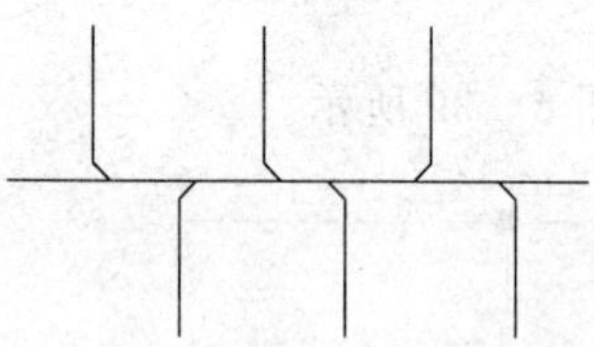

图 3－44　用单线表示单根导线汇入

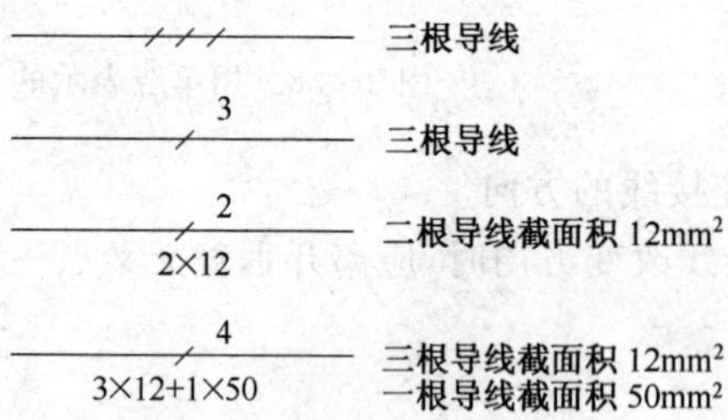

图 3－45　用单线表示多根连接线的简化方法

(4)用单线表示多根连接线的简化方法，必要时可在连接线的下方注出连接线的根数及其每根连接线的截面积，若截面不同时应用加号将其分开，如图 3－45 所示。

(5)通过图面很多部分的一根或一组连接线可以中断，但应在中断线的端部标以相应的标志，如图 3－46 所示。

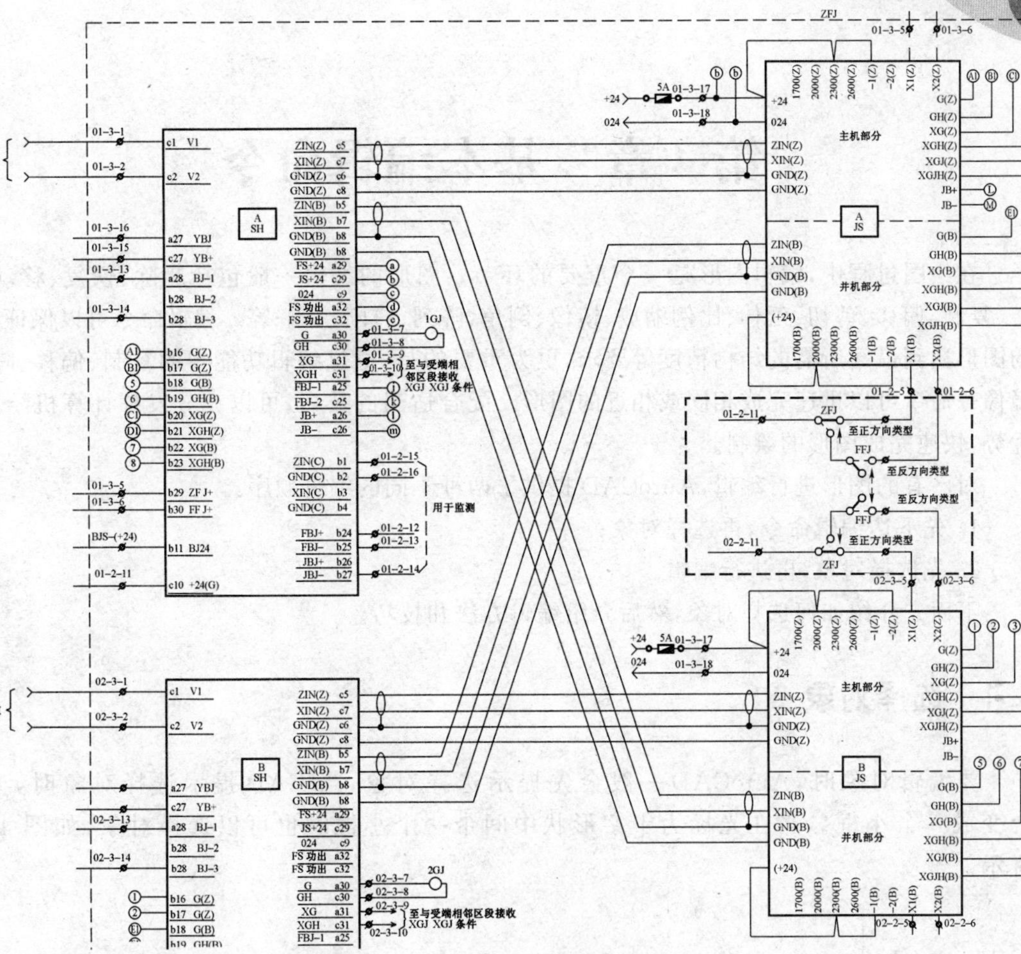

图 3—46　中断线的端部相应的标志

复习思考题

1. 按附录要求绘制各种室外设备、室内设备符号及其接点。
2. 绘制如图 3—42～图 3—44、图 3—46～图 3—48 所示的图形。

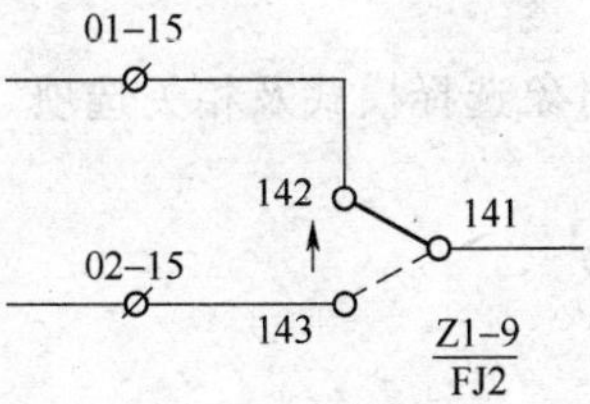

图 3—47　极性保持继电器接点符号

图 3—48　出站信号机图形符号

第4章　基本编辑命令

在绘图过程中，编辑图形是一个重要的环节。图形的编辑一般包括删除、恢复、移动、旋转、复制、偏移、剪切、延伸、比例缩放、镜像、倒角、阵列、打断、分解等。编辑命令可以保证绘制的图形达到最终所需的结构精度等要求，更为重要的是，通过编辑功能中的复制、偏移、阵列、镜像等命令可以迅速完成相同或相近的图形。配合适当的技巧，可以充分发挥计算机绘图的优势，快速完成图形的绘制。

对已有的图形进行编辑，AutoCAD 提供了两种不同的编辑顺序：

1. 先下达编辑命令，再选择对象；
2. 先选择对象，再进行编辑。

下面先介绍如何选择对象，然后介绍编辑方法和技巧。

4.1　选择对象

要编辑对象时，AutoCAD 一般会先提示选择对象，当 CAD 提示选择对象时，光标会变成一个小框。当在光标为十字形状中间带一个小框时也可以选择对象，如图 4－1 所示。

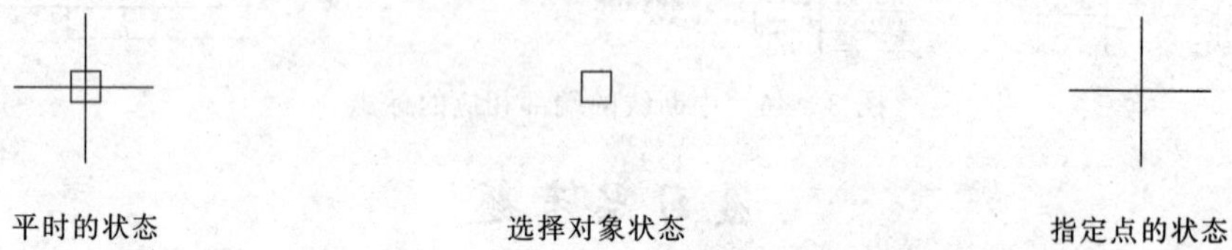

图 4－1　鼠标的两种状态

4.1.1　设置默认选择方法

在“选项”对话框中的【选择集】选项卡中，可以设置对象选择模式及相关选项。

(1)使用选择集预览和选择区域效果可预览选择。

(2)在输入命令(先选择后执行)之前或之后选择对象。

(3)按 Shift 键将对象附加到选择集。

(4)单击并拖动以创建选择窗口，否则必须单击两次来定义选择窗口的角点。

(5)单击空白区域后，将自动启动“窗口”或“交叉”选择。否则，必须输入 c 或 w 来指定窗口交叉选择。

(6)修改拾取框大小。

(7)选择编组中的一个对象即选择了该编组中的所有对象。

(8)选择图案填充时，边界即包含在选择集中。

可采用以下任一方式进入【选择集】选项卡：

• 使用命令"_options。

• 单击菜单中【工具】→【选项】→【选择集】。

执行此命令后弹出【选项】对话框，如图4－2所示。

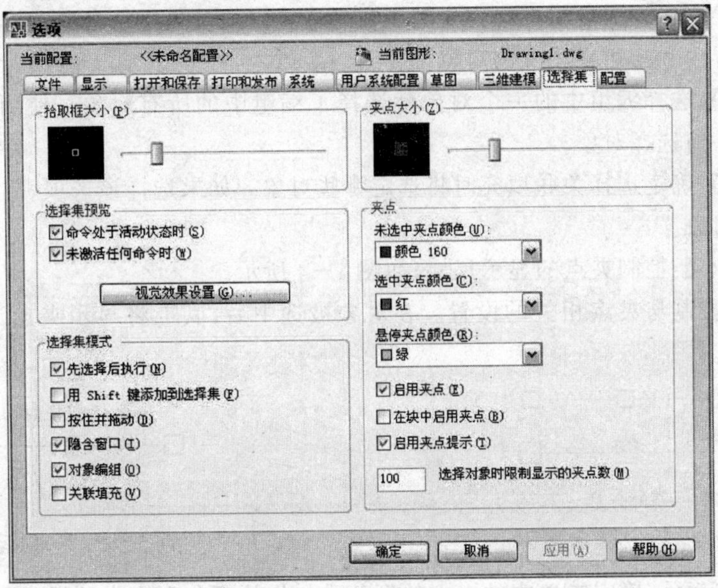

图4－2　【选项】对话框

1.【拾取框大小】：拖动滑动按钮改变拾取框大小。控制拾取框的显示尺寸。拾取框是在编辑命令中出现的对象选择工具。

2.【选择集预览】：设置选择对象的选项。选择预览。当拾取框光标滚动过对象时，亮显对象。

【命令处于活动状态时】：仅当某个命令处于活动状态并显示"选择对象"提示时，才会显示选择预览。

【未激活任何命令时】：即使未激活任何命令，也可显示选择预览。

【视觉效果设置】：显示"视觉效果设置"对话框，如图4－3所示。

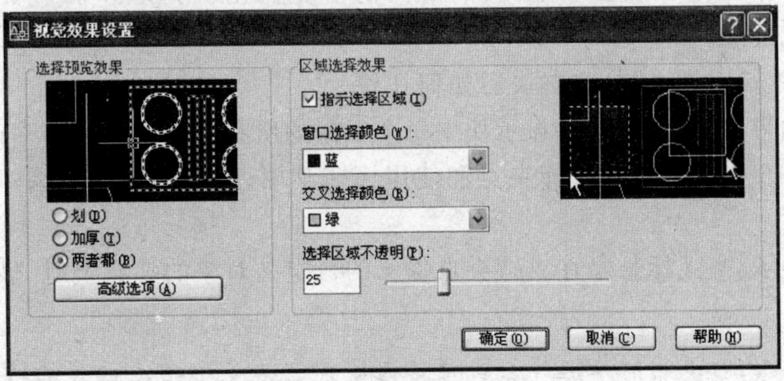

图4－3　视觉效果设置

3.【选择集模式】：控制与对象选择方法相关的设置。

【先选择后执行】：允许在启动命令之前选择对象。被调用的命令对先前选定的对象产生影响。

【用Shift键添加至选择集】：按Shift键并选择对象时，可以向选择集中添加对象或从选择集中删除对象。要快速清除选择集，在图形的空白区域绘制一个选择窗口。

【按住并拖动】：通过选择一点然后将定点设备拖动至第二点来绘制选择窗口。

【隐含窗口】：在对象外选择了一点时，初始化选择窗口中的图形。

从左向右绘制选择窗口将选择完全处于窗口边界内的对象。从右向左绘制选择窗口将选择处于窗口边界内和与边界相交的对象。

【对象编组】：选择编组中的一个对象就选择了编组中的所有对象。使用 Group 命令，可以创建和命名一组选择对象。

【关联填充】：确定选择关联填充时将选定哪些对象。如果选择该选项，那么选择关联填充时也选定边界对象。

4.【夹点大小】：控制夹点的显示尺寸，如图 4－4 所示。

5.【夹点】：控制与夹点相关的设置。在对象被选中后，其上将显示夹点，即一些小方块。如图 4－5 所示。

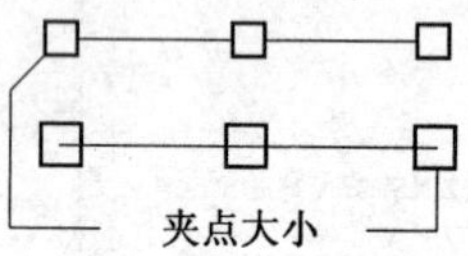

图 4－4　夹点大小

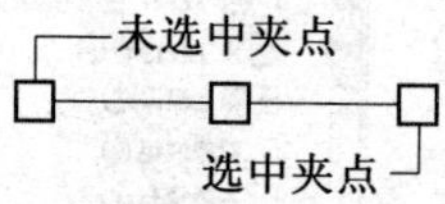

图 4－5　夹点状态

未选中夹点颜色：确定未选中的夹点的颜色。如果从颜色列表中选择“选择颜色”，将显示【选择颜色】对话框。未选中的夹点将显示为一个小实心方块。

选中夹点颜色：确定选中的夹点的颜色。如果从颜色列表中选择“选择颜色”，将显示【选择颜色】对话框。选中的夹点将显示为一个小实心方块。

悬停夹点颜色：决定光标在夹点上滚动时夹点显示的颜色。如果从颜色列表中选择“选择颜色”，将显示【选择颜色】对话框。

启用夹点：选择对象时在对象上显示夹点。通过选择夹点和使用快捷菜单，可以用夹点来编辑对象。在图形中显示夹点会明显降低性能，清除该选项可优化性能。

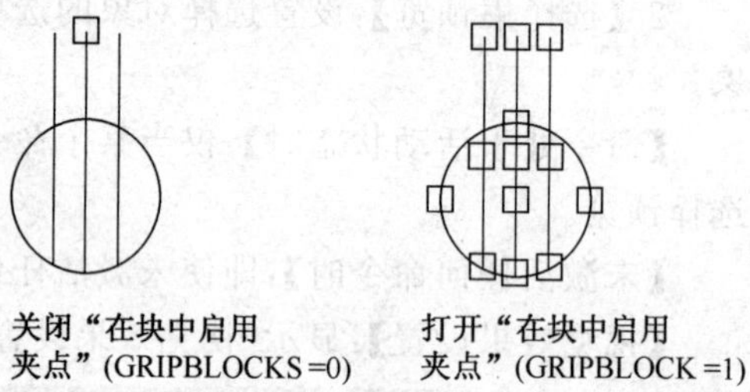

图 4－6　块中的夹点

在块中启用夹点：控制在选中块后如何在块上显示夹点。如果选择该选项，将显示块中每个对象的所有夹点。如果清除该选项，将在块的插入点处显示一个夹点。通过选择夹点和使用快捷菜单，可以用夹点来编辑对象，如图 4－6 所示。

启用夹点提示：当光标悬停在支持夹点提示的自定义对象的夹点上时，显示夹点的特定提示。

> ! 注意：显示夹点时限制对象选择。当初始选择集包括多于指定数目的对象时，将不显示夹点。有效值的范围为 1～32 767。默认设置是 100。

4.1.2　自定义对象选择

可以控制选择对象的几个方面（例如是先输入命令还是先选择对象、拾取框光标的大小以及选定对象的显示方式）。

1. 先输入命令

使用编辑命令时，将显示“选择对象”提示，并且十字光标将替换为拾取框。响应“选择对象”提示有多种方法：

(1)一次选择一个对象。

(2)单击空白区域并拖动光标，以定义矩形选择区域。

(3)输入选择选项。输入“?”以显示所有选择选项。

(4)结合多种选择方法。例如，要选择绘图区域中的大多数对象，先选择所有对象，然后删除不想选择的对象。

(5)输入“filter”，使用命名选择过滤器。加单引号可以使命令以透明方式运行。

2. 先选择对象

启动命令之前，可以使用两种方法中的一种选择对象。

(1)使用 SELECT 命令并输入“?”显示所有选择选项。所有选定对象都被置于“上一个”选择集中。要使用“上一个”选择集，在任何后续命令的“选择对象”提示下输入 p。

打开“先选择后执行”后，在输入命令(例如 MOVE、COPY 或 ERASE)之前，需要先在“命令”提示下选择对象。使用此方法只能通过逐个单击或使用自动选择来选择对象。

(2)输入“qselect”以过滤选择。然后在任意后续命令的“选择对象”提示下输入“p”。

3. 亮显要选择的对象

拾取框光标移动到这些对象上时，它们将亮显，这样就可以预览单击选择的对象。

指定区域以选择多个对象时，区域的背景将变得透明。

4. 控制选定对象的外观

默认情况下，选定对象将以虚线显示。可以通过将 HIGHLIGHT 系统变量设置为 0 来加快程序运行速度。关闭选择亮显并不影响选定对象上的夹点。

4.1.3 逐个地选择对象

在“选择对象”提示下，可以选择一个对象，也可以逐个选择多个对象。

1. 使用拾取框光标

矩形拾取框光标放在要选择对象的位置时，将亮显对象。单击以选择对象，如图 4－7 所示。

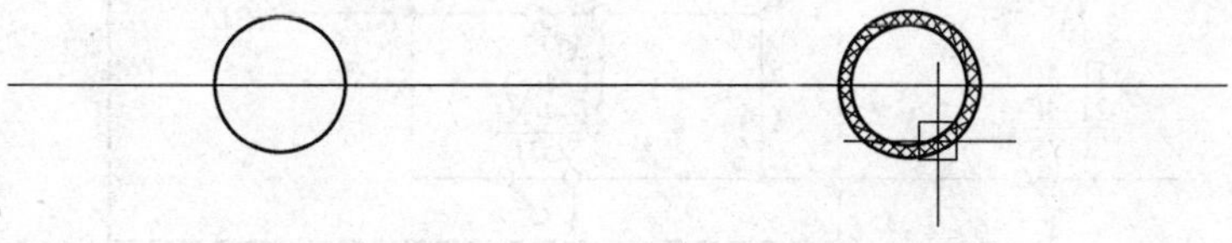

图 4－7 光标放在对象上时亮显现象

2. 选择彼此接近的对象

选择彼此接近或重叠的对象通常是很困难的。如果关闭选择集预览，按住 Shift＋空格键组合键并单击以逐个在这些对象之间循环，直到选定所需对象。按 Esc 键关闭循环。

技巧：如果打开选择集预览，通过将对象滚动到顶端使其亮显，然后按住 Shift 键并连续按空格键，可以在这些对象之间循环。所需对象亮显时，单击以选择该对象。

3. 从选择的对象中删除对象

按住 Shift 键并再次选择对象,可以将其从当前选择集中删除。

4.1.4 选择多个对象

在"选择对象"提示下,可以同时选择多个对象。

1. 指定矩形选择区域

指定对角点来定义矩形区域。区域背景的颜色将更改,变成透明的。从第一点向对角点拖动光标的方向将确定选择的对象。

(1)窗口选择(窗口选择):从左上向右下拖动光标,仅选择完全位于矩形实线区域中的对象,如图 4-8 所示。

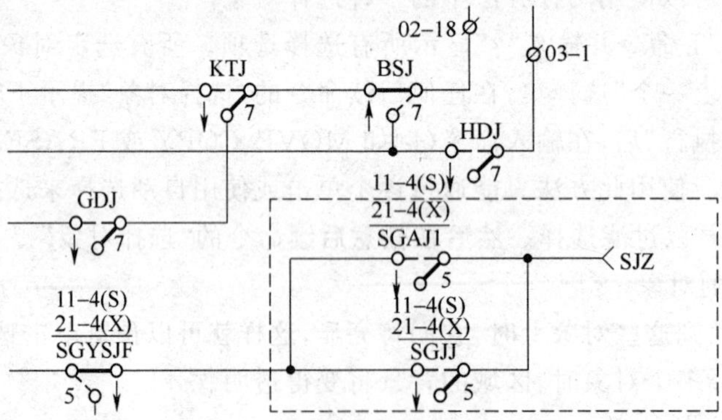

图 4-8 框选从左上到右下拖动

(2)交叉选择(窗交选择):从右下向左上拖动光标,选择矩形虚线包围的或相交的对象,如图 4-9 所示。

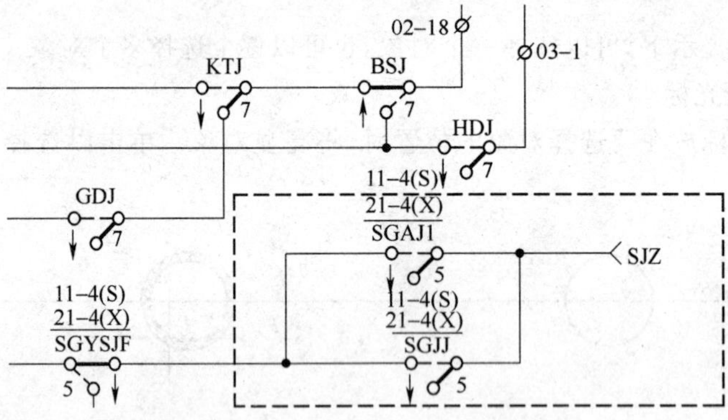

图 4-9 框选从右下到左上拖动

使用"窗口选择"选择对象时,通常整个对象都要包含在矩形虚线选择区域中。然而,如果含有非连续(虚线)线型的对象在视口中仅部分可见,并且此线型的所有可见矢量封闭在选择窗口内,则选定整个对象。

2. 自定义选项

当输入"select"命令或当鼠标变成拾取框时,在命令提示行输入"?",可以得到多达 15 种选项。

命令:select
选择对象:?
需要点或窗口(W)/上一个(L)/窗交(C)/框(BOX)/全部(ALL)/栏选(F)/圈围(WP)/圈交(CP)/编组(G)/添加(A)/删除(R)/多个(M)/前一个(P)/放弃(U)/自动(AU)/单个(SI)/子对象/对象

具体设置如下:

【窗口】:选择矩形(由两点定义)中的所有对象。从左到右指定角点创建窗口选择(从右到左指定角点则创建窗交选择)。

上一个:选择最近一次创建的可见对象。对象必须在当前空间(模型空间或图纸空间)中,并且一定不要将对象的图层设置为冻结或关闭状态。

【窗交】:选择区域(由两点确定)内部或与之相交的所有对象。窗交显示的方框为虚线或高亮度方框,这与窗口选择框不同。从左到右指定角点创建窗交选择(从右到左指定角点则创建窗口选择)。

【框选】:选择矩形(由两点确定)内部或与之相交的所有对象。如果矩形的点是从右至左指定的,则框选与窗交等价。否则,框选与窗选等价。

【全部】:选择解冻的图层上的所有对象。

【栏选】:选择与选择栏相交的所有对象。栏选方法与圈交方法相似,只是栏选不闭合,并且栏选可以与自己相交。在复杂图形中,使用选择栏。选择栏的外观类似于多段线,仅选择它经过的对象,如图 4—10 所示。

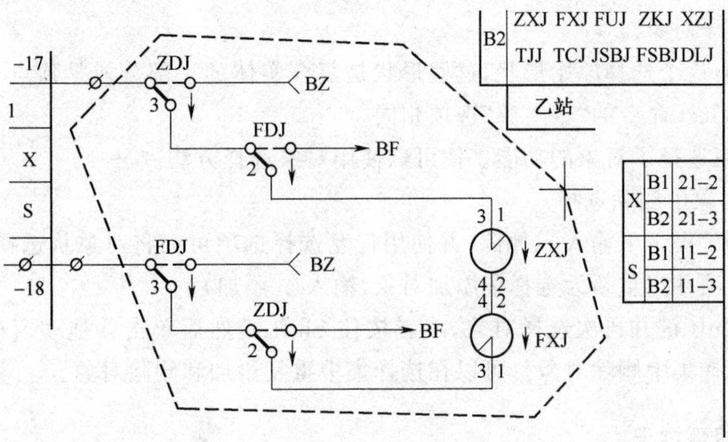

图 4—10　栏选

【圈围】:选择多边形(通过待选对象周围的点定义)中的所有对象。该多边形可以为任意形状,但不能与自身相交或相切。

指定点来定义不规则形状区域,如图 4—11 所示。使用窗口多边形选择来选择完全封闭在选择区域中的对象。使用交叉多边形选择,可以选择完全包含于或经过选择区域的对象。

【圈交】:选择多边形(通过在待选对象周围指定点来定义)内部或与之相交的所有对象。该多边形可以为任意形状,但不能与自身相交或相切。将绘制多边形的最后一条线段,所以该多边形在任何时候都是闭合的。

【编组】:选择指定组中的全部对象。

【添加】:切换到添加模式。可以使用任何对象选择方法将选定对象添加到选择集。自动和添加为默认模式。

【删除】：切换到删除模式。可以使用任何对象选择方法从当前选择集中删除对象。删除模式的替换模式是在选择单个对象时按下 Shift 键，或者是使用"自动"选项。

【多选】：指定多次选择而不高亮显示对象，从而加快对复杂对象的选择过程。如果两次指定相交对象的交点，"多选"也将选中这两个相交对象。

【上一个】：选择最近创建的选择集。从图形中删除对象将清除"上一个"选项设置。程序将跟踪是在模型空间中还是在图纸空间中指定每个选择集。如果在两个空间中切换将忽略"上一个"选择集。

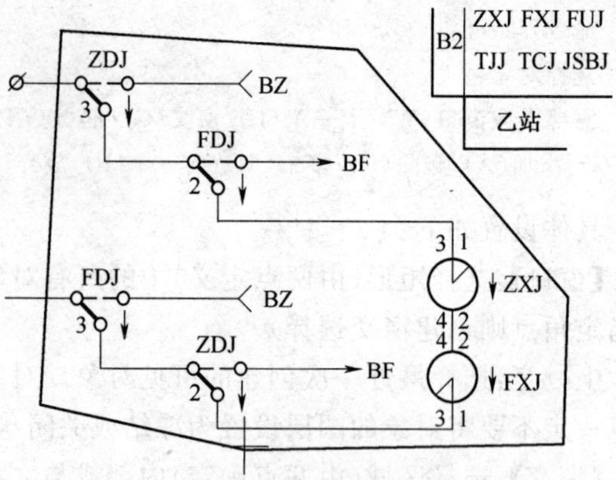

图 4－11　圈围

【放弃】：放弃选择最近加到选择集中的对象。

【自动】：切换到自动选择。指向一个对象即可选择该对象。指向对象内部或外部的空白区，将形成框选方法定义的选择框的第一个角点。"自动"和"添加"为默认模式。

【单个】：切换到单选模式。选择指定的第一个或第一组对象而不继续提示进一步选择。

【子对象】：使可以逐个选择原始形状，这些形状是复合实体的一部分或三维实体上的顶点、边和面。可以选择这些子对象的其中之一，也可以创建多个子对象的选择集。选择集可以包含多种类型的子对象。

【选择对象】：逐个选择原始形状，这些形状是复合实体的一部分或是顶点、边和面。按住 Ctrl 键与选择 Select 命令的"子对象"选项相同。

【对象】：结束选择子对象的功能。使可以使用对象选择方法。

3. 从多个对象中删除选择

在"选择对象"提示下输入 r(删除)并使用任意选择选项可以将对象从选择集中删除。如果使用"删除"选项并想重新为选择集添加对象，输入 a(添加)。

通过按住 Shift 键并再次选择对象，或者按住 Shift 键然后单击并拖动窗口或交叉选择，也可以从当前选择集中删除对象。可以在选择集中重复添加和删除对象。

4.1.5　防止对象被选中

通常采用锁定图层来防止指定图层上的对象被选中和修改。为有助于区分锁定和解锁图层，可执行以下操作：

(1)在对象上悬停，查看是否显示锁定图标。

(2)在锁定图层上标注对象。

！　注意：锁定图层上的对象不显示夹点。

4.1.6　快速选择

使用【特性】选项板中的【快速选择】(QSELECT)或【对象选择过滤器】(FILTER)对话框，如图 4－12 所示，可以根据特性(如颜色)和对象类型过滤选择集。例如，只选择图形中所有红色的圆而不选择任何其他对象，或者选择除红色圆以外的所有其他对象。

使用“快速选择”功能可以根据指定的过滤条件快速定义选择集。使用“快速选择”或对象选择过滤器，如果要根据颜色、线型或线宽过滤选择集，首先确定是否以将图形中所有对象的这些特性设置为“随层”。例如，一个对象显示为红色，因为它的颜色被设置为“随层”，并且图层的颜色是红色。

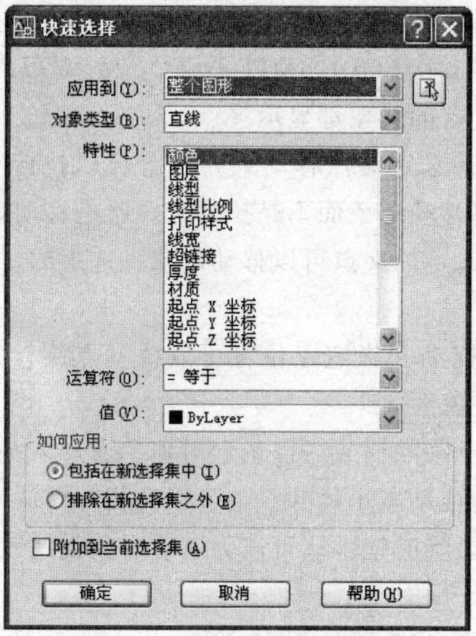

图 4－12　【快速选择】对话框

4.2　夹点编辑

在 AutoCAD 中选择了某个对象后，对象的控制点上将出现一些小的蓝色正方形框，这些正方形框被称为对象的夹点(Grips)。夹点即图形对象上可以控制其位置、大小的关键点。例如，选择一个圆后，圆的四个象限点和圆心点处将出现夹点。

当光标经过夹点时，AutoCAD 自动将光标与夹点精确对齐，从而可得到图形的精确位置。光标与夹点对齐后单击左键可选中夹点，并可进一步进行移动、镜像、旋转、比例缩放、拉伸和复制等操作。

使用夹点进行编辑要先选择一个作为基点的夹点，这个被选定的夹点显示为红色实心正方形，称为基夹点，也叫热点；其他未被选中的夹点称为温点。如果选择了某个对象后，在按 Shift 键的同时再次选择该对象，则其将不处于选择状态(即不亮显)，但其夹点仍然显示，这时的夹点被称为冷点。

如果某个夹点处于热点状态，则按 Esc 键可以使之变为温点状态，再次按 Esc 键可取消所有对象的夹点显示。如果仅仅需要取消选择集中某个对象上的夹点显示，可按 Shift 键的同时选择该对象，使变为冷点状态；按 Shift 键的同时再次选择该对象将清除夹点。此外，如果调用 AutoCAD 其他命令时也将清除夹点。

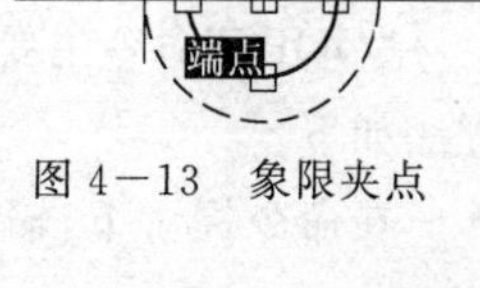

图 4－13　象限夹点

夹点编辑包括：

(1)使用象限夹点：如图 4－13 所示，对于圆和椭圆上的象限夹点，通常从中心点而不是选定的夹点测量距离。例如，在“拉伸”模式中,可以选择象限夹点拉伸圆,然后在新半径的命令提示中指定距离。距离从圆心而不是选定的象限进行测量。如果选择圆心点,圆则会移动而不会拉伸圆。

(2)选择和修改多个夹点:要选择多个夹点,按住 Shift 键,然后选择适当的夹点。可以使用多个夹点作为操作的基夹点。选择多个夹点(也称为多个热夹点选择)时,选定夹点间对象的形状将保持原样。

(3)限制夹点显示:限制夹点在选定对象上的显示。如果将对象添加到当前选择集中,该限制则不适用。例如,如果将 GRIPOBJLIMIT 设置为 20,则可以选择 15 个对象,然后将 25 个对象添加到选择中,这时所有的对象都显示夹点。

(4)使用夹点拉伸:通过将选定夹点移动到新位置可以拉伸对象。文字、块参照、直线中点、圆心和点对象上的夹点将移动对象而不是拉伸它。这是移动块参照和调整标注的好方法。

(5)使用夹点移动:通过选定的夹点可以移动对象。选定的对象被亮显并按指定的下一点位置移动一定的方向和距离。

(6)使用夹点旋转:通过拖动和指定点位置可以绕基点旋转选定对象。还可以输入角度值。这是旋转块参照的好方法。

(7)使用夹点缩放:相对于基点缩放可以选定对象。通过从基夹点向外拖动并指定点位置来增大对象尺寸,或通过向内拖动减小尺寸。也可以为相对缩放输入一个值。

(8)使用夹点创建镜像:沿临时镜像线可以为选定对象创建镜像。打开“正交”有助于指定垂直或水平的镜像线。

4.3 图形的编辑

4.3.1 删　　除

删除对象的步骤如下:

1. 进入“删除”命令,有以下三种方式:

• 单击菜单中【修改(M)菜单】→【删除(E)】。

• 单击工具栏修改按钮。

• 使用命令“ERASE”。

2. 在“选择对象”下,使用一种选择方法选择要删除的对象或输入选项:

(1)输入“L”(上一个),删除绘制的上一个对象。

(2)输入“p”(上一个),删除上一个选择集。

(3)输入“all”,从图形中删除所有对象。

(4)输入“?”,查看所有选择方法列表。

3. 按 Enter 键结束命令。

4.3.2 恢复上一次删除的对象

“OOPS”命令主要用来恢复上一次通过 ERASE、BLOCK 或 WBLOCK 命令删除的对象。方法如下:

在命令提示下,输入“oops”。

> ! 注意：在BLOCK或WBLOCK后使用OOPS，因为这些命令可以在创建块后删除选定的对象。但是，不能使用OOPS在块编辑器中恢复参数、动作或夹点。也不能使用OOPS恢复通过PURGE命令删除的图层上的对象。

4.3.3　放弃、撤销和重做

1. U命令

U命令用来撤销上一次操作，有如下操作方法：

- 单击标准工具栏按钮。
- 使用快捷菜单：无命令运行和无对象选定的情况下，在绘图区域单击鼠标右键，然后单击"放弃"。
- 使用命令"u"。
- 按Ctrl＋Z组合键来放弃操作。

可以任意次输入u，每次后退一步，直到图形与当前编辑任务开始时一样为止。

无法放弃某个操作时，将显示命令的名称但不执行任何操作。不能放弃对当前图形的外部操作(如打印或写入文件)。

执行命令期间，修改模式或使用透明命令无效，只有主命令有效。

"U"命令与输入"undo"等价。

2. Undo命令

(1)Undo命令用来撤销命令，一次可以撤销多个步骤，操作如下：

- 单击工具栏中标准按钮。
- 使用命令"undo"。

> 输入要放弃的操作数目或【自动(A)/控制(C)/开始(BE)/结束(E)/标记(M)/后退(B)】：输入正数、输入选项或按Enter键放弃一个操作

(2)UNDO在命令提示下显示命令或系统变量名，从而指出已撤销使用该命令的位置。

> ! 注意：UNDO对一些命令和系统变量无效，包括用以打开、关闭或保存窗口或图形、显示信息、更改图形显示、重生成图形或以不同格式输出图形的命令及系统变量。

数目：放弃指定数目的以前的操作。效果与多次输入u相同。

自动：将单个命令的操作编组，从而可以使用单个U命令放弃这些操作。如果"自动"选项设置为开，则启动一个命令将对所有操作进行编组，直到退出该命令。可以将操作组当作一个操作放弃。

> ! 注意：如果"控制"选项关闭或者限制了UNDO功能，UNDO"自动"将不可用。

> 输入UNDO自动模式【开(ON)/关(OFF)】＜当前＞：输入on或off，或按Enter键

(3)限制或关闭(UNDO)

> 输入UNDO控制选项【全部(A)/无(N)/一个(O)/合并(C)】＜全部＞：输入选项或按Enter键

全部：打开完全 UNDO 命令。

无：关闭 U 和 UNDO 命令，放弃早些时候在编辑任务中保存的任何 UNDO 命令信息。“标准”工具栏上的“放弃”按钮不可用。

当“无”或“一个”有效时，“自动”、“开始”和“标记”选项不可用。如果在 UNDO 关闭时尝试使用它，将显示以下提示：

```
输入 UNDO 控制选项【全部(A)/无(N)/一个(O)】＜全部＞：
```

一个：把 UNDO 限制为单步操作。

当“无”或“一个”有效时，“自动”、“开始”和“标记”选项不可用。当“一个”选项有效时，关于 UNDO 命令的主提示变为只显示“控制”选项或 UNDO 命令的单一步骤。

```
控制(C)/＜1＞：
```

如果输入 c，将显示上一次提示：

```
输入 UNDO 控制选项【全部(A)/无(N)/一个(O)】＜全部＞：
```

合并：为放弃和重做操作控制是否将多个、连续的缩放和平移命令合并为一个单独的操作。

```
要合并缩放和平移操作吗？【是(Y)/否(N)】＜是＞：输入 y 或 n，或按 Enter 键
```

! 注意：从菜单开始的平移和缩放命令未合并，并始终保持独立操作。

(4)开始、结束

将一系列操作编组为一个集合。输入“开始”选项后，所有后续操作都将成为此集合的一部分，直至使用“结束”选项。编组已激活时输入 undobegin 将结束当前集合，并开始新的集合。UNDO 和 U 将编组操作视为单步操作。

如果输入 undobegin 而不输入 undoend，使用“数目”选项将放弃指定数目的命令但不会备份开始点以后的操作。如果要回到开始点以前的操作，则必须使用“结束”选项(即使集合为空)。同样适用于 U 命令。由“标记”选项放置的标记在 UNDO 编组中不显示。

(5)标记、后退

“标记”在放弃信息中放置标记。“后退”放弃直到该标记为止所做的全部工作。如果一次放弃一个操作，到达该标记时程序会给出通知。

有必要时，可以放置任意个标记。“后退”一次后退一个标记，并删除该标记。如果没找到标记，“后退”将显示以下提示：

```
这将放弃所有操作。确定？＜是＞：输入 y 或 n，或按 Enter 键
```

输入 y 可放弃所有输入到当前任务中的命令。输入 n 可忽略“后退”选项。

如果使用“数目”选项放弃多个操作，UNDO 将在遇到标记时停止。

3. 恢复命令

该命令用来恢复上一个用 UNDO 或 U 命令放弃的效果。操作方法如下：

• 单击工具栏标准按钮。

• 单击菜单中【编辑(E)】→【重做(R)】。

• 在命令提示下输入“redo”。

• 快捷菜单：无命令运行和无对象选定的情况下，在绘图区域单击鼠标右键，然后选择“重做”。

> ! 注意：REDO 可恢复单个 UNDO 或 U 命令放弃的效果。REDO 必须紧跟随在 U 或 UNDO 命令之后。

4.3.4　复制对象

对图形中相同或相近的对象，只要完成其中某一个对象的编辑，通过复制命令可以产生若干个类似或相同的对象。通过使用坐标、栅格捕捉、对象捕捉和其他工具还可以精确复制对象。复制对象的方法很多：

(1)快速复制：使用夹点来快速移动和复制对象。选择对象后，拖动夹点并同时按住 Ctrl 键到新位置即可进行复制。或者在选择对象后，直接按 Ctrl＋C 键进行复制，利用这种方法可以在 Windows 系统中的软件之间完成复制。

(2)复制对象：将原对象从指定的角度和方向创建对象的副本。

(3)镜像对象：绕指定轴翻转对象创建对称的镜像图像。

(4)偏移对象：创建造型与原始对象造型相平行的新对象。

(5)创建对象阵列：在矩形或环形(圆形)阵列中创建对象的副本。

1. 复制

操作方法如下：

• 单击工具栏的复制按钮。

• 单击菜单中【修改(M)】→【复制(Y)】。

• 使用快捷菜单：选择要复制的对象，在绘图区域中单击鼠标右键，单击“复制”。

• 使用命令“copy”。

> 选择对象：使用对象选择方法选择对象，完成后按 Enter 键
> 当前设置：复制模式＝当前值
> 指定基点或【位移(D)/模式(O)/多个(M)】＜位移＞：指定基点或输入选项

例：将如图 4－14 所示的 2397 号信号机进行复制。

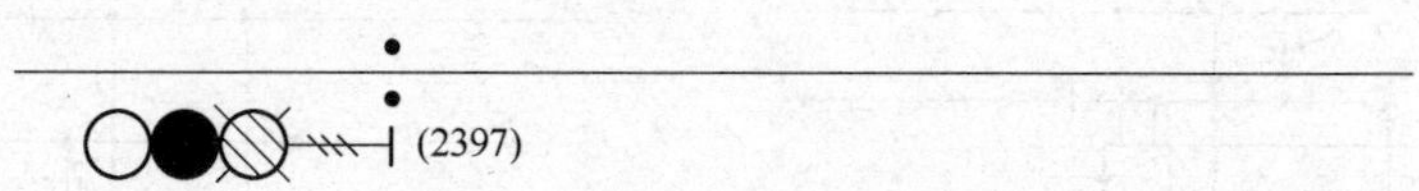

图 4－14　复制前

分析：在复制过程中基点的捕捉尤为重要，要求将两黑点之间的中间点必须放置在线路上。所以黑点之间的中间点便是复制过程中的基点，如图 4－15 所示。

操作步骤如下：

图 4－15 复制过程中的捕捉及追踪

命令:_copy

选择对象:指定对角点:找到 19 个

选择对象:

当前设置: 复制模式＝多个

指定基点或【位移(D)/模式(O)】＜位移＞:指定第二个点或＜使用第一个点作为位移＞: 用极轴、对象捕捉、对象追踪、开关捕捉到交叉点作为移动过程中的基点。

指定第二个点或【退出(E)/放弃(U)】＜退出＞:

复制后的结果如图 4－16 所示。

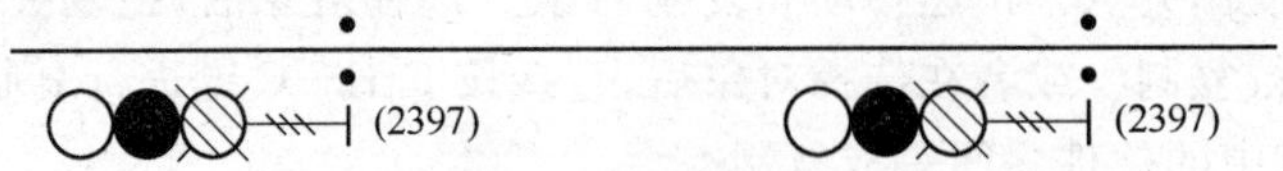

图 4－16 复制后

2. 镜像

镜像是通过绕轴(镜像线)翻转对象来创建镜像图像。镜像对创建对称的对象非常有用，因为可以快速地绘制半个对象，然后将其镜像，而不必绘制整个对象。操作方法如下：

• 单击工具栏:镜像按钮。
• 单击菜单中【修改(M)】→【镜像(I)】。
• 使用命令“mirror”。

选择对象:使用对象选择方法并按 Enter 或空格键结束命令

指定镜像线的第一点:指定点(1)

指定镜像线的第二点:指定点(2)

! 注意:默认情况下，镜像文字、属性和属性定义时，它们在镜像图像中不会反转或倒置。文字的对齐和对正方式在镜像对象前后相同。如果确实要反转文字，将 MIRRTEXT 系统变量设置为 1。

例:将如图 4－17 中扼流变压器进行镜像。

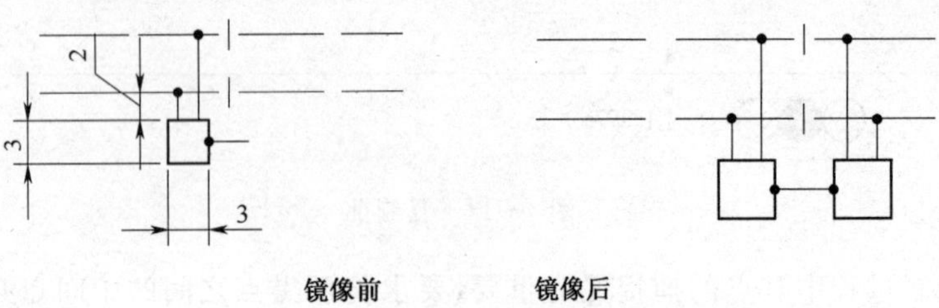

图 4－17 镜像命令的使用

操作步骤如下：

命令：_mirror
选择对象：指定对角点：找到 9 个
选择对象：
指定镜像线的第一点：指定镜像线的第二点：　　*要指定临时镜像线，必须输入两点。*
要删除源对象吗？【是(Y)/否(N)】<N>：　　*提示选择是删除原对象还是保留原对象。*
Y—将镜像的图像放置到图形中并删除原始对象。
N—将镜像的图像放置到图形中并保留原始对象。

3. 偏移

OFFSET 命令用于创建造型与选定对象相平行的新对象，是一种高效的绘图命令。利用偏移可以复制诸如：直线、圆弧、圆、椭圆和椭圆弧（形成椭圆形样条曲线）、二维多段线、构造线（参照线）和射线、样条曲线。

偏移圆或圆弧可以创建更大或更小的圆或圆弧，取决于向哪一侧偏移。操作方法如下：

- 单击工具栏偏移按钮。
- 单击菜单中【修改(M)】→【偏移(S)】。
- 使用命令“offset”。

指定偏移距离或【通过(T)/删除(E)/图层(L)】<5.0000>：　　*指定偏移距离可通过输入准确的长度，或在编辑区约用鼠标拾取。*
选择要偏移的对象，或【退出(E)/放弃(U)】<退出>：　　*选择要偏移的对象。*
指定要偏移的那一侧上的点，或【退出(E)/多个(M)/放弃(U)】<退出>：　　*指定要偏移至源对象的哪侧。*

例：用偏移命令绘制双线单开道岔符号，如图 4－18 所示。

分析：先用多段线绘制 AB、CD 两线段，由于 EF、GH 两线段与 AB、CD 平行且相距 5 mm。故可用偏移命令，然后再对 GH 进行修剪。操作步骤如下：

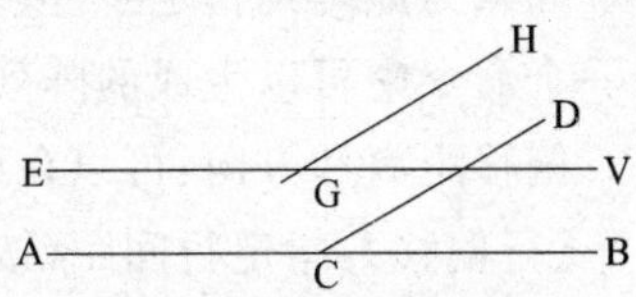

图 4－18　双线单开道岔符号

命令：_offset
当前设置：删除源＝否　图层＝源　OFFSETGAPTYPE＝0
指定偏移距离或【通过(T)/删除(E)/图层(L)】<5.0000>：5
选择要偏移的对象，或【退出(E)/放弃(U)】<退出>：
选择要偏移的对象，或【退出(E)/放弃(U)】<退出>：
指定要偏移的那一侧上的点，或【退出(E)/多个(M)/放弃(U)】<退出>：
选择要偏移的对象，或【退出(E)/放弃(U)】<退出>：
指定要偏移的那一侧上的点，或【退出(E)/多个(M)/放弃(U)】<退出>：
选择要偏移的对象，或【退出(E)/放弃(U)】<退出>：＊取消＊

4. 阵列

阵列分矩形阵列和环形阵列。对于矩形阵列，可以控制行和列的数目以及它们之间的距离。对于环形阵列，可以控制对象副本的数目并决定是否旋转副本。对于创建多个定间距的对象，排列比复制要快。操作方法如下：

- 单击工具栏阵列按钮。
- 单击菜单中【修改(M)】→【阵列(A)】。
- 使用命令“array”。

(1)创建矩形阵列

若沿当前捕捉旋转角度定义的基线创建矩形阵列。该角度的默认设置为 0，因此矩形阵列的行和列与图形的 X 和 Y 轴正交，如图 4－19 所示。

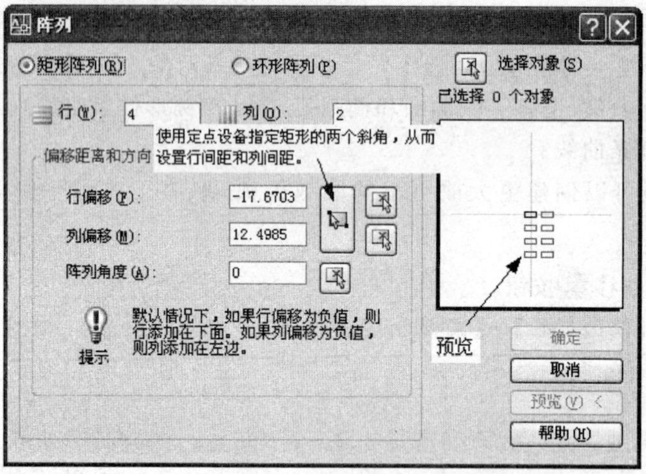

图 4－19 矩形阵列对话框

行：指定阵列中的行数。如果只指定了一行，则必须指定多列。

列：指定阵列中的列数。如果只指定了一列，则必须指定多行。

如果为此阵列指定了许多行和许多列，它可能要花费一些时间来创建副本。默认情况下，在一个命令中可以生成的阵列元素最大数目为 100 000。

偏移距离和方向：可以在此指定阵列偏移的距离和方向。

【行偏移】：指定行间距(按单位)。要向下添加行，请指定负值。要使用定点设备指定行间距，请用“拾取两者偏移”按钮或“拾取行偏移”按钮。

【列偏移】：指定列间距(按单位)。要向左边添加列，请指定负值。要使用定点设备指定列间距，请用“拾取两者偏移”按钮或“拾取列偏移”按钮。

【阵列角度】：指定旋转角度。此角度通常为 0，因此行和列与当前 UCS 的 X 和 Y 图形坐标轴正交。

【拾取两个偏移】：临时关闭“阵列”对话框，这样可以使用定点设备指定矩形的两个斜角，从而设置行间距和列间距。

【拾取行偏移】：临时关闭“阵列”对话框，这样可以使用定点设备来指定行间距。ARRAY 提示指定两个点，并使用这两个点之间的距离和方向来指定“行偏移”中的值。

【拾取列偏移】：临时关闭“阵列”对话框，这样可以使用定点设备来指定列间距。ARRAY 提示指定两个点，并使用这两个点之间的距离和方向来指定“列偏移”中的值。

【拾取阵列的角度】：临时关闭“阵列”对话框，这样可以输入值或使用定点设备指定两个点，从而指定旋转角度。

例:创建如图 4-20 所示的电气接点的阵列。

操作方法如下:

```
命令:_array
选择对象:指定对角点:找到 2 个
选择对象:
指定行间距:　第二点:
指定列间距:　第二点:
```

(2)创建环形阵列

通过围绕指定的圆心复制选定对象来创建阵列。创建环形阵列时,阵列按逆时针或顺时针方向绘制,这取决于设置填充角度时输入的是正值还是负值,如图 4-21 所示。操作方法如下。

【中心点】:指定环形阵列的中心点。输入 X 和 Y 坐标值,或选择“拾取中心点”以使用定点设备指定中心点。

【拾取中心点】:将临时关闭“阵列”对话框,以便使用定点设备在绘图区域中指定中心点。

【方法和值】:指定用于定位环形阵列中的对象的方法和值。

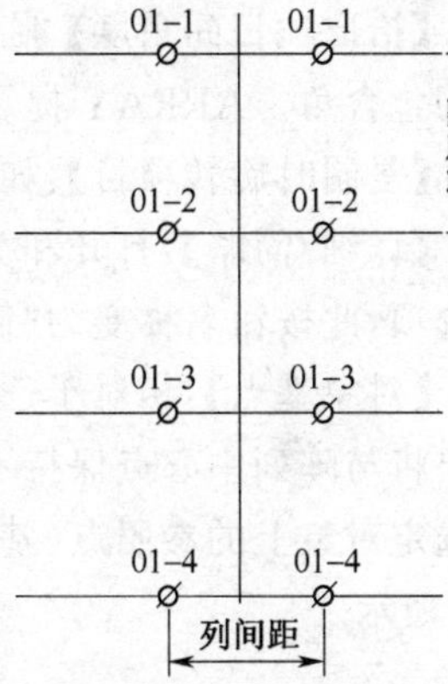

图 4-20　阵列

【方式】:设置定位对象所用的方法。此设置控制哪些“方法和值”字段可用于指定值。例如,如果方法为“要填充的项目和角度总数”,则可以使用相关字段来指定值;“项目间的角度”字段不可用。

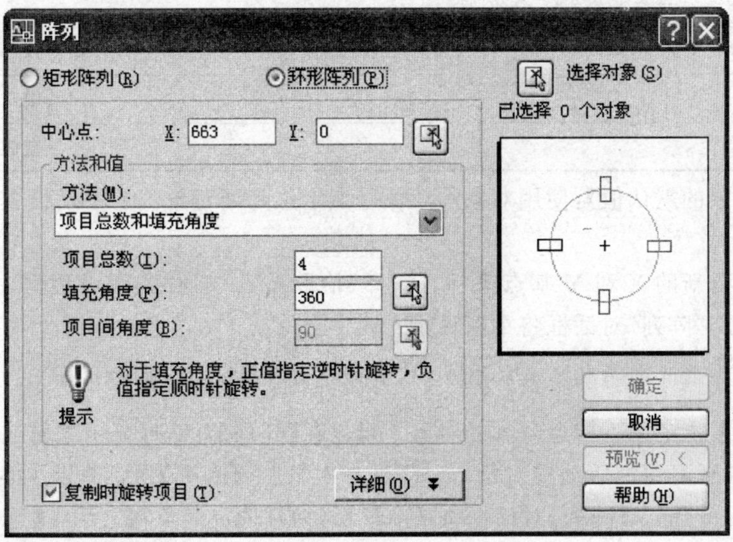

图 4-21　环形阵列对话框

【项目总数】:设置在结果阵列中显示的对象数目。默认值为 4。

【填充角度】:通过定义阵列中第一个和最后一个元素的基点之间的包含角来设置

阵列大小。正值指定逆时针旋转。负值指定顺时针旋转。默认值为 360。不允许值为 0。

【项目间角度】:设置阵列对象的基点和阵列中心之间的包含角。输入一个正值。默认方向值为 90。

！ 注意:可以选择拾取键并使用定点设备来为"要填充角度"和"项目间角度"指定值。

【拾取要填充的角度】:临时关闭"阵列"对话框,这样可以定义阵列中第一个元素和最后一个元素的基点之间的包含角。ARRAY 提示在绘图区域参照一个点选择另一个点。

【拾取项目间角度】:临时关闭"阵列"对话框,这样可以定义阵列对象的基点和阵列中心之间的包含角。ARRAY 提示在绘图区域参照一个点选择另一个点。

【复制时旋转项目】:如预览区域所示旋转阵列中的项目。

【详细/简略】:打开和关闭"阵列"对话框中的附加选项的显示。选择"详细"时,将显示附加选项,此按钮名称变为"简略"。

【对象基点】:相对于选定对象指定新的参照(基准)点,对对象指定阵列操作时,这些选定对象将与阵列中心点保持不变的距离。要构造环形阵列,ARRAY 将确定从阵列中心点到最后选定对象上的参照点(基点)之间的距离。所使用的点取决于对象类型和默认基点,如表 4－1 所示。

表 4－1　对象的默认基点

对象类型	默认基点
圆弧、圆、椭圆	圆心
多边形、矩形	第一个角点
圆环、直线、多段线、三维多段线、射线、样条曲线	起点
块、段落文字、单行文字	插入点
构造线	中点
面域	栅格点

【设置为对象的默认值】:使用对象的默认基点定位阵列对象。要手动设置基点,清除该选项。

【基点】:设置新的 X 和 Y 基点坐标。选择"拾取基点"临时关闭对话框,并指定一个点。指定了一个点后,"阵列"对话框将重新显示。

！ 注意:构造环形阵列而且不旋转对象时,要避免意外结果,手动设置基点。

【选择对象】:指定用于构造阵列的对象。可以在【阵列】对话框显示之前或之后选择对象。要在"阵列"对话框显示之后选择对象,选择"选择对象"。【阵列】对话框将暂时关闭。完成选择对象后,按 Enter 键。【阵列】对话框将重新显示,并且选定对象将显示在【选择对象】按钮下面。

！ 注意:如果选择多个对象,则最后一个选定对象的基点将用于构造阵列。

【预览区域】:显示基于对话框当前设置的阵列预览图像。当修改设置后移到另一个字段时，预览图像将被动态更新。

【预览】：关闭“阵列”对话框，显示当前图形中的阵列。选择“修改”返回“阵列”对话框进行修改。

例：绘制如图 4－22 所示的齿轮。

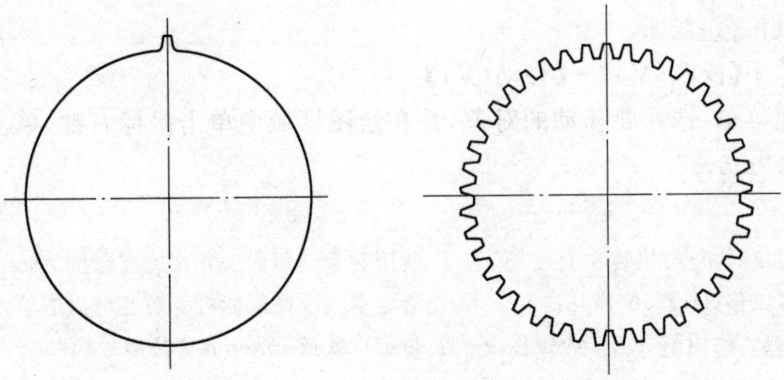

(a) 阵列前　　(b) 阵列后

图 4－22　41 齿行星传动式内齿轮

分析：齿轮是一个典型的环形阵列，阵列前先按尺寸将第一个齿绘制好后，按图 4－23 进行设置。

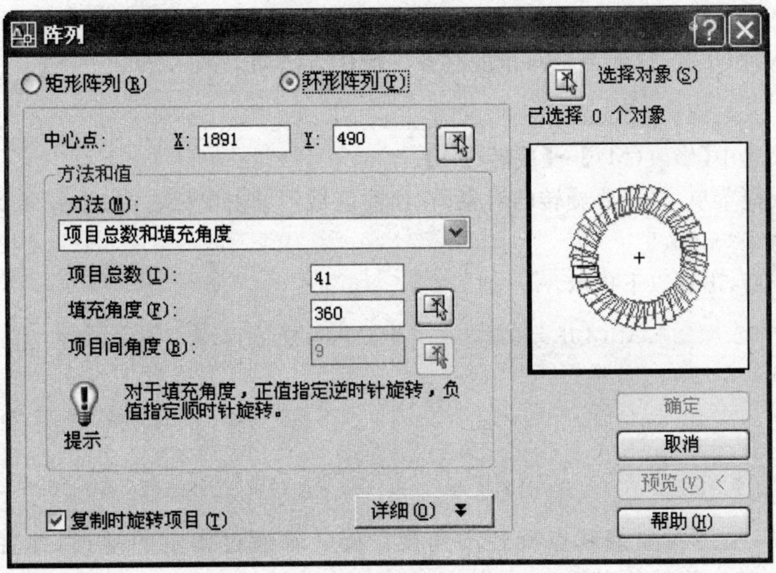

图 4－23　关于“齿”的设置对话框

```
命令：_array
指定阵列中心点：
选择对象：指定对角点：找到 8 个
```

阵列的半径由指定中心点与参照点或与最后一个选定对象上的基点之间的距离决定。可以使用默认参照点（通常是与捕捉点重合的任意点），或指定一个要用作参照点的新基点。

4.3.5 移　　动

从原对象以指定的角度和方向可以移动对象。使用坐标、栅格捕捉、对象捕捉和其他工具可以精确移动对象。操作方法如下：

- 单击工具栏按钮。
- 单击菜单中【修改(M)】→【移动(V)】。
- 使用快捷菜单：选择要移动的对象，并在绘图区域中单击鼠标右键，单击【移动】。
- 使用命令“move”。

命令：_move	
选择对象：指定对角点：找到 8 个	*使用对象选择方法并在完成时按 Enter 键*
指定基点或【位移(D)】<位移>：	*指定基点或在鼠标右下角蓝色框中输入极轴 d*
指定第二点或<使用第一点作为位移>：	*指定点或按 Enter 或空格键*

然后选择要移动的对象(1)，指定移动基点(2)，然后指定第二点(3)。将按照点 2 到点 3 的距离和方向移动对象，如图 4－24 所示。

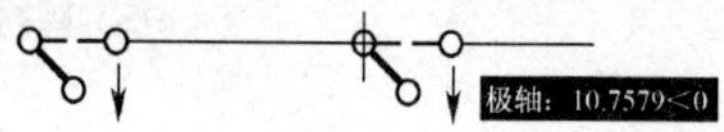

图 4－24　移动

4.3.6 旋　　转

绕指定基点可以旋转图形中的对象。要确定旋转的角度，输入角度值，使用光标进行拖动，或者指定参照角度，以便与绝对角度对齐。操作方法如下：

- 单击工具栏旋转按钮。
- 单击菜单中【修改(M)】→【旋转(R)】。
- 使用快捷菜单：选择要旋转的对象，在绘图区域中单击鼠标右键，单击“旋转”。
- 使用命令“rotate”。

输入命令后，出现以下提示：

UCS 当前的正角方向：ANGDIR＝逆时针	*输入正的角度值时，从基点按逆时针方向旋转。*
ANGBASE＝0	
选择对象：	*使用对象选择方法并在完成选择后按 Enter 键*
指定基点：	*指定点*
指定旋转角度或【复制(C)/参照(R)】：	*输入角度或指定点，或者输入“c”或“r”*

旋转角度：决定对象绕基点旋转的角度。旋转轴通过指定的基点，并且平行于当前 UCS 的 Z 轴。输入旋转角度值(0°～360°)。还可以按弧度、百分度或勘测方向输入值。默认方式下，输入正角度值逆时针或顺时针旋转对象，这取决于“图形单位”对话框中的“方向控制”设置。绕基点拖动对象并指定第二点。为了更加精确，使用“正交”模式、极轴追踪或对象捕捉。

复制：创建要旋转的选定对象的副本。

参照：将对象从指定的角度旋转到新的绝对角度。使用“参照”选项，可以旋转对象，使其与绝对角度对齐。例如，要旋转插图中的部件，使对角边旋转到 90°，可以选择要旋转的对象(1,2)，指定基点(3)，然后输入“参照”选项。对于参照角度，指定对角线(4,5)的两个端点。对于新角度，输入 90。

指定参照角度＜上一个参照角度＞：　　*通过输入值或指定两点来指定角度*
指定新角度或【点(P)】＜上一个新角度＞：　*通过输入值或指定两点来指定新的绝对角度*

旋转视口对象时，视口的边框仍然保持与绘图区域的边界平行。

4.3.7　调整对象大小或形状

1. 比例缩放

使用 SCALE 命令，可以将对象按统一比例放大或缩小。通过比例缩放可以调整对象大小使其在一个方向上或是按比例增大或缩小。还可以通过移动端点、顶点或控制点来拉伸某些对象，如图 4－25 所示。操作方法如下：

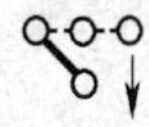

图 4－25　比例缩放

• 单击工具栏缩放按钮。

• 单击菜单中【修改(M)】→【缩放(L)】。

• 使用快捷菜单：选择要缩放的对象，然后在绘图区域中单击鼠标右键。单击"缩放"。

• 使用命令"scale"。

选择对象：　*使用对象选择方法并在完成时按 Enter 键*
指定基点：　*指定点*

指定的基点表示选定对象的大小发生改变(从而远离静止基点)时位置保持不变的点。

! 注意：当使用具有 annotative 对象的 SCALE 命令时，相对于缩放操作的基点缩放对象的位置，但是此对象的大小没有更改。

指定比例因子或【复制(C)/参照(R)】：指定比例、输入 c 或输入 r

比例因子：按指定的比例放大选定对象的尺寸。大于 1 的比例因子使对象放大。介于 0 和 1 之间的比例因子使对象缩小。还可以拖动光标使对象变大或变小。

复制：创建要缩放的选定对象的副本。

参照：按参照长度和指定的新长度缩放所选对象。使用参照进行缩放将现有距离作为新尺寸的基础。要使用参照进行缩放，指定当前距离和新的所需尺寸。例如，如果对象的一边是 4.8 个单位长度，要将它扩张到 7.5 个单位长度，则用 4.8 作为参照长度。也可以使用"参照"选项缩放整个图形。例如，可以在原图形单位需要修改时使用该选项。选择图形中的所有对象。然后使用"参照"选择两个点并指定所需的距离。图形中的所有对象被相应地缩放。

指定参照长度＜1＞：指定缩放选定对象的起始长度
指定新的长度或【点(P)】：指定将选定对象缩放到的最终长度，或输入 p，使用两点来定义长度

! 注意：将 SCALE 命令用于注释性对象时，对象的位置将相对于缩放操作的基点进行缩放，但对象的尺寸不会更改。

2. 拉伸

使用拉伸命令，可以重定位穿过或在交叉选择窗口内的对象的端点。通常在绘制电路的时候用此命令来调整对象位置。拉伸命令 STRETCH 仅移动位于交叉选择内的顶点和端点，

不更改那些位于交叉选择外的顶点和端点。STRETCH 不修改三维实体、多段线宽度、切向或者曲线拟合的信息。操作方法如下：

- 单击工具栏中拉伸按钮。
- 单击菜单中【修改(M)】→【拉伸(H)】。
- 使用命令"stretch"。

命令：_stretch
以交叉窗口或交叉多边形选择要拉伸的对象...
选择对象　　*使用圈交选项或交叉对象选择方法，并按 Enter 键。*
　　　　　　将移动而非拉伸单个选定的对象和通过交叉选择完全封闭的对象。
选择对象：指定对角点：找到 2 个
选择对象：
指定基点或【位移(D)】＜上次位移＞：　*指定基点或输入位移坐标*
指定第二点或＜使用第一点作为位移＞：　*指定第二点，或按 Enter 键使用以前的坐标作为位移*

要进行精确拉伸，使用对象捕捉、栅格捕捉和相对坐标输入。

! 注意：拉伸不同于位移。位移只是移动对象，拉伸不断移动所选择的对象，同时将 AB 之间的线段延长。

例：如图 4－26 所示，将 B 接点拉伸到右边的位置。

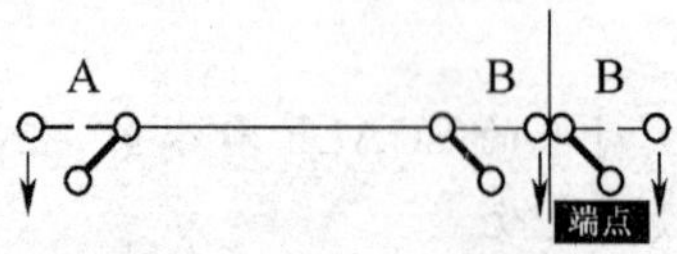

图 4－26　拉伸对象

操作步骤如下：

命令：_stretch
以交叉窗口或交叉多边形选择要拉伸的对象...
选择对象：指定对角点：找到 10 个
选择对象：
指定基点或【位移(D)】＜位移＞：

3. 拉长对象

使用 LENGTHEN 命令，可以修改圆弧的包含角和以下对象的长度(直线、圆弧、开放的多段线、椭圆弧、开放的样条曲线)，其结果与延伸和修剪相似。可以实现：

(1)动态拖动对象的端点

(2)按总长度或角度的百分比指定新长度或角度

(3)指定从端点开始测量的增量长度或角度

(4)指定对象的总绝对长度或包含角

通过以下方式可修改对象的长度和圆弧的包含角：

- 单击菜单中【修改(M)】→【拉长(G)】。
- 单击工具栏拉长按钮。
- 使用命令"lengthen"。

选择对象或【增量(DE)/百分数(P)/全部(T)/动态(DY)】:选择一个对象或输入选项

对象选择:显示对象的长度和包含角(如果对象有包含角)。

LENGTHEN 命令不影响闭合的对象。选定对象的拉伸方向不需要与当前坐标系(UCS)的 Z 轴平行。

当前长度:＜当前＞,包含角:＜当前＞
选择对象或【增量(DE)/百分数(P)/全部(T)/动态(DY)】:选择一个对象,输入选项或按 Enter 键结束命令

增量:以指定的增量修改对象的长度,该增量从距离选择点最近的端点处开始测量。差值还以指定的增量修改弧的角度,该增量从距离选择点最近的端点处开始测量。正值扩展对象,负值修剪对象,如图 4—27 所示。

输入长度差值或【角度(A)】＜当前＞:指定距离、输入 a 或按 Enter 键

长度差值:以指定的增量修改对象的长度。

选择要修改的对象或【放弃(U)】:选择一个对象或输入 u

提示将一直重复,直到按 Enter 键结束命令。

角度:以指定的角度修改选定圆弧的包含角,如图 4—28 所示。

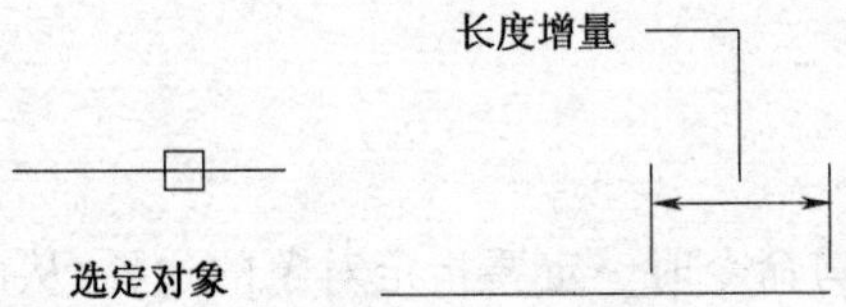

图 4—27　增量的设置

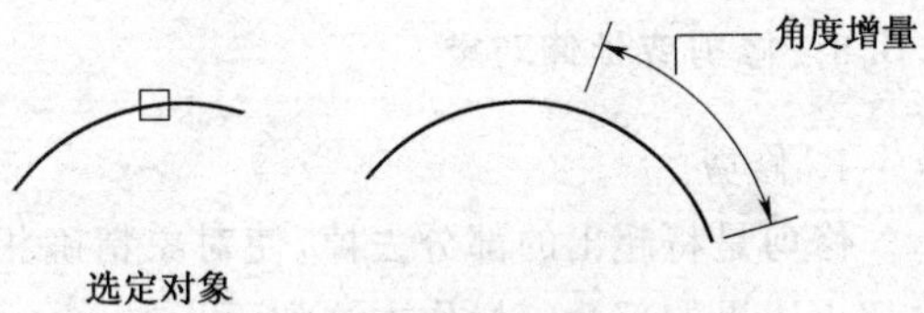

图 4—28　角度增量的设置

输入角度差值＜当前角度＞:指定角度或按 Enter 键
选择要修改的对象或【放弃(U)】:选择一个对象或输入 u

提示将一直重复,直到按 Enter 键结束命令。

百分数:通过指定对象总长度的百分数设置对象长度。

输入长度百分数＜当前＞:输入非零正值或按 Enter 键
选择要修改的对象或【放弃(U)】:选择一个对象或输入 u

提示将一直重复,直到按 Enter 键结束命令。

全部:通过指定从固定端点测量的总长度的绝对值来设置选定对象的长度。“全部”选项也按照指定的总角度设置选定圆弧的包含角。

指定总长度或【角度(A)】＜当前＞:指定距离,输入非零正值,输入 a,或按 Enter 键

总长度:将对象从离选择点最近的端点拉长到指定值,如图 4—29 所示。

选择要修改的对象或【放弃(U)】:选择一个对象或输入 u

提示将一直重复，直到按 Enter 键结束命令。

角度：设置选定圆弧的包含角，如图 4－30 所示。

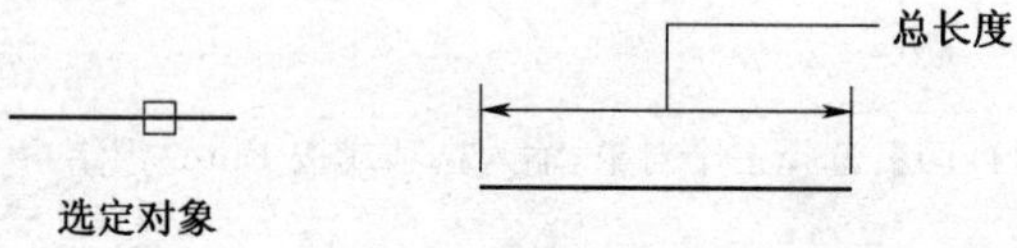

图 4－29 拉伸总长度

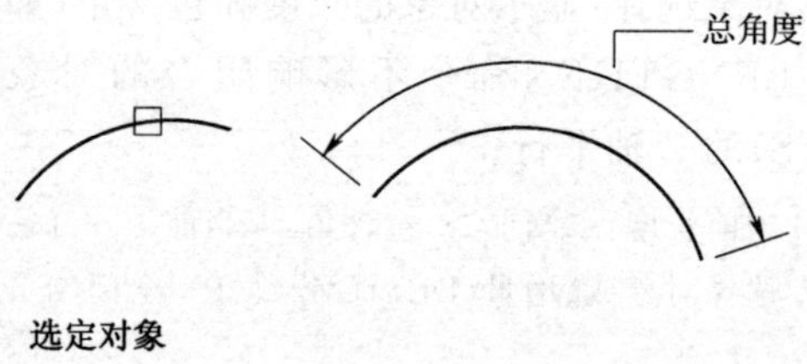

图 4－30 拉伸总角度

指定总角度＜当前＞：指定角度或按 Enter 键
选择要修改的对象或【放弃(U)】：选择一个对象或输入 u

提示将一直重复，直到按 Enter 键结束命令。

动态：打开动态拖动模式。通过拖动选定对象的端点之一来改变其长度。其他端点保持不变。

选择要修改的对象或【放弃(U)】：选择一个对象或输入 u

提示将一直重复，直到按 Enter 键结束命令。

4.3.8 修剪或延伸对象

1. 修剪

修剪是将超出的部分去掉，使对象精确相交。修剪命令时一定要指定对象的边界，从而减去超出边界的部分。操作方法如下：

- 单击修改工具栏按钮。
- 单击菜单中【修改(M)】→【修剪(T)】。
- 使用命令“trim”。

当前设置：投影＝UCS，边＝无
选择剪切边 ...
选择要修剪的对象，或按住 Shift 键选择要延伸的对象
【栏选(F)/窗交(C)/投影(P)/边(E)/删除(R)/放弃(U)】：

当前设置：TRIM 将剪切边和要修剪的对象投影到当前坐标系(UCS)的 XY 平面上。

剪切边：选择定义要修剪对象的剪切边的对象，或者按 Enter 键选择所有显示的对象作为潜在剪切边。

! 注意：要选择包含块的剪切边，只能使用“单个选择”“窗交”“栏选”和“全部选择”选项。

指定一种对象选择方式来选择要修剪的对象。如果有多个可能的修剪结果，那么第一个选择点的位置将决定结果。

要修剪的对象：指定修剪对象。选择修剪对象提示将会重复，因此可以选择多个修剪对象。按 Enter 键退出命令。

按住 Shift 键选择要延伸的对象：延伸选定对象而不是修剪它们。该选项提供了一种在

修剪和延伸之间切换的简便方法。

栏选：选择与选择栏相交的所有对象。选择栏是一系列临时线段，它们是用两个或多个栏选点指定的。选择栏不构成闭合环。

指定第一个栏选点：指定选择栏的起点
指定下一个栏选点或【放弃(U)】：指定选择栏的下一点或输入 u
指定下一个栏选点或【放弃(U)】：指定选择栏的下一个点、输入 u 或按 Enter 键

窗交：选择矩形区域(由两点确定)内部或与之相交的对象。

指定第一个角点：指定点
指定对角点：指定第一点对角线上的点

! 注意：某些要修剪的对象的交叉选择不确定。TRIM 将沿着矩形交叉窗口从第一个点以顺时针方向选择遇到的第一个对象。

投影：指定修剪对象时使用的投影方式。

输入投影选项【无(N)/UCS(U)/视图(V)】<当前>：输入选项或按 Enter 键

边：确定对象是在另一对象的延长边处进行修剪，还是仅在三维空间中与该对象相交的对象处进行修剪。

无：指定无投影。该命令只修剪与三维空间中的剪切边相交的对象。

UCS：指定在当前坐标系 XY 平面上的投影。该命令将修剪不与三维空间中的剪切边相交的对象。

视图：指定沿当前视图方向的投影。该命令将修剪与当前视图中的边界相交的对象。

延伸：沿自身自然路径延伸剪切边使它与三维空间中的对象相交。

不延伸：指定对象只在三维空间中与其相交的剪切边处修剪。

! 注意：修剪图案填充时，不要将“边”设置为“延伸”。否则，修剪图案填充时将不能填补修剪边界中的间隙，即使将允许的间隙设置为正确的值。

删除：删除选定的对象。该选项提供了一种用来删除不需要的对象的简便方式，而无需退出 TRIM 命令。

选择要删除的对象或<退出>：使用对象选择方式并按 Enter 键返回到上一个提示

放弃：撤消由 TRIM 命令所做的最近一次修改。

例：修剪 GH 超出 EF 的部分，如图 4－31 所示。

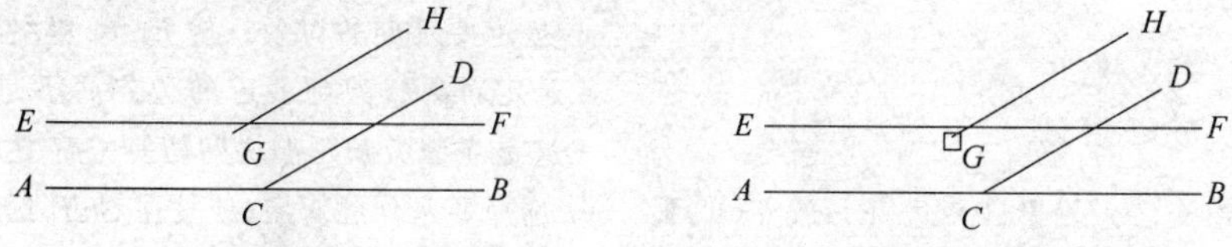

修剪前　　　　将拾取框压在超出部分

图 4－31　修剪

命令：_trim

当前设置：投影＝UCS，边＝无　　*指定在当前坐标系 XY 平面上的投影。*

选择剪切边...

选择对象或<全部选择>：　找到 1 个

选择对象：找到 1 个，总计 2 个　　*因为 GH 超出部分是与 EF 相交后多出的部分，故需选择 EF、GH。*

选择对象：

选择要修剪的对象，或按住 Shift 键选择要延伸的对象，或

【栏选(F)/窗交(C)/投影(P)/边(E)/删除(R)/放弃(U)】：

选择要修剪的对象，或按住 Shift 键选择要延伸的对象，或

【栏选(F)/窗交(C)/投影(P)/边(E)/删除(R)/放弃(U)】：

2. 延伸

使用延伸 EXTEND 将对象延伸到另一对象。操作方法如下：

- 单击工具栏延伸。
- 单击菜单中【修改(M)】→【延伸(D)】。
- 使用命令“extend”。

例：将图 4－32 中所示的 B21、B22、B23、B24 延伸至与 B20 相等的长度。

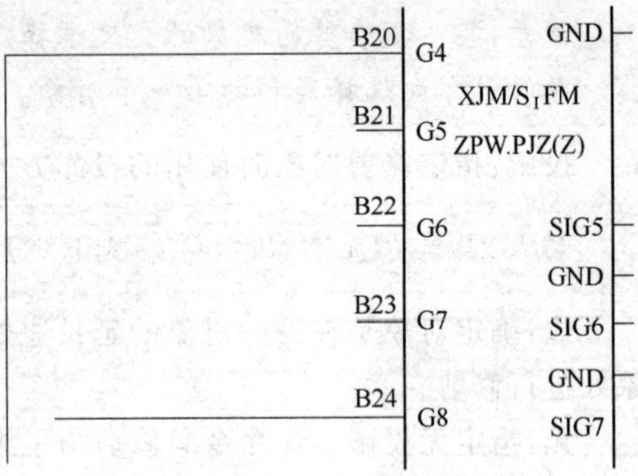

图 4－32　延伸

分析：图中 B21、B22、B23、B24 延伸至 B20 的长度，先作辅助线与 B20 的左端点重合，然后用延伸命令延长所有需要延伸的线段。最后删除辅助线即可。

操作步骤如下：

命令：_extend	
当前设置：投影＝UCS，边＝无	*投影＝当前值，边＝当前值*
选择边界的边...	*使用选定对象来定义对象延伸到的边界。*
选择对象或<全部选择>：　找到 1 个	*选择一个或多个对象并按 Enter 键，或者按 Enter 键选择所有显示的对象*
选择对象：找到 1 个，总计 2 个	
选择对象：找到 1 个，总计 3 个	
选择对象：指定对角点：找到 1 个，总计 4 个	
选择对象：找到 1 个，总计 5 个	*分别选择要延伸的对象。*
选择对象：	*指定要延伸的对象。按 Enter 键结束命令。将选定对象修剪到最近的边界而不是将其延伸。这是在修剪和延伸之间切换的简便方法。*
【栏选(F)/窗交(C)/投影(P)/边(E)/放弃(U)】：	*选择要延伸的对象，或按住 Shift 键选择要修剪的对象，或输入选项*

栏选：选择与选择栏相交的所有对象。

> 指定第一个栏选点：指定选择栏的起点
> 指定下一个栏选点或【放弃(U)】：指定选择栏的下一点或输入 u
> 指定下一个栏选点或【放弃(U)】：指定选择栏的下一点、输入 u 或按 Enter 键

窗交：选择矩形区域（由两点确定）内部或与之相交的对象。

> 指定第一个角点：指定点
> 指定对角点：指定源自第一点的对角上的点

> ！注意：某些要延伸的对象的相交区域不明确。通过沿矩形窗交窗口以顺时针方向从第一点到遇到的第一个对象，将 EXTEND 融入选择。

投影：指定延伸对象时使用的投影方法。

> 输入投影选项【无(N)/UCS(U)/视图(V)】＜当前＞：输入选项或按 Enter 键

无：指定无投影。只延伸与三维空间中的边界相交的对象。

UCS：指定到当前坐标系(UCS)XY 平面的投影。延伸未与三维空间中的边界对象相交的对象。

视图：指定沿当前视图方向的投影。

边：将对象延伸到另一个对象的隐含边，或仅延伸到三维空间中与其实际相交的对象。

> 输入隐含边延伸模式【延伸(E)/不延伸(N)】＜当前＞：输入选项或按 Enter 键

延伸：沿其自然路径延伸边界对象以和三维空间中另一对象或其隐含边相交。

不延伸：指定对象只延伸到在三维空间中与其实际相交的边界对象。

放弃：放弃最近由 EXTEND 所作的更改。

4.3.9　打断与合并

打断 BREAK 是将一个对象打断为两个对象，对象之间可以具有间隙，也可以没有间隙，通常用于为块或文字创建空间。要打断对象而不创建间隙，在相同的位置指定两个打断点。完成此操作的最快方法是在提示输入第二点时输入"@0,0"。

合并 JOIN 是将多个相似的对象合并为一个对象。将相似的对象和与之合并的对象称为源对象。可以合并的对象有：圆弧、椭圆弧、直线、多段线、样条曲线。也可以使用圆弧和椭圆弧创建完整的圆和椭圆。

> ！注意：要合并的对象必须位于相同的平面上。合并两条或多条圆弧（或椭圆弧）时，将从源对象开始沿逆时针方向合并圆弧（或椭圆弧）。

1. 打断

(1)启用方法如下：

- 单击工具栏打断。
- 单击菜单中【修改(M)】→【打断(K)】。
- 在命令提示下输入"break"。

(2)选择要打断的对象。

默认情况下，在其上选择对象的点为第一个打断点。要选择其他断点对，输入 f（第一个），然后指定第一个断点。

(3)指定第二个打断点。要打断对象而不创建间隙，输入@0,0 以指定上一点。

例:将图 4—33 沿 AB 打断。

命令:_break 选择对象: *使用某种对象选择方法，或指定对象上的第一个打断点(1)将显示的下一个提示取决于选择对象的方式。如果使用定点设备选择对象，本程序将选择对象并将选择点视为第一个打断点。在下一个提示下，可以继续指定第二个打断点或替换第一个打断点。*

指定第二个打断点或【第一点(F)】:_nea 到 *指定第二个打断点(2)或输入 f*

这样两个指定点之间的对象部分将被删除。如果第二个点不在对象上，将选择对象上与该点最接近的点。因此，要打断直线、圆弧或多段线的一端，可以在要删除的一端附近指定第二个打断点。

要将对象一分为二并且不删除某个部分，输入的第一个点和第二个点应相同。通过输入@指定第二个点即可实现此过程。

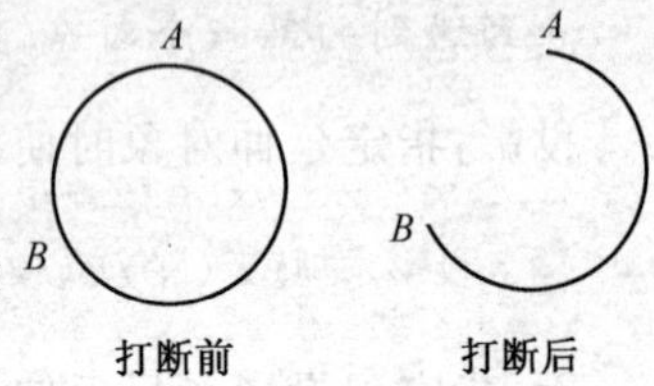

图 4—33 打断

直线、圆弧、圆、多段线、椭圆、样条曲线、圆环以及其他几种对象类型都可以拆分为两个对象或将其中的一端删除。

! 注意:程序将按逆时针方向删除圆上第一个打断点到第二个打断点之间的部分，从而将圆转换成圆弧。

2. 合并

启用方法如下:

- 单击工具栏合并按钮。
- 单击菜单中【修改(M)】→【合并(J)】。
- 在命令提示下输入“join”。

(1)选择要合并对象的源对象。

(2)选择要合并到源对象中的一个或多个对象。

! 注意:选择源对象可以是一条直线、多段线、圆弧、椭圆弧、样条曲线或螺旋。

根据选定的源对象，显示以下提示之一:

(1)直线:选择要合并到源的直线。选择一条或多条直线并按 Enter 键。直线对象必须共线(位于同一无限长的直线上)，但是它们之间可以有间隙。如图 4—34 所示的直线合并。

图 4—34 直线的合并

命令:_join 选择源对象:
选择要合并到源的直线: 找到 1 个
选择要合并到源的直线:
已将 1 条直线合并到源

(2)多段线:选择要合并到源的对象:选择一个或多个对象并按 Enter 键，对象可以是直线、多段线或圆弧。

如图 4—35 所示的多段线合并。

图 4－35　多段线的合并

命令：_join 选择源对象：　　*选择右侧线段作为源对象。*

选择要合并到源的对象：找到 1 个　　*选择左侧线段作为合并源的对象。*

1 条线段已添加到多段线

！注意：多段线对象之间不能有间隙，并且必须位于与 UCS 的 XY 平面平行的同一平面上。

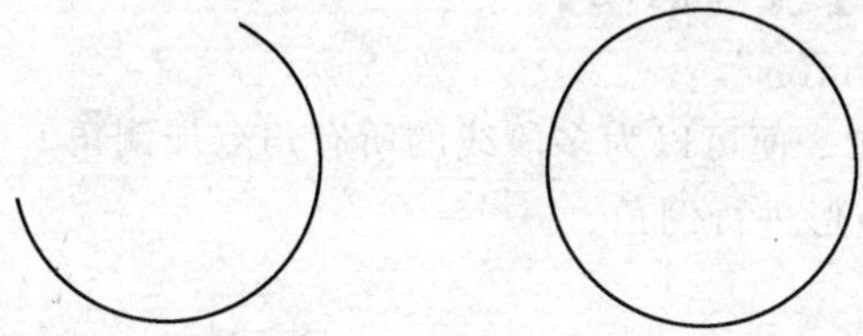

图 4－36　将圆弧闭合

（3）圆弧：圆弧对象必须位于同一假想的圆上，但是它们之间可以有间隙。“闭合”是将源圆弧转换成圆，如图 4－36 所示。

第一种方法：将圆弧闭合。

命令：_join 选择源对象：

选择圆弧，以合并到源或进行【闭合(L)】：l

已将圆弧转换为圆。

第二种方法：将两段圆弧合并为一个圆弧，如图 4－37 所示。

！注意：合并两条或多条圆弧时，将从源对象开始按逆时针方向合并圆弧。

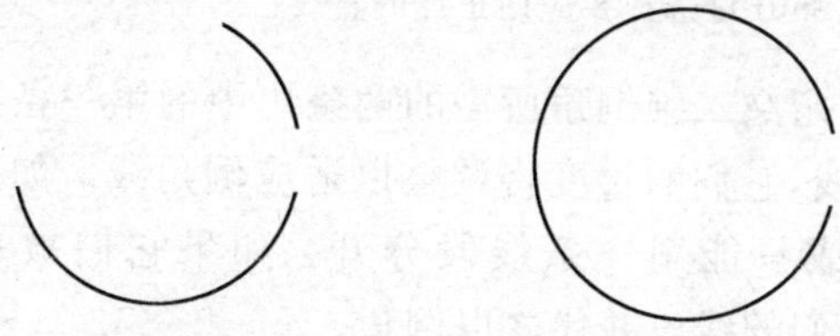

图 4－37　将圆弧闭合

命令：_join 选择源对象：

选择圆弧，以合并到源或进行【闭合(L)】：

选择要合并到源的圆弧：　找到 1 个

已将 1 个圆弧合并到源

（4）椭圆弧：方法同圆弧的操作方法一样。但椭圆弧必须位于同一椭圆上，它们之间可以有间隙。命令行中的“闭合”是将源椭圆弧闭合成完整的椭圆。

！注意：合并两条或多条椭圆弧时，将从源对象开始按逆时针方向合并椭圆弧。

(5)样条曲线：样条曲线和螺旋对象必须相接（端点对端点）。结果对象是单个样条曲线。

(6)螺旋：螺旋对象必须相接（端点对端点）。

4.3.10 倒　　角

倒角连接两个对象，使它们以平角或倒角相接。是机械装配图及零件图上常见的结构。利用倒角命令可以对直线、多段线、射线、构造线、三维实体进行倒角。如图 4－38 所示。启用方法如下：

- 单击修改工具栏倒角。
- 单击菜单中【修改(M)】→【倒角(C)】。

在命令提示下，输入“chamfer”。

使用单个 CHAMFER 命令便可以为多段线的所有角点加倒角。

例：对图 4－38 所示的矩形进行倒角。

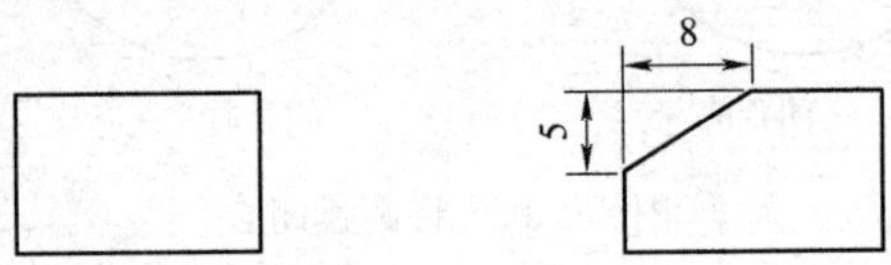

倒角前　　倒角后

图 4－38　倒角

命令：_chamfer

（“修剪”模式）当前倒角距离 1=5，距离 2=8

选择第一条直线或【放弃(U)/多段线(P)/距离(D)/角度(A)/修剪(T)/方式(E)/多个(M)】：d 指定第一个倒角距离<5>：5

使用对象选择方式或输入选项。

指定第二个倒角距离<5>：8

选择第一条直线或【放弃(U)/多段线(P)/距离(D)/角度(A)/修剪(T)/方式(E)/多个(M)】：

选择第二条直线，或按住 Shift 键选择要应用角点的直线：

选择第一条直线：指定定义二维倒角所需的两条边中的第一条边或要倒角的三维实体的边。如果选择直线或多段线，它们的长度将调整以适应倒角线。如果选定对象是二维多段线的直线段，它们必须相邻或只能用一条线段分开。如果它们被另一条多段线分开，执行 CHAMFER 将删除分开它们的线段并代之以倒角。

放弃：恢复在命令中执行的上一个操作。

多段线：对整个二维多段线倒角。相交多段线线段在每个多段线顶点被倒角。倒角成为多段线的新线段。如果多段线包含的线段过短以至于无法容纳倒角距离，则不对这些线段倒角。

距离：倒角距离是每个对象与倒角线相接或与其他对象相交而进行修剪或延伸的长度。设置倒角至选定边端点的距离。如果将两个距离均设置为零，CHAMFER 将延伸或修剪两条直线，以使它们终止于同一点。如果两个倒角距离都为 0，则倒角操作将修剪或延伸这两个对象直至它们相交，但不创建倒角线。选择对象时可以按住 Shift 键，用 0 值替代当前的倒角距离。

在图 4－38 中，将第一条直线的倒角距离设置为 5，将第二条直线的倒角距离设置为 8。指定倒角距离后，如图所示选择两条直线。

角度：通过指定第一个选定对象的倒角线起点及倒角线与该对象形成的角度来为两个对

象倒角。用第一条线的倒角距离和第二条线的角度设置倒角距离。如果选择的两个倒角对象是一条多段线的两个线段，则它们必须相邻或仅隔一个弧线段。如图所示，如果它们被弧线段间隔，倒角将删除此弧并用倒角线替换它。

修剪：控制 CHAMFER 是否将选定的边修剪到倒角直线的端点。缺省情况下，对象在倒角时被修剪，但可以用"修剪"选项指定保持不修剪的状态，如图 4－39 所示。

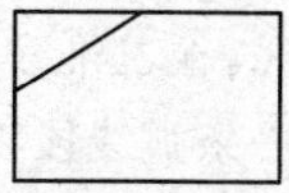

图 4－39　倒角时不修剪

方式：控制 CHAMFER 使用两个距离还是一个距离和一个角度来创建倒角。

多个：为多组对象的边倒角。CHAMFER 将重复显示主提示和"选择第二个对象"的提示，直到用户按 Enter 键结束命令。

> ! 注意：给通过直线段定义的图案填充边界加倒角会删除图案填充的关联性。如果图案填充边界是通过多段线定义的，将保留关联性。如果要被倒角的两个对象都在同一图层，则倒角线将位于该图层。否则，倒角线将位于当前图层上。此图层影响对象的特性(包括颜色和线型)。

对整条多段线进行倒角时，只对那些长度足够适合倒角距离的线段进行倒角。且每个交点都被倒角。要得到最佳效果，保持第一和第二个倒角距离相等。

4.3.11　圆　角

圆角指用与对象相切并且具有指定半径的圆弧连接两个对象。内角点称为内圆角，外角点称为外圆角。

可以对圆弧、圆、椭圆和椭圆弧、直线、多段线、射线、样条曲线、构造线、三维实体进行圆角，如图 4－40 所示。启用方法如下：

- 单击修改工具栏中圆角。
- 单击菜单中【修改(M)】→【圆角(F)】。
- 在命令提示下输入"fillet"。

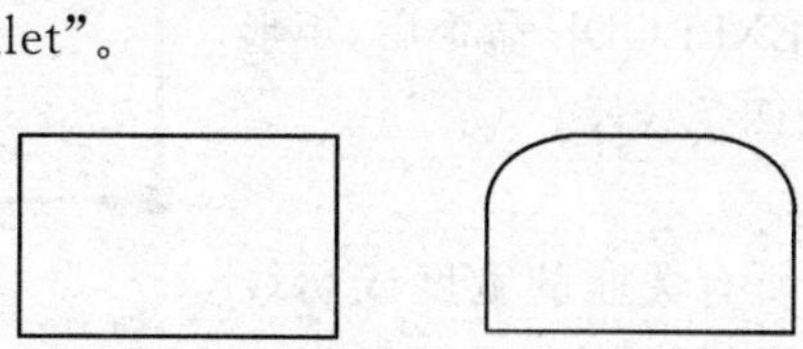

图 4－40　圆角

命令：　FILLET	
当前设置：模式＝修剪，半径＝5	
选择第一个对象或【放弃(U)/多段线(P)/半径(R)/修剪(T)/多个(M)】：	*选择定义二维圆角所需的两个对象中的第一个对象，或选择三维实体的边以便给其加圆角。*
选择第二个对象，或按住 Shift 键选择要应用角点的对象：	*使用对象选择方法，或按住 Shift 键并选择对象，以创建一个锐角*

> ! 注意：给通过直线段定义的图案填充边界进行圆角会删除图案填充的关联性。如果图案填充边界是通过多段线定义的，将保留关联性。

放弃：恢复在命令中执行的上一个操作。

多段线：在二维多段线中两条线段相交的每个顶点处插入圆角弧。

如果一条弧线段将会聚于该弧线段的两条直线段分开，则执行 FILLET 将删除该弧线段并代之以圆角弧。

半径：定义圆角弧的半径。输入的值将成为后续 FILLET 命令的当前半径。修改此值并不影响现有的圆角弧。

修剪：控制 FILLET 是否将选定的边修剪到圆角弧的端点。

修剪：修剪选定的边到圆角弧端点。

不修剪：不修剪选定边。

多个：给多个对象集加圆角。FILLET 将重复显示主提示和“选择第二个对象”提示，直到按 Enter 键结束该命令。

如果要进行圆角的两个对象位于同一图层上，那么将在该图层创建圆角弧。否则，将在当前图层创建圆角弧。此图层影响对象的特性（包括颜色和线型）。

4.3.12 分　　解

将复杂的对象（例如块、标注、实体或多段线）分解成较为简单的对象。分解块时，块定义不会改变。

将合成对象分解为其部件对象，可以采用以下方法启用：

- 单击修改工具栏分解。
- 单击菜单中【修改(M)】→【分解(X)】。
- 在命令提示下输入“explode”。

例：如图 4－41 所示。用矩形命令绘制后的矩形其四条边是一个整体，用分解 EXPLODE 命令后，矩形的四条边便转换成相互独立的四条线段。

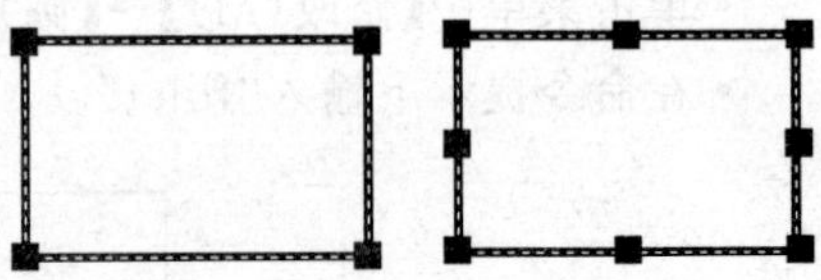

图 4－41　矩形分解前后

可以分解的对象如下：

二维和优化多段线：放弃所有关联的宽度或切线信息。对于宽多段线，将沿多段线中心放置结果直线和圆弧。

三维多段线：分解成线段。为三维多段线指定的线型将应用到每一个得到的线段。

三维实体：将平面分解成面域。将非平面的面分解成曲面。

注释性对象：将当前比例图示分解构成该图示的组件。

圆弧：如果位于非一致比例的块内，则分解为椭圆弧。

块：一次删除一个编组级。如果一个块包含一个多段线或嵌套块，那么对该块的分解就首先显露出该多段线或嵌套块，然后再分别分解该块中的各个对象。

> ! 注意：分解一个包含属性的块将删除属性值并重显示属性定义。不能分解用 MINSERT 和外部参照插入的块以及外部参照依赖的块。

体：分解成一个单一表面的体（非平面表面）、面域或曲线。

圆：如果位于非一致比例的块内，则分解为椭圆。

引线：根据引线的不同，可分解成直线、样条曲线、实体（箭头）、块插入（箭头、注释块）、多行文字或公差对象。

多行文字：分解成文字对象。

多线：分解成直线和圆弧。

多面网格：单顶点网格分解成点对象。双顶点网格分解成直线。三顶点网格分解成三维面。

面域：分解成直线、圆弧或样条曲线。

4.3.13　多段线编辑

这是一个经常使用的命令，因为在电路图或接线图的绘制过程中，人们往往习惯采用直线工具按钮。使用多段线编辑 PEDIT 命令可以将直线转换成多段线。启用方法如下：

• 单击修改 II 工具栏中。

• 单击菜单中【修改(M)】→【对象(O)】→【多段线(P)】。

• 在命令提示下输入“pedit”。

• 使用快捷菜单：选择要编辑的多段线，在绘图区域单击鼠标右键，然后选择“编辑多段线”。

图 4－42　将直线转换为多段线

例：将如图 4－42 所示中的线段与圆弧转换为多段线。

命令：_pedit 选择多段线或【多条(M)】：m

选择对象：指定对角点：找到 10 个

选择对象：找到 1 个，总计 11 个

选择对象：

是否将直线和圆弧转换为多段线？【是(Y)/否(N)】？ <Y>　　　y，则对象被转换为可编辑的单段二维多段线

输入选项【闭合(C)/打开(O)/合并(J)/宽度(W)/拟合(F)/样条曲线(S)/非曲线化(D)/线型生成(L)/放弃(U)】：w

指定所有线段的新宽度：0.2

闭合：创建多段线的闭合线，将首尾连接。除非使用“闭合”选项闭合多段线，否则将会认为多段线是开放的。

打开：删除多段线的闭合线段。除非使用“打开”选项打开多段线，否则程序将认为它是闭合的。

合并：在开放的多段线的尾端点添加直线、圆弧或多段线和从曲线拟合多段线中删除曲线拟合。对于要合并多段线的对象，除非第一个 PEDIT 提示下使用“多个”选项，否则，它们的端点必须重合。在这种情况下，如果模糊距离设置得足以包括端点，则可以将不相接的多段线合并。

宽度：为整个多段线指定新的统一宽度。

编辑顶点：“编辑顶点”选项的“宽度”选项来更改线段的起点宽度和端点宽度。在屏幕上绘制 X 标记多段线的第一个顶点。如果已指定此顶点的切线方向，则在此方向上绘制箭头。将显示以下提示：

【下一个(N)/上一个(P)/打断(B)/插入(I)/移动(M)/重生成(R)/拉直(S)/切向(T)/宽度(W)/退出(X)】<当前>:输入选项或按 Enter 键

例:如图 4—43 所示,将线段 AB 转换成箭头。

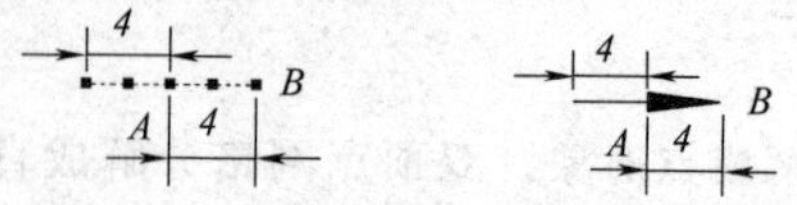

转换前的 AB 线段　　转换后的 AB 线段

图 4—43　将线段 AB 转换成箭头

命令:_pedit 选择多段线或【多条(M)】:

选定的对象不是多段线

是否将其转换为多段线? <Y>

输入选项【闭合(C)/合并(J)/宽度(W)/编辑顶点(E)/拟合(F)/样条曲线(S)/非曲线化(D)/线型生成(L)/放弃(U)】:e

输入顶点编辑选项

【下一个(N)/上一个(P)/打断(B)/插入(I)/移动(M)/重生成(R)/拉直(S)/切向(T)/宽度(W)/退出(X)】<N>:w

指定下一线段的起点宽度<0>:1

指定下一线段的端点宽度<1>:0.0

下一个:将标记 X 移动到下一个顶点。即使多段线闭合,标记也不会从端点绕回到起点。

上一个:将标记 X 移动到上一个顶点。即使多段线闭合,标记也不会从起点绕回到端点。

打断:将 X 标记移到任何其他顶点时,保存已标记的顶点位置。如果指定的一个顶点在多段线的端点上,得到的将是一条被截断的多段线。如果指定的两个顶点都在多段线端点上,或者只指定了一个顶点并且也在端点上,则不能使用"打断"选项。

插入:在多段线的标记顶点之后添加新的顶点。

移动:移动标记的顶点。

重生成:重生成多段线。

拉直:将 X 标记移到任何其他顶点时,保存已标记的顶点位置。如果要删除多段线中连接两条直线段的弧线段并延伸直线段以使它们相交,则使用命令 FILLET,并令其圆角半径为 0。

切向:将切线方向附着到标记的顶点以便用于以后的曲线拟合。将显示以下提示:

宽度:修改标记顶点之后线段的起点宽度和端点宽度。

退出:退出"编辑顶点"模式。

样条曲线:使用选定多段线的顶点作为近似 B 样条曲线的曲线控制点或控制框架。该曲线(称为样条曲线拟合多段线)将通过第一个和最后一个控制点,除非原多段线是闭合的。曲线将会被拉向其他控制点但并不一定通过它们。在框架特定部分指定的控制点越多,曲线上这种拉拽的倾向就越大。可以生成二次和三次拟合样条曲线多段线。样条曲线拟合多段线与用"拟合"选项产生的曲线有很大差别。"拟合"构造通过每个控制点的圆弧对。这两种曲线与用 SPLINE 命令生成的真实 B 样条曲线又有所不同。

非曲线化:删除由拟合曲线或样条曲线插入的多余顶点,拉直多段线的所有线段。保留指定给多段线顶点的切向信息，用于随后的曲线拟合。使用命令（例如 BREAK 或 TRIM）编辑样条曲线拟合多段线时，不能使用“非曲线化”选项。

线型生成：生成经过多段线顶点的连续图案线型。关闭该选项，将在每个顶点处以点划线开始和结束生成线型。“线型生成”不能用于带变宽线段的多段线。

放弃：还原操作，可一直返回到 PEDIT 任务的开始状态。

4.3.14　样条曲线编辑

编辑样条曲线或样条曲线拟合多段线。启用方法如下：

- 单击修改工具栏中。
- 单击菜单中【修改(M)】→对象(O)→样条曲线(S)。
- 在命令提示下输入“splinedit”。
- 使用快捷菜单：选择要编辑的样条曲线，在绘图区域中单击鼠标右键，然后选择“编辑样条曲线”。

> 命令：_splinedit
> 选择样条曲线：　　*选择样条曲线对象或样条曲线拟合多段线时，夹点将出现在控制点上。*
> 输入选项【拟合数据(F)/闭合(C)/移动顶点(M)/精度(R)/反转(E)/放弃(U)】：f

如果选定样条曲线无拟合数据，则不能使用“拟合数据”选项。拟合数据由所有的拟合点、拟合公差以及与由 SPLINE 命令创建的样条曲线相关联的切线组成。关于命令中的选项请读者自行分析。

> ！注意：SPLINEDIT 自动将样条多段线转换为样条曲线对象。即使选择样条多段线后立即退出 SPLINEDIT，也仍然会转换该样条多段线。

4.3.15　多线编辑

1. 修改多线

要修改多线及其元素，可以使用通用编辑命令、多线编辑命令和多线样式。

MLEDIT 命令中可用的特殊多线编辑功能有：

(1)添加或删除顶点。

(2)控制角点结合的可见性。

(3)控制与其他多线的相交样式。

(4)打开或闭合多线对象中的间隔。

2. 添加和删除多线顶点

可以在多线中添加或删除任何顶点，如图 4－44 所示。

3. 编辑多线交点

如果图形中有两条多线，则可以控制它们相交的方式。多线可以相交成十字形或 T 字形，并且十字形或 T 字形可以被闭合、打开或合并，如图 4－45 所示。

4. 编辑多线样式

使用 MLSTYLE 可以编辑多线样式，以修改多线元素的特性，或后来创建的多线的端点封口和背景填充。

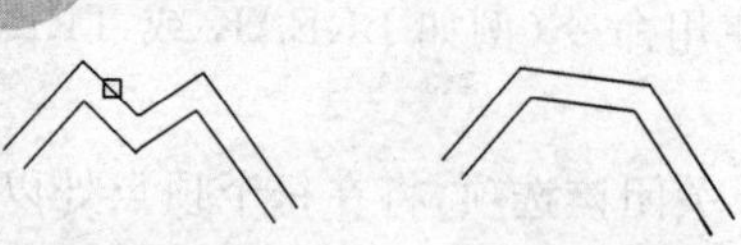

图 4－44　多线中的顶点

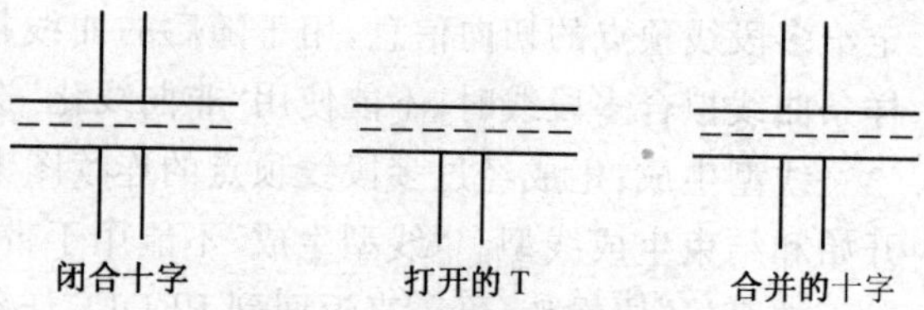

图 4－45　多线交点的编辑

多线样式用于控制多线中直线元素的数目、颜色、线型、线宽以及每个元素的偏移量。还可以修改合并的显示、端点封口和背景填充。

多线样式具有以下限制：

(1)不能编辑 STANDARD 多线样式或图形中已使用的任何多线样式的元素和多线特性。

(2)要编辑现有的多线样式，必须在用此样式绘制多线之前进行。

! 注意：如果使用 MLSTYLE 命令创建多线样式而没有保存，然后选择另一个样式或创建新样式，则第一个 MLSTYLE 特性将丢失。要保持特性，在创建新样式之前将每个多线样式保存到 MLN 文件中。

5. 在多线上使用通用编辑命令

可以在多线上使用大多数通用编辑命令，除了以下命令：

BREAK、CHAMFER、FILLET、LENGTHEN、OFFSET。

要执行这些操作，先使用 EXPLODE 命令，将多线对象替换为独立的直线对象。

! 注意：如果修剪或延伸多线对象，只有遇到的第一个边界对象能确定多线端点的造型。多线端点的边界不能是复杂边界。

4.4　特性编辑

4.4.1　特　　性

特性指对象的颜色、图层、线型、线宽、字串、样式、大小、位置、视图、打印样式等。这些特性都可以得到修改，常用的命令有：PROPERTIES、MATCHPROP、CHPROP、CHANGE。

1. PROPERTIES

主要用来显示选定对象或对象集的特性。【特性】选项板可列出某个选定对象或一组对象的特性，如图 4－46 所示。启用方法如下：

• 单击标准工具栏中。

• 单击菜单中【修改(M)】→【特性(P)】。

• 使用快捷菜单：选择要查看或修改其特性的对象，在绘图区域中单击鼠标右键，然后单击“特性”。

• 使用命令“properties”。

所有对象共有的基本特性有八个。所有其他对象特性都专属于其对象类型。以下八个基本特性为大部分对象和自定义对象所共有。

(1)【颜色】：指定对象的颜色。

(2)【图层】：指定对象的当前图层。

(3)【线型】:指定对象的当前线型。

(4)【线型比例】:指定对象的线型比例因子。

(5)【打印样式】:列出“普通”“随层”“随块”以及包含在当前打印样式表中的任何打印样式。

(6)【线宽】:指定对象的线宽。

(7)【超链接】:将超链接附着到图形对象。如果超链接指定有说明,将显示此说明。如果没有指定说明,将显示 URL 地址。

(8)【厚度】:设置当前的三维厚度。此特性并不应用到所有对象。

2. 控制现有对象的特性

【特性】选项板可列出某个选定对象或一组对象的特性。修改现有对象的特性,充分利用【特性】选项卡进行详细设置不失为一个好方法。

例:根据【特性】选项板,修改圆的直径至 10 及线宽为 0.2 mm,如图 4—47 所示。

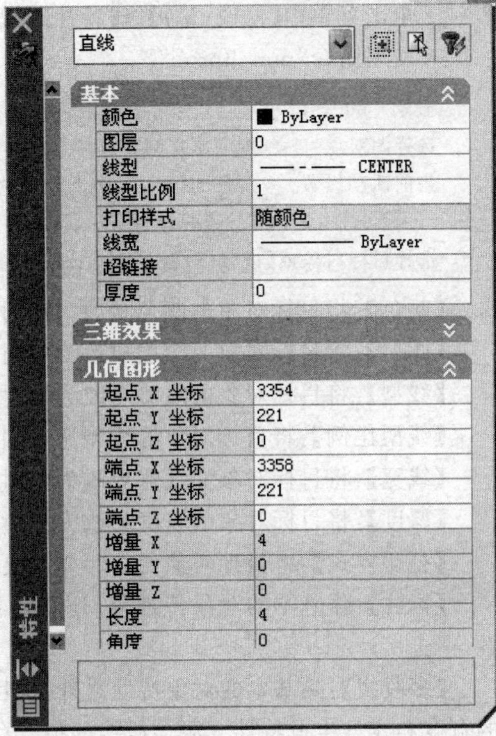

图 4—46　对象特性

4.4.2　特性匹配

如果要将某一对象的特性修改为另一对象的特性,通过特性匹配可以快速实现。而不需要

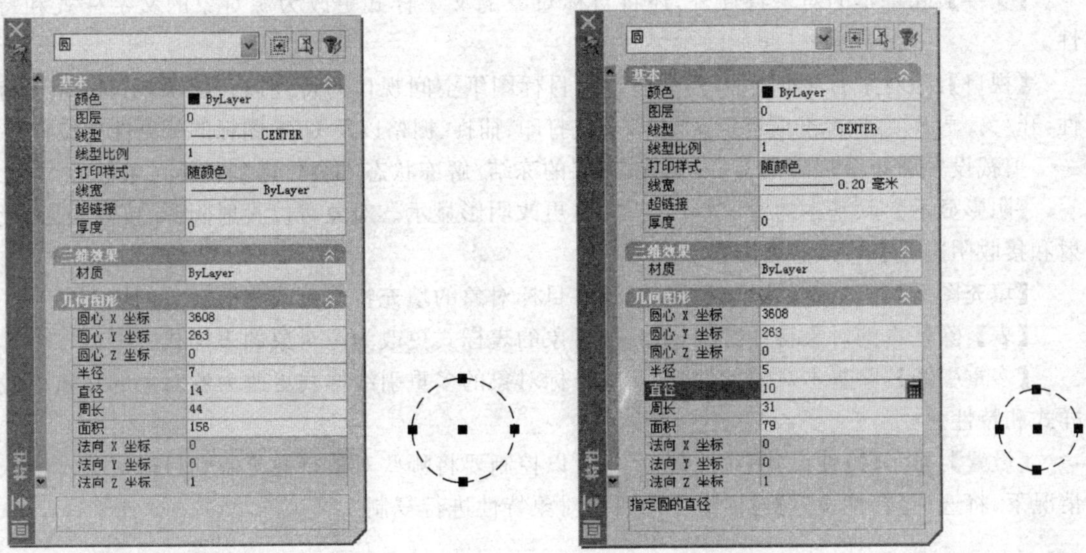

图 4—47　圆的特性

利用【特性】选项卡逐个修改对象的具体特性。　这是高效绘图的又一技巧,可用以下方法启用:

• 单击标准工具栏。

• 单击菜单中【修改(M)】→【特性匹配(M)】。

• 使用命令“matchprop”。

命令:_matchprop

选择源对象:　　*指定要复制到目标对象的源对象的基本特性和特殊特性*

当前活动设置:　*颜色、图层、线型、线型比例、线宽、厚度、打印样式、标注、文字、填充图案、多段线、视口、表格材质阴影显示、多重引线,当前选定的特性匹配设置*

选择目标对象或【设置(S)】:　　*输入 s 或选择一个或多个要复制其特性的对象*

【颜色】:将目标对象的颜色更改为源对象的颜色。

【图层】:将目标对象的图层更改为源对象的图层。

【线型】:将目标对象的线型更改为源对象的线型。

【线型比例】:将目标对象的线型比例因子更改为源对象的线型比例因子。

【线宽】:将目标对象的线宽更改为源对象的线宽。

【厚度】:将目标对象的厚度更改为源对象的厚度。

【打印样式】:将目标对象的打印样式更改为源对象的打印样式。

【标注】:除基本的对象特性外,还将目标对象的标注样式更改为源对象的标注样式和特性。

【多段线】:除基本的对象特性之外,将目标多段线的宽度和线型生成特性更改为源多段线的宽度和线型生成特性。源多段线的拟合/平滑特性和标高不会传递到目标多段线。如果源多段线具有不同的宽度,则其宽度特性不会传递到目标多段线。

【材质】:除基本的对象特性之外,将更改应用到对象的材质。

【文字】:除基本的对象特性外,还将目标对象的文字样式更改为源对象的文字样式和特性。

【视口】:除对象的基本特性,还更改以下目标图纸空间视口的特性以匹配源视口的相应特性:开/关、显示锁定、标准或自定义比例、着色打印、捕捉、栅格以及 UCS 图标的可见性和位置。

剪裁设置和每个视口的 UCS 设置,图层的冻结/解冻状态不会传递到目标对象。

【阴影显示】:除基本的对象特性之外,将更改阴影显示。对象可以投射阴影、接收阴影、投射和接收阴影或者可以忽略阴影。

【填充图案】:除基本的对象特性外,还将目标对象的填充特性更改为源对象的填充特性。

【表】:除基本的对象特性之外,将目标对象的表样式更改为源对象的表样式。

【多重引线】:除基本对象特性外,还将目标对象的多重引线样式更改为源对象的多重引线样式和特性。

【设置】:显示【特性设置】对话框,从中可以控制要将哪些对象特性复制到目标对象。默认情况下,将选择【特性设置】对话框中的所有对象特性进行复制。

4.4.3　特性修改命令

1. 更改对象的特性

可以通过以下方式进行:

命令条目:chprop
选择对象:
输入要更改的特性【颜色(C)/图层(LA)/线型(LT)/线型比例(S)/线宽(LW)/厚度(T)/材质(M)/打印样式(PL)/注释性(A)】:

! 注意:"打印样式"选项仅在使用命名打印样式时才显示。

如果为要修改的特性选择了几个具有不同值的对象,将显示"多种"作为当前值。

【颜色】:改变选定对象的颜色。

【图层】:修改选定对象的图层。

【线型】:修改选定对象的线型。

【线型比例】:修改选定对象的线型比例因子。

【线宽】:修改选定对象的线宽。线宽值是预定义的值。

【厚度】:修改二维对象的 Z 向厚度。

【材质】:如果附着材质,将会更改选定对象的材质。

【打印样式】:修改选定对象的打印样式。

【打印样式】:为选定对象指定打印样式。

【注释性】:修改选定对象的注释性特性。

2. 修改现有对象的特性

使用命令"change"可以修改现有对象的特性。

! 注意:除了线宽为零的直线外,所选对象必须与当前坐标系(UCS)平行。

如果在同一个选择集中选择了直线和其他可变对象,根据对象选择顺序的不同可能得到不同的结果。使用 CHANGE 最简单的办法是在选择集内只选择直线或只选择除直线以外的对象。

复习思考题

1. 如何将一组直线段转换为多段线?

2. 选择屏幕上的对象有哪些方法?这些方法有什么区别?

3. 编辑对象有哪两种不同的顺序?是否所有的编辑命令都可以采用不同的操作顺序?

4. 哪些命令可以复制对象?

5. 修改对象特性有哪些方法?

6. 夹点编辑包括哪些功能?

7. 将两条不平行且未相交的直线变成端点准确相交共有几种方式?如果两条直线已经相交但端点不重合该如何编辑使之准确相交?

8. 环形阵列和矩形阵列中的阵列基点有什么规则?环形阵列复制对象是否旋转对阵列后的对象有什么影响?

9. 多线编辑时如果打断中间一部分,能否不通过取消命令来恢复该段?

10. 绘制如图 4—48 所示的路徽。

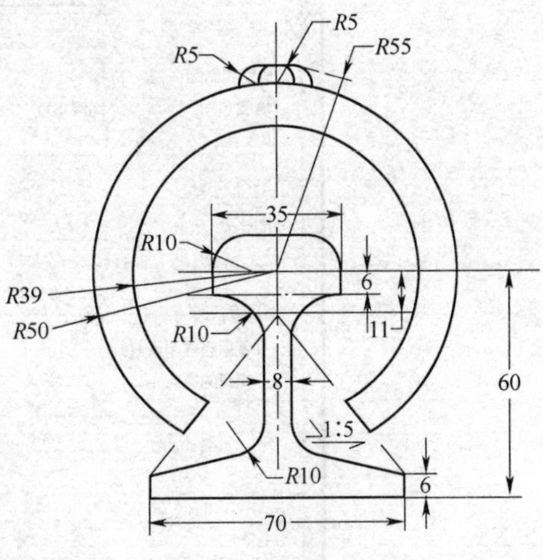

图 4—48　路徽

第 5 章　图 案 填 充

铁道信号专业电路图、接线图及机械结构图中需要大量的图案填充。用 AutoCAD 实现图案填充非常方便，如图 5－1 所示。电气连接符号 06－14 及缓放型继电器符号都会用到图案填充命令。

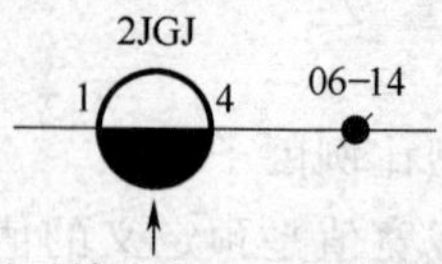

图 5－1　采用了填充的电气连接符号及器件符号

5.1　图案填充命令

通过以下任一方式可实现图案填充：

- 单击绘图工具栏。
- 单击菜单中【绘图(D)】→【图案填充(H)】。
- 在命令提示下输入“bhatch”。

执行图案填充命令后弹出如图 5－2 所示【图案填充和渐变色】对话框。

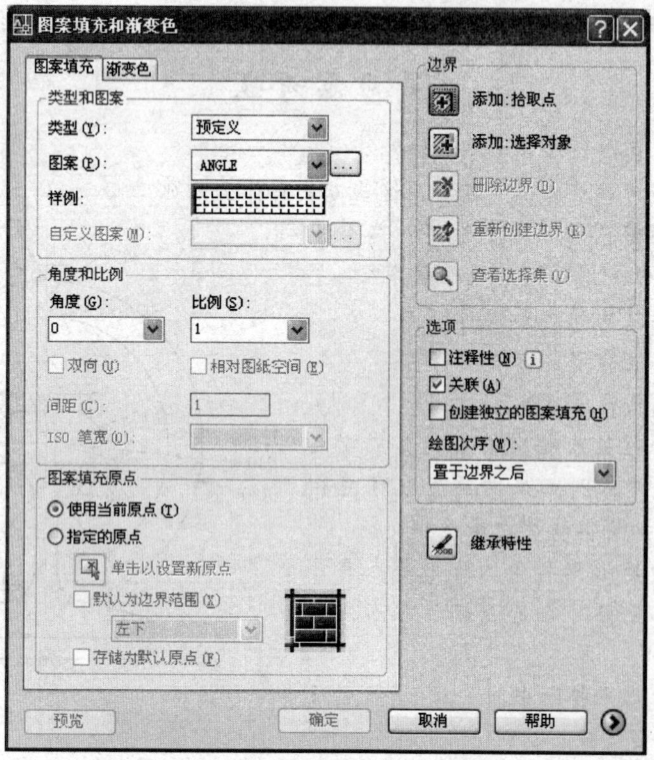

图 5－2　【图案填充和渐变色】对话框

5.1.1　图案填充选项卡

1. 类型和图案

指定图案填充的类型和图案。

【类型】:设置图案类型。

【图案】:列出可用的预定义图案。

【样例】:显示选定图案的预览图像。

【自定义图案】:列出可用的自定义图案。最近使用的六个预定义图案出现在列表顶部。

按钮[...]:显示【填充图案选项板】对话框,如图 5—3 所示,从中可以同时查看所有自定义图案的预览图像,这将有助于用户做出选择。

2. 角度和比例

指定选定填充图案的角度和比例。

【角度】:指定填充图案的角度(相对当前 UCS 坐标系的 X 轴)。

【比例】:放大或缩小预定义或自定义图案。

【双向】:对于用户定义的图案,将绘制第二组直线,这些直线与原来的直线成 90°,从而构成交叉线。

【相对图纸空间】:相对于图纸空间单位缩放填充图案。该选项仅适用于布局。

【间距】:指定用户定义图案中的直线间距。

【ISO 笔宽】:基于选定笔宽缩放 ISO 预定义图案。

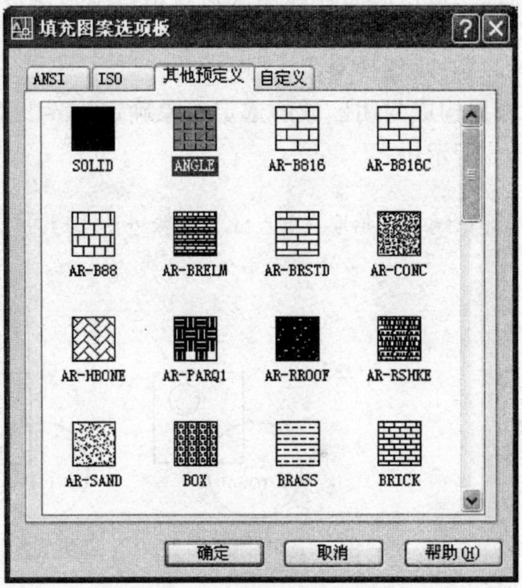

图 5—3　图案填充选项板

3. 图案填充原点

控制填充图案生成的起始位置。某些图案填充(例如砖块图案)需要与图案填充边界上的一点对齐。默认情况下,所有图案填充原点都对应于当前的 UCS 原点。

【使用当前原点】:默认情况下,原点设置为(0,0)。

【指定的原点】:指定新的图案填充原点。

【单击以设置新原点】:直接指定新的图案填充原点。

【默认为边界范围】:根据图案填充对象边界的矩形范围计算新原点。可以选择该范围的四个角点及其中心。

4. 边　　界

(1)添加:拾取点

根据围绕指定点构成封闭区域的现有对象确定边界。对话框将暂时关闭,系统将会提示拾取一个点,如图 5—4 所示。

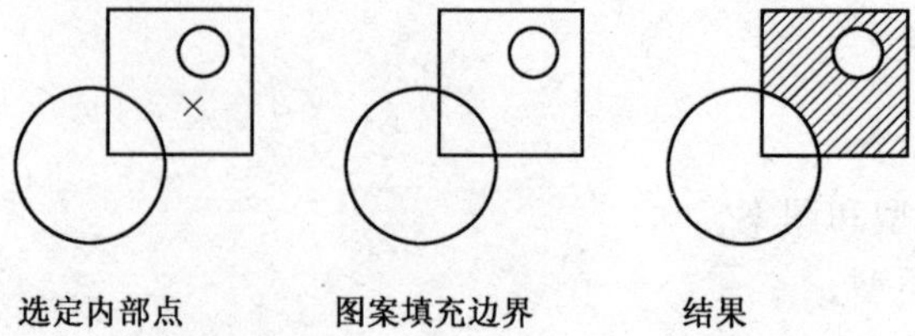

图 5－4　根据围绕指定点构成封闭区域的现有对象确定边界

拾取内部点或【选择对象(S)/删除边界(B)】:	*单击要进行图案填充或填充的区域,或指定选项,输入 u 或 undo 放弃上一选择,或按 Enter 键返回对话框。*

内部点是指定区域内的点,是根据构成封闭区域的现有对象来创建面域或多段线。拾取内部点时,可以随时在绘图区域单击鼠标右键以显示包含多个选项的快捷菜单。

(2)添加:选择对象

根据构成封闭区域的选定对象确定边界。对话框将暂时关闭,系统将会提示选择对象,如图 5－5 所示。

选择对象或【拾取内部点(K)/删除边界(B)】:	*选择定义要进行图案填充或填充区域的对象,指定选项,输入 u 或 undo 放弃上一选择,或按 Enter 键返回对话框。*

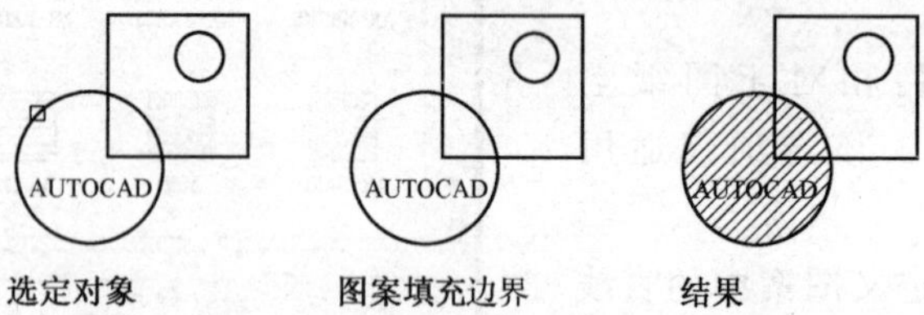

图 5－5　根据构成封闭区域的选定对象确定边界

使用"选择对象"选项时,"HATCH"命令不自动检测内部对象。必须选择选定边界内的对象,以按照当前孤岛检测样式填充这些对象,如图 5－6 所示。

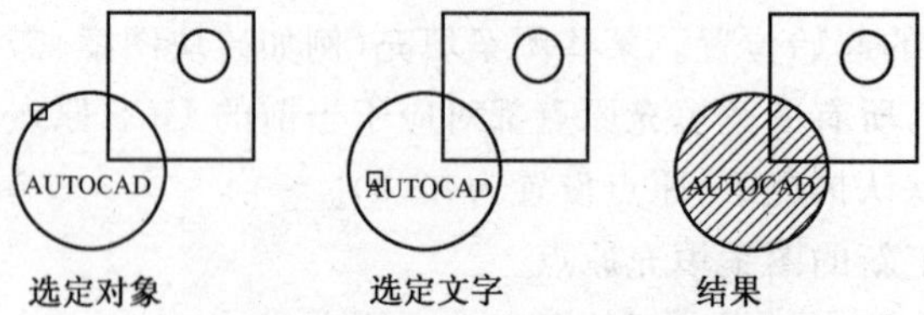

图 5－6　选择选定边界内的对象

每次单击"选择对象"时,HATCH 将清除上一选择集。

选择对象时,可以随时在绘图区域单击鼠标右键以显示快捷菜单。利用此快捷菜单可以放弃最后一个或所定对象、更改选择方式、更改孤岛检测样式或预览图案填充或渐变填充。

(3)删除边界

从边界定义中删除以前添加的任何对象。

单击"删除边界"时,对话框将暂时关闭并显示命令提示。

选择对象或【添加边界(A)】: *选择要从边界定义中删除的对象,指定选项或按 Enter键返回对话框。*

① 选择对象

选择图案填充或填充的临时边界对象将它们删除,如图 5—7 所示。

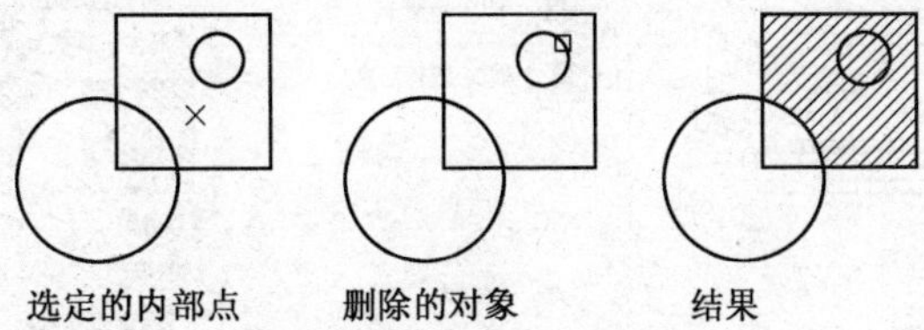

图 5—7 删除边界时的选择方法

② 添加边界

选择图案填充或填充的临时边界对象添加它们。

(4)重新创建边界

围绕选定的图案填充或填充对象创建多段线或面域,并使其与图案填充对象相关联(可选)。

单击“重新创建边界”后,对话框会暂时关闭并显示一个命令提示。

输入边界对象类型【面域(R)/多段线(P)】<当前>: *输入 r 创建面域或输入 p 创建多段线*
是否将图案填充与新边界重新关联?【是(Y)/否(N)】<当前>: *输入 y 或 n*

(5)查看选择集

暂时关闭对话框,并使用当前的图案填充或填充设置显示当前定义的边界。

5. 选 项

控制几个常用的图案填充或填充选项。

【注释性】:指定图案填充为 annotative 注释。

【关联】:控制图案填充或填充的关联。关联的图案填充或填充在用户修改其边界时将会更新。

【创建独立的图案填充】:控制当指定了几个单独的闭合边界时,是创建单个图案填充对象,还是创建多个图案填充对象。

【绘图次序】:为图案填充或填充指定绘图次序。图案填充可以放在所有其他对象之后、所有其他对象之前、图案填充边界之后或图案填充边界之前。

6. 继承特性

使用选定图案填充对象的图案填充或填充特性对指定的边界进行图案填充或填充。在选定图案填充要继承其特性的图案填充对象之后,可以在绘图区域中单击鼠标右键,并使用快捷菜单在“选择对象”和“拾取内部点”选项之间进行切换以创建边界。

单击“继承特性”时,对话框将暂时关闭并显示命令提示如下:

选择图案填充对象:单击图案填充或填充区域,以选择要将其特性用于新图案填充对象的图案填充。

7. 预 览

关闭对话框,并使用当前图案填充设置显示当前定义的边界。单击图形或按 Esc 键返回对话框。单击鼠标右键或按 Enter 键接受图案填充或填充。

8. 其他选项

点击展开⊙按钮展开高级选项对话框以显示其他选项，如图 5－8 所示。

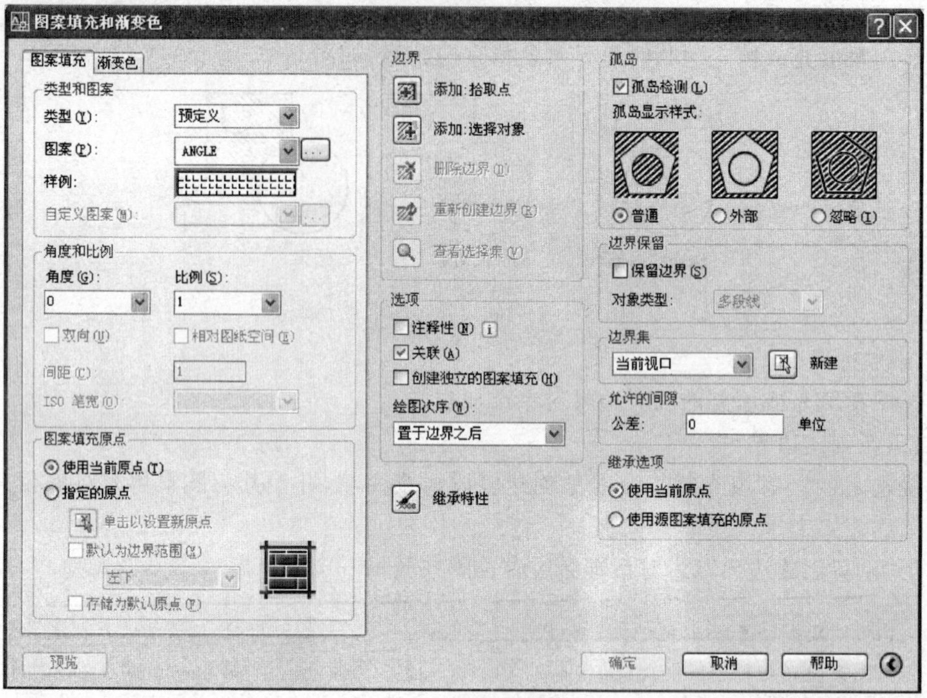

图 5－8　高级选项对话框

内部闭合边界称为孤岛。孤岛指定在最外层边界内填充对象的方法。如果不存在内部边界，则指定孤岛检测样式没有意义。因为可以定义精确的边界集，所以一般情况下最好使用"普通"样式。

孤岛检测——指定 BOUNDARY 是否使用最外层边界以内的对象作为边界对象。如果打开了"孤岛检测"(控制是否检测内部闭合边界)，最外层边界内的封闭区域对象将被检测为孤岛。孤岛显示样式有三种类型，如图 5－9 所示。

(a) 普通　　(b) 外部　　(c) 忽略

图 5－9　孤岛检测选项

(1)普通——从外部边界向内填充。如果 HATCH 遇到内部孤岛，将关闭图案填充，直到遇到该孤岛内的另一个孤岛。填充效果如图 5－9(a)所示。

(2)外部——从外部边界向内填充。如果 HATCH 遇到内部孤岛，将关闭图案填充。此选项只对结构的最外层进行图案填充或填充，而结构内部保留空白。填充效果如图 5－9(b)所示。

(3)忽略——忽略所有内部的对象，填充图案时将穿过这些对象。填充效果如图 5－9(c)所示。

当指定点或选择对象定义填充边界时，在绘图区域单击鼠标右键，可以从快捷菜单中选择

“普通”、“外部”和“忽略”选项。

边界保留——指定是否将边界保留为对象，并确定应用于这些对象的对象类型。其中有两个设置：

(1)保留边界：根据临时图案填充边界创建边界对象，并将它们添加到图形中。

(2)对象类型：控制新边界对象的类型。生成的边界对象可以是面域或多段线对象。

边界集——定义当从指定点定义边界时要分析的对象集。当使用“选择对象”定义边界时，选定的边界集无效。默认情况下，使用“添加：拾取点”选项来定义边界时，HATCH 将分析当前视口范围内的所有对象。通过重定义边界集，可以在定义边界时忽略某些对象，而不必隐藏或删除这些对象。其中：

(1)当前视口：根据当前视口范围中的所有对象定义边界集选择此选项将放弃当前的任何边界集。

(2)现有集合：从使用“新建”选定的对象定义边界集。

(3)新建：提示用户选择用来定义边界集的对象。

允许的间隙——设置将对象用作图案填充边界时可以忽略的最大间隙。默认值为 0，此值指定对象必须封闭区域而没有间隙。按图形单位输入一个值(从 0 到 5 000)，以设置将对象用作图案填充边界时可以忽略的最大间隙。任何小于等于指定值的间隙都将被忽略，并将边界视为封闭。

继承选项——使用“继承特性”创建图案填充时，这些设置将控制图案填充原点的位置。其中有两个选项：

(1)使用当前原点：使用当前的图案填充原点设置。

(2)使用源图案填充的原点：使用源图案填充的图案填充原点。

5.1.2 渐变色选项卡

渐变色选项卡是定义要应用的渐变填充的外观，如图 5－10 所示。

1. 颜　色

单色：指定使用从较深色到较浅色平滑过渡的单色填充。

双色：指定在两种颜色之间平滑过渡的双色渐变填充。

颜色样本：指定渐变填充的颜色。

“着色”和“渐浅”滑块：指定一种颜色的渐浅(选定颜色与白色的混合)或着色(选定颜色与黑色的混合)，用于渐变填充。

2. 渐变图案

显示用于渐变填充的九种固定图案。这些图案包括线性扫掠状、球状和抛物面状图案。

3. 方　向

指定渐变色的角度以及其是否对称。

【居中】：指定对称的渐变配置。如果没有选定此选项，渐变填充将朝左上方变化，创建光源在对象左边的图案。

【角度】：指定渐变填充的角度。相对当前 UCS 指定角度。此选项与指定给图案填充的角度互不影响。

例：对如图 5－11(a)所示图进行填充。

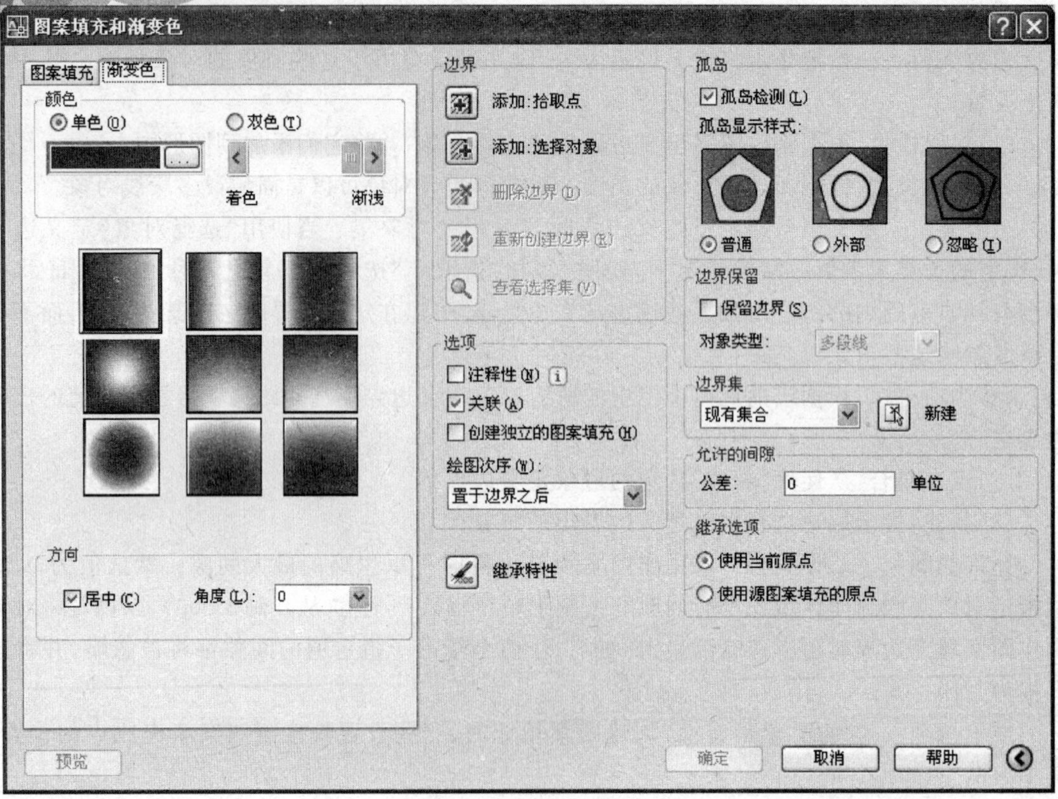

图 5－10　渐变色选项卡

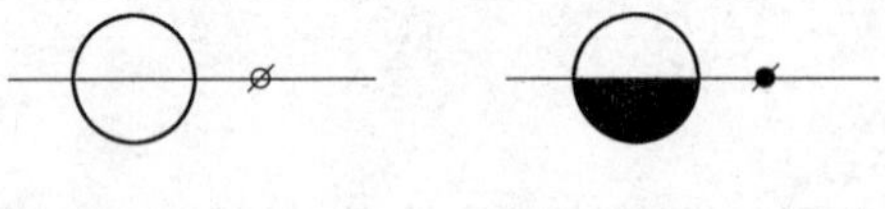

图 5－11　填充举例

命令：_bhatch
拾取内部点或【选择对象(S)/删除边界(B)】:正在选择所有对象...
正在选择所有可见对象...
正在分析所选数据...
正在分析内部孤岛...
拾取内部点或【选择对象(S)/删除边界(B)】:
正在分析内部孤岛...
拾取内部点或【选择对象(S)/删除边界(B)】:
正在分析内部孤岛...
拾取内部点或【选择对象(S)/删除边界(B)】:
正在分析内部孤岛...
拾取内部点或【选择对象(S)/删除边界(B)】:
正在分析内部孤岛...

填充后的结果如图 5－11(b)所示。

5.2　图案填充编辑

图案填充编辑 HATCH EDIT 命令可用于修改现有图案填充或填充的特性。“图案填充编辑”对话框显示了选定图案填充或填充对象的当前特性。

可用以下四种方法实现：

• 单击修改Ⅱ工具栏：按钮。

• 单击菜单中【修改(M)】→【对象(O)】→【图案填充(H)...】。

• 在命令提示下，输入 hatchedit。如果在命令提示下输入－hatchedit，将在命令提示下显示选项。

• 使用快捷菜单：选择要编辑的图案填充对象，在绘图区域单击鼠标右键。单击“图案填充编辑”。弹出如图 5－12 所示对话框。

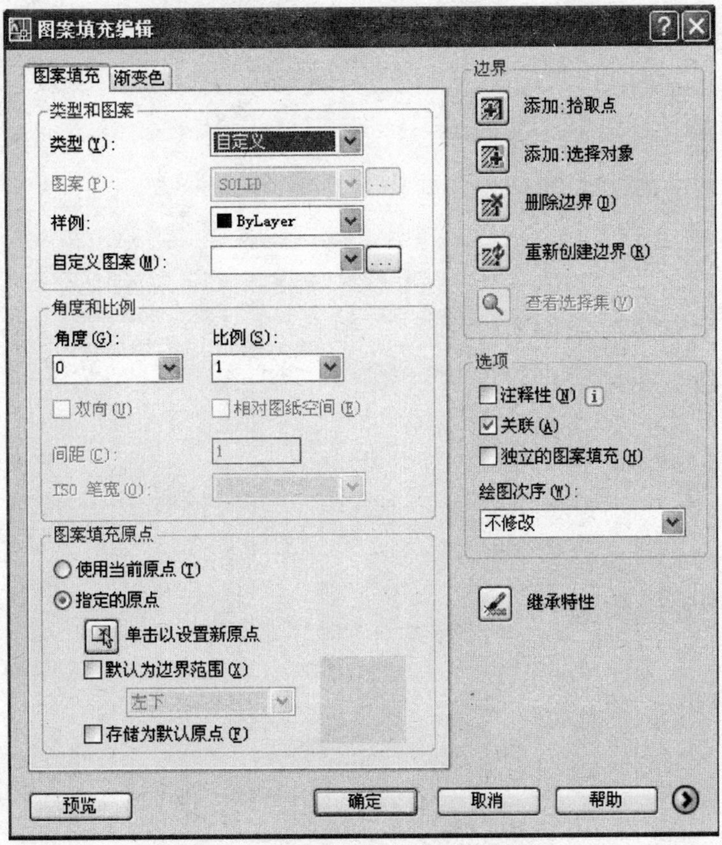

图 5－12　【图案填充编辑】对话框

【图案填充】选项卡：修改填充图案特性。

【渐变色】选项卡：修改渐变填充特性。

【其他选项】：修改与“继承特性”相关联的“继承选项”设置。

【边界】：修改图案填充或填充的边界。

【选项】：生成填充图案，删除图案填充关联，将具有几个独立边界的单个图案填充对象分割为多个独立的图案填充对象，并更改图案填充绘图次序。

【继承特性】：从其他图案填充对象指定图案填充或填充特性。

【预览】:临时关闭对话框并用指定的特性显示选定的对象。

复习思考题

1. 关联与非关联图案的区别是什么?
2. 分解一个填充的图案。
3. 修改如图5—13所示填充的图案:将实心填充方式改为斜线填充方式。

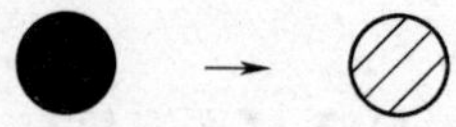

图5—13 图案填充编辑

4. 按图5—14效果进行填充。

图5—14 填充

第 6 章　文字与表格

注释是图形对象的说明性符号或对象，通常用于向图形中添加信息。一般采用文字及表格的形式注释图形，如图 6－1 所示。在注释图形时，建议采用“二维草图与注释”工作空间。

注：1. 图中带Ⓐ者采用 RVSZR2×32×0.2 双芯绞型阻燃塑料线；
2. 图中带※者采用 SBVVPZR2×23×0.15 双芯绞型阻燃屏蔽线，屏蔽线一端接机壳；
3. 图中带△者采用 SPT 内屏蔽数字电缆，该种电缆两端的铝护套、钢带、内屏蔽层、排流线均应接地良好；
4. 其余配线均采用 RVZR23×0.15 阻燃塑料软线；
5. 防雷地与安全地应分开设置；
6. 关于移架内部配线技术要求见工厂图；
7. 本图对应 U 形组合配线；

(a)

股道有效长度表

股道编号	线路别	长度(m)			
		起	止	上行	下行
股道编号	正线	S_2	警冲标	1 094	
		X_2	警冲标		1 094
股道编号	正线	S_{22}	警冲标	1 028	
		X_{22}	警冲标		1 028
股道编号	正线	S_{121}	警冲标	1 060	
		X_{121}	S_{121}		1 060
股道编号	站线	S_4	警冲标	1 028	
		X_4	警冲标		1 028
股道编号	站线	S_5	警冲标	1 020	
		X_5	警冲标		1 020

(b)

图 6－1　注释图形

6.1　文字样式及文字

文字样式决定输入文字的字体、字号、角度、方向和其他文字特征。在注释图形或输入文字前，先要设定文字样式，通过定义文字样式来控制大多数文字样式的设置。

虽然所有输入的文字都使用建立了默认字体和格式设置的当前文字样式，但也经常使用其他的方法自定义文字外观。采用文字工具条或对象特性对话框可以方便修改文字比例和对正、查找和替换文字以及检查拼写错误。

6.1.1　文字样式

图形中的所有文字都具有与之相关联的文字样式。在设定文字样式前，一般先添加所需字库。

1. 添加字库

不同版本的 CAD 生成的图形会出现乱码现象，这个时候需要安装合适的字库来支持，字库可以从网上下载。一般的 CAD 中的字体分标准字体和大字体。CAD 字库为大小约 80 M 左右的压缩包，解压后安装举例如下：

要先找到安装 AutoCAD 的目录，然后把要安装的字体直接复制到其下的 Fonts 文件夹中即可。如果是默认安装路径，AutoCAD 的安装根目录则在 C 盘 Program Files 文件夹下面，其字库文件在放在：C:\Program Files\AutoCAD 2004\Fonts 中。

> 技巧：大字体一般是用专用软件制作的，一般后缀是“.HSX”。如果你的电脑里没有，就下载一个直接将其拷贝到 AutoCAD 安装目录下的 FONTS 文件夹里就可以了。

2. 设定文字样式

通过以下途径进入文字样式的设定：

- 在“文字”工具栏或“样式”工具栏中找到 。
- 单击菜单中【格式(O)】→【文字样式(S)】。
- 在命令提示下输入“style”。

随即打开【文字样式】对话框，如图 6－2 所示。

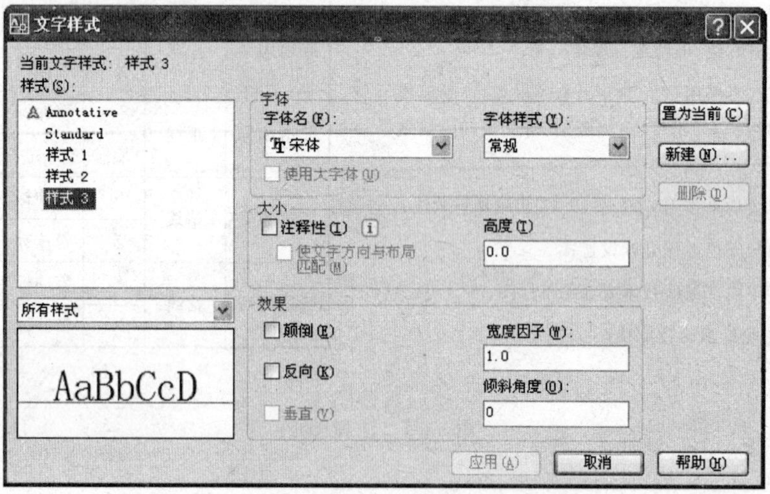

图 6－2 【文字样式】对话框

(1)【当前文字样式】：列出当前文字样式。

(2)【样式】：显示图形中的样式列表。列表包括已定义的样式名并默认显示选择的当前样式。要更改当前样式，请从列表中选择另一种样式或选择“新建”以创建新样式。样式名前的▲图标指示样式是 Annotative(注释)。样式名称可长达 255 个字符，包括字母、数字以及特殊字符。例如，美元符号($)、下划线(_)和连字符(－)。

(3)【样式列表过滤器】：下拉列表指定所有样式还是仅使用中的样式显示在样式列表中。

(4)【预览】：显示随着字体的改变和效果的修改而动态更改的样例文字。

(5)【字体】：更改样式的字体。

> 注意：如果改变现有文字样式的方向或字体文件，当图形重生成时所有具有该样式的文字对象都将使用新值。

①【字体名】：列出所有注册的 TrueType 字体和 Fonts 文件夹中编译的形(SHX)字

体的字体族名。从列表中选择名称后，该程序将读取指定字体的文件。除非文件已经由另一个文字样式使用，否则将自动加载该文件的字符定义。可以定义使用同样字体的多个样式。

②【字体样式】：指定字体格式，比如斜体、粗体或者常规字体。选定"使用大字体"后，该选项变为"大字体"，用于选择大字体文件。

③【使用大字体】：指定亚洲语言的大字体文件。只有在"字体名"中指定 SHX 文件，才能使用"大字体"。只有 SHX 文件可以创建"大字体"。

(6)【大小】：更改文字的大小。

①【注释性】：指定文字为 Annotative。单击信息图标以了解有关注释性对象的详细信息。

②【使文字方向与布局匹配】：指定图纸空间视口中的文字方向与布局方向匹配。如果清除"注释性"选项，则该选项不可选。

③【高度或图纸文字高度】：根据输入的值设置文字高度。如果输入 0.0，则每次用该样式输入文字时，文字默认值为 0.2 高度。输入大于 0.0 的高度值则为该样式设置固定的文字高度。在相同的高度设置下，TrueType 字体显示的高度要小于 SHX 字体。

(7)【效果】：修改字体的特性。例如高度、宽度因子、倾斜角以及是否颠倒显示、反向或垂直对齐。

①【颠倒】：颠倒显示字符。

②【反向】：反向显示字符。

③【垂直】：显示垂直对齐的字符。

④【宽度因子】：设置字符间距。输入小于 1.0 的值将压缩文字。输入大于 1.0 的值则扩大文字。

⑤【倾斜角度】：设置文字的倾斜角。输入一个－85～85 之间的值将使文字倾斜。

> ! 注意：使用这一节中所描述效果的 TrueType 字体在屏幕上可能显示为粗体。屏幕显示不影响打印输出。字体按指定的字符格式打印。

(8)【置为当前】：将在"样式"下选定的样式设置为当前。

(9)【新建】：显示"新建文字样式"对话框并自动为当前设置提供名称"样式 *n*"(其中 *n* 为所提供样式的编号)。可以采用默认值或在该框中输入名称，然后选择"确定"使新样式名使用当前样式设置。

(10)【删除】：删除未使用文字样式。

(11)【应用】：将对话框中所做的样式更改应用到当前样式和图形中具有当前样式的文字。

例：新建文字样式名为 xcx，其字体采用宋体，高度 3 mm。

操作步骤如下：

(1)选"格式"菜单："文字样式"，弹出"文字样式"对话框，如图 6－3 所示。

(2)单击"新建"，弹出"新建文字样式"对话框。在样式名中键入"xcx"，如图 6－4 所示。单击"确定"，回到"文字样式"对话框。

(3)在"字体名"中选择"宋体"，顺序单击"应用"、"关闭"。这样不仅建立了"xcx"的文字样式，同时该字体变成当前的字体。

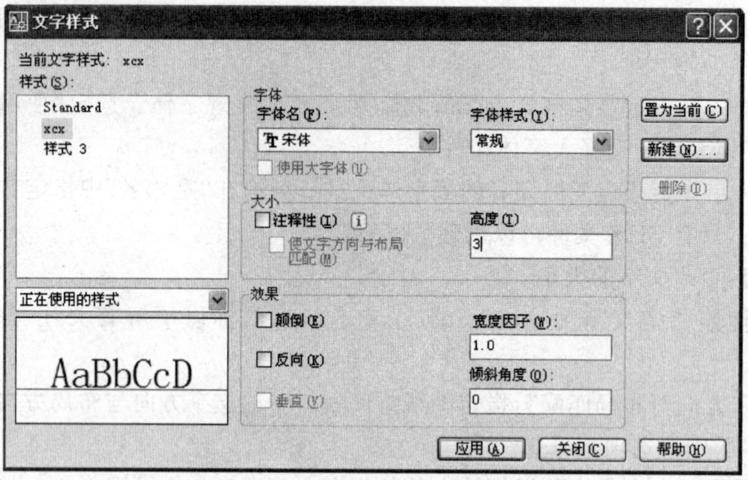

图 6－3　文字样式设置

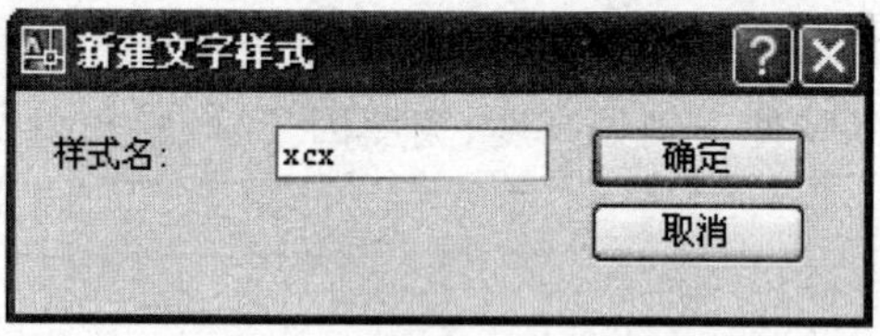

图 6－4　新建文字样式

6.1.2　创建文字

添加到图形中的文字可以表达各种信息。可以是复杂的技术要求、标题栏信息、标签，甚至是图形的一部分。根据需要可以使用以下方法创建文字。

• 单行文字：对于不需要多种字体的简短项，可以创建单行文字。单行文字对于标签非常方便。无论行数是多少，单个编辑任务中创建的每个段落集将构成单个对象，可对其进行移动、旋转、删除、复制、镜像或缩放操作。

• 多行文字：对于较长、较为复杂的内容，可以创建段落文字。多行文字是由任意数目的文字行或段落组成的，布满指定的宽度。还可以沿垂直方向无限延伸。多行文字的编辑选项比单行文字多。例如，可以将对下划线、字体、颜色和文字高度的修改应用到段落中的分数等。

• 注释性文字：将注释性文字用于图形中的节点和标签。

1. 创建单行文字

使用单行文字（TEXT 命令）创建一行或多行文字，通过按 Enter 键来结束每一行。每行文字都是独立的对象，可以重新定位、调整格式或进行其他修改。

创建文字时，通过在“输入样式名”提示下输入样式名来指定现有样式。

对齐单行文字是创建文字时，使它们对齐。即根据图 6－5 所示的对齐选项之一对齐文字。左对齐是默认选项。因此要左对齐文字，不必在“对正”提示下输入选项。

例：输入如图 6－6 所示的单行文字，字体为宋体。其余要求文字采用如图 6－7 所示的文字特性。

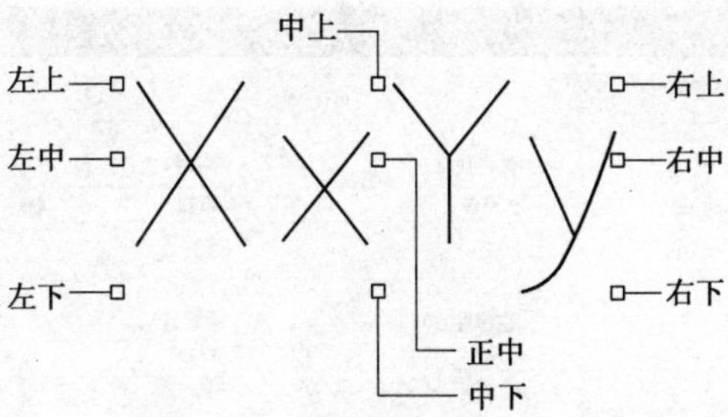

图 6－5　文字对正类型

注：1. 图中带Ⓐ者采用 RVSZR2×32×0.2 双芯绞型阻燃塑料线；

图 6－6　单行文字举例 1

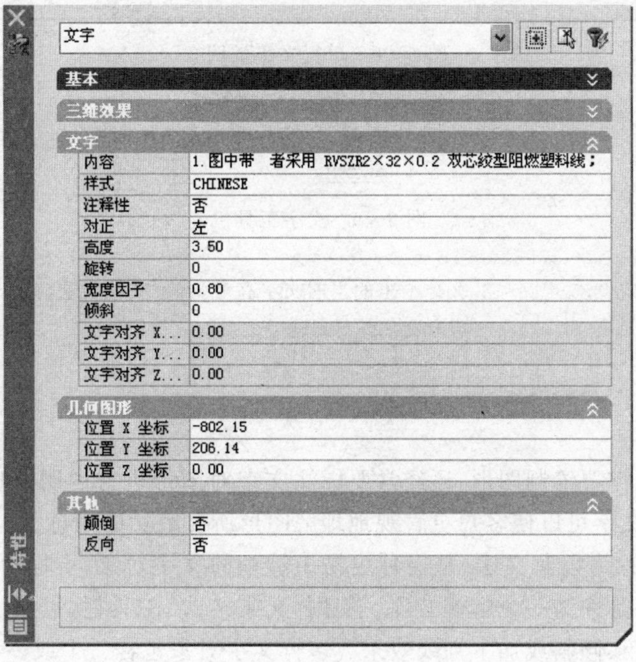

图 6－7　单行文字特性

(1)设置文字样式：样式名为“CHINESE”、左对正、高度为 3.5 mm、宽度因子为 0.9，如图 6－8 所示。

(2)在文字工具栏中(如图 6－9 所示)选择单行文字工具按钮。

命令：_dtext　　*单行文字输入命令*

当前文字样式：“CHINESE”文字高度：3.50 注释性：否

指定文字的起点或【对正(J)/样式(S)】：s　　*对文字样式进行设定*

输入样式名或【?】＜CHINESE＞：Chinese　　*＜CHINESE＞指当前文字样式。不满足则需输入样式名*

当前文字样式：“CHINESE”文字高度：3.50 注释性：否

指定文字的起点或【对正(J)/样式(S)】：j 输入选项　　*设置对齐方式*

【对齐(A)/调整(F)/中心(C)/中间(M)/右(R)/左上(TL)/中上(TC)/右上(TR)/左中(ML)/正中(MC)/右中(MR)/左下(BL)/中下(BC)/右下(BR)】：mc　　*指定文字对齐方式*

指定文字的中间点：　*在屏幕上用捕捉方式指定文字应该放置的点*

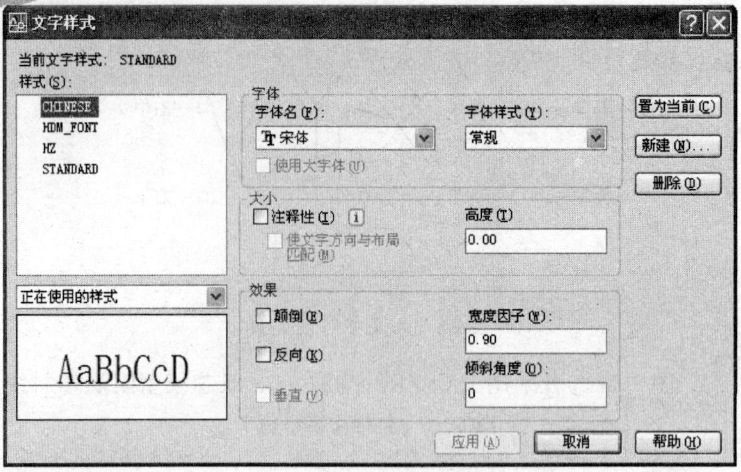

图 6－8　单行文字举例 2

图 6－9　文字工具栏

指定高度＜3.50＞:3.5　　＜3.50＞给出的当前文字高度，若不满足要求，输入相应高度值。

指定文字的旋转角度＜0＞：　*指定文字旋转的角度。*

(3)输入编辑好的符号“⊿”。

2. 创建多行文字

在绘图时，不仅需要绘制图形，还经常要标注文字对图形进行说明，包括注释、说明、工艺要求等内容。这些文字可以使客户更直观地理解图形所要表达的信息。

“多行文字”又称为段落文字，是一种更易于管理的文字对象，可以由两行以上的文字组成，而且各行文字都是作为一个整体处理。使用“文字格式”工具栏，可以设置文字样式、文字字体、文字高度、加粗、倾斜或加下划线效果。多行文字对象包含一个或多个文字段落，可作为单一对象处理。创建多行文字的步骤如下：

1. 可以通过以下任一方式来创建多行文字：

- 单击绘图工具栏 A 按钮。
- 单击菜单栏中【绘图(D)】→【文字(X)】→【多行文字(M)...】。
- 在命令提示下输入“mtext”。

2. 指定边框的对角点以定义多行文字对象的宽度。将显示在位文字编辑器。

3. 如果要对每个段落的首行缩进，拖动标尺上的第一行缩进滑块。如果要对每个段落的其他行缩进，拖动段落滑块。

4. 如果要设置制表符，单击标尺设置制表位。

在文字输入窗口的标尺上右击，从弹出的标尺快捷菜单中选择“缩进和制表位”命令，打开“缩进和制表位”对话框，如图 6－10 所示。可以从中设置缩进和制表位位置。其中，在“缩进”选项组的“第一行”文本框和“段落”文本框中设置首行和段落的缩进位置；在“制表位”列表框中可设置制表符的位置，单击“设置”按钮可设置新制表位，单击“清除”按钮可清除列表框中的所有设置。

在标尺快捷菜单中选择“设置多行文字宽度”子命令，如图 6－11 所示，可打开“设置多行文字宽度”对话框，在“宽度”文本框中可以设置多行文字的宽度。

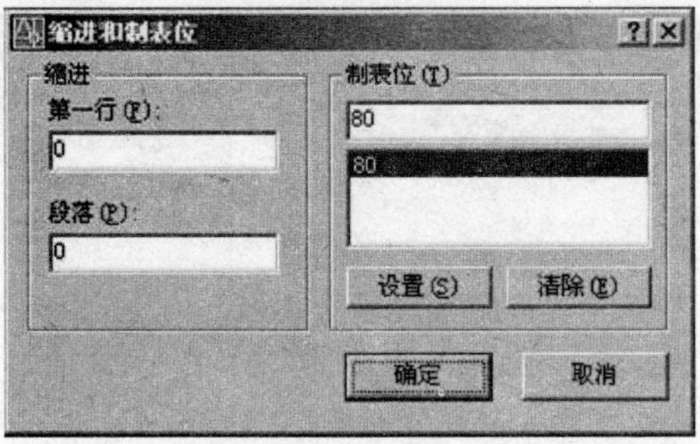

图 6－10 【缩进和制表位】对话框

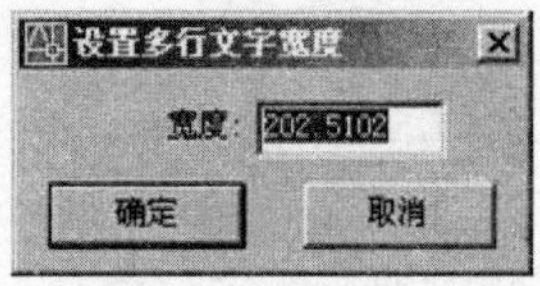

图 6－11 【设置多行文字宽度】对话框

5. 如果需要使用文字样式而不是默认值，单击工具栏上“样式”控件旁边的箭头，然后选择一个样式。在多行文字对象中，可以通过将格式(如下划线、粗体和不同的字体)应用到单个字符来替代当前文字样式。

6. 输入文字。

> ! 注意：应以适当的大小在水平方向显示文字，以便用户可以轻松地阅读和编辑文字；否则，文字将难以阅读(如果文字很小、很大或被旋转)。

7. 要替代当前文字样式，按以下方式选择文字：

• 要选择一个或多个字母，在字符上单击并拖动鼠标。

• 要选择词语，请双击该词语。

• 要选择段落，请三击该段落。

8. 在工具栏上，按以下方式修改格式：

• 要修改选定文字的字体，从列表格中选择一种字体。

• 要修改选定文字的高度，在“文字高度”框中输入新值。

• 要使用粗体或斜体设置 TrueType 字体的文字的格式，或者创建任意字体的下划线文字或上划线文字，单击工具栏上的U及O按钮。

• 要向选定文字应用颜色，从“颜色”列表格中选择一种颜色。

创建多行文字时，可以替代文字样式并将不同的格式应用于单个文字。格式的修改只影响选定的文字；当前的文字样式不变。

若指定不同的字体和文字高度，或应用粗体、斜体、下划线、上划线和颜色，及设置倾斜角度、改变字符之间的间距以及将字符变得更宽或更窄，如图 6－12 所示。

> ! 注意：文字高度设置用于指定大写文字的高度。

9. 要保存修改并退出编辑器，可以使用以下方法之一：

• 单击工具栏上的“确定”。

• 单击编辑器外部的图形。

• 按 Ctrl＋Enter 组合键。

例：输入如图 6－1(a)所示的多行文字。

方法一：

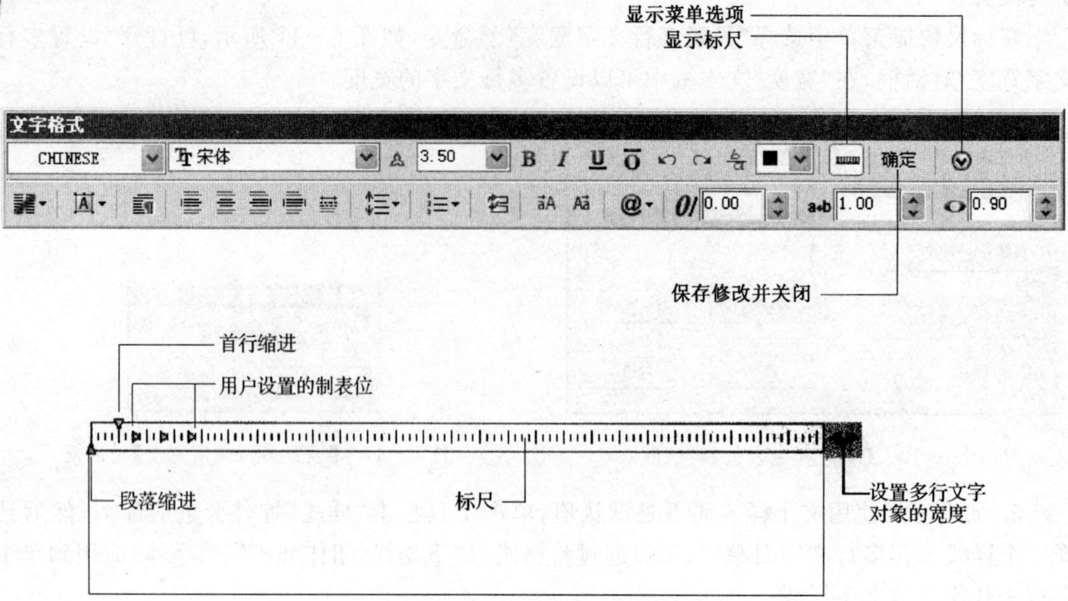

图 6－12　多行文字对话框

(1)设定文字样式：宋体、3 mm 高、比例因子为 1、倾斜 0°。

(2)指定对角点后输入文字。

(3)点击“多行文字”对话框中的“确定”。

方法二：

在文本文档中完成编辑后，如图 6－13 所示，将文本文件直接拖放至 CAD 的编辑窗口中即可。

3. 在多行文字中创建列表

在多行文字中可以创建项目符号列表、字母或数字列表及简单轮廓。添加或删除项目，或将项目向上或向下移动一层时，列表编号将自动调整。可以使用在大多数文字编辑器中使用的方法删除和重新应用列表格式。

(1)使用自动列表格式

默认情况下，列表格式应用于外观类似于列表的所有文字。符合以下条件的文字被视为列表：

- 行以一个或多个字母、数字或符号开头。
- 字母或数字后面是标点。
- 标点后通过按 Tab 键创建了空格。
- 空格后面的文字通过 Enter 键或 Shift＋Enter 组合键结束。

> ! 注意：如果不希望将列表格式应用于所有符合条件的文字，清除“允许项目符号和列表”选项。(在在位文字编辑器中单击鼠标右键，单击“项目符号和列表”，然后清除“允许项目符号和列表”。)如果未选取“允许项目符号和列表”，则不能在多行文字对象中创建格式化列表。

要创建列表，可以使用以下方法之一：

- 将列表格式应用到新的或选定的文字。

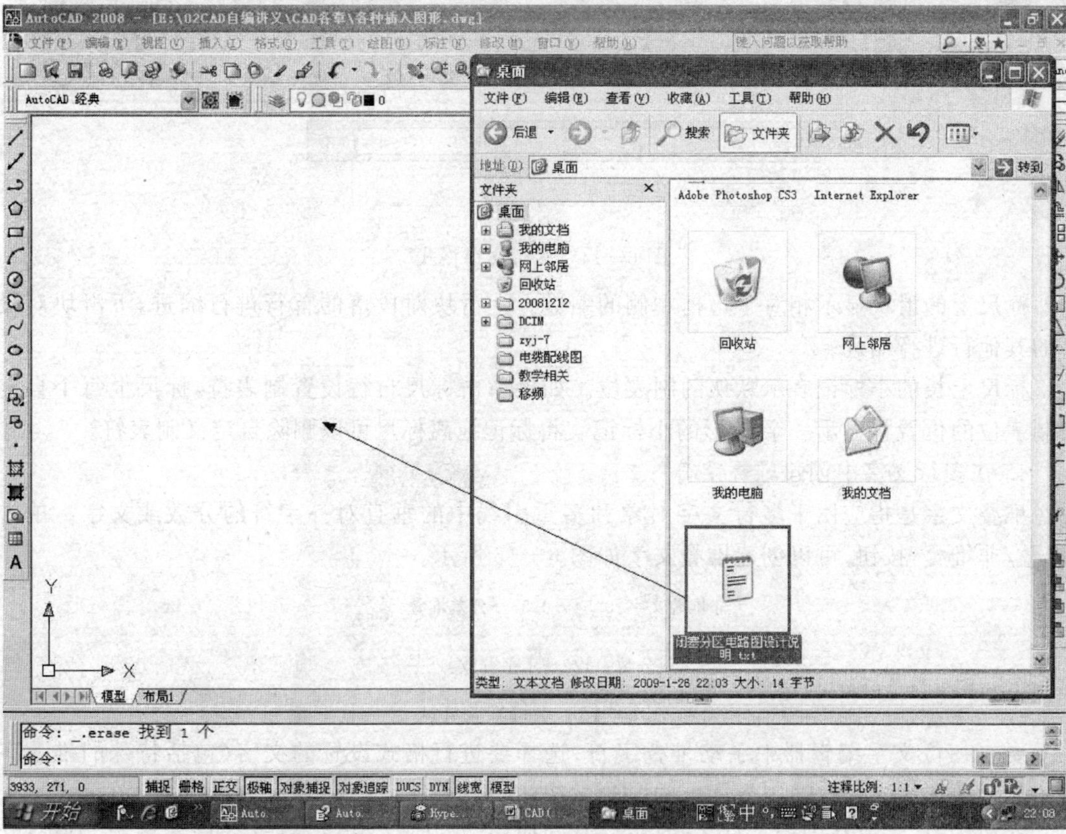

图 6—13　多行文字编辑举例

• 使用“自动列表”(默认情况下为开)并键入列表元素。

• 当“自动列表”关闭时，键入列表元素，然后关闭再重新打开编辑器将文字转换为列表。

(2)应用列表格式

应用列表格式时，可以指定项目符号、大写或小写字母或者数字。默认设置将用于所选的列表类型。字母或数字后面是一个句点。嵌套列表使用双项目符号、字母或数字。基于在位文字编辑器中标尺上的制表位，缩进项目。

(3)使用自动列表键入列表

“自动列表”启用时，可以在输入时创建列表。可以使用字母、数字或符号。例如，可以键入“421.”，按 Tab 键，然后输入一些文字。按 Enter 键后，下一行将以 422、一个句点和一个 Tab 空格开头。

(4)从其他文档中粘贴列表

如果从 Word 中复制一个带有项目符号的嵌套列表(列表中的列表)并将该列表粘贴到多行文字，项目符号将显示为空圆圈，并且不能像多行文字中的其他项目符号一样带有格式。

(5)对多行文字缩进并使用制表符

控制段落在多行文字对象中缩进的方式如图 6—14 所示。在位文字编辑器中的标尺显示当前段落的设置。

输入文字前设置的制表符和缩进将应用于整个多行文字对象。要向不同段落应用不同制表符和缩进，可以单击单个段落或选择多个段落，然后修改设置。

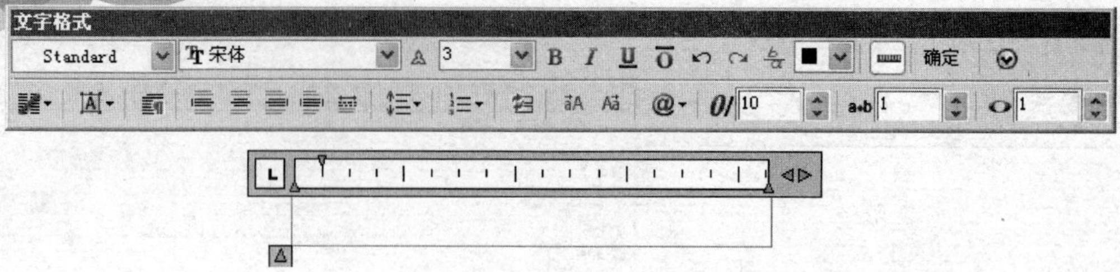

图 6－14　多行文字格式

标尺上的滑块显示相对于边框左侧的缩进。上滑块对段落的首行进行缩进，下滑块对段落的其他行进行缩进。

标尺上长的小标记表示默认的制表位。如果单击标尺自行设置制表符，标尺上每个自定义制表位的位置将显示一个 L 形的小标记。将标记拖离标尺可以删除自定义制表符。

4. 在多行文字中创建堆叠字符

堆叠文字是指应用于多行文字对象和多重引线中的垂直对齐字符的分数或文字。单击“堆叠/非堆叠”按钮，可以创建堆叠文字如图 6－15 所示。

非堆叠文字：0.54－0.57→公差堆叠：$\begin{matrix}0.54\\0.57\end{matrix}$

斜分数：11/2→水平分数：$1\frac{1}{2}$

图 6－15　字符堆叠样式

要在在位文字编辑器中手动堆叠字符，选择要进行格式设置的文字（包括特殊的堆叠字符），然后单击“文字格式”工具栏上的“堆叠”按钮。

在使用时，需要分别输入分子和分母，其间使用“/”、“＃”或“^”分隔，然后选择这一部分文字，单击按钮即可。具体的操作步骤如下：

(1)创建堆叠文字可用以下几个方法：

- 单击【绘图(D)】菜单→【文字(X)】→【多行文字(M)...】。
- 在命令提示下输入“mtext”。
- 单击绘图工具栏按钮。

(2)指定边框的对角点以定义多行文字对象的宽度，可以用鼠标直接拖动。

(3)在在位文字编辑器中，根据需要设置文字样式和其他多行文字特性，用鼠标选中相关文字，然后设置相应的字体和大小等特性。

(4)输入要堆叠的文字，并用以下字符中的一个作为分隔符：

- 斜杠(/)以垂直方式堆叠文字，由水平线分隔。
- 井号(＃)以对角形式堆叠文字，由对角线分隔。
- 插入符(^)创建公差堆叠，不用直线分隔。

(5)选择要堆叠的文字，然后在工具栏上单击“堆叠”按钮。如，输入 1/2，选择“1/2”，单击“$\frac{b}{a}$”按钮，得$\frac{1}{2}$。

(6)保存修改并退出编辑器，可以使用以下方法之一：

- 单击工具栏上的“确定”。
- 单击编辑器外部的图形。
- 按 Ctrl＋Enter 组合键。

5. 使用特殊字符

在进行AutoCAD软件的实际绘图中，我们经常需要输入一些特殊字符，如表示直径的“Φ”、表示公差的“±”等，这些特殊字符无法直接从键盘上输入。AutoCAD软件为这些字符的输入提供了一些简捷的控制码。

AutoCAD提供的控制码，均由两个百分号（%%）和一个字母组成。输入这些控制码后，屏幕上并不立即显示它们所代表的特殊符号，只在回车结束本次标注命令之后，控制码才会变成相应的特殊字符。

控制码及其相对应的特殊字符如表6－1所示。

表6－1　特殊字符控制码列表

控制码	相应特殊字符及功能	控制码	相应特殊字符及功能
%%O	打开或关闭文字上划线功能	%%P	标注正负号“±”
%%U	打开或关闭文字下划线功能	%%C	标注直径“Φ”
%%D	标注度符号“°”	%%%	百分号%

这些特殊字符的数量远远不能满足我们在进行绘图时的实际需要，可以在“字符映射表”中找到所需要的特殊字符。

！ 注意：如果使用剪贴板粘贴来自于另一个应用程序的文字，文字将变成OLE对象。如果使用剪贴板粘贴来自于另一个文件的文字，文字将作为块参照插入，并保留原始的文字样式。

6.1.3　创建引线

1. 引线对象概述

引线对象是一条线或样条曲线，其一端带有箭头，另一端带有多行文字对象或块。在某些情况下，有一条短水平线（又称为基线）将文字或块和特征控制框连接到引线上，如图6－16所示。

基线和引线与多行文字对象或块关联，因此当重定位基线时，内容和引线将随其移动。

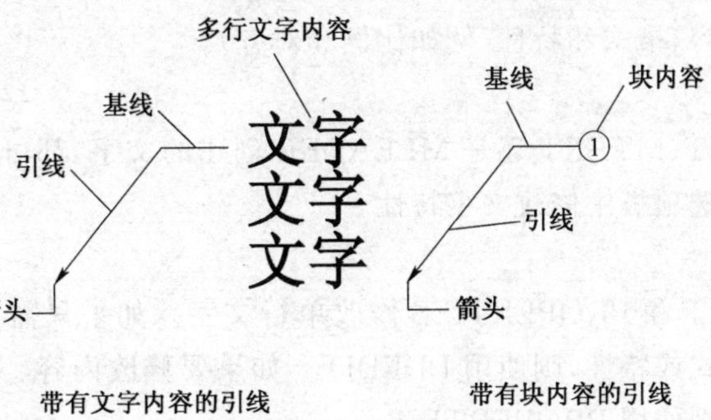

图6－16　引线结构

！ 注意：引线对象不应与自动生成的、作为尺寸线一部分的引线混淆。

2. 创建和修改引线

引线对象通常包含箭头、可选的水平基线、引线或曲线和多行文字对象或块。从图形中的任意点或部件可以创建引线并在绘制时控制其外观。引线可以是直线段或平滑的样条曲线，如图 6－17 所示。

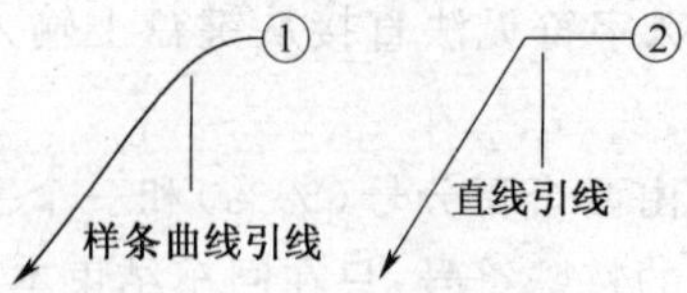

图 6－17　引线类型

3. 向引线添加内容

引线可包含多行文字作为内容。默认情况下，创建引线样式时可插入文字。可以在引线注释中应用和修改文字样式、颜色、高度和对齐方式。也可通过在当前引线样式中指定基线间隙偏移多行文字对象。

有若干选项可用于将多行文字作为内容放置在引线对象中，如图 6－18 所示。

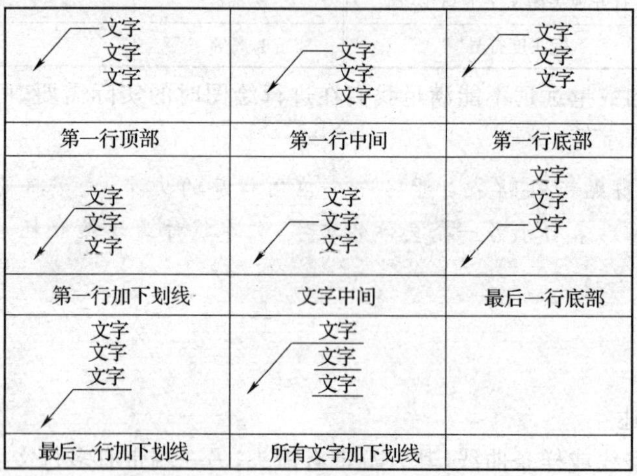

图 6－18　引线与文字对齐样式

6.1.4　修改文字

用于修改文字内容、格式和特性(例如比例和对齐)。

1. 修改文字概述

无论是使用 TEXT、MTEXT 还是 MLEADER 创建的文字，都可以移动、旋转、删除和复制它。一般在【特性】选项板中修改文字特性。

2. 修改单行文字

可以使用 DDEDIT 和 PROPERTIES 修改单行文字。如果只需要修改文字的内容而无需修改文字对象的格式或特性，则使用 DDEDIT。如果要修改内容、文字样式、位置、方向、大小、对正和其他特性，则使用 PROPERTIES。

文字对象还具有夹点，可用于移动、缩放和旋转。文字对象在基线左下角和对齐点有夹点。命令的效果取决于所选择的夹点，如图 6－19 所示。

3. 修改多行文字

使用“特性”选项板、在位文字编辑器和夹点来修改多行文字对象的位置和内容。使用“FIND”命令可以轻松地查找和替换文字。

创建多行文字后，可以使用“特性”选项板进行修改文字样式、对正、宽度、旋转、行距。

(1)修改文字位置

使用夹点可以移动多行文字或调整行的宽度。多行文字对象在文字边界的四个角点（某些情况下是在对正点处）显示夹点。

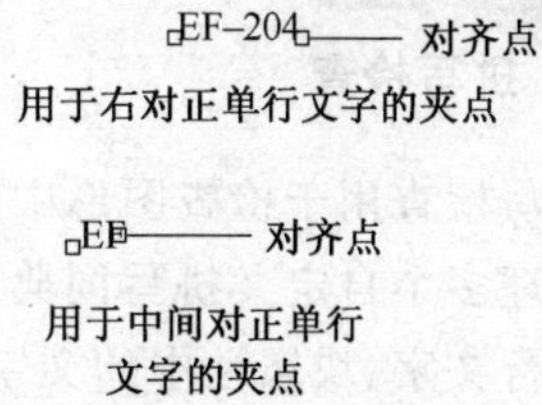

图 6－19　单行文字对齐方式

(2)查找和替换文字

要搜索和替换文字，使用“FIND”命令，随后打开如图 6－20 所示的对话框。替换的只是文字内容，字符格式和文字特性不变。使用“FIND”命令时，可以在搜索中使用通配符，见表 6－2。

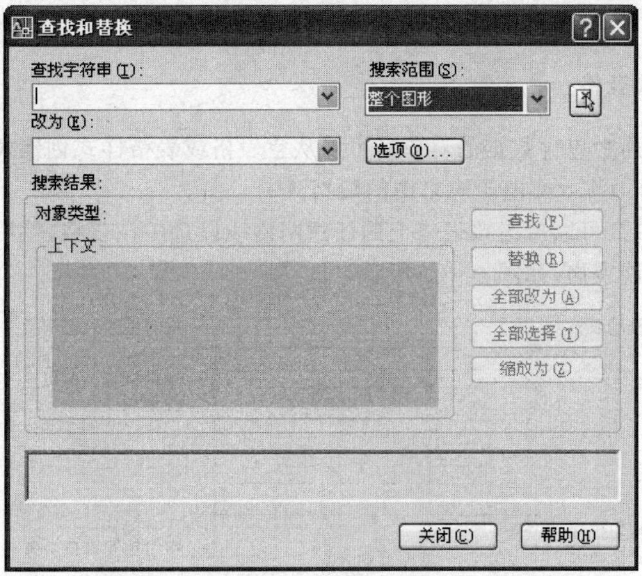

图 6－20　查找与替换对话框

表 6－2　查找和替换文字时使用通配符

字　符	定　义
#(井号)	匹配任意数字字符
@(At)	匹配任意字母字符
.(句点)	匹配任意非字母数字字符
*(星号)	匹配任意字符串，可以在搜索字符串的任意位置使用
?(问号)	匹配任意单个字符，例如，? BC 匹配 ABC、3BC 等等
～(波浪号)	匹配不包含自身的任意字符串，例如，～*AB* 匹配所有不包含 AB 的字符串
【 】	匹配括号中包含的任意一个字符，例如，【AB】C 匹配 AC 和 BC
【~】	匹配括号中未包含的任意字符，例如，【AB】C 匹配 XC 而不匹配 AC
【－】	指定单个字符的范围，例如，【A－G】C 匹配 AC、BC 等，直到 GC，但不匹配 HC
'(单引号)	逐字读取其后的字符；例如，'~AB 匹配~AB

6.1.5 拼写检查

拼写检查用于检查图形中所有文字的拼写。也可以指定已使用的特定语言的词典并自定义和管理多个自定义拼写词典。一般用来检查图形中所有文字的拼写，包括标注文字、单行文字和多行文字、块属性中的文字、外部参照。

使用拼写检查，将搜索指定的图形或图形的文字区域中拼写错误的词语。如果找到拼写错误的词语，则将亮显该词语并且图形区域将缩放到便于读取该词语的比例。

6.2 表　格

表格是以文字为主，也包含多个块的单元构成的矩形阵列。

6.2.1 创建和修改表格

表格是在行和列中包含数据的对象。可以从空表格或表格样式创建表格对象。还可以将表格链接至 Microsoft Excel 电子表格中的数据。

表格创建完成后，可以单击该表格上的任意网格线以选中该表格，然后通过使用【特性】选项板或夹点来修改该表格，如图 6－21 所示。

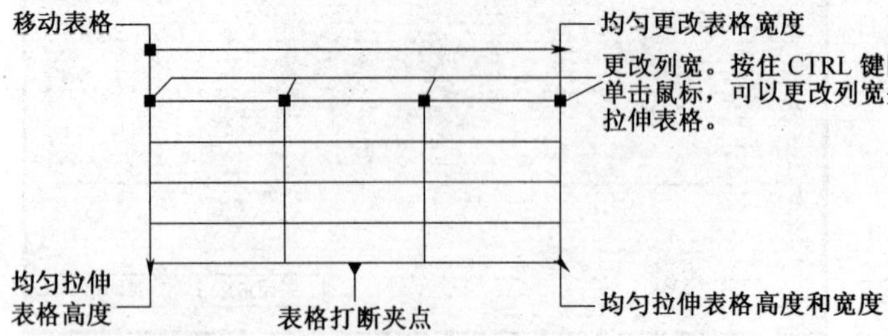

图 6－21　表格编辑夹点

更改表格的高度或宽度时，只有与所选夹点相邻的行或列将会更改。表格的高度或宽度保持不变。根据正在编辑的行或列的大小按比例更改表格的大小，在使用列夹点时按住 Ctrl 键，如图 6－22 所示。

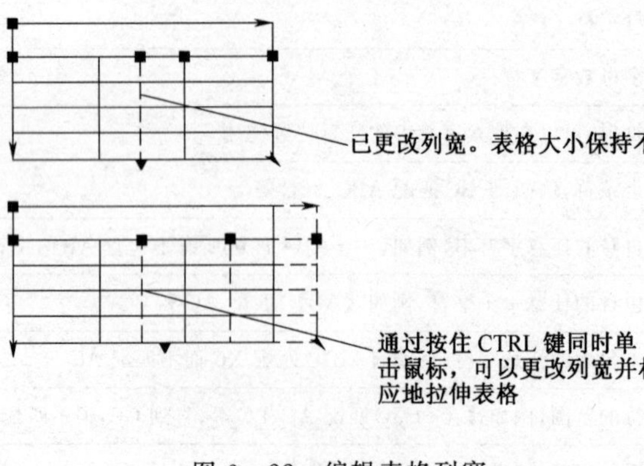

图 6－22　编辑表格列宽

(1)将表格打断成多个部分

可以将包含大量数据的表格打断成主要和次要的表格片断。使用表格底部的表格打断夹点，可以使表格覆盖图形中的多列或操作已创建的不同的表格部分。

(2)修改表格单元

在单元内单击以选中单元格。单元边框的中央将显示夹点。在另一个单元内单击可以将选中的内容移到该单元。拖动单元上的夹点可以使单元及其列或行更宽或更小，如图 6－23 所示。

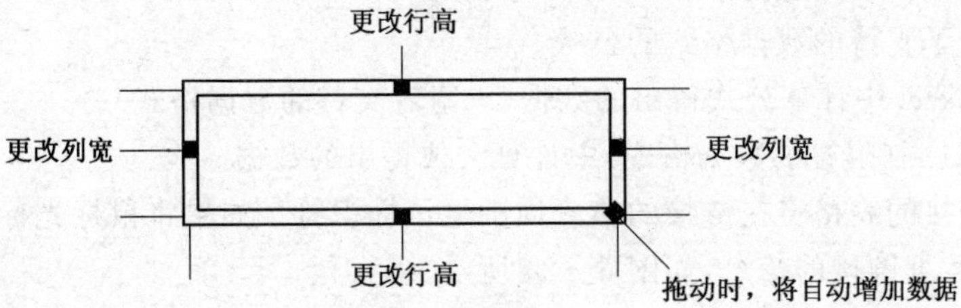

图 6－23 修改表格单元

技巧：选择一个单元后，按 F2 键可以编辑该单元文字。

要选择多个单元，单击并在多个单元上拖动。按住 Shift 键并在另一个单元内单击，可以同时选中这两个单元以及它们之间的所有单元。

在表格单元内部单击时，将显示“表格”工具栏。使用此工具栏，可以执行以下操作：

- 编辑行和列；
- 合并和取消合并单元；
- 改变单元边框的外观；
- 编辑数据格式和对齐；
- 锁定和解锁编辑单元；
- 插入块、字段和公式；
- 创建和编辑单元样式；
- 将表格链接至外部数据。

选择单元后，也可以单击鼠标右键，然后使用快捷菜单上的选项来插入或删除列和行、合并相邻单元或进行其他修改。选择单元后，可以使用 Ctrl＋Y 组合键重复上一个操作。

注意：使用重复上一个操作的 Ctrl＋Y 组合键，仅重复通过快捷菜单或表格工具栏执行的操作。

(3)将表格添加到工具选项板

将表格添加到工具选项板时，表格特性(例如，表格样式和行/列的编号)和单元特性替代(例如，对齐和边框线宽)将存储在工具定义中。文字、块内容和字符格式也将存储在工具定义中。

(4)自定义列字母和行号的显示

默认情况下，选定表格单元进行编辑时，在位文字编辑器将显示列字母和行号。要设置新的背景色，可以选择表格，单击右键，然后单击快捷菜单上的【表指示器颜色】。文字的颜色、大小、样式以及线颜色都可由当前表格样式中列标题的设置进行控制。

6.2.2 将表格链接至外部数据

可以将表格链接至 Excel 中的整个电子表格，各行、列、单元或单元范围。

> ! 注意：必须安装 Microsoft Excel 才能使用 Microsoft Excel 数据链接。要链接至 XLSX 文件类型，必须安装 Microsoft Excel 2007。

可以通过以下三种方式将数据从 Microsoft Excel 引入表格：

- 通过附着了支持的数据格式的公式。
- 通过在 Excel 中计算公式得出的数据(未附着支持的数据格式)。
- 通过在 Excel(附着了数据格式)中计算公式得出的数据。

包含数据链接的表格将在链接的单元周围显示标识符。如果将鼠标光标悬停在数据链接上，将显示有关数据链接的信息，如图 6－24 所示。

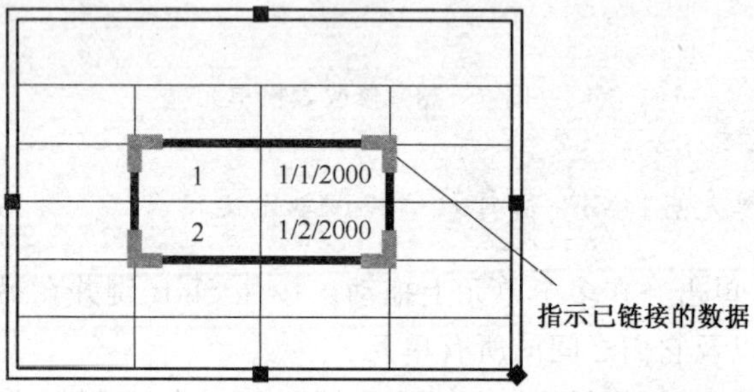

图 6－24 表格数据链接

如果链接的电子表格已更改(例如，添加了行或列)，则可以使用 DATALINKUPDATE 命令相应地更新图形中的表格。同样，如果对图形中的表格进行了更改，也可使用此命令更新链接的电子表格。

默认情况下，数据链接将会锁定而无法编辑，从而防止对链接的电子表格进行不必要的更改。可以锁定单元从而防止更改数据、更改格式，或两者都更改。要解锁数据链接，单击表格工具栏上的【锁定】即可。

6.2.3 使用表格样式

表格的外观由表格样式控制。可以使用默认表格样式"STANDARD"，也可以创建自己的表格样式。

创建新的表格样式时，可以指定一个起始表格。起始表格是图形中用作设置新表格样式格式的样例的表格。一旦选定表格，即可指定要从此表格复制到表格样式的结构和内容。

插入新表格时，可以创建单元样式并将其应用于表格样式。表格样式可以在每个类型的行中指定不同的单元样式，可以为文字和网格线显示不同的对正方式和外观。插入表格时指定这些单元样式。例如，STANDARD 表格样式包含的单元样式由文字居中的合并单元组成。可以将此名为"标题"的单元样式指定为表格的第一行单元。执行此步骤将在新表格的顶部创建标题行。

表格单元样式的边框特性控制网格线的显示，这些网格线将表格分隔成单元。标题行、列标题行和数据行的边框具有不同的线宽设置和颜色，可以显示也可以不显示。选择边框选项时，会同时更新【表格样式】对话框右下角的单元样式预览图像。

表格单元中的文字外观由当前单元样式中指定的文字样式控制。可以使用图形中的任何文字样式或创建新样式。也可以使用设计中心复制其他图形中的表格样式。

可以定义表格样式中任意单元样式的数据和格式。也可以覆盖特殊单元的数据和格式。例如,可以将所有列标题行的格式设置为显示全大写文字,然后选择单个表格单元将其设置为显示全小写文字。显示在行中的数据类型以及该数据类型的格式由在【表格单元格式】对话框中选择的格式选项控制。

6.2.4　向表格中添加文字和块

表格单元数据可以包括文字和多个块。

创建表格后,会亮显第一个单元,显示【文字格式】工具栏时可以开始输入文字。单元的行高会加大以适应输入文字的行数。要移动到下一个单元,按 Tab 键,或使用箭头键向左、向右、向上和向下移动。通过在选定的单元中按 F2 键,可以快速编辑单元文字。

在表格单元中插入块时,块可以自动适应单元的大小,也可以调整单元以适应块的大小。可以通过表格工具栏或快捷菜单插入块。可以将多个块插入到表格单元中。如果在表格单元中有多个块,使用【管理单元内容】对话框自定义单元内容的显示方式。如图 6－25 所示。

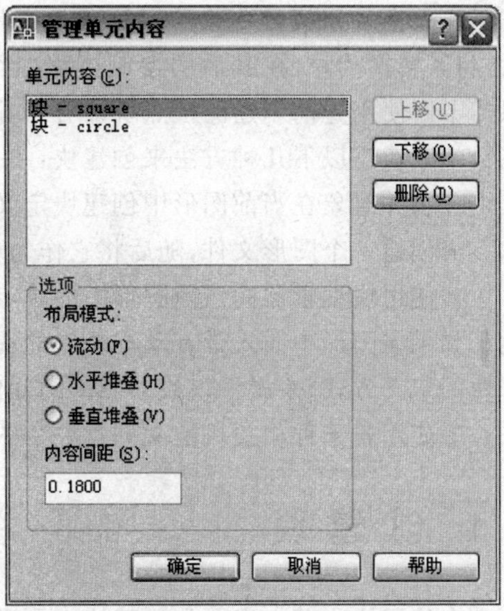

图 6－25　管理单元内容对话框

在单元内,可以用箭头键移动光标。使用表格工具栏和快捷菜单在单元中设置文字的格式、输入文字或对文字进行其他更改。

复习思考题

1. 如何注释图形?
2. 练习使用堆叠。
3. 练习插入并编辑表。
4. 按专业要求给文字设置样式。练习插入多行和单行文字。
5. 练习如何编辑文字。
6. 练习向引线添加内容。
7. 绘制如图 6－1 所示注释及表格。

第 7 章　块

块是计算机辅助设计过程的一个极为重要的概念。块是指绘制在一个或几个图层上的不同颜色、线型和线宽特性的一个或多个对象的集合。块是一个整体，即单一的对象。使用块可以减少大量重复性的劳动，简化图形绘制过程，最大化提高工作效率。如信号专业的接线图中大量使用的接点，在绘制完一组接点后，将其转换为块，在其后的绘制过程中类似的接点无需再次进行绘制，而只需不断使用先前创建的接点块即可，如图 7－1 所示。

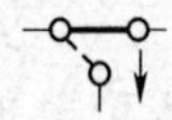

图 7－1　接点块

一般通过以下几种方法来创建块：

• 合并对象在当前图形中创建块定义。

• 创建一个图形文件，随后将它作为块插入到其他图形中。

• 使用块编辑器向当前图形中的块定义中添加动态行为，为几何图形增添灵活性和智能性。如果在图形中插入带有动态行为的块参照，就可以通过自定义夹点或自定义特性（这取决于块的定义方式）来操作该块参照中的几何图形。

• 使用若干种相关块定义创建一个图形文件以用作块库。

7.1　创 建 块

在使用块之前一定要先创建块。可通过以下三种方法：

• 单击绘图工具栏按钮。

• 单击在菜单栏中【绘图】→【块】→【创建】。

• 在命令提示下输入“block”。

从而显示【块定义】对话框，如图 7－2 所示。

如果在命令提示行输入“－block”，则出现以下选项：

命令：－block	
输入块名或【?】:donghe	*输入块的名称*
指定插入基点或【注释性(A)】:	*拾取块的基点*
选择对象:指定对角点:找到 1 个	*选择作为块的集合*

（1）【名称】:指定块的名称。名称最多可以包含 255 个字符，包括字母、数字、空格，以及操作系统或程序未作他用的任何特殊字符。块名称及块定义保存在当前图形中。

> ! 注意：不能用 DIRECT、LIGHT、AVE_RENDER、RM_SDB、SH_SPOT 和 OVERHEAD 作为有效的块名称。

如果在【名称】下选择现有的块，将显示块的预览。

（2）【基点】:指定块的插入基点，即将来应用块时的插入点默认值是(0,0,0)。

【在屏幕上指定】:关闭对话框时，将提示指定基点。

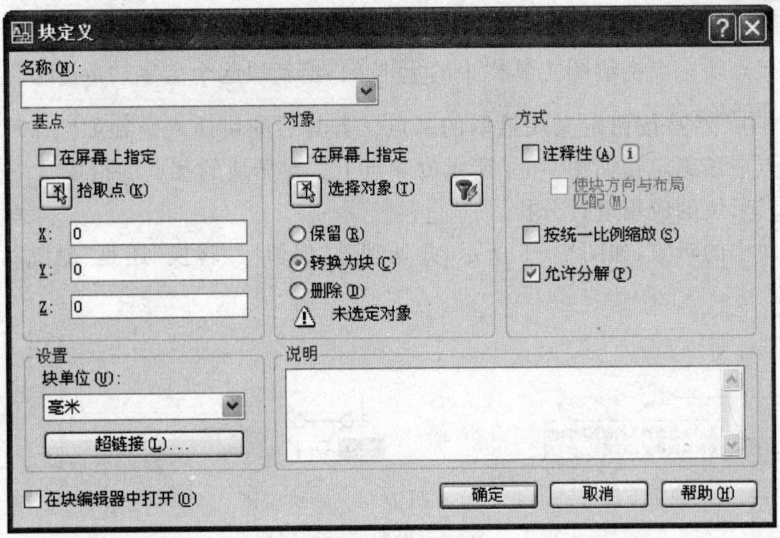

图 7—2　块定义

“拾取点”按钮：拾取点(K)，即拾取基点。单击该按钮组合暂时关闭对话框以便能在当前图形中拾取插入基点。基点的确定取决于在其后的块使用过程中需要连接其他导线的点的位置。掌握这一点对绘图非常重要。

【X】：指定 X 坐标值；【Y】：指定 Y 坐标值；【Z】：指定 Z 坐标值。

(3)【对象】：指定新块中要包含的对象，以及创建块之后如何处理这些对象，是保留还是删除选定的对象或者是将它们转换成块实例。

【在屏幕上指定】：关闭对话框时，提示指定对象。

【选择对象】：暂时关闭【块定义】对话框，选择块对象。完成选择对象后，按 Enter 或空格键重新显示【块定义】对话框。

【快速选择】：通过【快速选择】对话框定义选择集。

【保留】：创建块以后，将选定对象保留在图形中作为区别对象。

【转换为块】：创建块以后，将选定对象转换成图形中的块实例。

【删除】：创建块以后，从图形中删除选定的对象。

【选定的对象】：显示选定对象的数目。

(4)【方式】：指定块的行为。

【使块方向与布局匹配】：指定在图纸空间视口中的块参照的方向与布局的方向匹配。如果未选择【注释性】选项，则该选项不可用。

【按统一比例缩放】：指定是否阻止块参照不按统一比例缩放。

【允许分解】：指定块参照是否可以被分解。

(5)【设置】：指定块的设置。

【块单位】：指定块参照插入单位。

【超链接】：通过【插入超链接】对话框将某个超链接与块定义相关联。

【说明】：对新块进行文字说明。

【在块编辑器中打开】：单击【确定】后，在块编辑器中打开当前的块定义。

例：创建如图 7—1 所示的接点块。

(1)利用绘图工具先绘制接点。

(2)创建接点块。点击绘图工具栏中的按钮,给新块起个名字,“jiedian”。

(3)点击 拾取点(K) 按钮定义块拾取的基点。若其后的块插入是在如图 7－3 所示点的位置,则新块基点应该确定在如图 7－4 所示的端点上。对于块的基点的拾取是一个很重要的技巧,需要结合其后块的应用进行分析。

(4)选取块中的对象,如图 7－5 所示,并处理其“保留”、“转换”还是“删除”,如图 7－6 所示。

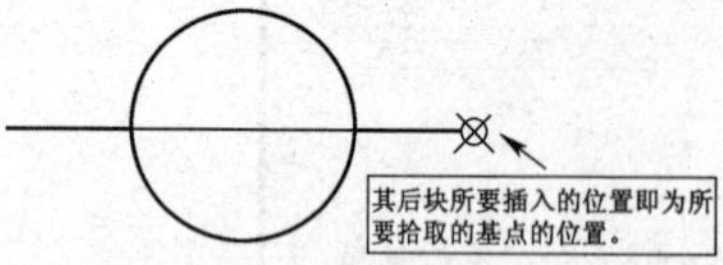

图 7－3　基点的确定方法

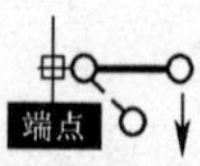

图 7－4　新块应该拾取的点的位置

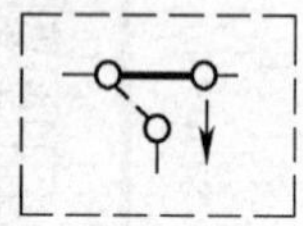

图 7－5　选取块中的对象

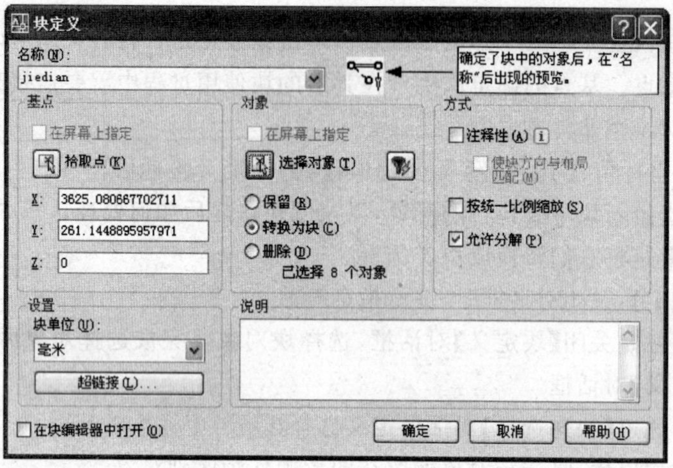

图 7－6　块定义对话框中的预览

(5)点击【确定】按钮。

7.2　插 入 块

创建块是为了引用块。引用一个块可以通过插入块或输入相应的命令(“insert”,“－insert”,“minsert”)进行。

7.2.1　用“insert”,“－insert”命令插入块

可用以下三种方式实现块插入:

- 单击绘图工具栏按钮。
- 单击菜单中【插入(I)】→【块(B)...】。
- 在命令提示下输入“insert”。

显示【插入】对话框,如图 7－7 所示。

如果在命令提示下输入"－insert",将在命令提示下显示如下内容：

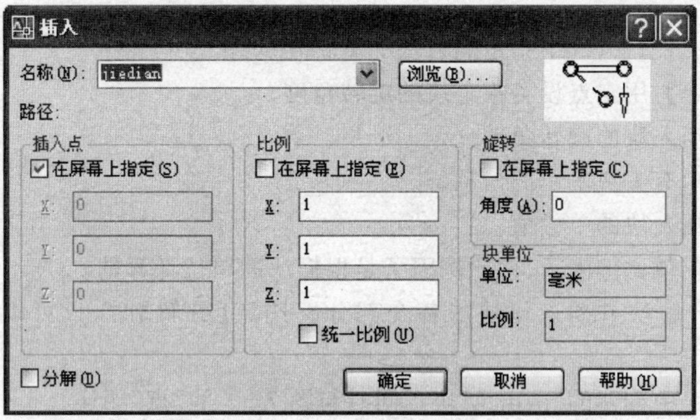

图 7－7　【插入】对话框

命令:－insert

输入块名或【?】<jiedian>:jiedian　　*指定要插入块的名称。*

单位:毫米　转换:　　　1

指定插入点或【基点(B)/比例(S)/X/Y/Z/旋转(R)】:　　*指定要插入块的位置。*

输入 X 比例因子,指定对角点,或【角点(C)/XYZ(XYZ)】<1>:　输入 Y 比例因子或<使用 X 比例因子>:　*指定不同的 X、Y 和 Z 值指定块参照的比例。*

指定旋转角度<0>:　*指定要插入块的旋转角度。*

! 注意:使用"－insert"命令插入块时,键入"～",系统会显示【选择图形文件】对话框;若在块名前加"*",在插入块时自动分解该块。

图 7－7 中:

(1)【名称】:指定要插入块的名称,或指定要作为块插入的文件的名称。

【浏览】:打开【选择图形文件】对话框(标准文件选择对话框),从中可选择要插入的块或图形文件。

【路径】:指定块的路径。

【预览】:显示要插入的指定块的缩略图形。

(2)【插入点】:指定块的插入点。

【在屏幕上指定】:用定点设备指定块的插入点。

【X】:设置 X 坐标值。

【Y】:设置 Y 坐标值。

【Z】:设置 Z 坐标值。

(3)【比例】:指定插入块的缩放比例。如果指定负的 X、Y 和 Z 缩放比例因子,则插入块的镜像图像。

【在屏幕上指定】:用定点设备指定块的比例。

【X】:设置 X 比例因子。

【Y】:设置 Y 比例因子。

【Z】:设置 Z 比例因子。

【统一比例】:为 X、Y 和 Z 坐标指定单一的比例值,为 X 指定的值也反映在 Y 和 Z 的值中。

(4)【旋转】:在当前 UCS 中指定插入块的旋转角度。

【在屏幕上指定】:用定点设备指定块的旋转角度。

【角度】:设置插入块的旋转角度。

【块单位】:显示有关块单位的信息。

【单位】:指定插入块的单位值。

【因子】:显示单位比例因子,该比例因子是根据块的单位计算的。

(5)【分解】:分解块并插入该块的各个部分。选定【分解】时,只可以指定统一比例因子。

例:插入在 7.1 中创建的"jiedian"块。同时与图 7—3 的"点"相连。

(1)单击按钮,出现如图 7—7 所示的对话框。

(2)单击【确定】按钮,鼠标右侧出现如图 7—8 所示的预览图标。在绘图区用对象捕捉捕获到要插入的"点",单击鼠标左键,以确认所要插入的点即可,如图 7—9 所示。

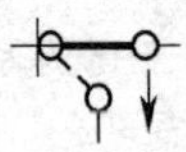

图 7—8 插入"jiedian"块

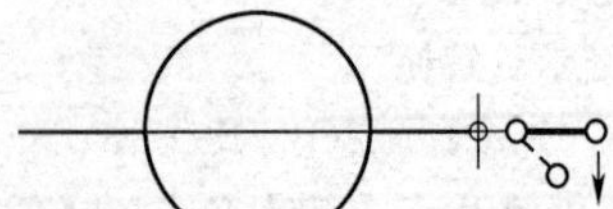

图 7—9 插入时进行捕捉

7.2.2 用"minsert"命令插入块构成矩形阵列

利用"minsert"命令同时插入多个块构成矩形阵列。该命令表面上看与"ARRAY"命令一样也是构成一个矩形阵列,但二者有着本质的区别:"ARRAY"命令产生的阵列每个对象都是独立的,而"minsert"命令产生的块阵列是一个整体。使用"minsert"命令插入的块不能被分解。

例:插入前面建立的"jiedian"块。

```
命令:minsert 输入块名或【?】<jiedian>:
单位:毫米    转换:        1
指定插入点或【基点(B)/比例(S)/X/Y/Z/旋转(R)】:
输入 X 比例因子,指定对角点,或【角点(C)/XYZ(XYZ)】<1>:  输入 Y 比例因子或<使用 X 比例因子>:
指定旋转角度<0>:
输入行数(———)<1>:3
输入列数(|||)<1>:4
输入行间距或指定单位单元(———):15
指定列间距(|||):16
命令:指定对角点:
```

绘制后的结果如图 7—10 所示。

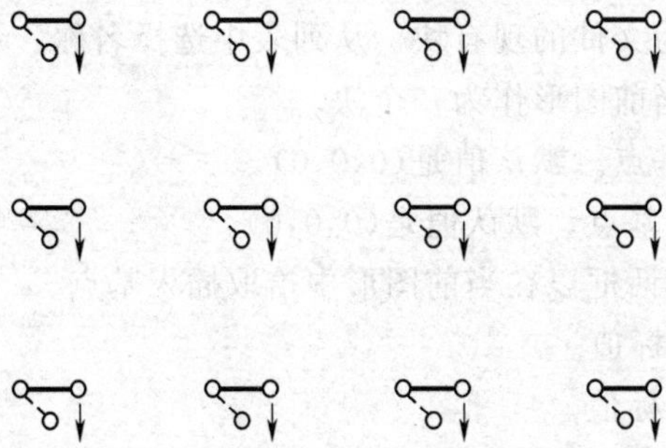

图 7－10　用“minsert”命令构成的矩阵

7.3　创建用作块的图形文件

通过“block”命令只能创建包含于该块的图形文件中，而不能将其用在其他文件中，这是“block”命令的缺点。如果在其他文件中使用该块，必须采用“wblock”或“－wblock”创建块，也叫“写块”。二者的区别在于，“wblock”命令是通过对话框创建文件“外部块”，而“－wblock”是通过命令行的提示来获取外部块的各项参数。

7.3.1　用“wblock”命令写块

用“wblock”命令创建图形文件，用于作为块插入到其他图形中。将对象保存到文件或将块转换为文件的步骤如下：

1. 在命令提示下，输入“wblock”。打开【写块】对话框，如图 7－11 所示。

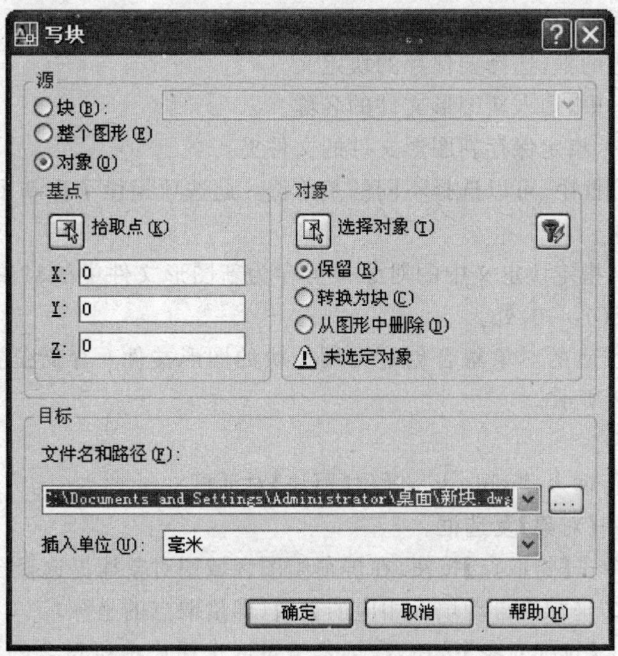

图 7－11　【wblock】对话框

(1)【源】。指定块和对象的来源，将其保存为文件并指定插入点。

①【块】：指定要保存为文件的现有块。从列表中选择名称。

②【整个图形】：选择当前图形作为一个块。

③【对象】：指定块的基点。默认值是(0,0,0)。

(2)【基点】。指定块的基点。默认值是(0,0,0)。

【拾取点】：暂时关闭对话框以在当前图形中拾取插入基点。

【X】：指定基点的 X 坐标值。

【Y】：指定基点的 Y 坐标值。

【Z】：指定基点的 Z 坐标值。

(3)【对象】。设置用于创建块的对象上的块创建的效果。

①【保留】：将选定对象保存为文件后，在当前图形中仍保留它们。

②【转换为块】：将选定对象保存为文件后，在当前图形中将它们转换为块。块指定为"文件名"中的名称。

③【从图形中删除】：将选定对象保存为文件后，从当前图形中删除它们。

④【选择对象】按钮：临时关闭该对话框以便可以选择一个或多个对象以保存至文件。

⑤【快速选择】按钮：打开"快速选择"对话框，从中可以过滤选择集。

(4)【目标】：指定文件的新名称和新位置以及插入块时所用的测量单位。

①【文件名和路径】：指定文件名和保存块或对象的路径。

②【...】：显示标准文件选择对话框。

③【插入单位】：指定从设计中心拖动新文件或将其作为块插入到使用不同单位的图形中时用于自动缩放的单位值。

2. 在【写块】对话框中的【源】下选择【块】。

3. 单击【块】旁边的框，选择要保存的块定义。

4. 在【文件名】框中，输入新图形文件的名称。

5. 在【位置】框中，指定保存新图形文件的文件夹。

6. 在【插入单位】框中，可以选择不同的基单位。此选项提供了在新图形文件中自动缩放对象的方法。

7. 单击【确定】。指定块定义中的对象被另存为新图形文件中的对象。块定义的插入基点位于新图形的原点(0,0,0)处。

例：将图 7—10 所示的对象集合创建为用作块的图形文件。存储位置在桌面上，命名为"jiedian"，如图 7—12 所示。

操作步骤如下：

(1)在命令提示行输入："wblock"，弹出【写块】对话框。

(2)在【源】区选中【对象】复选框。

(3)在【基点】区单击【拾取点】按钮，在屏幕绘图区域用对象捕捉选择图形的基点，返回【写块】对话框，在 X、Y、Z 坐标栏自动填入相应的数值(即拾取点的坐标)。

(4)单击【对象】区【选择对象】按钮，在屏幕编辑区选择块中所包含的对象，单击鼠标右键返回【写块】对话框。

(5)在【对象】区选择【保留】，指定在写块完成后保留编辑区的源对象不转换为"块"。

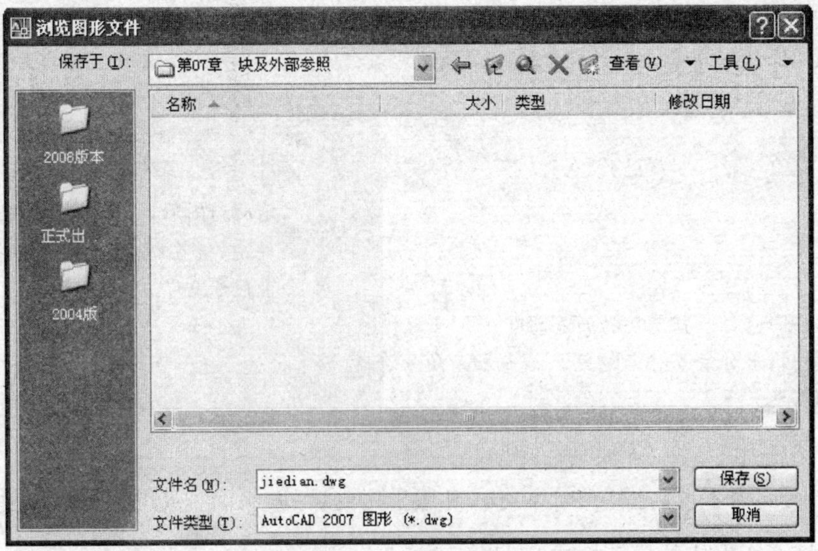

图 7—12 写块举例

(6)在目标区点击【…】按钮选择该“块”所存放的路径,并修改其名称。

(7)在【插入单位】区选择“毫米”为单位。

(8)单击【确定】按钮,或按空格键,结束【写块】过程。

7.3.2 用“—wblock”写块

输入“—wblock”命令后会弹出如图 7—13 所示的【创建图形文件】对话框。要求定义目标文件的位置和名称,在输入了文件的位置和名称后,出现以下提示:

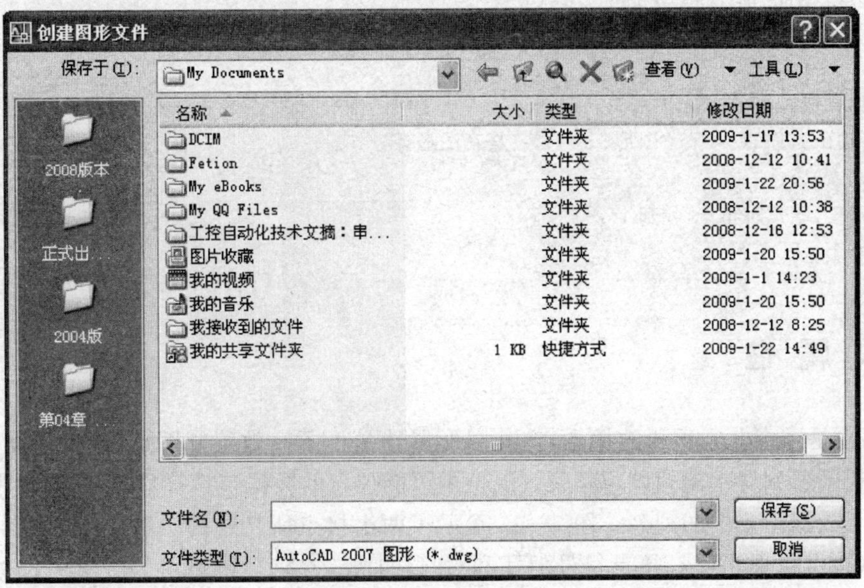

图 7—13 执行“—wblock”命令后的对话框

命令：－wblock	
输入现有块名或	*输入现有的块名，将现有块的定义写块存盘。*
【块＝输出文件(＝)/整个图形(＊)】＜定义新图形＞：	*输入"＝"指定输出文件名为块名，内容为块的内容。* *输入"＊"将整个文件中所有对象写块存盘。* *＜定义新图形＞：回车等于重新定义一个新块，系统在指定基点、选择对象后生成一个目标文件。*
指定插入基点：	*指定块的插入基点。*
选择对象：指定对角点：找到 1 个	*选择写块的对象。*
选择对象：	

! 注意：执行完命令后，选择的对象会在屏幕上消失，一般采用"OOPS"命令来恢复。

例：将图 7－6 生成的块转换成"jiedian. dwg"。

操作步骤如下：

(1)在命令提示行下输入"－wblock"，弹出【创建图形文件】对话框。

(2)选择约定的路径，输入规定文件名。

(3)回车选择＜定义新图形＞，鼠标出现如图 7－14 所示的状态，拾取基点。

(4)选择写块所包含的对象。

(5)右击鼠标，完成。

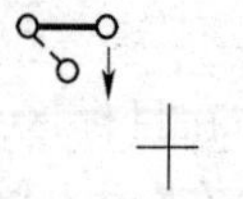

图 7－14 "－wblock"命令举例

其命令行中的所有提示如下：

```
命令：－wblock
输入现有块名或
【块＝输出文件(＝)/整个图形(＊)】＜定义新图形＞：
指定插入基点：
选择对象：指定对角点：找到 1 个
选择对象：
```

7.4 块属性

块属性是一个非常重要的概念，定义图形属性是为了高效绘制图形，减少重复劳动。属性是将数据附着到块上的标签或标记。属性中可能包含的数据包括符号的名称、顺序号等等。标记相当于数据库表中的列名。图 7－15 显示了两组接点所具备的两种特性(接点组别 8 及 5、接点符号 1GJ 和 GFJ)的块。在信号电路图和接线图中经常出现同一种状态的接点，仅仅是接点的符号及组别不同而已，利用块属性定义，在插入带有属性的块时，只需修改块的属性即可，这样可以做到事半功倍。

图 7－15 具有相同属性块的示意图

另外，从图形中提取的属性信息可用于电子表格或数据库，以生成器材统计列表或清单，这可以大大节约工程概算的统计时间。只要每个属性的标记都不相同，就可以将多个属性与块关联。

创建带有属性的块的步骤如下：

(1)先绘制所需对象图形。

(2)再定义属性。

(3)最后创建块。在选择对象集合时，一定要连同属性一起选择。

7.4.1 定义块属性

属性需要先定义。定义属性可用以下方式之一：

- 依次单击绘图菜单中【绘图】→【块】→【定义属性】。
- 在命令提示下输入"attdef"。

执行上述任一命令后弹出如图7－16所示的对话框。

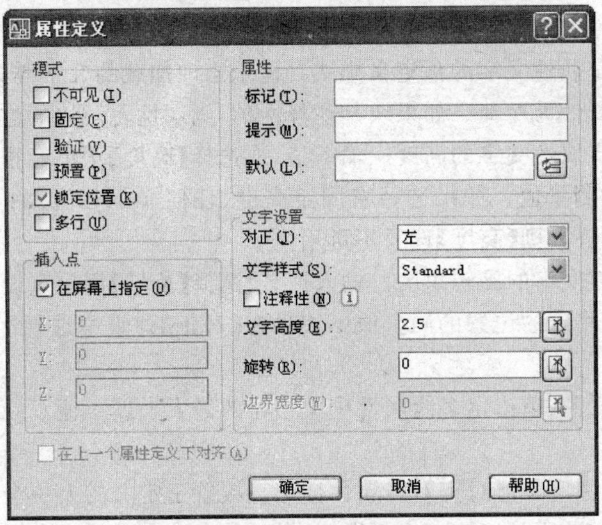

图7－16 属性定义对话框

定义属性模式、属性标记、属性提示、属性值、插入点和属性的文字设置。

(1)【模式】：在图形中插入块时，设置与块关联的属性值选项。

【不可见】：指定插入块时不显示或打印属性值。

【固定】：在插入块时赋予属性固定值。

【验证】：插入块时提示验证属性值是否正确。

【预置】：插入包含预置属性值的块时，将属性设置为默认值。

【锁定位置】：锁定块参照中属性的位置。解锁后，属性可以相对于使用夹点编辑的块的其他部分移动，并且可以调整多行属性的大小。

【多行】：指定属性值可以包含多行文字。选定此选项后，可以指定属性的边界宽度。

！ 注意：在动态块中，由于属性的位置包括在动作的选择集中，因此必须将其锁定。

(2)【属性】：设置属性数据。

【标记】：标识图形中每次出现的属性。使用任何字符组合(空格除外)输入属性标记。小写字母会自动转换为大写字母。

【提示】:指定在插入包含该属性定义的块时显示的提示。如果不输入提示,属性标记将用作提示。

【默认】:指定默认属性值。

【插入字段】按钮:显示【字段】对话框。可以插入一个字段作为属性的全部或部分值。

! 注意:在位文字编辑器完整模式中的若干选项灰显以保留与单行属性的兼容性。

(3)【插入点】:指定属性位置。输入坐标值或者选择【在屏幕上指定】,并使用定点设备根据与属性关联的对象指定属性的位置。

【在屏幕上指定】:关闭对话框后将显示“起点”提示。

【X】:指定属性插入点的 X 坐标。

【Y】:指定属性插入点的 Y 坐标。

【Z】:指定属性插入点的 Z 坐标。

(4)【文字设置】:设置属性文字的对正、样式、高度和旋转。

【对正】:指定属性文字的对正。

【文字样式】:指定属性文字的预定义样式。显示当前加载的文字样式。

【注释性】:指定属性为注释。如果块是注释性的,则属性将与块的方向相匹配。

【文字高度】:指定属性文字的高度。输入值,或选择【高度】用鼠标指定高度。此高度为从原点到指定的位置的测量值。如果选择有固定高度(任何非 0.0 值)的文字样式,或者在【对正】列表中选择了【对齐】,则【高度】选项不可用。

【旋转】:指定属性文字的旋转角度。输入值,或选择【旋转】用定点设备指定旋转角度。此旋转角度为从原点到指定的位置的测量值。如果在【对正】列表中选择了【对齐】或【调整】,则【旋转】选项不可用。

【边界宽度】:换行前,请指定多线属性中文字行的最大长度。值 0.000 表示对文字行的长度没有限制。

(5)【在上一个属性定义下对齐】:将属性标记直接置于定义的上一个属性的下面。

例:创建如图 7-15 所示的接点的属性。

分析:接点具有两个属性,一个是接点的组别;另一个是接点的名称。所以创建属性时应该是两个,应分别进行创建。

创建属性定义的步骤如下:

① 创建所需对象图形,如图 7-17 所示。

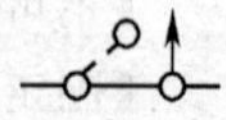

图 7-17 块中的对象

② 定义接点符号块。依次单击“绘图”菜单→“块”→“定义属性”。或在命令提示下,输入“attdef”。打开【属性定义】对话框,在框中,设置属性模式并输入标记信息、位置和文字选项,如图 7-18 所示。其中文字对正方式采用“中上”(为什么请加以思考)。

③ 单击【确定】。将标记放置在如图 7-19 所示的位置即可。

④ 定义接点组别块。如上所述。如图 7-20 所示。

⑤ 创建带有属性的块。其步骤仍如前所述,只是在选择对象时,必须连同属性一起选择,如图 7-21 所示。点击左键,出现如图 7-22 所示的对话框。

⑥ 根据电路图或接线图的要求输入接点组别及其符号即可得到 7-15 所示的接点。

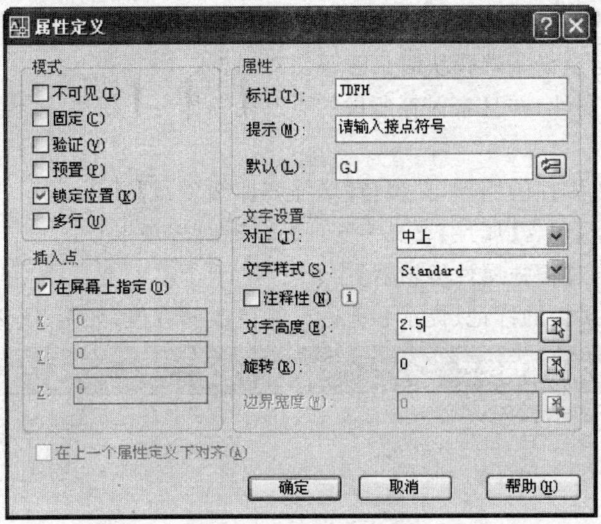

图 7－18 接点符号属性

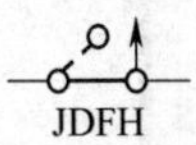

图 7－19 第一次定义属性后的显示

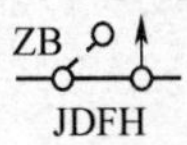

图 7－20 第二次定义属性后的显示

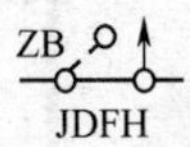

图 7－21 在选择对象时连同属性一起选择

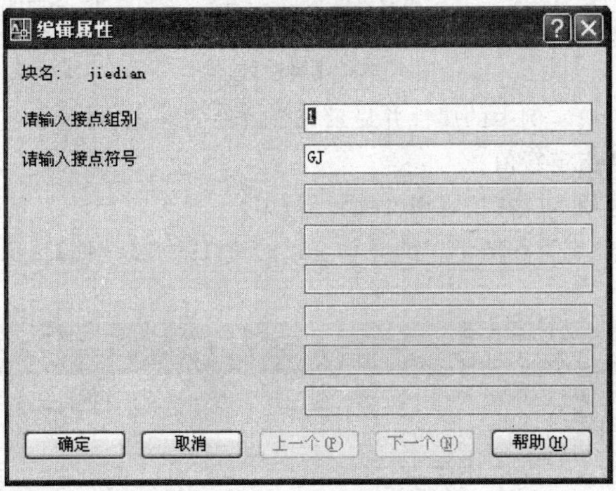

图 7－22 编辑属性对话框

7.4.2 编辑块属性

编辑块属性可以通以下三种方式之一：

• 单击修改 II 工具栏中按钮。

• 单击菜单中【修改(M)】→【对象(O)】→【属性(A)】→【单个(S)】...。

• 在命令提示下输入“eattedit”。

随即打开如图 7－23 所示的对话框。列出选定的块实例中的属性并显示每个属性的特性，可以更改属性特性和属性值。

块：编辑其属性的块的名称。

标记:标识属性的标记。

选择块:在使用定点设备选择块时临时关闭对话框。

如果修改了块的属性,并且未保存所做的更改就选择一个新块,系统将提示在选择其他块之前先保存更改。

应用:更新已更改属性的图形,并保持【增强属性编辑器】打开。

【增强属性编辑器】包含【属性】、【文字选项】、【特性】选项卡。

(1)【属性】选项卡(【增强属性编辑器】中)

显示指定给每个属性的标记、提示和值。只能更改属性值,如图 7－23 所示。

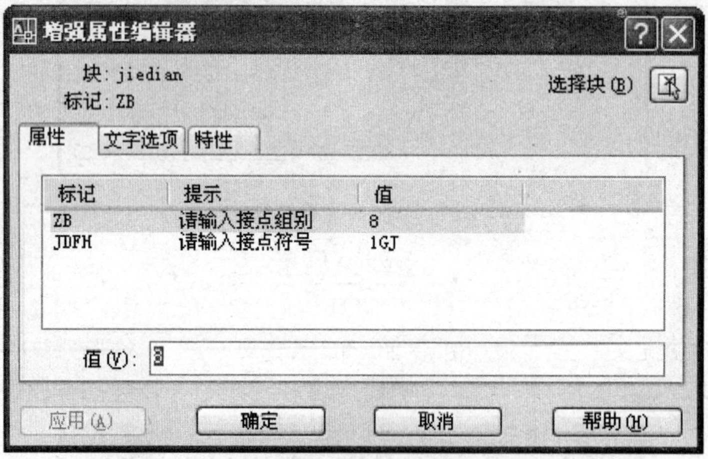

图 7－23 【属性】选项卡

列出:列出选定的块实例中的属性并显示每个属性的标记、提示和值。

值:为选定的属性指定新值。

(2)【文字选项】选项卡(在【增强属性编辑器】中)

设置用于定义属性文字在图形中的显示方式的特性。在【特性】选项卡上修改属性文字的颜色,如图 7－24 所示。

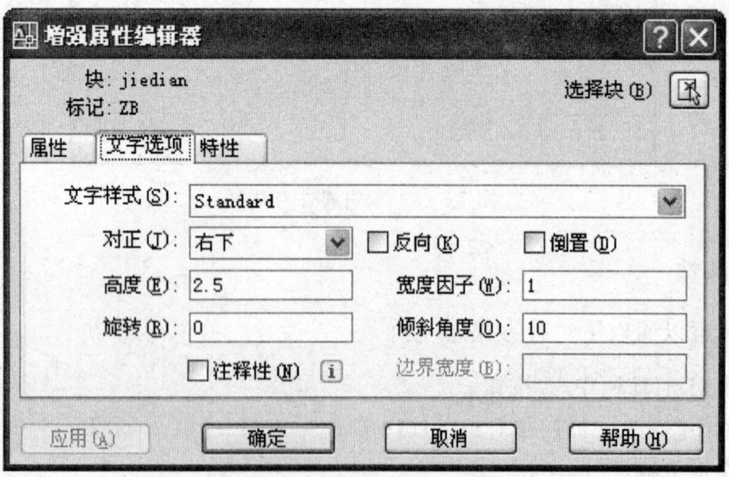

图 7－24 【文字选项】选项卡

【文字样式】:指定属性文字的文字样式。

【对正】:指定属性文字的对正方式(左对正、居中对正或右对正)。

【高度】：指定属性文字的高度。

【旋转】：指定属性文字的旋转角度。

【反向】：指定属性文字是否反向显示。

【倒置】：指定属性文字是否倒置显示。

【宽度因子】：设置属性文字的字符间距。输入小于 1.0 的值将缩小文字。输入大于 1.0 的值则扩大文字。

【倾斜角度】：指定属性文字自其垂直轴线倾斜的角度。

【边界宽度】：换行至下一行前，指定多线属性中一行文字的最大长度。值 0.000 表示一行文字的长度没有限制。

(3)【特性】选项卡(在【增强属性编辑器】中)

定义属性所在的图层以及属性文字的线宽、线型和颜色，如图 7－25 所示。

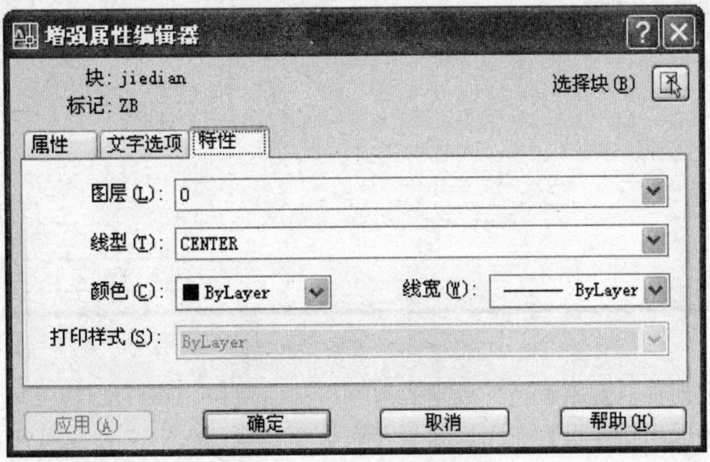

图 7－25　【特性】选项卡

【图层】：指定属性所在图层。

【线型】：指定属性的线型。

【颜色】：指定属性的颜色。

【打印样式】：指定属性的打印样式。

【线宽】：指定属性的线宽。

7.4.3　从块属性提取数据

这是一个非常有用的功能。经常用来对工程设计图纸中的设备或器材数量进行统计，但前提是一定要将相关设备或器材创建成具有属性的块。可以用以下方式打开：

• 单击修改 II 工具栏  按钮。

• 单击菜单中【工具(T)】→【数据提取(X)...】。

• 在命令提示下输入“dataextraction”。

这样可将提取信息用于在当前图形中创建数据提取处理表，或保存到外部文件中。

数据提取向导包含以下页面：

【开始】、【定义数据源】、【选择对象】、【选择特性】、【优化数据】、【选择输出】、【表格样式】、【完成】。

第一步:【开始】

启动数据提取过程。选项包括创建新的数据提取、使用样板或编辑现有的数据提取,如图 7-26 所示。

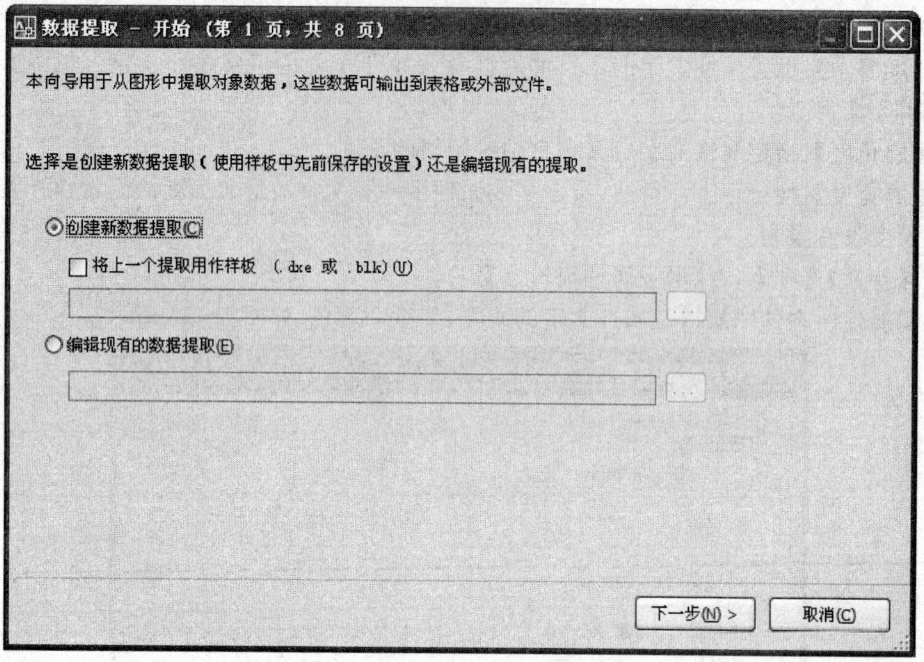

图 7-26　开始提取数据

【创建新的数据提取】:创建新的数据提取并将其保存到 .DXE 文件中。

【将上一个提取用作样板】:使用以前保存在数据提取(DXE)文件或属性提取样板(BLK)文件中的设置。按照向导进行时,每一页都填充了样板文件中的设置。单击【...】按钮可以更改这些设置。

【编辑现有的数据提取】:修改现有的数据提取(DXE)文件。

第二步:【定义数据源】

指定图形文件,包括从中提取数据的文件夹,如图 7-27 所示。其中数据源有三个选项:

(1)【图形/图纸集】:提取的图形和文件夹列在【图形文件】视图中。

【包括当前图形】:将当前图形包括在数据提取中。如果还选择提取其他图形,则当前图形可以为空(不包含对象)。

(2)【在当前图形中选择对象】:使【在当前图形中选择对象】按钮可用,以便可以选择对象来进行数据提取。

【选择对象】按钮:暂时关闭向导,以便在当前图形中选择对象和块。

(3)在【图形文件和文件夹】:列出选定的图形文件或文件夹。勾选的文件夹将包括在提取中。

对话框右侧按钮如下:

【添加文件夹】:显示【添加文件夹选项】对话框,在其中指定要在数据提取中包含的文件夹。

【添加图形】:显示标准的文件选择对话框,以便在其中指定要在数据提取中包含的图形。

【删除】:从数据提取中删除【图形文件和文件夹】列表中列出的已勾选图形或文件夹。

【设置】:显示【数据提取—其他设置】对话框,可以在其中指定数据提取设置。

第三步:【选择对象】

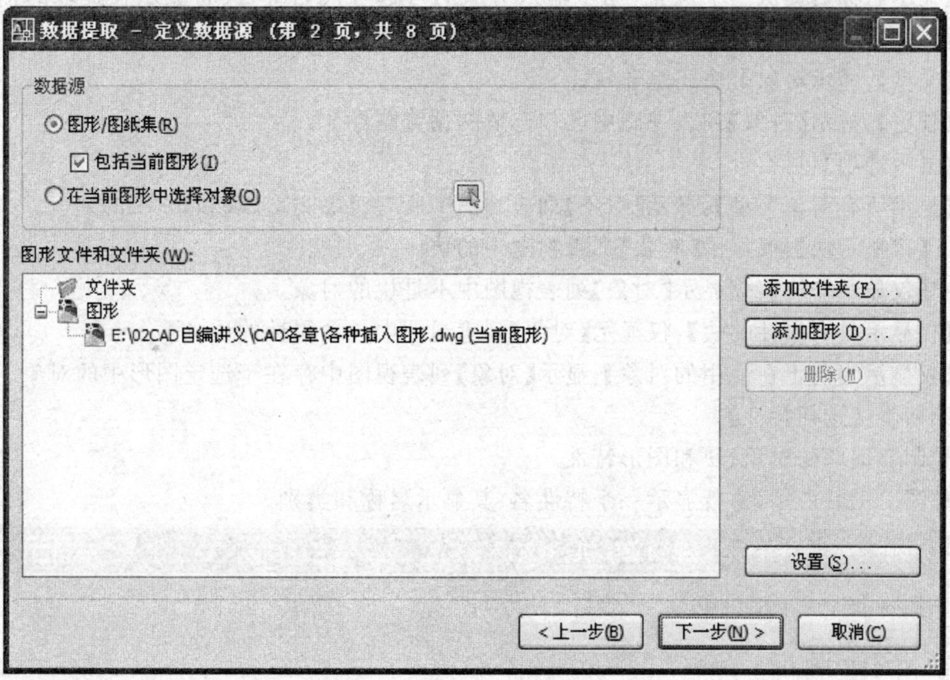

图 7－27　定义数据源

指定要提取的对象类型(块和非块)和图形信息。

默认情况下,勾选有效对象。不会勾选选定图形中不存在的对象,如图 7－28 所示。

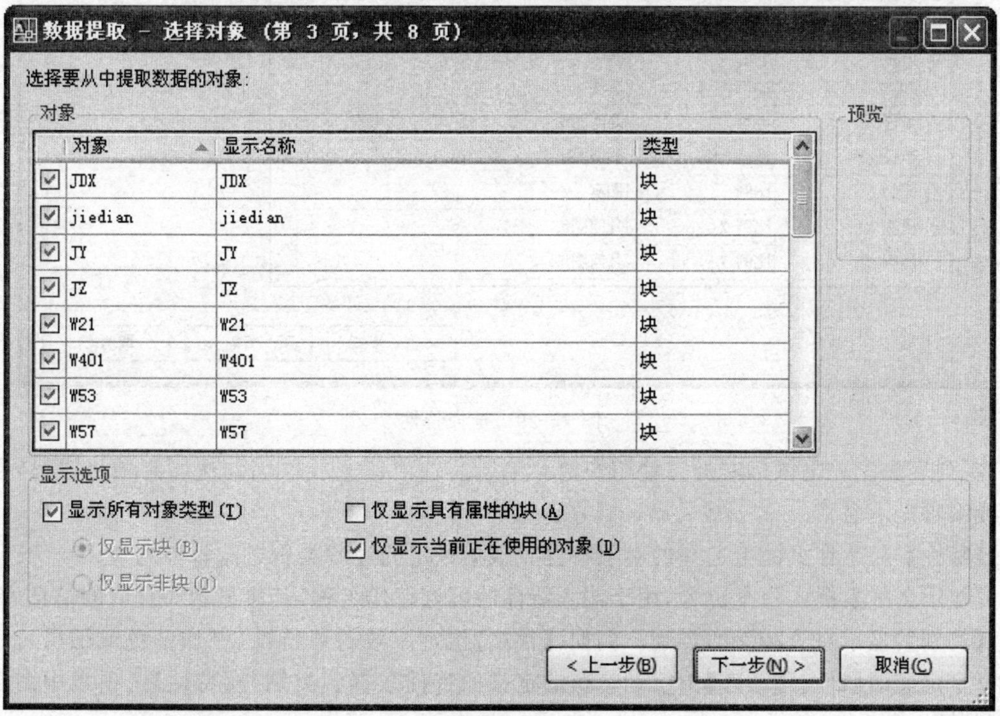

图 7－28　选择对象

【对象】:按对象名称显示每个对象。按块名列出块。按对象名称列出非块。

【显示名称】:提供一个位置,用于输入对象的可选替代名称,其将显示在提取的信息中。选择显示名称,在列表中单击鼠标右键,然后单击【编辑显示名称】。

【类型】:显示对象是块还是非块。

【预览】:显示【对象】列表视图中已勾选块的预览图像。

【显示选项】包括:

【显示所有对象类型】:显示【对象】列表视图中所有对象类型(块和非块)的列表。

- 【仅显示块】:仅显示【对象】列表视图中的块。
- 【仅显示非块】:仅显示【对象】列表视图中不是块的对象。

【仅显示具有属性的块】:仅显示【对象】列表视图中包含属性的块。

【仅显示当前正在使用的对象】:显示【对象】列表视图中存在于选定图形中的对象。

第四步:【选择特性】

控制要提取的对象、块和图形特性。

如图 7—29 所示,每行显示一个特性名、其显示名称和类别。

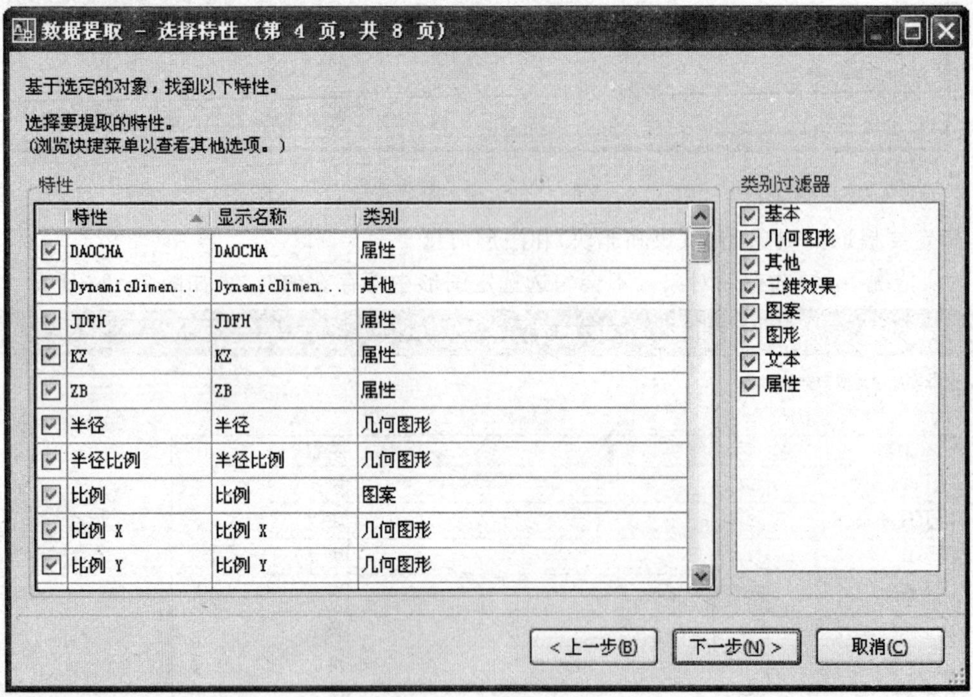

图 7—29 选择特性

在列表头上单击鼠标右键并使用快捷菜单中的选项勾选或取消勾选所有项目,反转选择集,或编辑显示名称。

【特性】:显示在页面上选择的对象特性。根据选定的过滤类别过滤特性列表。

【显示名称】:提供一个位置,用于输入特性的可选替代名称,其将显示在提取的信息中。

【类别】:显示每个特性的类别。例如,【常规】指定一般对象特性(例如颜色或图层)。【属性】指定定义的属性。【动态】指定动态块的定义的特性数据。类别与【特性】选项板中列出的类别相同。

【类别过滤器】有如下选项:

特性类别列表：显示从特性列表中提取的类别列表。取消勾选的类别过滤“特性”列表。类别包括“三维效果”、“属性”、“图形”、“动态块”、“常规”、“几何体”、“其他”、“图案”、“表格”和“文字”。

“特性栅格”快捷菜单；

全部选定：勾选特性栅格中的所有类别。

全部不选：取消勾选特性栅格中的所有特性。

反转选择：反转特性栅格中当前选定的项目。

编辑显示名称：在位编辑选定行的特性显示名称。

第五步：【优化数据】

修改数据提取处理表的结构。对列进行重排序、过滤结果、添加公式列和脚注行，以及创建 MicrosoftExcel 电子表格中数据的链接，如图 7－30 所示。

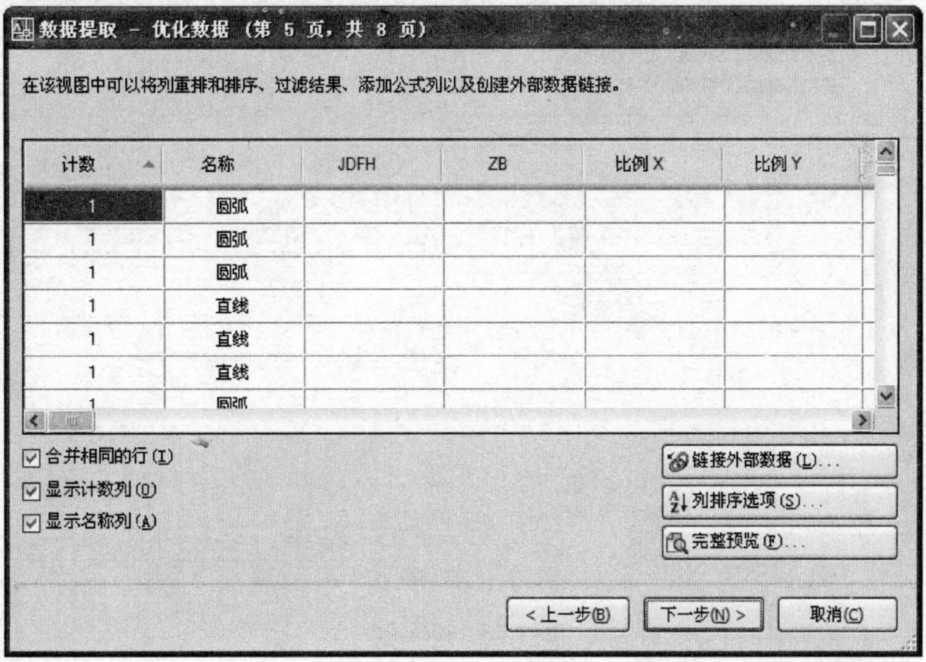

图 7－30　优化数据

其中数据栅格视图中有：

以列格式显示在【选择特性】页面中指定的特性。在任何列表头上单击鼠标右键可显示选项快捷菜单。默认情况下，显示计数列和名称列。图标显示在插入的公式列和从 MicrosoftExcel 电子表格中提取的列的列表头中。

【合并相同的行】：在表格中按行编组相同的记录。使用所有聚集对象的总和更新计数列。

【链接外部数据】：显示【链接外部数据】对话框，在其中创建提取的图形数据和 Excel 电子表格中数据之间的链接。

【列排序选项】：显示【排序列】对话框，在其中对多个列中的数据排序。

【完整预览】：仅用于查看。在文本窗口中显示最终输出的完整预览，包括已链接的外部数据。

设置列数据格式：显示【设置单元格式】对话框，在其中设置选定列中单元的数据类型。

插入公式列：显示【插入公式列】对话框，在其中指定插入表格中的公式。在选定列的右侧插入公式列。

编辑公式列：显示【编辑公式列】对话框。

删除公式列：删除选定的公式列。

合并记录模式：将数字数据作为单个值显示在选定的列中或将相同特性的行收拢为一行，并将所有数字数据之和显示在选定的列中。

显示计数列：显示计数列，该计数列列出每个特性的数量。

显示名称列：显示名称列，该名称列显示每个特性的名称。

第六步：【选择输出】

指定要将数据提取至的输出类型，如图 7－31 所示。

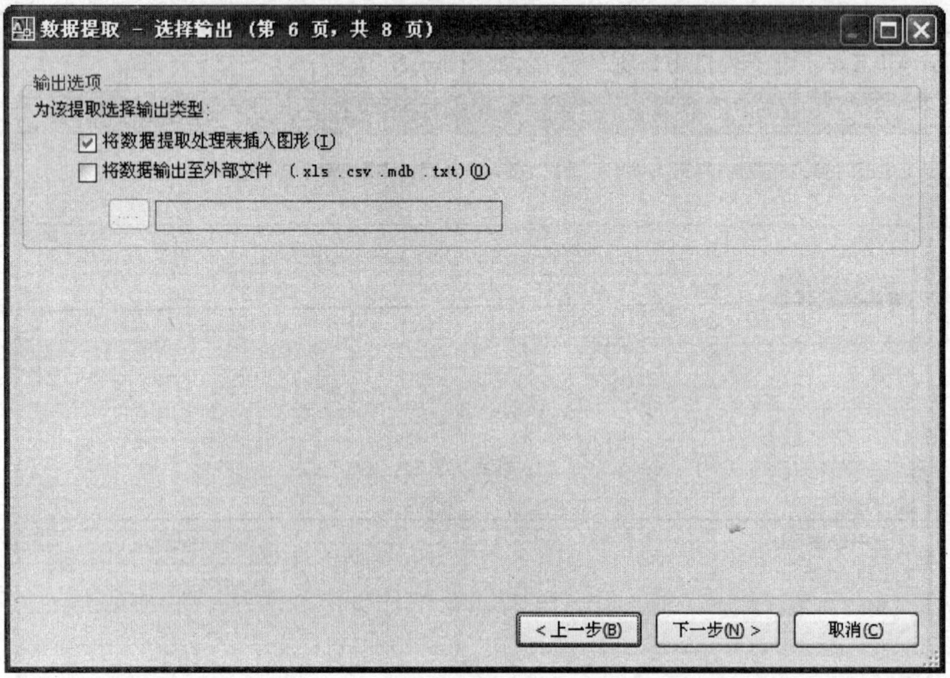

图 7－31　选择输出

【输出选项】：将数据提取处理表插入图形。

创建填充提取数据的表格：在【完成】页面上单击【完成】后，系统提示将表格插入当前图形中。

将数据输出至外部文件：创建数据提取文件。单击【...】按钮，可在标准的文件选择对话框中选择文件格式。可用的文件格式包括 MicrosoftExcel(XLS)、逗号分隔的文件格式(CSV)、MicrosoftAccess(MDB)和 Tab 分隔的文件格式(TXT)。在【完成】页面上单击【完成】后，将创建外部文件。

可以输出至 XLS 和 MDB 文件的最大列数是 255。

第七步：【表格样式】

控制数据提取处理表的外观。只有选择了【选择输出】页面上的"AutoCAD 表"，才会显示此页面，如图 7－32 所示。

【表格样式】：选择要用于插入表格的表格样式。

指定表格样式时，可以单击【表格样式】按钮以显示【表格样式】对话框，或从下拉列表中选

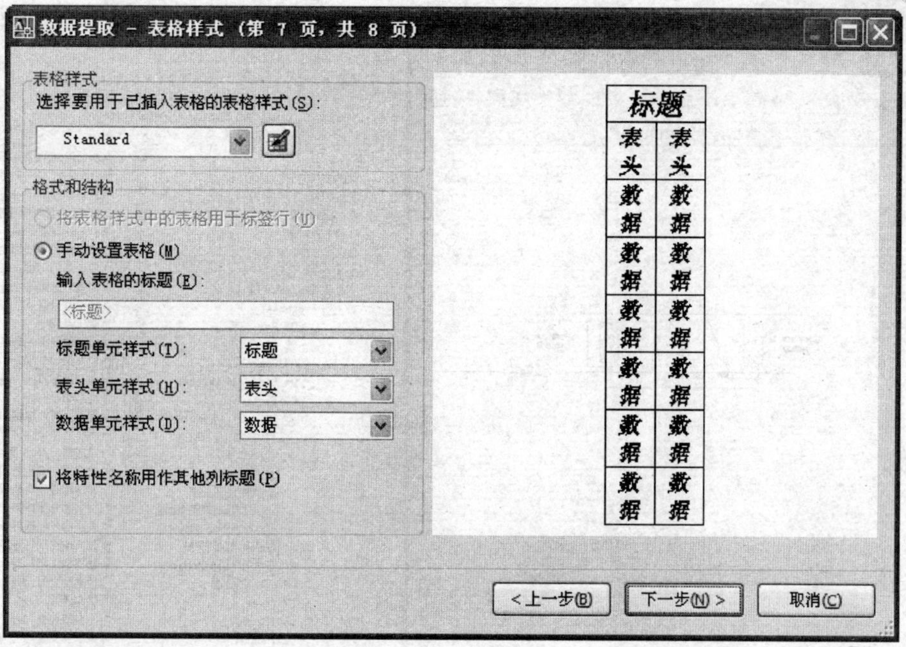

图 7－32　表格样式

择图形中定义的表格样式。

【格式和结构】:将表格样式中的表格用于标签行。

创建数据提取处理表,使其顶部一组行包含标签单元,底部一组标签行包含表头和脚注单元。在顶部标签行和底部标签行之间插入提取的数据。

【手动设置表格】:为手动输入标题和标题规范、表头以及数据单元样式做准备。

【输入表的标题】:指定表的标题。更新表时不会覆盖此行。默认表格样式 STANDARD 包含标题行。

【标题单元样式】:指定标题单元的样式。

【表头单元样式】:指定表头行的样式。

【数据单元样式】:指定数据单元的样式。

【将特性名称用作其他列表头】:包括列表头并使用【显示名称】作为表头行。

【预览】:显示表布局的预览。

第八步:【完成】

完成向导中指定的提取对象特性数据过程,并创建在【选择输出】页面上指定的输出类型。如果在【链接外部数据】对话框中定义了链接至 Excel 电子表格的数据和与该电子表格匹配的列,则也会提取电子表格中的选定数据。

如果选择了"将数据输出至外部文件"选项,则提取的数据将被保存到指定的文件类型中。

7.5　在图形文件中引用另一图形文件

在图形文件中引用另一图形文件最方便的方法是从资源管理器中将要引用的文件直接拖放至 AutoCAD 编辑窗口即可,如图 7－33 所示。

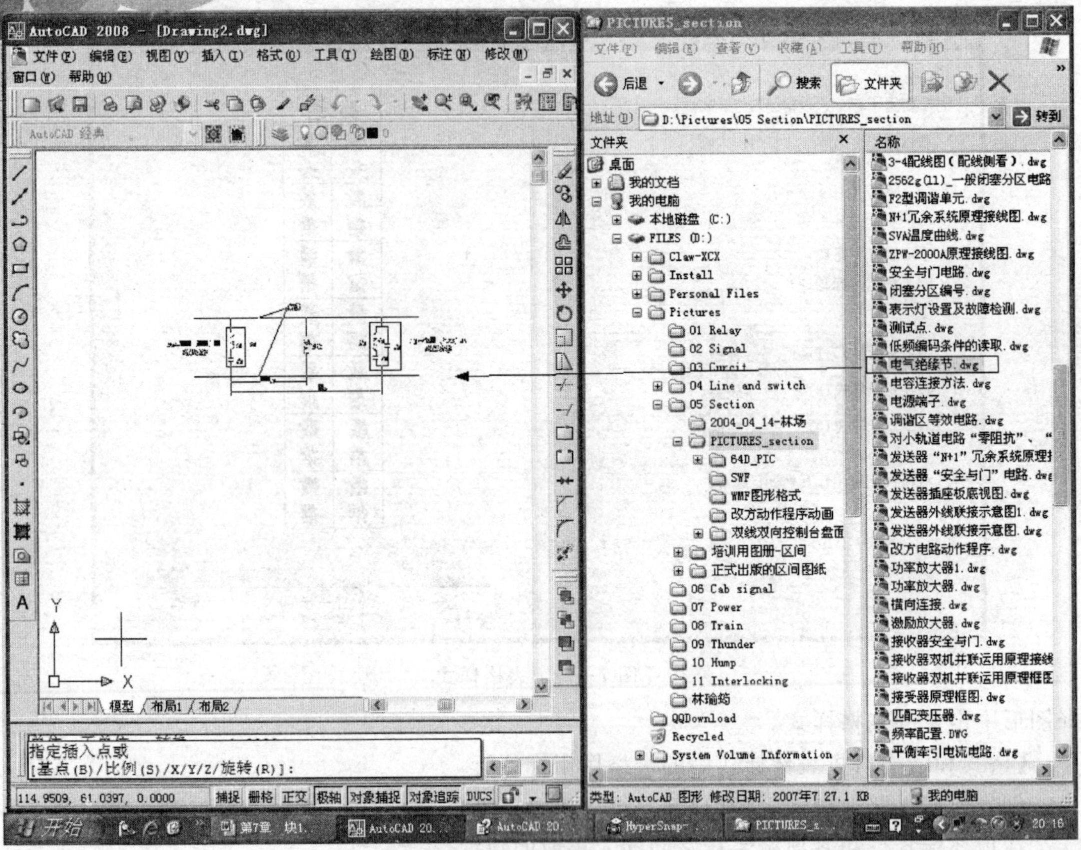

图 7－33　拖放引用另一文件

命令提示行会出现如下显示：

命令：_－INSERT 输入块名或【?】:【D:\Pictures\05Section\PICTURES_section\电气绝缘节 . dwg】

单位：无单位　转换：　　1.0000

指定插入点或【基点(B)/比例(S)/X/Y/Z/旋转(R)】:

输入 X 比例因子，指定对角点，或【角点(C)/XYZ(XYZ)】<1>：　输入 Y 比例因子或<使用 X 比例因子>：

指定旋转角度<0>：

! 注意：拖动文件作为插入的对象时，软件并不预先定义插入的基点，为此，AutoCAD 提供了“BASE”命令为拖动的文件设定基点。

例：将资源管理器中的【电气绝缘节】拖放至 AutoCAD 编辑窗口，加以引用。

操作步骤如下：

(1)打开资源管理器，选择所需的文件，按住鼠标左键不放，将“电气绝缘节 . dwg”拖至 AutoCAD 编辑窗口。

(2)在命令提示行中“指定插入点或【基点(B)/比例(S)/X/Y/Z/旋转(R)】:”后输入【base】命令，定义引用的图形的基点。

(3)在图形上捕捉所需基点。图形跟随鼠标。

(4)在 AutoCAD 编辑窗口找到要插入的基点，左击鼠标放置引用的图形文件。

(5)输入 X、Y 轴比例因子。

(6)指定图形的旋转角度。命令提示行中显示如下：

命令：_－INSERT 输入块名或【?】＜电气绝缘节＞："D:\Pictures\05 Section\PICTURES_section\电气绝缘节.dwg"

单位:无单位 转换： 1.000 0

指定插入点或【基点(B)/比例(S)/X/Y/Z/旋转(R)】:base 指定基点:指定插入点或【基点(B)/比例(S)/X/Y/Z/旋转(R)】:

输入 X 比例因子,指定对角点,或【角点(C)/XYZ(XYZ)】＜1＞： 输入 Y 比例因子或＜使用 X 比例因子＞：

指定旋转角度＜0＞：

7.6 外部参照

使用参照图形有如下作用：

通过在图形中参照其他同事的图形协调同事之间的工作,从而与其他设计师所做的修改保持同步。也可以使用组成图形装配一个主图形,主图形将随工程的开发而被修改。

! 注意:确保显示参照图形的最新版本。打开图形时,将自动重载每个参照图形,从而反映参照图形文件的最新状态。

请勿在图形中使用参照图形中已存在的图层名、标注样式、文字样式和其他命名元素。

当工程完成并准备归档时,将附着的参照图形和当前图形永久合并(绑定)到一起。

与块参照相同,外部参照在当前图形中以单个对象的形式存在。但是,必须首先绑定外部参照才能将其分解。

外部参照即被其他图形参照的图形文件,类似于块图形引用方式,但与块最大的区别是块在插入后,其图形数据会存储在当前图形中,而使用外部参照其数据始终存储在原始文件中,当前文件只是包含对外部文件的一个引用。因此,不能在当前文件中编辑一个外部参照,同样,也不能分解一个外部参照。要编辑外部参照只能编辑原始文件。

一般通过"XREF"、"－XREF"命令来附加、覆盖、连接、更新外部参照。

7.6.1 通过外部参照选项板(XREF)

【外部参照】选项板顶部的工具按钮可以控制能够附着到图形的文件类型,并能刷新已附着的文件参照状态。输入"XREF"命令后会出现如图 7－34 所示的【外部参照】选项板。其中的工具栏包括:附着文件、刷新、帮助三个按钮。

附着文件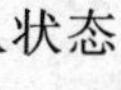:通过【外部参照】选项板顶部的第一个按钮可以附着 DWG、DWF 或光栅图像。初始默认状态为【附着 DWG】。

工具栏:刷新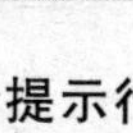。重新或重载参照图形文件的状态数据与内存中的数据。

7.6.2 通过命令提示行(－XREF)

如果在命令提示下输入"－xref",将显示以下 xref 命令提示：

输入选项【? /绑定(B)/拆离(D)/路径(P)/卸载(U)/重载(R)/覆盖(O)/附着(A)】<附着>:输入选项或按 Enter 键

"?":列出 DWG 参照的名称、路径和类型以及当前附着到图形中的 DWG 参照数。

"绑定":将指定的 DWG 参照转换为块,使其成为图形的永久组成部分。

"拆离":从图形中拆离一个或多个 DWG 参照,从定义表中删除指定外部参照的所有实例,并将这个外部参照定义删除。只能拆离直接附着或覆盖到当前图形中的外部参照,而不能拆离嵌套的外部参照。

"路径":显示并编辑与特定的 DWG 参照关联的路径名称。

"卸载":卸载选定的 DWG 参照。

"重载":重载一个或多个 DWG 参照。

"覆盖":显示【输入要覆盖的文件名】对话框(标准的文件选择对话框)。选择要将其作为外部参照覆盖附着到图形的文件。如果参照的图形自身包含被覆盖的外部参照,则被覆盖的外部参照不会显示在当前图形中。

"附着":如果选择 DWG 参照,将显示【外部参照】对话框;如果不选择 DWG 参照,将显示【选择参照文件】对话框。

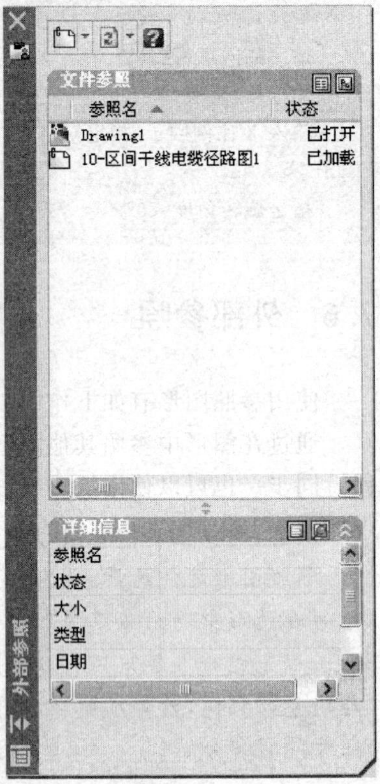

图 7－34 【外部参照】选项板

7.6.3 编辑外部参照

编辑外部参照时,首先选择要编辑的外部参照或块参照,或双击要编辑的外部参照。有如下几种方法:

- 单击工具栏参照编辑按钮。
- 单击菜单中【工具】→【在位编辑外部参照和块】→【在位编辑参照】。
- 使用命令条目"refedit"。

选择参照:在当前图形中选择一个外部参照或块。

显示【参照编辑】对话框,如图 7－35 所示。

! 注意:如果在命令提示下输入－refedit,将在命令提示下显示选项。这里由于篇幅所限,不再介绍。读者可以根据先前的知识加以研究。

例:修改图所示的外部参照图形中的信号机。

操作步骤如下:

1. 依次单击【工具】菜单→【外部参照和块在位编辑】→【在位编辑参照】。

2. 在当前图形中选择要编辑的参照。如果在参照中选择的对象属于任何嵌套参照,则所有可供选择的参照都将显示在【参照编辑】对话框中。如图 7－35 所示。

3. 在【参照编辑】对话框中,选择要进行编辑的特定参照。锁定该参照文件以防止多个同时打开该文件。如果另一个正在使用参照所在的图形文件,则不能在位编辑参照。

4. 单击【确定】,如图 7－36 所示。

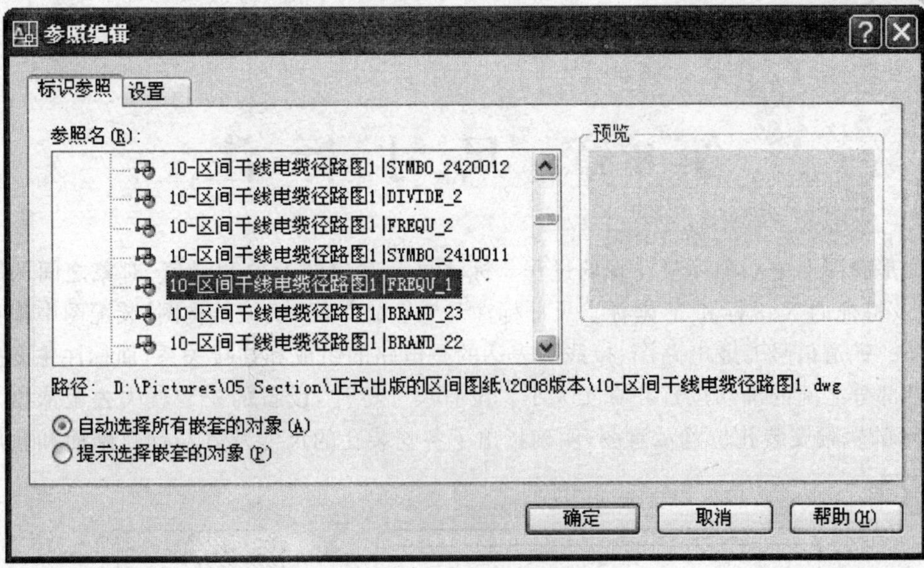

图 7－35　参照编辑对话框

5. 在参照中选择要编辑的对象，并按 Enter 键。选定的对象将成为工作集。默认情况下，所有其他对象都将锁定和褪色，如图 7－37 所示。

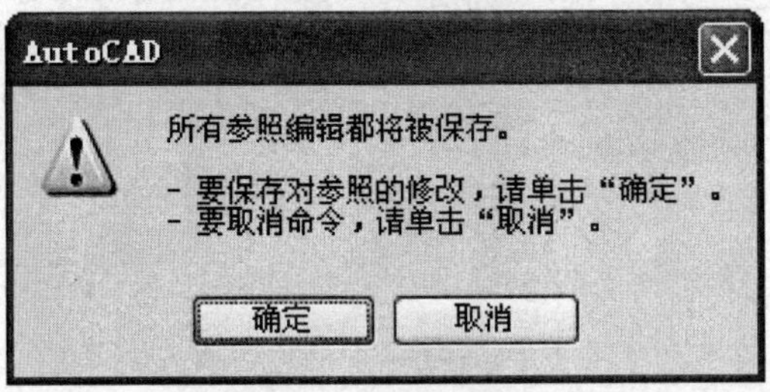

图 7－36　参照编辑后的提示

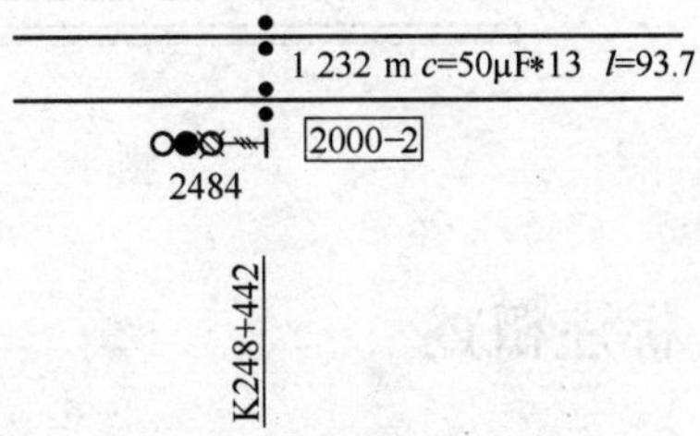

图 7－37　锁定后的显示

6. 编辑工作集中的对象。单击【将修改保存到参照】，工作集中的对象将保存到参照，外部参照或块将被更新。

复习思考题

1. 块与外部参照有何区别？
2. 如何修改块中的属性值？
3. 为 6502 电路图中控制台的所有单元块建立块的图形文件。
4. 按附录 A 中所示尺寸创建块。

第8章 尺寸标注

标注是向图形中添加测量注释的过程。标注显示对象的形位测量值、对象之间的距离或角度，以及特征的X坐标和Y坐标。尺寸标注是专业施工图、机械结构图、装配图中很重要的一个方面。铁道信号专业电路图、接线图表达的是电路的组成和连接关系，而标注主要描述的是设备各部分之间的确切位置和真实大小。没有尺寸标注，设备的安装就失去了依据。如图8－1所示的轨腰安装孔位置示意图，明确指出了各安装孔的尺寸及其与钢轨踏面和轨底之间的精确尺寸。

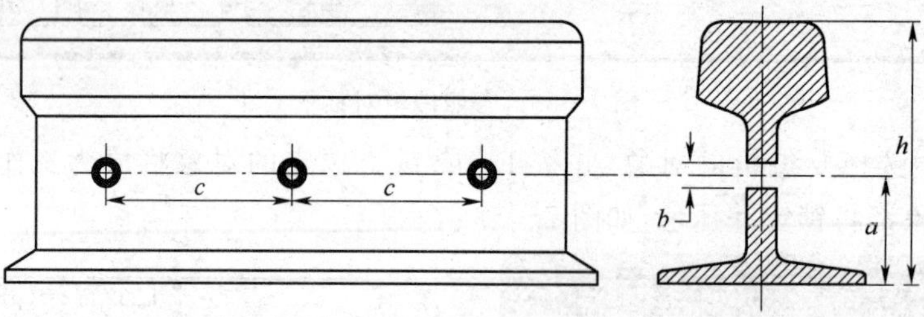

图8－1　轨腰安装孔位置示意图

8.1　标注概述

通过标注工具栏进行标注非常方便。基本的标注类型包括：线性、径向（半径、直径和折弯）、角度、坐标、弧长等，如图8－2所示。

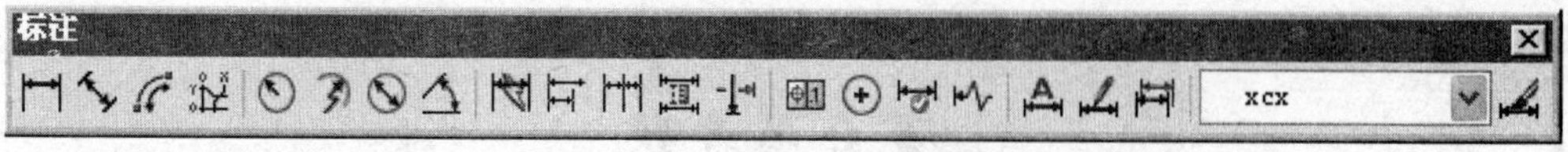

图8－2　标注工具栏

1. 标注尺寸组成及其规则

AutoCAD提供了三种基本类型的标注：线性标注、半径标注和角度标注，如图8－3所示。线性标注包括对齐标注、转角标注和坐标标注。

标注具有标注文字、尺寸线、箭头和尺寸界线四种元素，如图8－4所示。

• 标注文字是用于指示测量值的字符串。文字还可以包含前缀、后缀和公差。

• 尺寸线是指示标注的方向和范围的线。用于指示标注的方向和范围。对于角度标注，尺寸线是一段圆弧。

• 箭头也称为终止符号或终止。显示在尺寸线的两端。箭头或标记有不同的尺寸和形状。

• 尺寸界线也称为投影线或证示线，从部件延伸到尺寸线。

• 中心标记是标记圆或圆弧中心的小十字，如图8－5所示。

• 中心线是标记圆或圆弧中心的虚线，如图 8－5 所示。

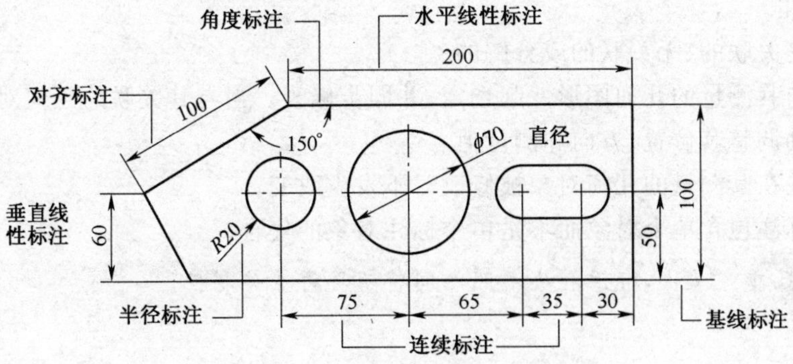

图 8－3　线性标注的类型

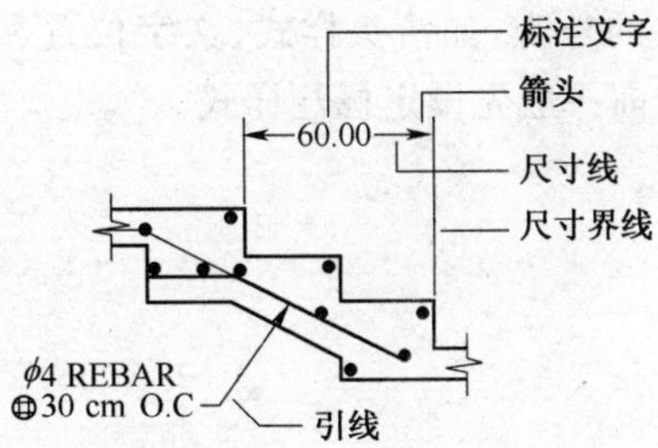

图 8－4　标注元素

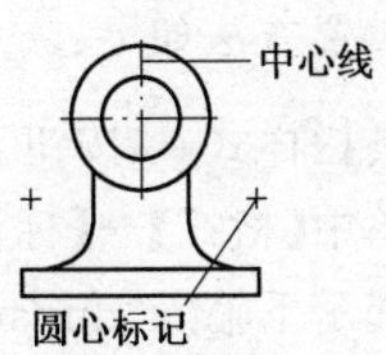

图 8－5　圆心标记

尺寸标注必须满足相应技术标准。一般有以下几条原则：

(1)图形对象的大小以尺寸数值所表示的大小为准，与图线绘制的精度和输出时的精度无关。

(2)一般采用 mm 为单位，采用其他单位时应明确注明。

(3)设定好尺寸样式。为尺寸建立专门的文字样式。尺寸标注所用字符大小与格式在同一图形文件中应该相同，尺寸线间隔应该相同。

(4)尺寸数字和图线重合时，必须将图线断开。

(5)为尺寸标注建立专用的图层。可以控制尺寸的隐藏和显示，可以与其他图线迅速分开，便于浏览、修改。

(6)采用 1∶1绘图。保存好尺寸标注样式及其格式簇，必要时使用替代标注样式。

(7)在标注尺寸时，为了减少其他图线的干扰，应该关闭不必要的层，如剖面线层等。同时充分利用对象捕捉工具准确标注尺寸。

(8)标注的一般流程是：

① 设置尺寸标注图层。

② 设置专门供尺寸标注用的文字样式。

③ 设置尺寸标注样式。

④ 标注尺寸。

⑤ 设置尺寸公差样式。

⑥ 标注带公差尺寸。

⑦ 设置形位公差。

⑧ 修改调整尺寸标注。

2. 关联标注

标注可以是关联的、无关联的或分解的。

关联标注与其测量的几何图形一起选定，并同步修改。当与其关联的几何对象被修改时，关联标注将自动调整其位置、方向和测量值。

非关联标注在其测量的几何对象被修改时不发生改变。

已分解的标注包含单个对象而不是单个标注对象的集合。

！ 注意：如果已重定义块，标注和块参照之间将不再存在关联性。

8.2 标注样式

标注样式是标注设置的命名集合，用来控制标注的外观，如箭头样式、文字位置和尺寸公差等。为确保标注符合行业或项目标准，为对象标注前一般先设定标注样式。

标注样式设置方法如下：

- 单击工具栏样式按钮。
- 单击菜单中【格式】→【标注样式】。
- 在命令提示下输入“dimstyle”。

将显示标注样式管理器，如图 8－6 所示。其中有创建新样式、设置当前样式、修改样式、设置当前样式的替代以及比较样式五个选项。

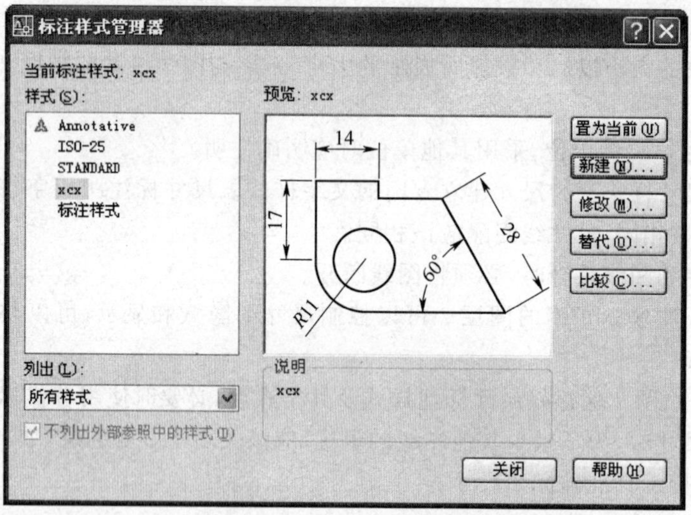

图 8－6 标注样式管理器

！ 注意：如果在命令提示下输入“－dimstyle”，将在命令提示下显示选项。

【当前标注样式】：显示当前标注样式的名称。默认标注样式为标准。当前样式将应用于所创建的标注。

【样式】：列出图形中的标注样式。当前样式被亮显。在列表中单击鼠标右键可显示快捷菜单及选项，可用于设置当前标注样式、重命名样式和删除样式。不能删除当前样式或当前图形使用的样式。样式名前的图标指示样式是 annotative(注释性块)。“样式”列表中的选定项目控制显示的标注样式。要将某样式置为当前样式，选择该样式并单击【置为当前】。

【列出】：在【样式】列表中控制样式显示。如果要查看图形中所有的标注样式，选择“所有样式”。如果只希望查看图形中标注当前使用的标注样式，选择“正在使用的样式”。

【不列出外部参照中的样式】：如果选择此选项，在【样式】列表中将不显示外部参照图形的标注样式。

【预览】：显示【样式】列表中选定样式的图示。

【说明】：说明【样式】列表中与当前样式相关的选定样式。如果说明超出给定的空间，可以单击窗格并使用箭头键向下滚动。

【置为当前】：将在【样式】下选定的标注样式设置为当前标注样式。当前样式将应用于所创建的标注。

【新建...】：显示【创建新标注样式】对话框，从中可以定义新的标注样，如图8－7所示。

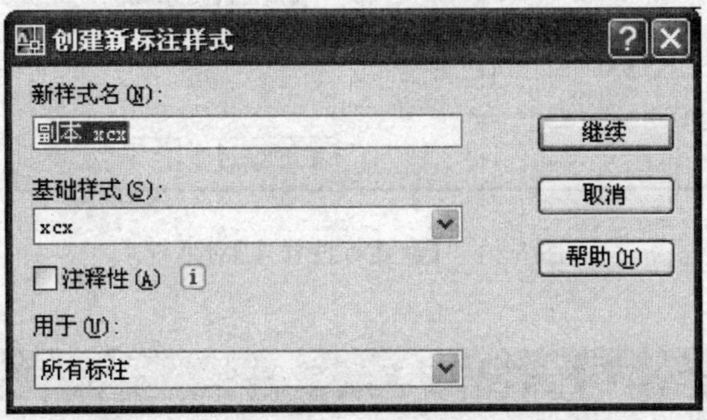

图8－7 【创建新标注样式】对话框

【修改...】：显示【修改标注样式】对话框，从中可以修改标注样式。对话框选项与【新建标注样式】对话框中的选项相同，如图8－8、图8－9所示。

【替代...】：显示【替代当前样式】对话框，从中可以设置标注样式的临时替代。对话框选项与【新建标注样式】对话框中的选项相同。替代将作为未保存的更改结果显示在【样式】列表中的标注样式下。

【比较...】：比较两种标注样式的特性或显示一种标注样式的所有特性。可以将比较结果复制到剪贴板上，然后粘贴到其他应用程序中。点击【比较】按钮显示【比较标注样式】对话框，从中可以比较两个标注样式或列出一个标注样式的所有特性。如图8－10所示。

【比较】：指定要进行比较的第一个标注样式。

【与】：指定要进行比较的第二个标注样式。如果将第二个样式设置为“无”或设置为与第一个样式相同，将显示标注样式的所有特性。

比较结果自动显示在下列标题下：

- 标注样式特性说明
- 控制特性的系统变量
- 每一标注样式的不同样式特性系统变量值

结果：显示标注样式的比较结果。如果比较两个不同的样式，将显示不同特性。如果将第二个样式设置为“无”或设置为与第一个样式相同，将显示标注样式的所有特性。

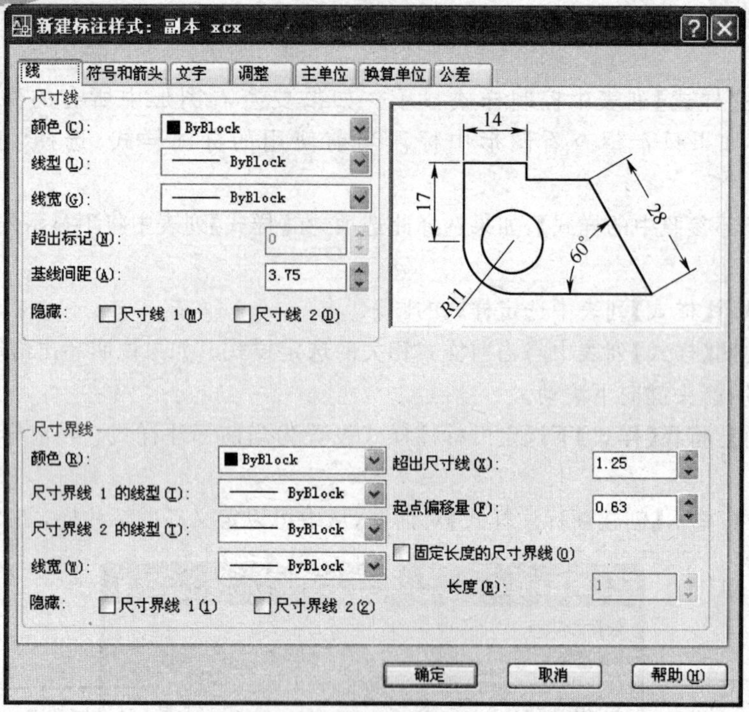

图 8－8 【新建标注样式】对话框

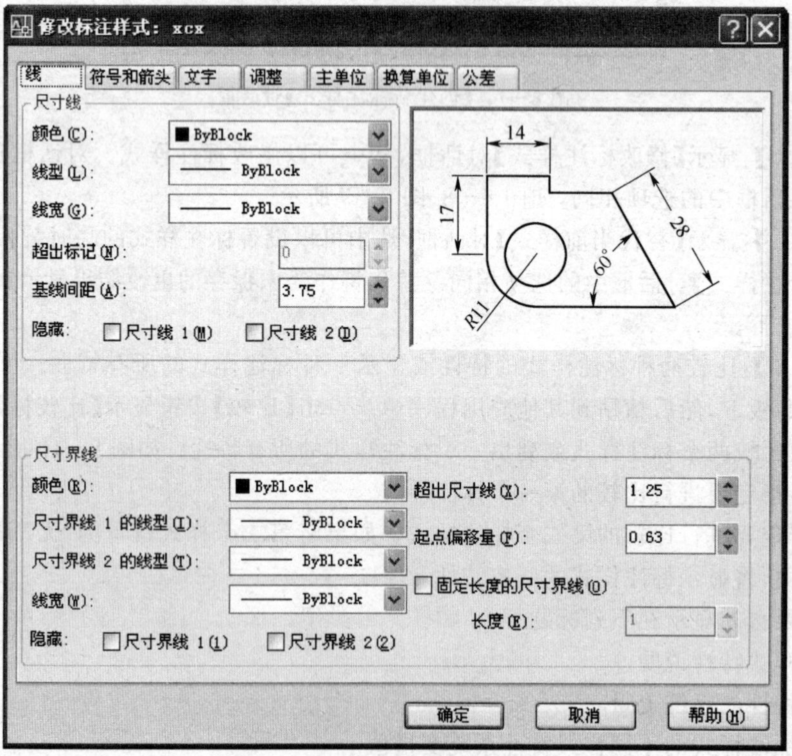

图 8－9 【修改标注样式】对话框

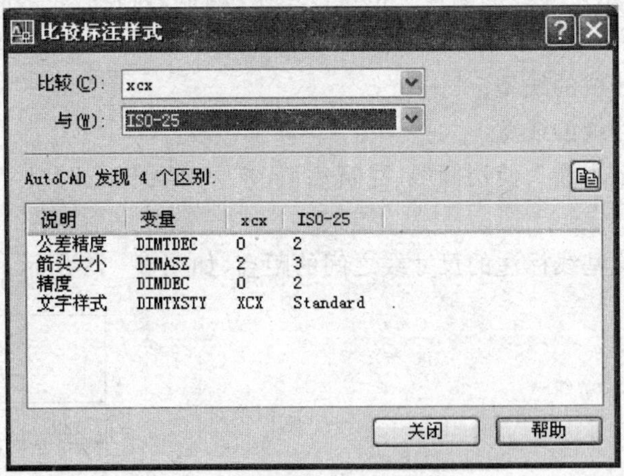

图 8—10 【比较标注样式】对话框

【打印到剪贴板】按钮:将比较结果复制到剪贴板。然后将其粘贴到其他应用程序,例如字处理器和电子表格。

8.2.1 【线】选项卡

【线】选项卡用来设置尺寸线、尺寸界线、箭头和圆心标记的格式和特性,主要有三个部分的内容,如图 8—11 所示。

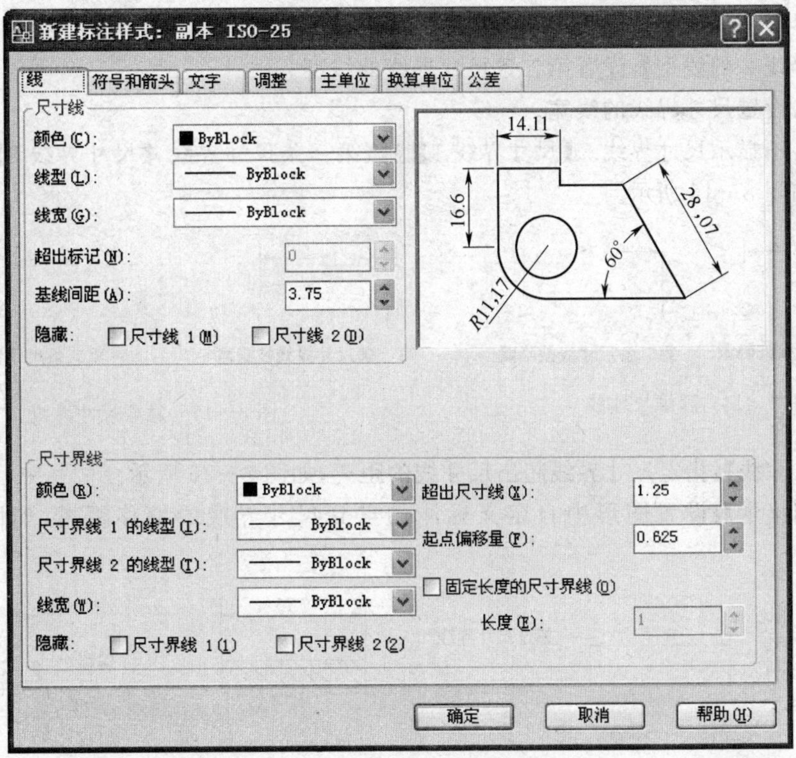

图 8—11 【线】选项卡

(1)【尺寸线】:设置尺寸线的特性。

【颜色】设置并显示尺寸线的颜色。也可以单击【颜色】列表的底部的“选择颜色”自行输入颜色名或颜色号。

【线型】:设置尺寸线的线型。

【线宽】:设置尺寸线的线宽。

【超出标记】:指定当箭头使用倾斜、建筑标记、积分和无标记时尺寸线超过尺寸界线的距离,如图 8—12 所示。

【基线间距】:设置基线标注的尺寸线之间的距离,如图 8—13 所示。

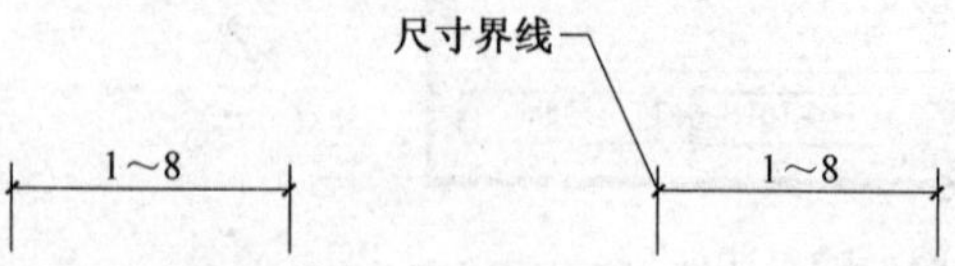

图 8—12 超出标记

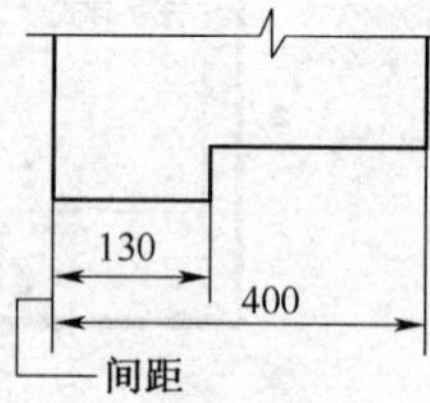

图 8—13 基线间距

【隐藏】:不显示尺寸线。【尺寸线 1】隐藏第一条尺寸线,【尺寸线 2】隐藏第二条尺寸线,如图 8—14 所示。

(2)【尺寸界线】:控制尺寸界线的外观。

【颜色】:设置尺寸界线的颜色。也可以单击【颜色】列表的底部的“选择颜色”,自行输入颜色名或颜色号。

【尺寸界线 1 的线型】:设置第一条尺寸界线的线型。

【尺寸界线 2 的线型】:设置第二条尺寸界线的线型。

【线宽】:设置尺寸界线的线宽。

【隐藏】:不显示尺寸界线。【尺寸界线 1】隐藏第一条尺寸界线,【尺寸界线 2】隐藏第二条尺寸界线,如图 8—15 所示。

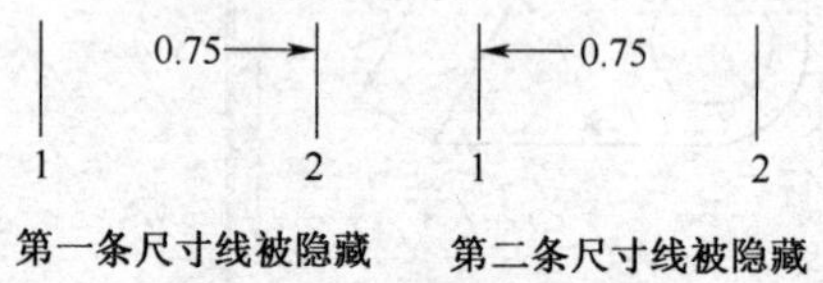

图 8—14 隐藏尺寸线

图 8—15 隐藏尺寸界线

【超出尺寸线】:指定尺寸界线超出尺寸线的距离,如图 8—16 所示。

【起点偏移量】:设置图形中自定义标注的点到尺寸界线的偏移距离,如图 8—17 所示。

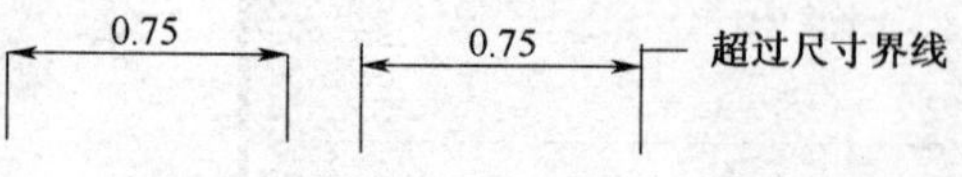

图 8—16 超出尺寸线

图 8—17 起点偏移

【长度】:设置尺寸界线的总长度,起始于尺寸线,直到标注原点,如图 8—18 所示。

(3)【预览】:显示样例标注图像,它可显示对标注样式设置所做更改的效果。

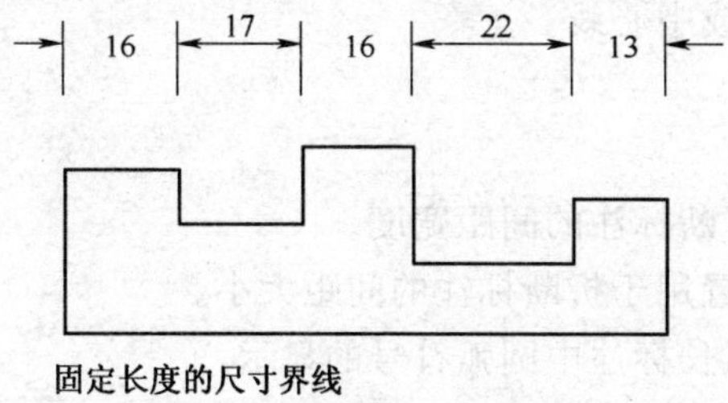

图 8－18　尺寸界线长度

8.2.2 【符号和箭头】选项卡

【符号和箭头】选项卡如图如图 8－19 所示。主要用来设置尺寸线、尺寸延伸线、箭头和中心标记的外观。

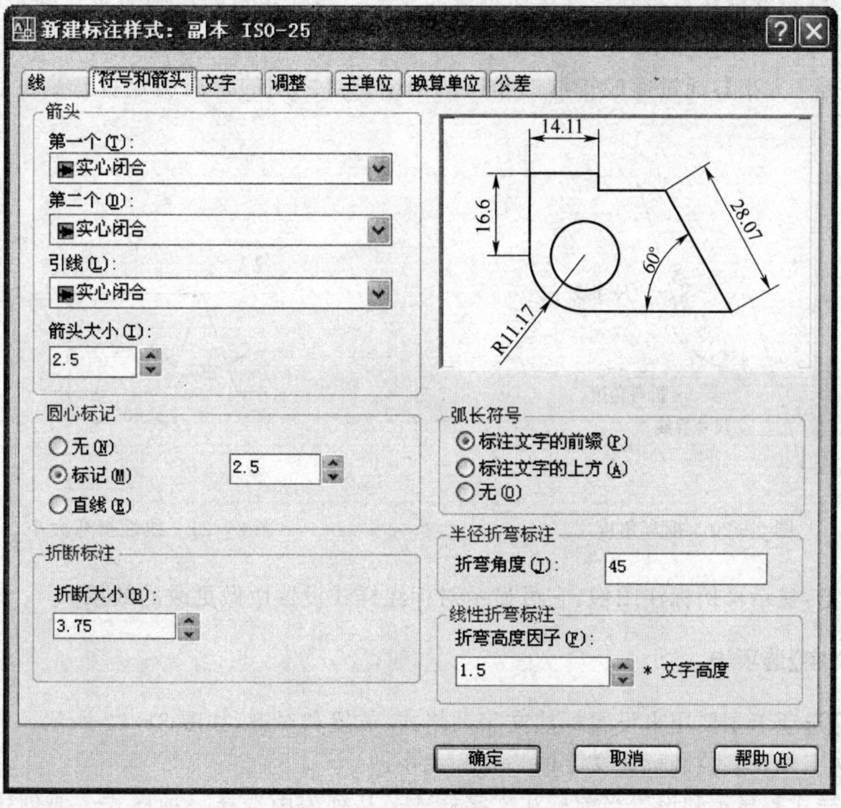

图 8－19　【符号和箭头】选项卡

(1)【箭头】:控制标注箭头的外观。

【第一个】:设置第一条尺寸线的箭头。当改变第一个箭头的类型时,第二个箭头将自动改变以同第一个箭头相匹配。

【第二个】:设置第二条尺寸线的箭头。

【引线】:设置引线箭头。

【箭头大小】:显示和设置箭头的大小。

(2)【圆心标记】:控制直径标注和半径标注的圆心标记和中心线的外观。

【无】:不创建圆心标记或中心线。

【标记】:创建圆心标记。

【直线】:创建中心线。

(3)【折断标注】:控制折断标注的间距宽度。

【折断大小】:显示和设置用于折断标注的间距大小。

(4)【弧长符号】:控制弧长标注中圆弧符号的显示。

【标注文字的前缀】:将弧长符号放置在标注文字之前。

【标注文字的上方】:将弧长符号放置在标注文字的上方。

【无】:不显示弧长符号。

(5)【半径折弯标注】:控制折弯(Z 字形)半径标注的显示。折弯半径标注通常在圆或圆弧的中心点位于页面外部时创建。

【折弯角度】:确定折弯半径标注中,尺寸线的横向线段的角度。如图 8—20 所示。

(6)【线性折弯标注】:控制线性标注折弯的显示。当标注不能精确表示实际尺寸时,通常将折弯线添加到线性标注中。

【线性折弯大小】:通过形成折弯的角度的两个顶点之间的距离确定折弯高度。如图 8—21 所示。

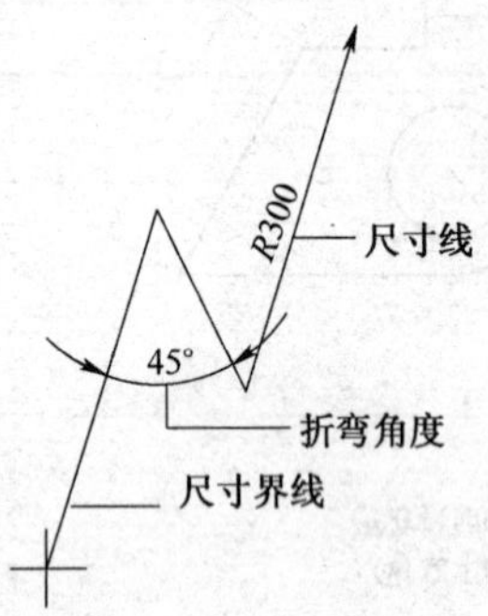

图 8—20 折弯角度

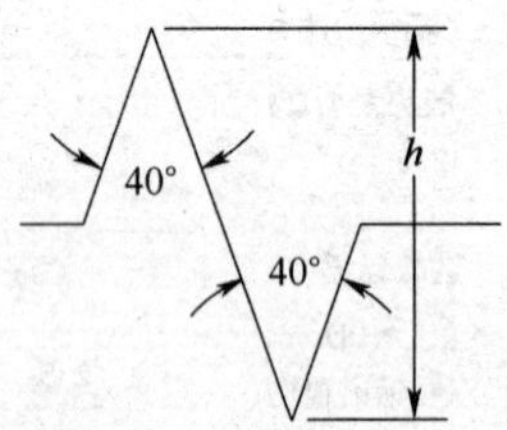

图 8—21 线性折弯大小

(7)预览:显示样例标注图像,它可显示对标注样式设置所做更改的效果。

8.2.3 【文字】选项卡

【文字】选项卡主要用来设置标注文字的格式、放置和对齐,如图 8—22 所示。

(1)【文字外观】:控制标注文字的格式和大小。

【文字样式】:显示和设置当前标注文字样式。从列表中选择一种样式。要创建和修改标注文字样式,选择列表旁边的【...】按钮。

【文字样式】:显示【文字样式】对话框,从中可以定义或修改文字样式。

【文字颜色】:设置标注文字的颜色。

【填充颜色】:设置标注中文字背景的颜色。

【文字高度】:设置当前标注文字样式的高度。在文本框中输入值。如果在“文字样式”中将文字高度设置为固定值(即文字样式高度大于 0),则该高度将替代此处设置的文字高度。如果要使用在“文字”选项卡上设置的高度,确保“文字样式”中的文字高度设置为 0。

【分数高度比例】:设置相对于标注文字的分数比例。仅当在【主单位】选项卡上选择“分

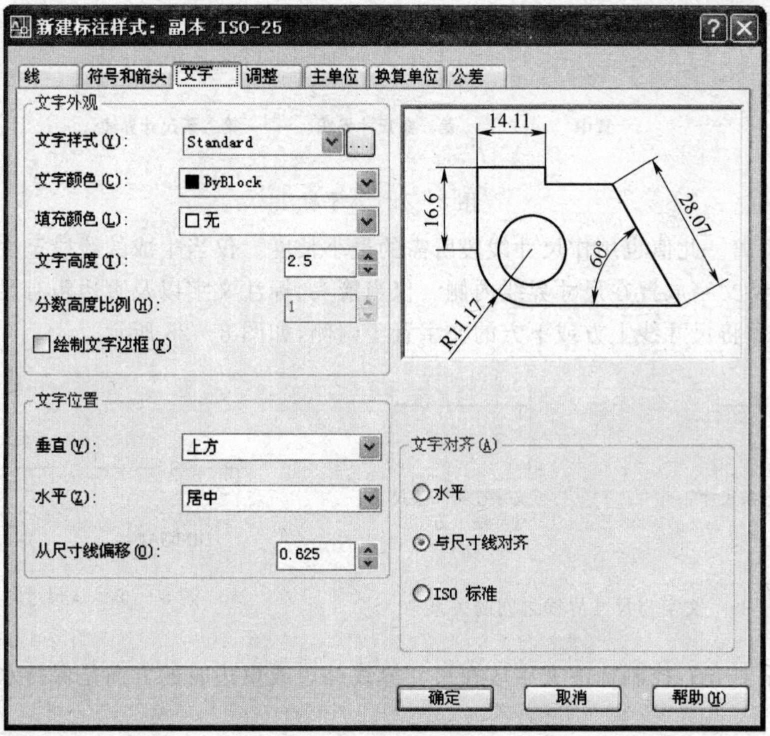

图 8－22　文字选项卡

数”作为“单位格式”时，此选项才可用。在此处输入的值乘以文字高度，可确定标注分数相对于标注文字的高度。

【绘制文字边框】：如果选择此选项，将在标注文字周围绘制一个边框。

(2)【文字位置】：控制标注文字的位置。

【垂直】：控制标注文字相对尺寸线的垂直位置。垂直位置如图 8－23 所示。

图 8－23　垂直标注

【水平】：控制标注文字在尺寸线上相对于尺寸界线的水平位置。水平位置如图 8－24 所示。

• 第一条尺寸界线上方：沿第一条尺寸界线放置标注文字或将标注文字放在第一条尺寸界线之上，如图 8－25(a)所示。

• 第二条尺寸界线上方：沿第二条尺寸界线放置标注文字或将标注文字放在第二条尺寸界线之上，如图 8－25(b)所示。

【从尺寸线偏移】：设置当前字线间距，文字间距是指当尺寸线断开以容纳标注文字时标注

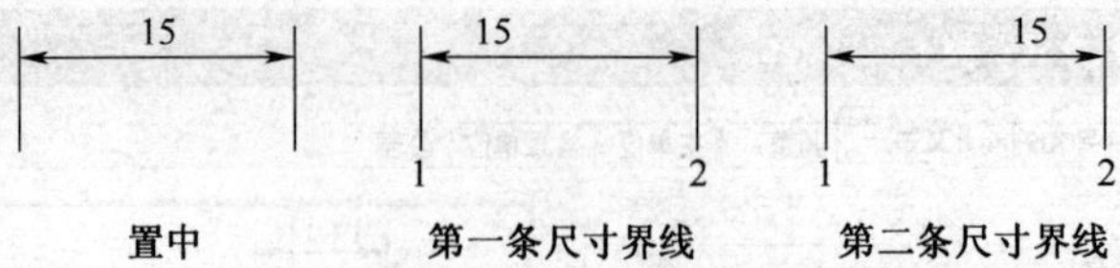

图 8－24　水平标注

文字周围的距离。此值也用作尺寸线段所需的最小长度。仅当生成的线段至少与字线间距同样长时，才会将文字放置在尺寸界线内侧。仅当箭头、标注文字以及页边距有足够的空间容纳字线间距时，才将尺寸线上方或下方的文字置于内侧，如图 8－26 所示。

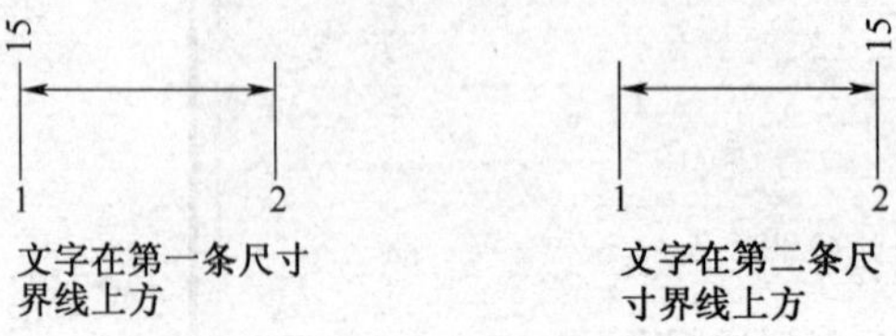

图 8－25　文字与尺寸界线之间的关系

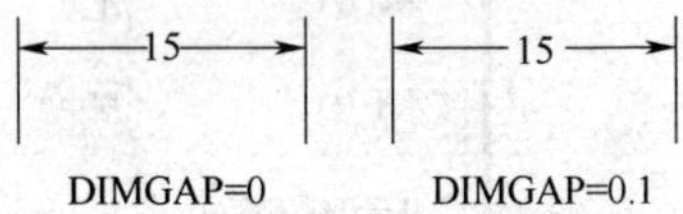

图 8－26　从尺寸线偏移

(3)【文字对齐】：控制标注文字放在尺寸界线外边或里边时的方向是保持水平还是与尺寸界线平行。

【水平】：水平放置文字。

【与尺寸线对齐】：文字与尺寸线对齐，如图 8－27 所示。

【ISO 标准】：当文字在尺寸界线内时，文字与尺寸线对齐。当文字在尺寸界线外时，文字水平排列，如图 8－28 所示。

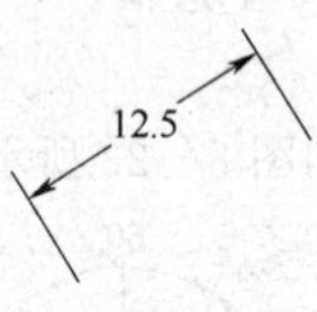

图 8－27　文字与尺寸线对齐

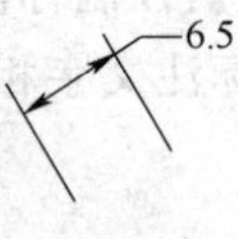

图 8－28　ISO 标准对齐

(4)预览：显示样例标注图像，它可显示对标注样式设置所做更改的效果。

8.2.4 【调整】选项卡

【调整】：选项卡控制标注文字、箭头、引线和尺寸线的放置，如图 8－29 所示，有如下四个方面的选项：

(1)【调整选项】：控制基于尺寸界线之间可用空间文字和箭头位置，如图 8－30 所示。如果有足够大的空间，文字和箭头都将放在尺寸界线内。否则，将按照【调整】选项放置文字和箭头。

【文字或箭头(最佳效果)】：按照最佳效果将文字或箭头移动到尺寸界线外。

• 当尺寸界线间距离足够放置文字和箭头时，文字和箭头都放在尺寸界线内。否则，将按照最佳效果移动文字或箭头。

• 当尺寸界线间距离仅够容纳文字时，将文字放在尺寸界线内，而箭头放在尺寸界线外。

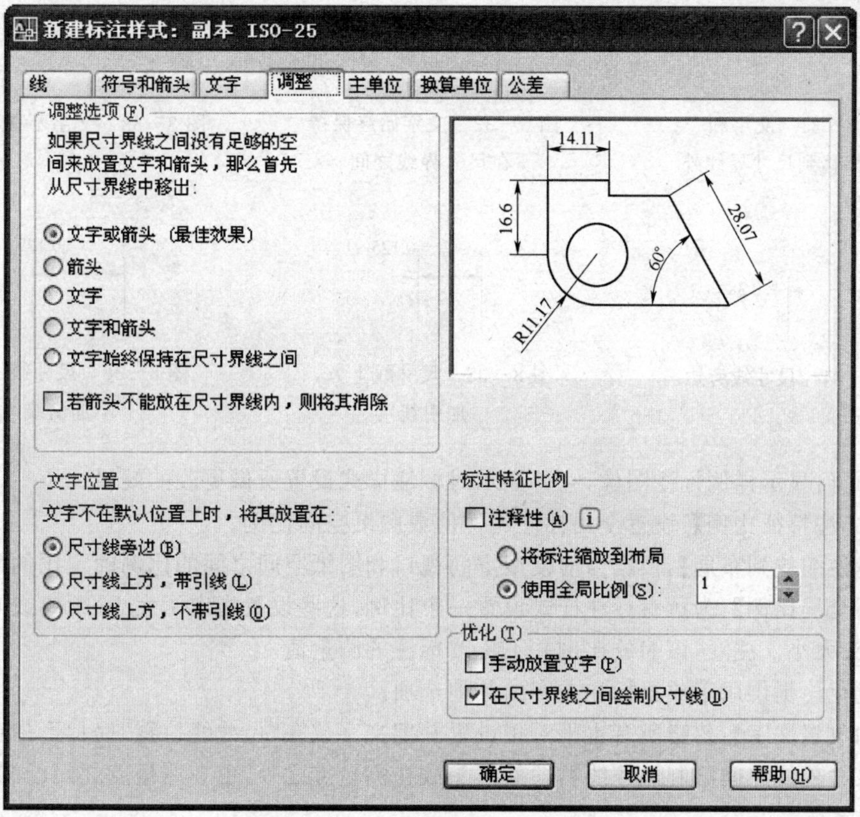

图 8－29　调整选项卡

• 当尺寸界线间距离仅够容纳箭头时，将箭头放在尺寸界线内，而文字放在尺寸界线外。

• 当尺寸界线间距离既不够放文字又不够放箭头时，文字和箭头都放在尺寸界线外。

【箭头】：先将箭头移动到尺寸界线外，然后移动文字。

【文字】：先将文字移动到尺寸界线外，然后移动箭头。

【文字和箭头】：当尺寸界线间距离不足以放下文字和箭头时，文字和箭头都移到尺寸界线外，如图 8－31 所示。

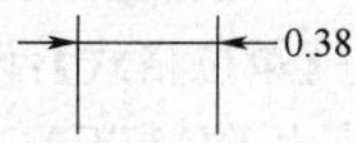

图 8－30　文字与箭头的关系

【文字始终保持在尺寸界线之间】：始终将文字放在尺寸界线之间，如图 8－32 所示。

【若箭头不能放在尺寸界线内，则将其消除】：如果尺寸界线内没有足够的空间则隐藏箭头。

(2)【文字位置】：设置标注文字从默认位置（由标注样式定义的位置）移动时标注文字的位置，如图 8－33 所示。

【尺寸线旁边】：如果选定，只要移动标注文字尺寸线就会随之移动，如图 8－34 所示。

【尺寸线上方，带引线】：如果选定，移动文字时尺寸线将不会移动。如果将文字从尺寸线上移开，将创建一条连接文字和尺寸线的引线。当文字非常靠近尺寸线时，将省略引线，如图 8－35 所示。

【尺寸线上方，不带引线】：如果选定，移动文字时尺寸线不会移动。远离尺寸线的文字不与带引线的尺寸线相连，如图 8－36 所示。

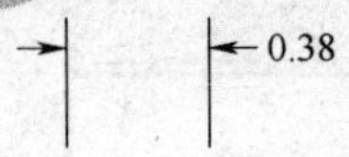

图 8－31　文字和箭头都移到尺寸界线外

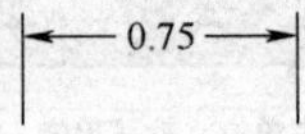

图 8－32　文字始终保持在尺寸界线之间

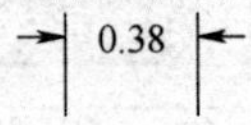

图 8－33　文字不移移箭头

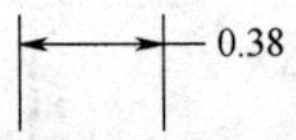

图 8－34　尺寸线旁边

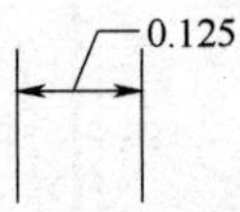

图 8－35　尺寸线上方，加引线

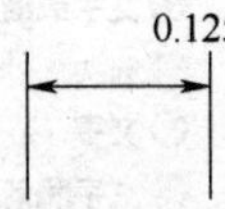

图 8－36　尺寸线上方，不加引线

(3)预览：显示样例标注图像，它可显示对标注样式设置所做更改的效果。

(4)【标注特征比例】：设置全局标注比例值或图纸空间比例。

【将标注缩放到布局】：根据当前模型空间视口和图纸空间之间的比例确定比例因子。

【使用全局比例】：为所有标注样式设置一个比例，这些设置指定了大小、距离或间距，包括文字和箭头大小。注意，该缩放比例并不更改标注的测量值。

(5)优化。提供用于放置标注文字的其他选项。

【手动放置文字】：忽略所有水平对正设置并把文字放在“尺寸线位置”提示下指定的位置。

【在尺寸界线之间绘制尺寸线】：即使箭头放在测量点之外，也在测量点之间绘制尺寸线。

8.2.5 【主单位】选项卡

【主单位】选项卡用来设置主标注单位的格式和精度，并设置标注文字的前缀和后缀，如图 8－37 所示。

(1)【线性标注】：设置线性标注的格式和精度。

【单位格式】：设置除角度之外的所有标注类型的当前单位格式。堆叠分数中数字的相对大小由 DIMTFAC 系统变量确定。

【精度】：显示和设置标注文字中的小数位数。

【分数格式】：设置分数格式。

【小数分隔符】：设置用于十进制格式的分隔符。

【舍入】：为除“角度”之外的所有标注类型设置标注测量值的舍入规则。如果输入“0.25”，则所有标注距离都以 0.25 为单位进行舍入。如果输入“1.0”，则所有标注距离都将舍入为最接近的整数。小数点后显示的位数取决于【精度】设置。

【前缀】：在标注文字中包含前缀。可以输入文字或使用控制代码显示特殊符号。例如，输入控制代码“%%c”显示直径符号。当输入前缀时，将覆盖在直径和半径等标注中使用的任何默认前缀，如图 8－38 所示。如果指定了公差，前缀将添加到公差和主标注中。

【后缀】：在标注文字中包含后缀。例如，在标注文字中输入 mm 的结果如图例所示。输入的后缀将替代所有默认后缀，如图 8－39 所示。如果指定了公差，后缀将添加到公差和主标注中。

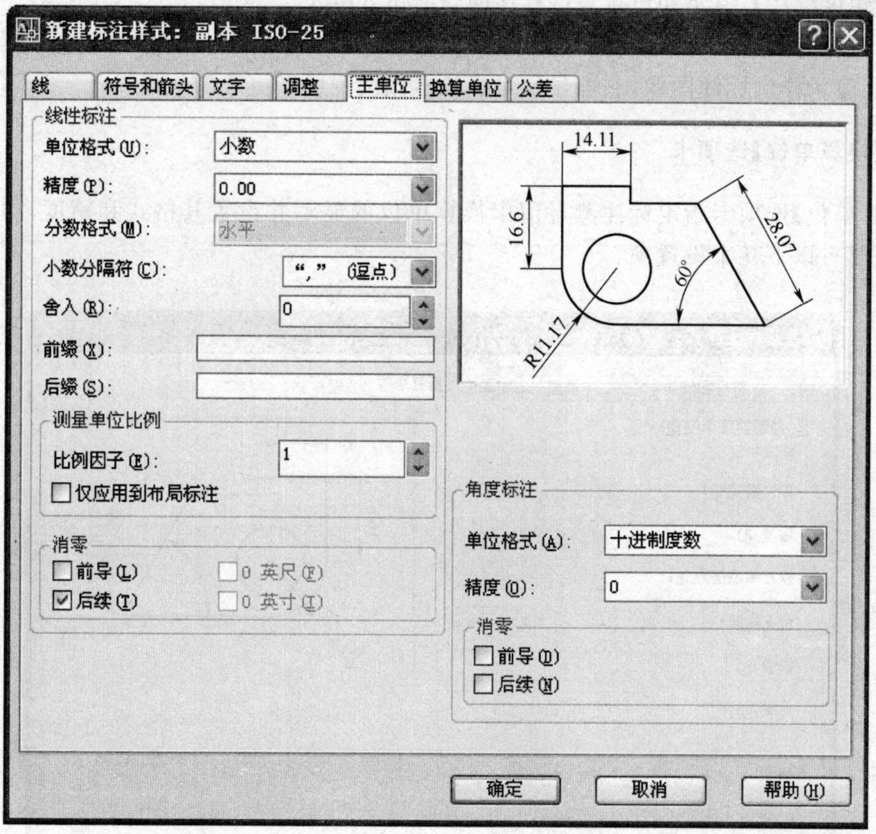

图 8－37 主单位选项卡

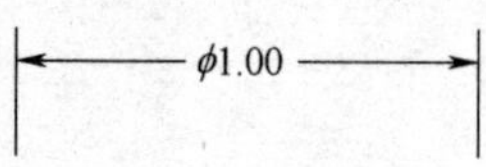

图 8－38 前缀

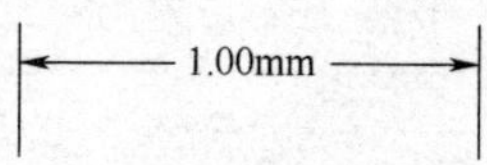

图 8－39 后缀

【测量单位比例】:定义线性比例选项,主要应用于传统图形。

【比例因子】:设置线性标注测量值的比例因子。建议不要更改此值的默认值 1.00。例如,如果输入“2”,则 1 英寸直线的尺寸将显示为 2 英寸。该值不应用到角度标注,也不应用到舍入值或者正负公差值。

【仅应用到布局标注】:仅将测量单位比例因子应用于布局视口中创建的标注。除非使用非关联标注,否则,该设置应保持取消复选状态。

【消零】:控制不输出前导零和后续零以及零英尺和零英寸部分。

! 注意:【消零】设置影响由 AutoLISPrtos 和 angtos 函数执行的实数到字符串的转换。

【前导】:不输出所有十进制标注中的前导零。例如,0.5000 变成 .5000。

【后续】:不输出所有十进制标注中的后续零。例如,12.5000 变成 12.5,30.0000 变成 30。

【0 英尺】:当距离小于 1 英尺时,不输出英尺－英寸型标注中的英尺部分。例如,0′－61/2"变成 61/2"。

【0 英寸】:当距离为英尺整数时,不输出英尺－英寸型标注中的英寸部分。例如,1′－0"变为 1′。

(2)【角度标注】:显示和设置角度标注的当前角度格式。

【单位格式】:设置角度单位格式。

预览:显示样例标注图像,它可显示对标注样式设置所做更改的效果。

8.2.6 【换算单位】选项卡

【换算单位】选项卡指定标注测量值中换算单位的显示并设置其格式和精度,如图 8－40 所示。主要有以下几个设置项:

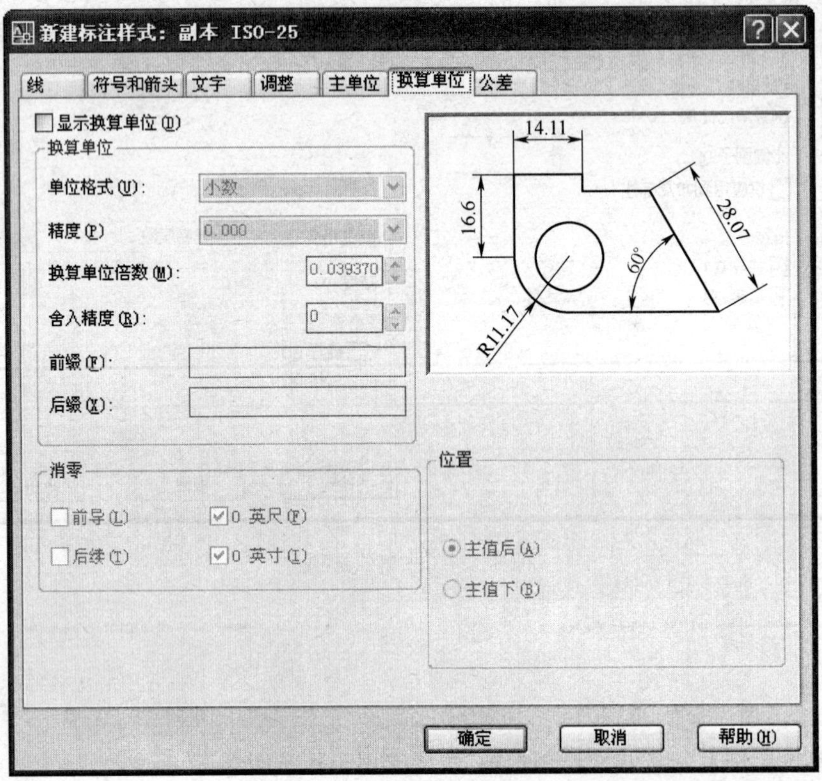

图 8－40 “换算单位”选项卡

(1)【显示换算单位】:向标注文字添加换算测量单位。

(2)【换算单位】:显示和设置除角度之外的所有标注类型的当前换算单位格式。

【单位格式】:设置换算单位的单位格式。

堆叠分数中数字的相对大小由系统变量 DIMTFAC 确定(同样,公差值大小也由该系统变量确定)。

【精度】:设置换算单位中的小数位数。

【换算单位乘数】:指定一个乘数,作为主单位和换算单位之间的换算因子使用。例如,要将英寸转换为毫米,输入“25.4”。此值对角度标注没有影响,而且不会应用于舍入值或者正、负公差值。

【舍入精度】:设置除角度之外的所有标注类型的换算单位的舍入规则。如果输入“0.25”,则所有标注测量值都以 0.25 为单位进行舍入。如果输入“1.0”,则所有标注测量值都将舍入为最接近的整数。小数点后显示的位数取决于【精度】设置。

【前缀】:在换算标注文字中包含前缀。可以输入文字或使用控制代码显示特殊符号。例如,输入控制代码“%%c”显示直径符号,如图 8－41 所示。

【后缀】:在换算标注文字中包含后缀。可以输入文字或使用控制代码显示特殊符号。例如,在标注文字中输入 cm 的结果如图例所示。输入的后缀将替代所有默认后缀,如图 8－42 所示。

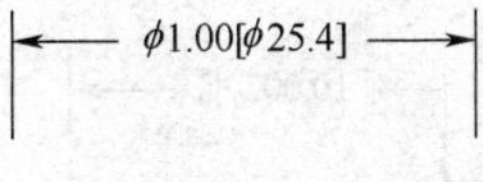

图 8－41 前缀

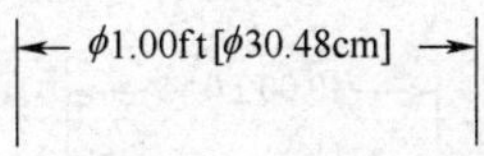

图 8－42 后缀

(3)【消零】:控制不输出前导零和后续零以及零英尺和零英寸部分。

(4)【位置】:控制标注文字中换算单位的位置。

【主值后】:将换算单位放在标注文字中的主单位之后。

【主值下】:将换算单位放在标注文字中的主单位下面。

(5)预览:显示样例标注图像,它可显示对标注样式设置所做更改的效果。

8.2.7 【公差】选项卡

控制标注文字中公差的格式及显示,如图 8－43 所示。

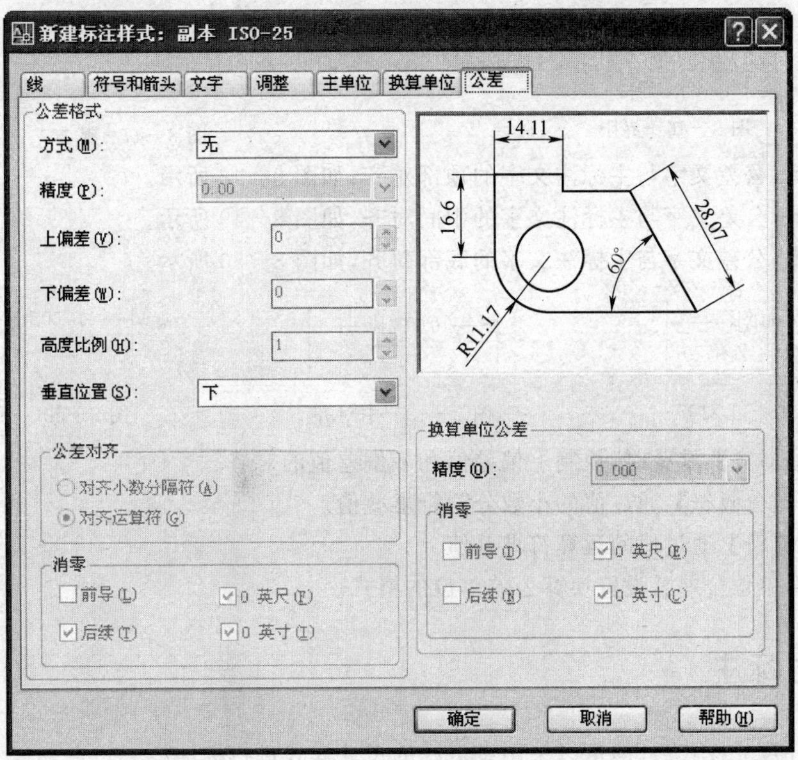

图 8－43 【公差】选项卡

(1)【公差格式】:控制公差格式。

【方式】:设置计算公差的方法。

• 无:不添加公差。

• 对称：添加公差的正/负表达式，其中一个偏差量的值应用于标注测量值。标注后面将显示加号或减号。在“上偏差”中输入公差值。DIMTOL 系统变量设置为 1，如图 8－44 所示。

• 极限偏差：添加正/负公差表达式。不同的正公差和负公差值将应用于标注测量值。将在“上偏差”中输入的公差值前面显示正号(＋)；在“下偏差”中输入的公差值前面显示负号(－)，如图 8－45 所示。

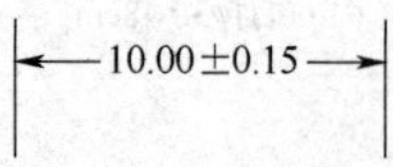

图 8－44　对称

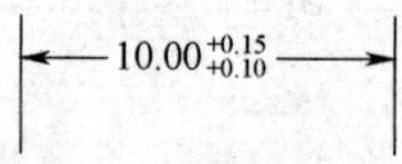

图 8－45　极限偏差

• 界限：创建极限标注。在此类标注中，将显示一个最大值和一个最小值，一个在上，另一个在下。最大值等于标注值加上在“上偏差”中输入的值。最小值等于标注值减去在“下偏差”中输入的值，如图 8－46 所示。

• 基本：创建基本标注，这将在整个标注范围周围显示一个框，如图 8－47 所示。

【上偏差】：设置最大公差或上偏差。如果在“方式”中选择“对称”，则此值将用于公差。

【下偏差】：设置最小公差或下偏差。

【高度比例】：设置公差文字的当前高度。

【垂直位置】：控制对称公差和极限公差的文字对正。

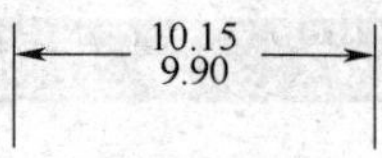

图 8－46　界限

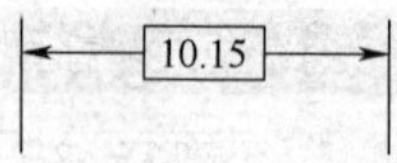

图 8－47　基本

• 上对齐：公差文字与主标注文字的顶部对齐，如图 8－48 所示。

• 中对齐：公差文字与主标注文字的中间对齐，如图 8－49 所示。

• 下对齐：公差文字与主标注文字的底部对齐，如图 8－50 所示。

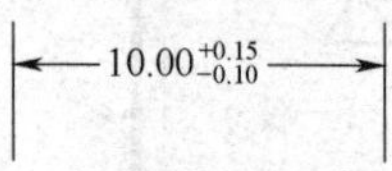

图 8－48　上对齐

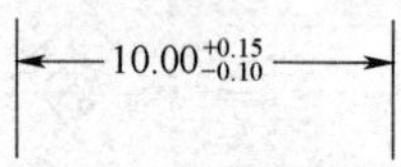

图 8－49　中对齐

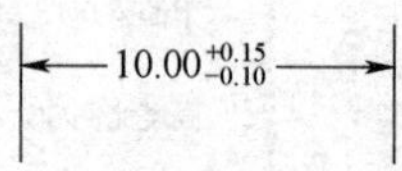

图 8－50　下对齐

(2)【公差对齐】：堆叠时，控制上偏差值和下偏差值的对齐。

【对齐小数分隔符】：通过值的小数分割符堆叠值。

【对齐运算符】：通过值的运算符堆叠值。

(3)【换算单位公差】：设置换算公差单位的格式。

8.3　尺寸标注

在设定好尺寸样式后，即可以采用设定好的尺寸样式进行标注。

8.3.1　创建线性标注

线性标注可以水平、垂直或对齐放置。使用对齐标注时，尺寸线将平行于两尺寸延伸线原点之间的直线(想象或实际)。基线(或平行)和连续(或链)标注是一系列基于线性标注的连续标注。

创建水平或垂直标注的步骤：

(1)进行尺寸标注，有如下三种方式：

• 单击标注工具栏按钮。

• 单击菜单中【标注(N)】→【线性(L)】。

• 在命令提示下输入“dimlinear”。

(2)选择要标注的对象，或指定第一条或第二条尺寸延伸线的原点。

(3)在指定尺寸线位置之前，可以替代标注方向并编辑文字、文字角度或尺寸线角度。

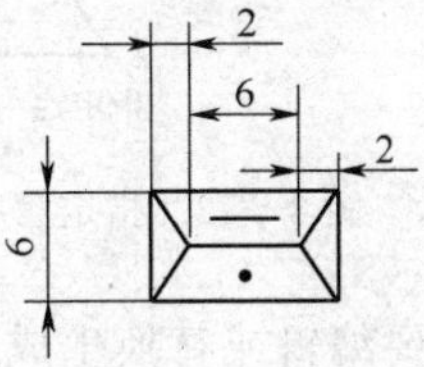

图8-51　给信号楼符号标注

例：给如图8-51所示的信号楼符号进行标注。

操作步骤如下：

```
命令：_dimlinear
指定第一条尺寸界线原点或＜选择对象＞：
指定第二条尺寸界线原点：
指定尺寸线位置或
[多行文字(M)/文字(T)/角度(A)/水平(H)/垂直(V)/旋转(R)]：
标注文字＝5
```

• 要旋转尺寸延伸线，输入“r”(旋转)。然后输入尺寸线角度。

• 要编辑文字，输入“m”(多行文字)。在【在位文字编辑器】中修改文字，单击【确定】。在尖括号内编辑或覆盖尖括号“＜＞”将修改或删除程序计算的标注值。通过在括号前后添加文字可以在标注值前后附加文字。

• 要旋转文字，输入“a”(角度)。然后输入文字角度。

(4)指定尺寸线的位置。

```
指定第一条尺寸界线原点或＜选择对象＞：指定点或按 Enter 键选择要标注的对象
```

指定尺寸界线原点或要标注的对象后，将显示下面的提示：

```
指定尺寸线位置或[多行文字(M)/文字(T)/角度(A)/水平(H)/垂直(V)/旋转(R)]：指定点或输入选项
```

① 第一条尺寸界线原点

指定第一条尺寸界线的原点之后，将提示指定第二条尺寸界线的原点，如图8-52、图8-53所示。

② 尺寸线位置

AutoCAD 使用指定点定位尺寸线并且确定绘制尺寸界线的方向。指定位置之后，将绘制标注。

③ 多行文字

显示【在位文字编辑器】，可用它来编辑标注文字。如果要添加前缀或后缀，则在生成的测量值前后输入前缀或后缀。用控制代码和 Unicode 字符串来输入特殊字符或符号。

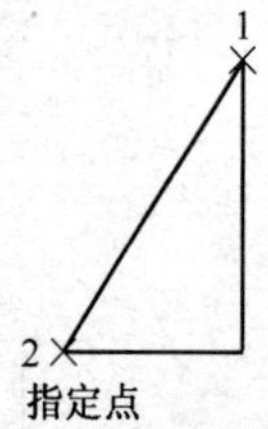

图 8—52　指定第一条尺寸界线起点

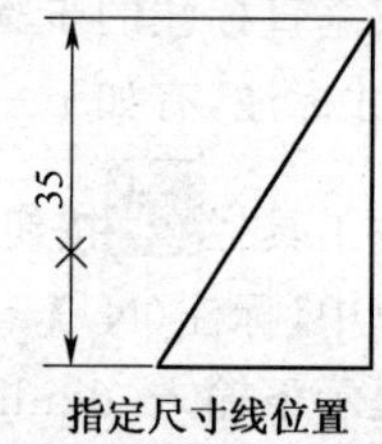

图 8—53　指定第二条尺寸界线第二点

要编辑或替换生成的测量值，删除文字，输入新文字，然后单击“确定”。如果标注样式中未打开换算单位，可以通过输入方括号“[]”来显示它们。

当前标注样式决定生成的测量值的外观。

④ 文字

在命令提示下，自定义标注文字。生成的标注测量值显示在尖括号中。

输入标注文字＜当前＞：

输入标注文字，或按 Enter 键接受生成的测量值。要包括生成的测量值，则用尖括号“＜＞”表示生成的测量值。

标注文字特性在【新建标注样式】、【修改标注样式】和【替代标注样式】对话框的【文字】选项卡上进行设置。

⑤ 角度

修改标注文字的角度。

指定标注文字的角度：

输入角度。例如，要将文字旋转 90°，输入“90”，如图 8—54 所示。

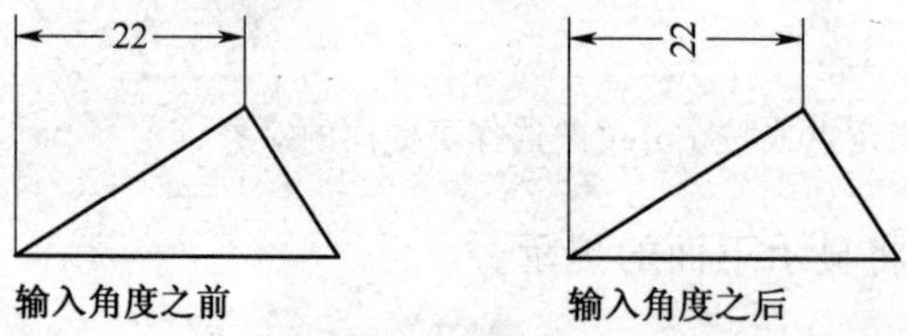

图 8—54　输入角度

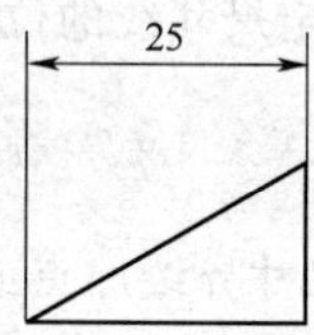

图 8—55　水平标注

⑥ 水平

创建水平线性标注，如图 8—55 所示。

指定尺寸线位置或[多行文字(M)/文字(T)/角度(A)]：指定点或输入选项

尺寸线位置：使用指定点定位尺寸线。指定位置之后，将绘制标注。

多行文字、文字、角度：这些文字编辑和设置格式选项在所有标注命令中都是一样的。

⑦ 垂直

创建垂直线性标注，如图 8—56 所示。

指定尺寸线位置或[多行文字(M)/文字(T)/角度(A)]：指定点或输入选项

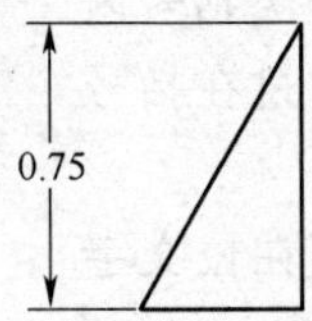

图 8－56　垂直标注

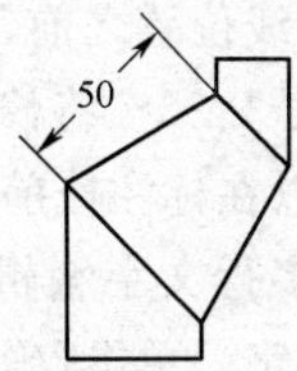

图 8－57　旋转尺寸线位置

尺寸线位置：使用指定点定位尺寸线。指定位置之后，将绘制标注。

多行文字、文字和角度的文字编辑和设置格式选项在所有标注命令中都是一样的。(参见该命令早期提供的选项说明。)

⑧ 旋转

创建旋转线性标注，如图 8－57 所示。

指定尺寸线的角度＜当前＞：指定角度或按 Enter 键

⑨ 对象选择

在选择对象之后，自动确定第一条和第二条尺寸界线的原点。

对多段线和其他可分解对象，仅标注独立的直线段和圆弧段。不能选择非统一比例缩放块参照中的对象。

如果选择直线或圆弧，将使用其端点作为尺寸界线的原点。尺寸界线偏移端点的距离，在【新建标注样式】、【修改标注样式】和【替代标注样式】对话框的【直线和箭头】选项卡上的【起点偏移量】中指定，如图 8－58 所示。

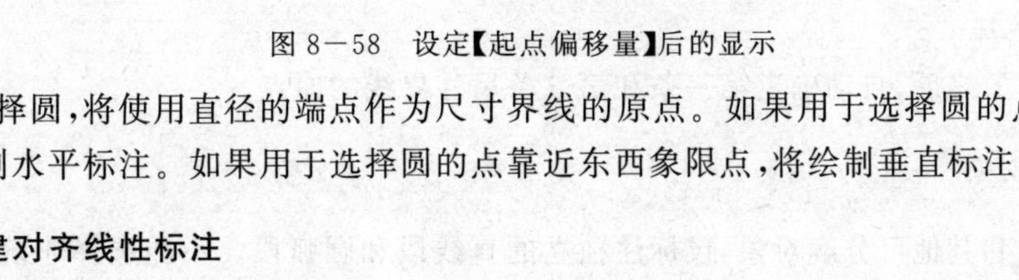

图 8－58　设定【起点偏移量】后的显示

如果选择圆，将使用直径的端点作为尺寸界线的原点。如果用于选择圆的点靠近南北象限点，将绘制水平标注。如果用于选择圆的点靠近东西象限点，将绘制垂直标注。

8.3.2　创建对齐线性标注

创建对齐标注的步骤：

(1)创建对齐标注有如下三种方法：

- 单击标注工具栏按钮。
- 单击菜单中【标注(N)】→【对齐(G)】。

• 在命令提示下输入“dimaligned”。

(2)按 Enter 键选择要标注的对象，或指定第一条或第二条尺寸延伸线的原点。

(3)指定尺寸线位置之前，可以编辑文字或修改文字角度：在尖括号内编辑或覆盖尖括号“<>”将修改或删除程序计算的标注值。通过在括号前后添加文字可以在标注值前后附加文字。

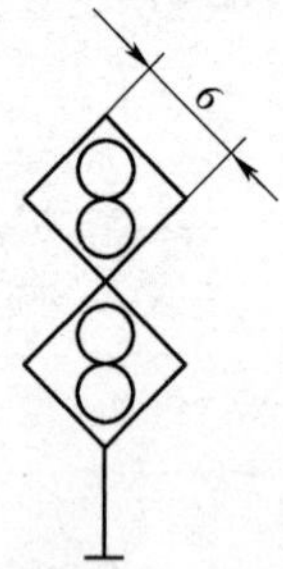

图 8－59 驼峰复示信号机

• 若要使用多行文字编辑文字，输入“m”（多行文字）。在【在位文字编辑器】中修改文字。单击【确定】。

• 若要使用单行文字编辑文字，输入“t”（文字）。修改命令提示下的文字，然后按 Enter 键。

• 若要旋转文字，输入“a”（角度）。然后输入文字角度。

(4)指定尺寸线的位置。

```
指定第一条尺寸界线原点或<选择对象>：指定手动尺寸界线的点，或按 Enter 键以使用自动尺寸界线
```

指定手动或自动尺寸界线后，显示下列提示：

```
指定尺寸线位置或[多行文字(M)/文字(T)/角度(A)]：指定点或输入选项
```

例：给如图 8－59 所示的驼峰复示信号机进行对齐标注。

操作方法如下：

```
命令：_dimaligned
指定第一条尺寸界线原点或<选择对象>：
指定第二条尺寸界线原点：
指定尺寸线位置或
[多行文字(M)/文字(T)/角度(A)]：
标注文字＝6
```

① 尺寸界线原点

指定第一条尺寸界线起点(1)。系统将提示指定第二条尺寸界线原点。

指定第二条尺寸界线原点：指定点(2)

② 对象选择

在选择对象之后，自动确定第一条和第二条尺寸界线的原点。

```
选择标注对象：
```

对多段线和其他可分解对象，仅标注独立的直线段和圆弧段。不能选择非统一比例缩放块参照中的对象。

如果选择一个圆，直径端点将用作尺寸界线的原点。

③ 尺寸线位置

指定尺寸线的位置并确定绘制尺寸界线的方向。指定位置之后，DIMALIGNED 命令结束。

④ 多行文字

显示在位文字编辑器，可用它来编辑标注文字。用尖括号“＜＞”表示生成的测量值。要给生成的测量值添加前缀或后缀，可以在尖括号前后输入前缀或后缀。用控制代码和 Unicode 字符串来输入特殊字符或符号。

⑤ 文字

在命令提示下，自定义标注文字。生成的标注测量值显示在尖括号中。

```
输入标注文字＜当前＞：
```

输入标注文字，或按 Enter 键接受生成的测量值。要包括生成的测量值，用尖括号“＜＞”表示生成的测量值。如果标注样式中未打开换算单位，可以通过输入方括号“[]”来显示换算单位。标注文字特性在【新建标注样式】、【修改标注样式】和【替代标注样式】对话框的【文字】选项卡上进行设置。

⑥ 角度

修改标注文字的角度。

```
指定标注文字的角度：
```

输入角度。例如，要将文字旋转 45°，则输入“45”，如图 8－60 所示。

指定角度后，将再次显示【尺寸线位置】提示，如图 8－61 所示。

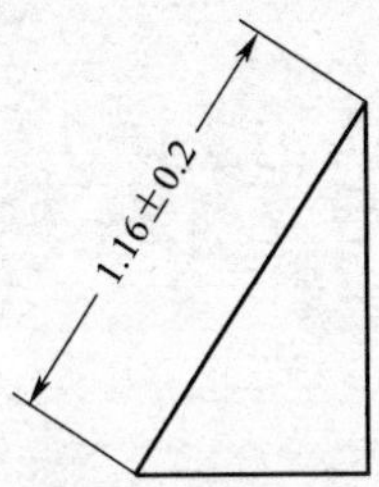

“角度”前

图 8－60　输入角度前

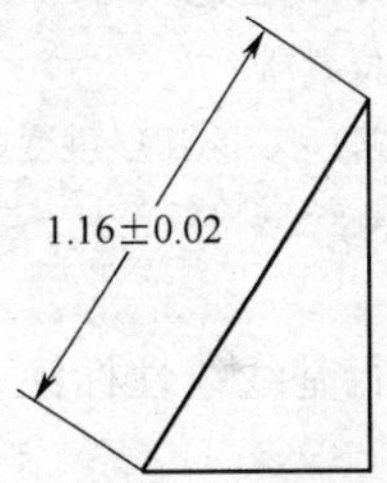

“角度”后

图 8－61　输入角度后

8.3.3　创建基线线性标注

基线线性标注一定是从上一个标注或选定标注的基线处创建线性标注、角度标注或坐标进行标注。创建基线线性标注的步骤如下：

(1)创建基线线性标注的方法有：

- 单击标注工具栏按钮。
- 单击菜单中【标注(N)】→【基线(B)】。
- 在命令提示下输入“dimbaseline”。

默认情况下，上一个创建的线性标注的原点用作新基线标注的第一尺寸延伸线。提示用户指定第二条尺寸线。

(2)使用对象捕捉选择第二条尺寸延伸线的原点，或按 Enter 键选择任一标注作为基准标注。

程序将在指定距离(在【标注样式管理器】的【直线】选项卡的【基线间距】选项中所指定)处

自动放置第二条尺寸线。

(3)使用对象捕捉指定下一个尺寸延伸线原点。

(4)根据需要可继续选择尺寸延伸线原点。

(5)按两次 Enter 键可结束命令。

! 注意:一定是从上一个标注或选定标注的基线处创建线性标注、角度标注或坐标标注

例:给如图 8-62 所示的轨道电路送电端(双送)符号进行尺寸标注。

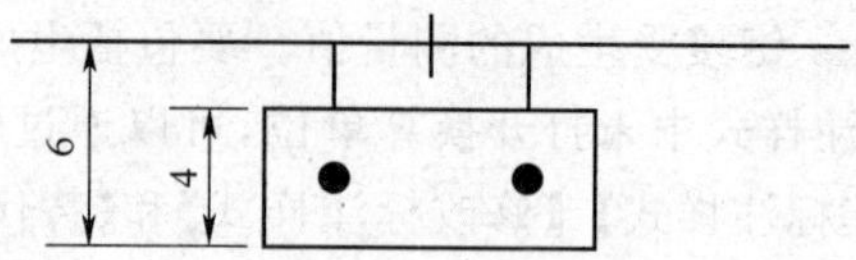

图 8-62 轨道电路送电端符号

操作如下:

第一步:先进行线性标注。

```
命令:_dimaligned
指定第一条尺寸界线原点或<选择对象>:
指定第二条尺寸界线原点:
指定尺寸线位置或
[多行文字(M)/文字(T)/角度(A)]:
标注文字=4
```

第二步:进行基线线性标注。

```
命令:_dimbaseline
指定第二条尺寸界线原点或[放弃(U)/选择(S)]<选择>:
标注文字=6
指定第二条尺寸界线原点或[放弃(U)/选择(S)]<选择>:
选择基准标注:选择线性标注、坐标标注或角度标注
```

! 注意:如果当前任务中未创建任何标注,将提示用户选择线性标注、坐标标注或角度标注,以用作基线标注的基准。否则,程序将跳过该提示,并使用上次在当前任务中创建的标注对象。如果基准标注是线性标注或角度标注,将显示下列提示:

```
指定第二条尺寸界线原点或[放弃(U)/选择(S)]<选择>:指定点、输入选项或按 Enter 键选择基准标注
```

如果基准标注是坐标标注,将显示下列提示:

```
指定点坐标或[放弃(U)/选择(S)]<选择>:
```

要结束此命令,按 Enter 键两次,或按 Esc 键。当前标注样式决定文字的外观。

第二条尺寸界线原点。默认情况下,使用基准标注的第一条尺寸界线作为基线标注的尺

寸界线参考点。选择第二点之后，将绘制基线标注并再次显示“指定第二条尺寸界线原点”提示，如图 8－63 所示。

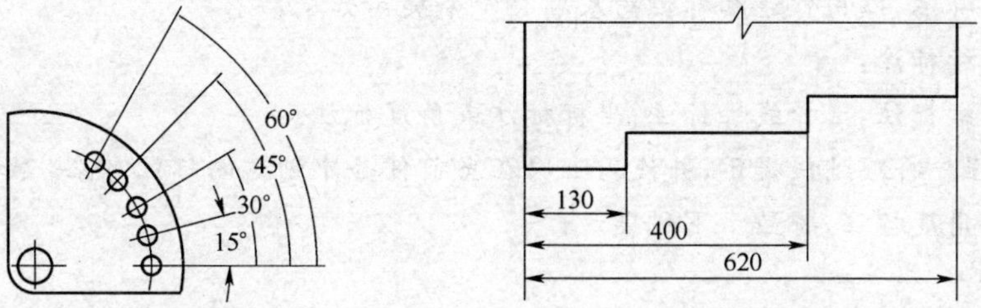

角度基线标注　　　　线性基线标注

图 8－63　基线线性标注示意图

① 点坐标。将基准标注的端点用作基线标注的端点，系统将提示指定下一个点坐标。选择点坐标之后，将绘制基线标注并再次显示“指定点坐标”提示。要结束此命令，按 Esc 键。要选择其他作为基线标注的基准使用的线性标注、坐标标注或角度标注，按 Enter 键。

② 放弃。放弃在命令任务期间上一次输入的基线标注。

③ 选择。AutoCAD 提示选择一个线性标注、坐标标注或角度标注作为基线标注的基准。选择基准标注之后，将再次显示“指定第二条尺寸界线原点”或“指定点坐标”提示。

8.3.4　创建连续线性标注

连续线性标注是从上一个标注或选定标注的第二条尺寸界线处创建线性标注、角度标注或坐标标注。其步骤如下：

(1) • 单击标注工具栏按钮。

• 单击菜单中【标注(N)】→【连续(C)】。

• 在命令提示下输入“dimcontinue”。

程序使用现有标注的第二条尺寸延伸线的原点作为第一条尺寸延伸线的原点。

(2)使用对象捕捉指定其他尺寸延伸线原点。

(3)按两次 Enter 键可结束命令。

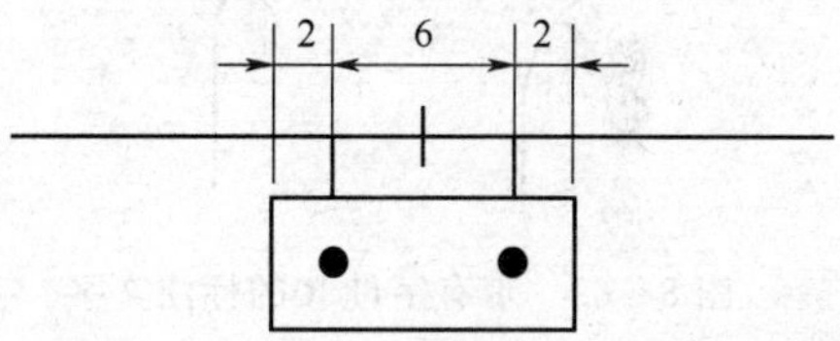

图 8－64　轨道电路“双送”符号

例：对如图 8－64 所示的轨道电路双送符号进行连续标注。

```
命令：_dimcontinue
指定第二条尺寸界线原点或[放弃(U)/选择(S)]＜选择＞：
标注文字＝6
指定第二条尺寸界线原点或[放弃(U)/选择(S)]＜选择＞：
标注文字＝2
指定第二条尺寸界线原点或[放弃(U)/选择(S)]＜选择＞：
```

! 注意：连续标注一定是从上一个标注或选定标注的第二条尺寸界线处创建线性标注、角度标注或坐标标注。如果当前任务中未创建任何标注，将提示用户选择线性标注、坐标标注或角度标注，以用作连续标注的基准。命令提示如下：

选择连续标注：

选择连续标注：选择线性标注、坐标标注或角度标注

否则，程序将跳过该提示，并使用上次在当前任务中创建的标注对象。如果基准标注是线性标注或角度标注，将显示下列提示：

指定第二条尺寸界线原点或[放弃(U)/选择(S)]＜选择＞：指定点、输入选项或按 Enter 键选择基准标注

如果基准标注是坐标标注，将显示下列提示：

指定点坐标或[放弃(U)/选择(S)]＜选择＞：

8.3.5 创建圆和圆弧的半径标注

半径标注使用可选的中心线或中心标记测量圆弧和圆的半径和直径。有两种半径标注：

(1)DIMRADIUS 用于测量圆弧或圆的半径，并显示前面带有字母 R 的标注文字，如图 8—65所示。

(2)DIMDIAMETER 用于测量圆弧或圆的直径，并显示前面带有直径符号的标注文字，如图 8—66 所示。

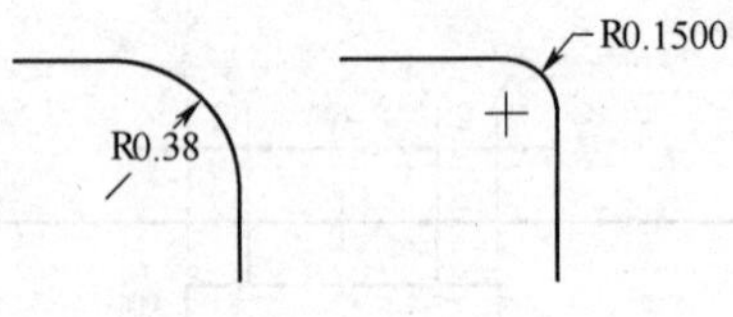

图 8—65　带有字母 R 的标注文字

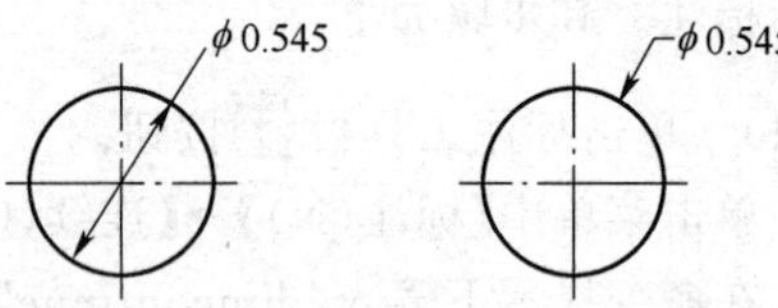

图 8—66　带有直径符号的标注文字

对于水平标注文字，如果半径尺寸线与水平方向的角度大于 15°，将在标注文字旁一个箭头长处绘制一条基线。

对圆弧进行标注时，半径或直径标注不需要直接沿圆弧进行放置。如果将标注拖出圆弧的末端，将会自动沿正在标注的圆弧的路径绘制一条圆弧延伸线。

创建半径标注的步骤如下：

(1)打开创建半径标注，用如下三种方法。

• 单击标注工具栏按钮。

• 单击菜单中【标注(N)】→【半径(R)】。

• 在命令提示下，输入“dimradius”。

(2)选择圆弧、圆或多段线弧线段。

(3)根据需要输入选项：

• 要编辑标注文字内容，输入“t”(文字)或“m”(多行文字)。在尖括号内编辑或覆盖尖括号“＜＞”将修改或删除标注值。通过在括号前后添加文字可以在标注值前后附加

文字。

• 要编辑标注文字角度,输入“a”(角度)。

(4)指定引线的位置。

例:给如图 8－67 所示进行半径标注。

```
命令:_dimradius
选择圆弧或圆:
标注文字＝4
指定尺寸线位置或[多行文字(M)/文字(T)/角度(A)]:
```

其中的相关命令含义如下:

```
选择圆弧或圆:
```

DIMRADIUS 测量选定圆弧或圆的半径,并显示前面带有一个半径符号的标注文字。

```
指定尺寸线位置或[多行文字(M)/文字(T)/角度(A)]:指定点或输入选项
```

① 尺寸线位置

确定尺寸线的角度和标注文字的位置。如果由于未将标注放置在圆弧上而导致标注指向圆弧外,则 AutoCAD 会自动绘制圆弧延伸线。

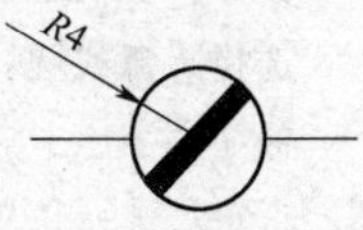

图 8－67　极性保持继电器符号

② 多行文字

显示在位文字编辑器,可用它来编辑标注文字。要添加前缀或后缀,在生成的测量值前后输入前缀或后缀。用控制代码和 Unicode 字符串来输入特殊字符或符号。要编辑或替换生成的测量值,删除文字,输入新文字,然后单击【确定】。如果标注样式中未打开换算单位,可以通过输入方括号“[]”来显示它们。

当前标注样式决定生成的测量值的外观。

③ 文字

在命令提示下,自定义标注文字。生成的标注测量值显示在尖括号中。

```
输入标注文字<当前>:输入标注文字,或按 Enter 键接受生成的测量值
```

要包括生成的测量值,用尖括号“<>”表示生成的测量值。如果标注样式中未打开换算单位,可以通过输入方括号“[]”来显示换算单位。

标注文字特性在【新建标注样式】、【修改标注样式】和【替代标注样式】对话框的【文字】选项卡上进行设置。

④ 角度

修改标注文字的角度。

```
指定标注文字的角度:输入角度
```

例如,要将文字旋转 45°,输入“45”。

8.3.6 创建圆和圆弧的直径标注

创建直径标注的步骤:

(1)打开创建直径标注,有如下方法:

• 单击标注工具栏按钮。

• 单击菜单中【标注(N)】→【直径(D)】。

• 在命令提示下，输入“dimdiameter”。

(2)选择要标注的圆或圆弧。

(3)根据需要输入选项：

• 要编辑标注文字内容，输入“t”(文字)或“m”(多行文字)。在尖括号内编辑或覆盖尖括号(<>)将修改或删除标注值。通过在括号前后添加文字可以在标注值前后附加文字。

• 要改变标注文字角度，输入“a”(角度)。

(4)指定引线的位置。

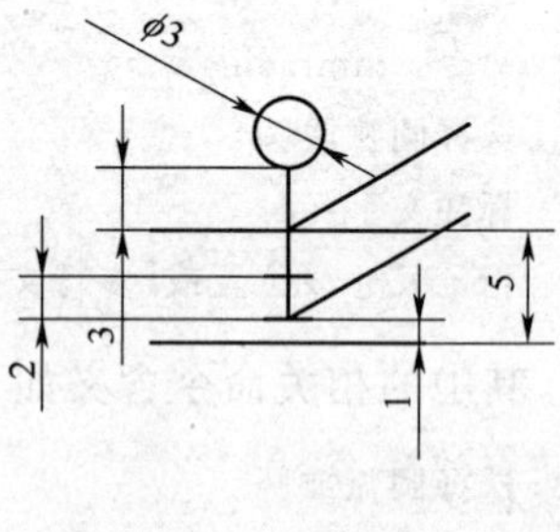

图 8－68　转辙机符号

例：给如图 8－68 所示的转辙机符号进行标注。

```
命令：_dimdiameter
选择圆弧或圆：
标注文字＝3
指定尺寸线位置或[多行文字(M)/文字(T)/角度(A)]：
```

其中的相关命令含义如下：

```
选择圆弧或圆：
```

DIMDIAMETER 测量选定圆或圆弧的直径，并显示前面带有直径符号的标注文字。

```
指定尺寸线位置或[多行文字(M)/文字(T)/角度(A)]：指定点或输入选项
```

8.3.7　创建圆和圆弧的圆心标记或中心线

在圆弧或圆上创建中心线或圆心标记。如图 8－69 所示。其步骤如下：

(1)打开圆心标记或中心线创建菜单，有如下方式：

• 单击标注工具栏按钮。

• 单击菜单中【标注(N)】→【圆心标记(M)】。

• 在命令提示下，输入“dimcenter”。

图 8－69　圆心或中心线标记

(2)在【标注样式管理器】中，选择要修改的标注样式。单击【修改】。

(3)在【修改标注样式】对话框的【直线】选项卡中，在【圆心标记】下的【类型】框中选择【直线】。样例区域将反映所做的选择。

(4)在【尺寸】框中，输入中心线尺寸。

(5)选择圆弧或圆。

```
选择圆弧或圆：　　使用对象选择方法
```

选择圆心标记或中心线，并在设置标注样式时指定它们的大小。

8.3.8　创建角度标注

角度标注测量两条直线或三个点之间的角度。创建角度标注的步骤如下：

(1) • 单击标注工具栏按钮。

• 单击菜单中【标注(N)】→【角度(A)】。

• 在命令提示下，输入“dimangular”。

要标注圆，在角的第一端点选择圆，然后指定角的第二端点。

要标注其他对象，选择第一条直线，然后选择第二条直线。

要编辑标注文字内容，输入“t”(文字)或“m”(多行文字)。在尖括号内编辑或覆盖尖括号“＜＞”将修改或删除计算的标注值。通过在括号前后添加文字可以在标注值前后附加文字。

• 要编辑标注文字角度，输入“a”(角度)。

• 要将标注限制到象限点，输入“q”(象限点)，并指定要测量的象限点。

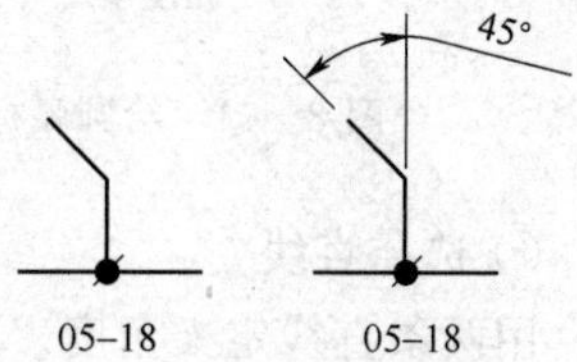

(a)　　(b)

图 8—70　给电路连接图中的导线标注

(2)指定尺寸线圆弧的位置。

例：给如图 8—70(a)所示的电路连接图中的导线进行标注。

操作步骤如下：

```
命令：_dimangular
选择圆弧、圆、直线或＜指定顶点＞：
选择第二条直线：
指定标注弧线位置或[多行文字(M)/文字(T)/角度(A)/象限点(Q)]：
标注文字＝45
```

得如图 8—70(b)所示结果。其中的命令解释如下：

选择圆弧、圆、直线或＜指定顶点＞：　*选择圆弧、圆、直线，或按 Enter 键通过指定三个点来创建角度标注*

定义要标注的角度之后，将显示下列提示：

```
指定标注弧线位置或[多行文字(M)/文字(T)/角度(A)/象限(Q)]：
```

① 选择圆弧

使用选定圆弧上的点作为三点角度标注的定义点。圆弧的圆心是角度的顶点。圆弧端点成为尺寸界线的原点。如图 8—71 所示。

在尺寸界线之间绘制一条圆弧作为尺寸线。尺寸界线从角度端点绘制到尺寸线交点。

② 选择圆

将选择点(1)作为第一条尺寸界线的原点。圆的圆心是角度的顶点。

```
指定角的第二个端点：指定点(2)
```

第二个角度顶点是第二条尺寸界线的原点，且无需位于圆上。如图 8—72 所示。

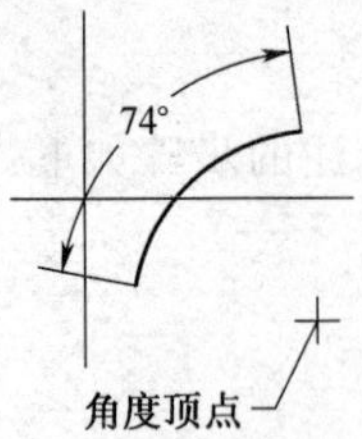

图 8—71　给圆弧标注角度

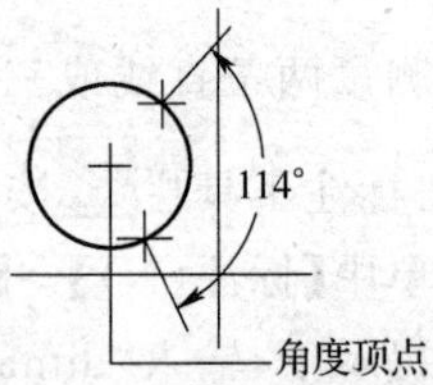

图 8—72　给圆标注顶点

③ 选择直线

用两条直线定义角度。

```
选择第二条直线：
```

程序通过将每条直线作为角度的矢量，将直线的交点作为角度顶点来确定角度。尺寸线跨越这两条直线之间的角度。如果尺寸线与被标注的直线不相交，将根据需要添加尺寸界线，以延长一条或两条直线。圆弧总是小于 180°。

④ 指定三点

创建基于指定三点的标注。

```
指定角的顶点：指定点(1)
指定角的第一个端点：指定点(2)
指定角的第二个端点：指定点(3)
```

角度顶点可以同时为一个角度端点。如果需要尺寸界线，那么角度端点可用作尺寸界线的起点。

在尺寸界线之间绘制一条圆弧作为尺寸线。尺寸界线从角度端点绘制到尺寸线交点。

⑤ 标注弧线位置

指定尺寸线的位置并确定绘制尺寸界线的方向。指定位置之后，DIMANGULAR 命令将结束。

⑥ 多行文字

显示在位文字编辑器，可用它来编辑标注文字。要添加前缀或后缀，可以在生成的测量值前后输入前缀或后缀。用控制代码和 Unicode 字符串来输入特殊字符或符号。

要编辑或替换生成的测量值，删除文字，输入新文字，然后单击【确定】。

当前标注样式决定生成的测量值的外观。

⑦ 文字

在命令提示下，自定义标注文字。生成的标注测量值显示在尖括号中。

⑧ 角度

修改标注文字的角度。

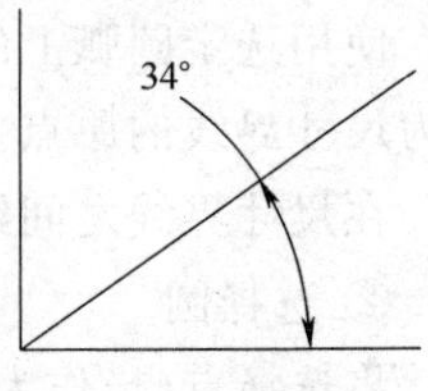

图 8—73　指定标注应锁定到的象限

⑨ 象限

指定标注应锁定到的象限。打开象限行为后，将标注文字放置在角度标注外时，尺寸线会延伸超过尺寸界线。指定象限如图 8－73 所示。

8.3.9　创建坐标点标注

创建坐标标注的步骤如下：

(1)打开创建标注，可用以下方式：

• 单击标注工具栏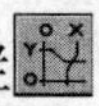。

• 单击菜单中【标注(N)】→【坐标(O)】。

• 在命令提示下，输入“dimordinate”。

(2)如果需要直线坐标引线，打开正交模式。

(3)在“选择功能位置”提示下，指定点位置。

(4)输入“x”(X 基准)或“y”(Y 基准)。在确保坐标引线端点与 X 基准近似垂直或与 Y 基准近似水平的情况下，可以跳过此步骤，如图 8－74 所示。

(5)指定坐标引线端点。

例：给如图 8－75(a)所示的交叉点标注。

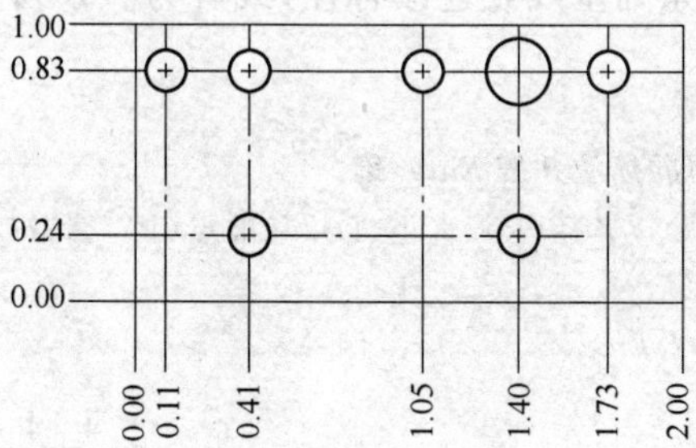

图 8－74　标注坐标

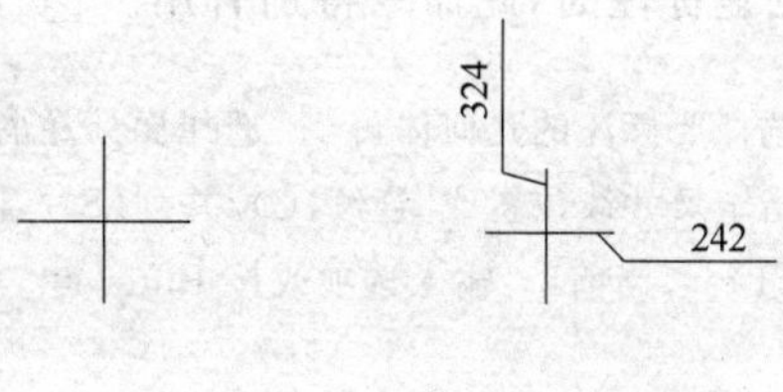

(a)　(b)

图 8－75　交叉点坐标标注

步骤如下：

```
命令：_dimordinate
指定点坐标：
指定引线端点或[X 基准(X)/Y 基准(Y)/多行文字(M)/文字(T)/角度(A)]：
标注文字＝242
命令：DIMORDINATE
指定点坐标：
指定引线端点或[X 基准(X)/Y 基准(Y)/多行文字(M)/文字(T)/角度(A)]：
标注文字＝324
```

结果如图 8－75(b)所示。其命令解释如下：

```
指定点坐标：指定点或捕捉对象
指定引线端点或[X 基准(X)/Y 基准(Y)/多行文字(M)/文字(T)/角度(A)]：指定点或输入选项
```

指定引线端点：使用点坐标和引线端点的坐标差可确定它是 X 坐标标注还是 Y 坐标标注。如果 Y 坐标的坐标差较大，标注就测量 X 坐标。否则就测量 Y 坐标。

X 基准：测量 X 坐标并确定引线和标注文字的方向。将显示“引线端点”提示，从中可以指定端点。如图 8－76(a)所示。

Y 基准：测量 Y 坐标并确定引线和标注文字的方向。将显示“引线端点”提示，从中可以指定端点。如图 8－76(b)所示。

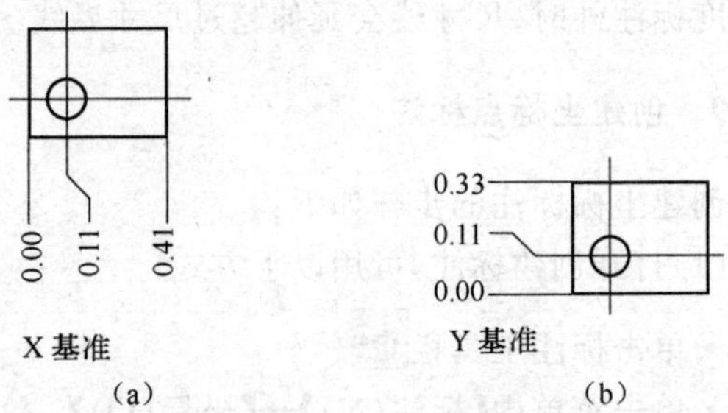

图 8－76　指定坐标标注引线

8.3.10　快速创建标注

快速创建标注步骤如下：

- 单击标注工具栏按钮。
- 单击菜单中【标注(N)】→【快速标注(Q)】。
- 在命令提示下，输入“qdim”。

使用 QDIM 快速创建或编辑一系列标注。创建系列基线或连续标注，或者为一系列圆或圆弧创建标注时，此命令特别有用。

选择要标注的几何体：　*选择要标注的对象或要编辑的标注并按 Enter 键。*

指定尺寸线位置或[连续(C)/并列(S)/基线(B)/坐标(O)/半径(R)/直径(D)/基准点(P)/编辑(E)/设置(T)]<当前>：输入选项或按 Enter 键

连续：创建一系列连续标注。

并列：创建一系列并列标注。

基线：创建一系列基线标注。

坐标：创建一系列坐标标注。

半径：创建一系列半径标注。

直径：创建一系列直径标注。

基准点：为基线和坐标标注设置新的基准点。

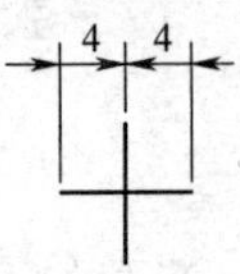

图 8－77　快速标注示例

选择新的基准点：指定点

程序将返回到上一个提示。

编辑：编辑一系列标注。将提示用户在现有标注中添加或删除点。

指定要删除的标注点或[添加(A)/退出(X)]<退出>：指定点、输入 a 或按 Enter 键返回到上一个提示

设置：为指定尺寸界线原点设置默认对象捕捉。将显示以下提示：

关联标注优先级[端点(E)/交点(I)]

程序将返回到上一个提示。

例：给图 8－77 所示图进行快速标注。

操作步骤如下：

```
命令：_qdim
关联标注优先级=端点
选择要标注的几何图形：找到 1 个
选择要标注的几何图形：找到 1 个，总计 2 个
选择要标注的几何图形：
指定尺寸线位置或[连续(C)/并列(S)/基线(B)/坐标(O)/半径(R)/直径(D)/基准点(P)/编辑(E)/设置(T)]<连续>：
指定尺寸线位置或[连续(C)/并列(S)/基线(B)/坐标(O)/半径(R)/直径(D)/基准点(P)/编辑(E)/设置(T)]
```

8.3.11　创建圆弧长度标注

弧长标注用于测量圆弧或多段线弧线段上的距离。典型用法包括测量围绕凸轮的距离或表示电缆的长度。为区别它们是线性标注还是角度标注，默认情况下，弧长标注将显示一个圆弧符号。如图 8－78 所示。

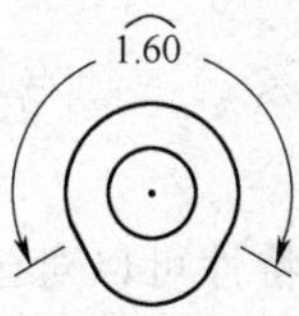

图 8－78　弧长标注方法一

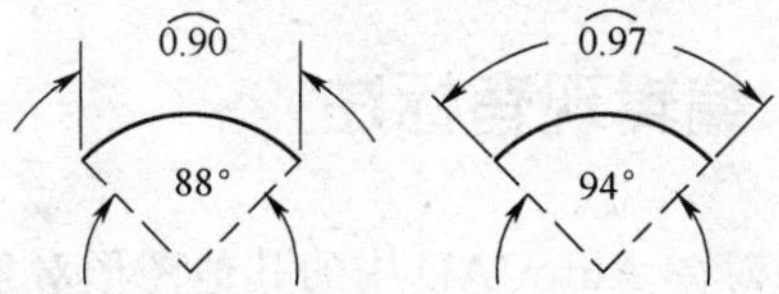

图 8－79　弧长标注方法二

圆弧符号(也称为“帽子”或“盖子”)显示在标注文字的上方或前方。可以使用【标注样式管理器】指定位置样式。可以在【新建标注样式】对话框或“修改标注样式”对话框的“符号和箭头”选项卡上更改位置样式。弧长标注的尺寸延伸线可以正交或径向。如图 8－79 所示。

! 注意：仅当圆弧的包含角度小于 90°时才显示正交尺寸延伸线。

创建弧长标注的步骤如下：

(1)打开创建弧长标注，可用以下方式：

- 单击标注工具栏。
- 单击菜单中【标注(N)】→【弧长(H)】。
- 在命令提示下，输入“dimarc”。

选择圆弧或多段线弧线段。

指定尺寸线的位置。

```
选择弧线段或多段线弧线段：使用对象选择方法
指定弧长标注位置或[多行文字(M)/文字(T)/角度(A)/部分(P)/引线(L)]：指定点或输入选项
```

(2)弧长标注位置。指定尺寸线的位置并确定尺寸界线的方向。

(3)多行文字。显示在位文字编辑器，可用它来编辑标注文字。要添加前缀或后缀，可以在生成的测量值前后输入前缀或后缀。用控制代码和 Unicode 字符串来输入特殊字符或符号。

(4)要编辑或替换生成的测量值，删除文字，输入新文字，然后单击【确定】。如果标注样式中未打开换算单位，可以通过输入方括号“[]”来显示它们。

当前标注样式决定生成的测量值的外观。

(5)文字。在命令提示下，自定义标注文字。生成的标注测量值显示在尖括号中。

(6)角度。修改标注文字的角度。

(7)部分。缩短弧长标注的长度。

指定弧长标注的第一个点：　　*指定圆弧上弧长标注的起点。*
指定弧长标注的第二个点：　　*指定圆弧上弧长标注的终点。*

(8)引线。添加引线对象。仅当圆弧(或弧线段)大于 90°时才会显示此选项。引线是按径向绘制的，指向所标注圆弧的圆心。

指定弧长标注位置或[多行文字(M)/文字(T)/角度(A)/部分(P)/无引线(N)]：

指定点或输入选项。引线将自动创建。“无引线”选项可在创建引线之前取消“引线”选项。要删除引线，删除弧长标注，然后重新创建不带引线选项的弧长标注。

8.4 编辑现有标注

与对待 AutoCAD 中的其他图形对象一样，使用标准方法和特性可以对已有标注编辑、修改。例如，修改标注中的尺寸、调整标注中文字的位置、更新标注内容等。经常使用的标注编辑命令有：“dimstyle”、“ddim”、“dimtedit”、“dimedit”、“ddeit”等。

8.4.1 将新标注样式应用到现有标注

图形中现有标注对象的所有部分不但可以单独地修改，还可以使用标注样式修改图形中现有标注对象的所有部分。如图 8－80 所示。

通过指定其他标注样式修改现有的标注。修改标注样式后，可以选择是否更新与此标注样式相关联的标注。

例：更换如图 8－81 所示的标注样式。

操作步骤如下：

第一步：创建新的标注样式。

第二步：先选择现有标注，如图 8－81 所示，在标注工具栏的下拉列表框中找到新建的样式即可。

8.4.2 折断标注

修改标注有时是为了增强可读性，确保尺寸延伸线或尺寸线不会遮挡任何对象。如图 8－82 所示，根据标注规范，在 A、B 两点尺寸线与尺寸界线不能相交。这时必须采用如下方法打断相关线段：

- 单击标注工具栏按钮。
- 单击菜单中【标注(N)】→【标注打断(K)】。

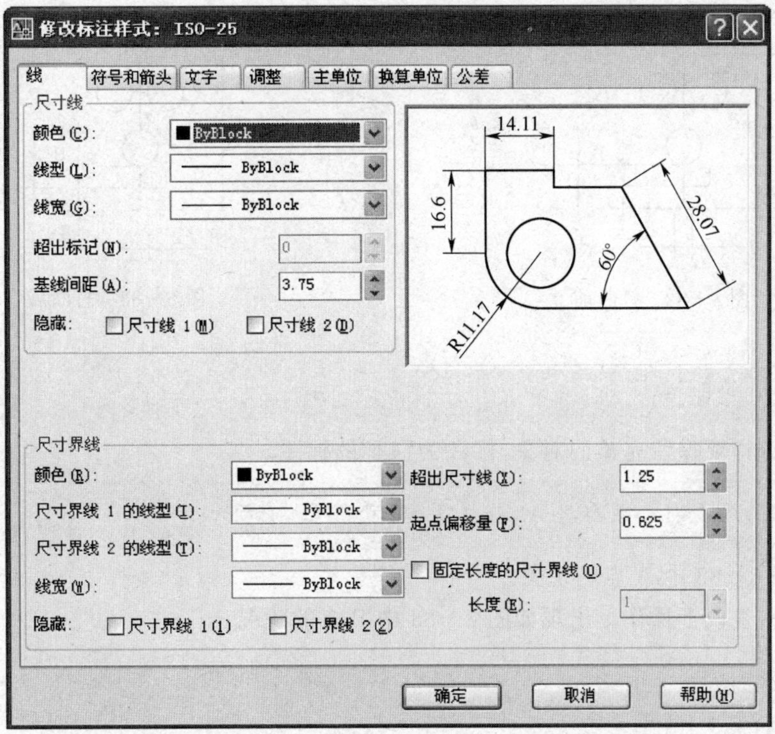

图 8－80　修改现有标注

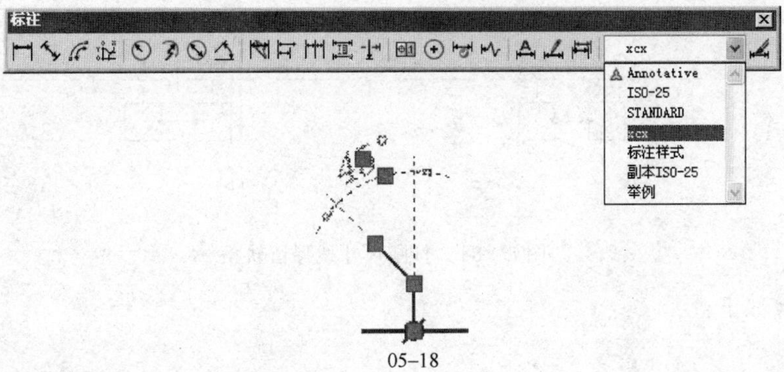

图 8－81　更换样式

• 在命令提示下输入“DIMBREAK”。

例：将如图 8－82 所示的 A、B 两点处打断。

操作步骤如下：

第一步：选择打断标注按钮。

```
命令：_DIMBREAK
```

第二步：选择要将其打断的标注，标注为“17”的对象。

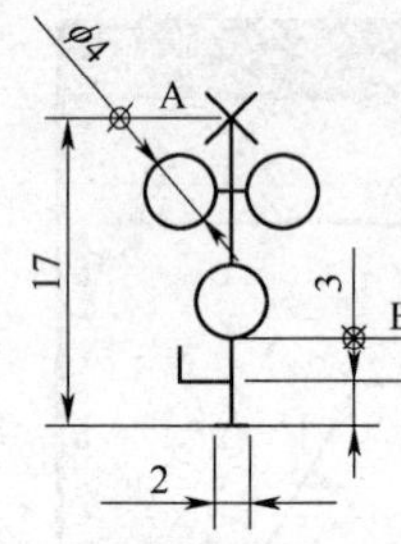

图 8－82　打断前

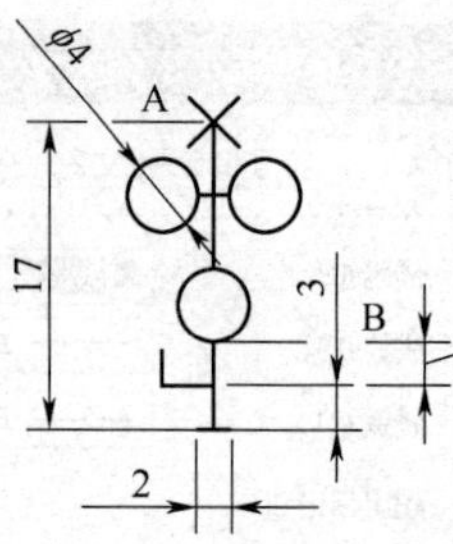

图 8－83　打断后

选择标注或[多个(M)]：

第三步：选择要保留完整的对象，标注为“ϕ4”的标注。

选择要打断标注的对象或[自动(A)/恢复(R)/手动(M)]<自动>：

出现如图 8－83 中 A 点的现象。

第四步：重复以上操作。出现如图 8－83 中 B 点的状况。

命令：DIMBREAK
选择标注或[多个(M)]：
选择要打断标注的对象或[自动(A)/恢复(R)/手动(M)]<自动>：

例：对图 8－84(a)中的 C 点进行打断。

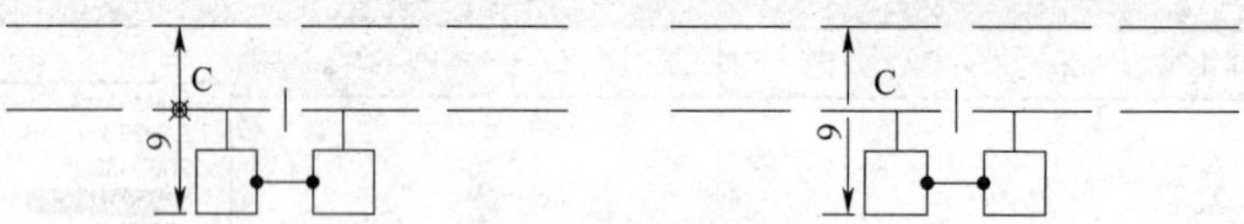

(a)　　　　(b)

图 8－84　打断尺寸线保留轨条

操作步骤如下：

命令：_DIMBREAK
选择标注或[多个(M)]：　*选择标注，或输入 m 并按 Enter 键*
选择要打断标注的对象或[自动(A)/恢复(R)/手动(M)]<自动>：　*选择与标注相交或与选定标注的尺寸界线相交的对象，输入选项，或按 Enter 键*
选择要打断标注的对象：　*选择通过标注的对象或按 Enter 键以结束命令*

! 注意：使用“手动”选项，可以将打断标注添加到不与标注或尺寸界线相交的对象的标注中。

结果如图 8－84(b)所示，命令行中的各项提示意思是：

多个:指定要向其中添加打断或要从中删除打断的多个标注。

```
选择标注:使用对象选择方法,并按 Enter 键
输入选项[打断(B)/恢复(R)]＜打断＞:输入选项或按 Enter 键
```

打断:自动将打断标注放置在与选定标注相交的对象的所有交点处。

自动:自动将打断标注放置在与选定标注相交的对象的所有交点处。

恢复:从选定的标注中删除所有打断标注。

手动:手动放置打断标注。为打断位置指定标注或尺寸界线上的两点。如果修改标注或相交对象,则不会更新使用此选项创建的任何折断标注。使用此选项,一次仅可以放置一个手动折断标注。

```
指定第一个打断点:指定点
指定第二个打断点:指定点
```

可以将打断标注添加到以下标注和引线对象:线性标注(对齐和旋转)、角度标注(2 点和 3 点)、半径标注(半径、直径和折弯)、弧长标注、坐标标注、多重引线(仅直线)。

8.4.3 调整标注间距

使用 DIMSPACE 命令可以将重叠或间距不等的线性标注和角度标注隔开。自动调整图形中现有的平行线性标注和角度标注,以使其间距相等或在尺寸线处相互对齐。

> ! 注意:选择的标注必须是线性标注或角度标注并属于同一类型(旋转或对齐标注)、相互平行或同心并且在彼此的尺寸延伸线上。也可以通过使用间距值"0"对齐线性标注和角度标注。

其方法如下:

- 单击标注工具栏中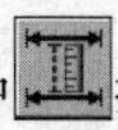按钮。
- 单击菜单中【标注(N)】→【标注间距(P)】。
- 命令提示下输入"DIMSPACE"。

例:调整图 8－85(a)中三个标注之间的距离。

操作步骤如下:

```
命令:DIMSPACE
选择基准标注:
选择要产生间距的标注:找到 1 个
选择要产生间距的标注:
输入值或[自动(A)]＜自动＞:11
```

指定从基准标注均匀隔开选定标注的间距值。输入值 11,则所有选定标注将以 11 的距离隔开。自动:基于在选定基准标注的标注样式中指定的文字高度自动计算间距。所得的间距值是标注文字高度的两倍。

> ! 注意:可以使用间距值 0(零)将对齐选定的线性标注和角度标注的末端对齐。

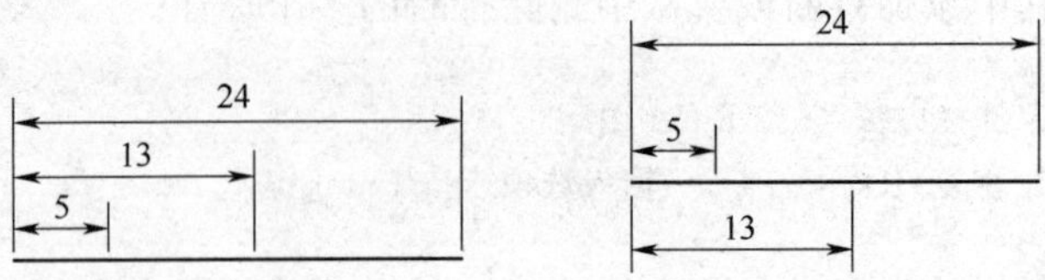

（a）　　（b）

图 8－85　调整三个标注之间的距离

8.4.4　修改标注尺寸

放置标注后，需要多次修改标注所表示的信息。“DIMEDIT”命令可以调整文本位置、旋转文本及其倾斜尺寸界线。可以通过以下方式修改：

• 单击标注工具栏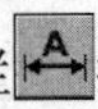按钮。

• 使用命令条目：“dimedit”。

例：将图 8－86(a)中的标注文字旋转 45°。

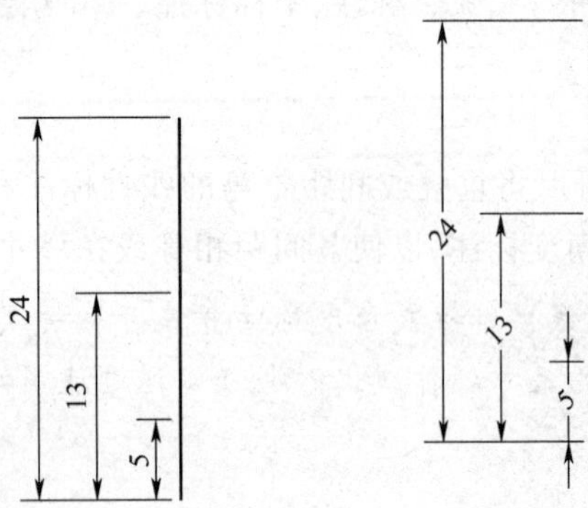

（a）　　（b）

图 8－86　旋转标注文字

！ 注意：这里使用的并不能修改标注中的文本内容。只能调整文本位置、旋转文本及其倾斜尺寸界线。

命令：_dimedit

输入标注编辑类型[默认(H)/新建(N)/旋转(R)/倾斜(O)]＜默认＞：r

指定标注文字的角度：45 找到 1 个

命令：DIMEDIT

输入标注编辑类型[默认(H)/新建(N)/旋转(R)/倾斜(O)]＜默认＞：r

指定标注文字的角度：45

选择对象：找到 1 个

命令：DIMEDIT

输入标注编辑类型[默认(H)/新建(N)/旋转(R)/倾斜(O)]＜默认＞：r

指定标注文字的角度：45

选择对象：找到 1 个

其中命令提示行中的选项意义为：

默认:将旋转标注文字移回默认位置。选定的标注文字移回到由标注样式指定的默认位置和旋转角。

新建:使用在位文字编辑器更改标注文字。用尖括号“＜＞”表示生成的测量值。要给生成的测量值添加前缀或后缀,在尖括号前后输入前缀或后缀。要编辑或替换生成的测量值,删除尖括号,输入新的标注文字,然后选择“确定”。如果标注样式中未打开换算单位,可以通过输入方括号“[]”来显示它们。

旋转:旋转标注文字。输入 0 将标注文字按缺省方向放置。缺省方向由“新建标注样式”对话框、“修改标注样式”对话框和“替代当前样式”对话框中的“文字”选项卡上的垂直和水平文字设置进行设置。

倾斜:调整线性标注尺寸界线的倾斜角度。将创建线性标注,其尺寸界线与尺寸线方向垂直。当尺寸界线与图形的其他部件冲突时“倾斜”选项将很有用处。

8.4.5 修改标注文字

通过“DDEDIT”命令修改标注文本内容。方法如下：

- 单击文字工具栏按钮。
- 单击菜单中【修改(M)】→【对象(O)】→【文字(T)】→【编辑(E)...】。
- 在命令提示下,输入“ddedit”。

或双击文字对象。打开“对象特性”后,在“文字”栏下的“文字替代”中填写要输入的值即可,如图 8－87 所示。

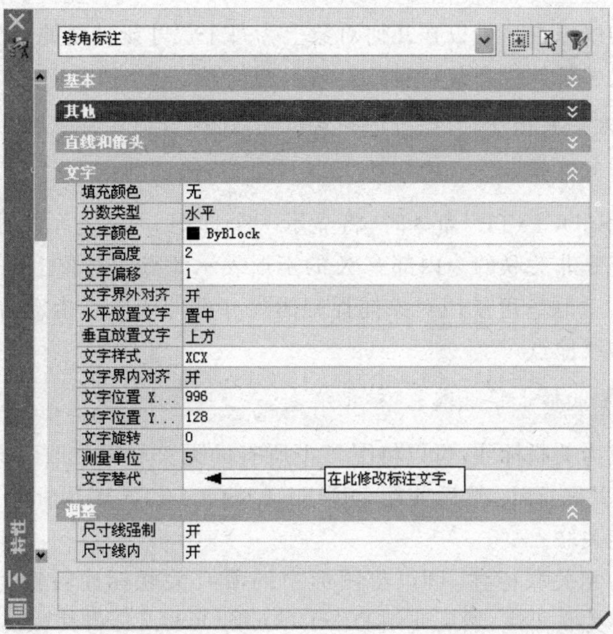

图 8－87 “标注”特性

> ! 注意:这里使用的并非“样式工具栏”中的文字编辑按钮。而是“自定义用户界面”里“修改”栏里的文字修改按钮。

例：将图 8－88 中的标注文字“24”为“30”。

图 8－88　修改标注文字

步骤如下：

第一种方法：将【自定义用户界面】里【修改】栏里的文字修改按钮。拖放至修改工具栏然后使用。其修改方法如同对多行文本的修改方法。

第二种方法：双击标注文字，打开【特性对话框】，在【文字替代】栏中填入“30”。

第三种方法：通过菜单栏进行修改。

8.4.6　修改标注关联性

在某些情况下可能需要修改关联性，例如：

- 重定义图形中有效编辑的标注的关联性。
- 为局部解除关联的标注添加关联性。
- 在传统图形中为标注添加关联性。

为不同对象重新建立关联：使用 DIMREASSOCIATE，可以选择一个或多个标注并遍历每个标注的尺寸延伸线原点。可以在几何对象上为每个尺寸延伸线原点分别指定一个新的关联点。关联点确定尺寸延伸线在几何对象上的附着位置。

! 注意：创建或修改关联标注时，务必仔细定位关联点，以便在将来修改设计时使几何对象与其关联标注一起改变。

使用“DIMREASSOCIATE”命令时，将显示一个标记，用来指示标注的每个连续尺寸延伸线原点是关联的还是非关联的。内部有 X 的矩形表示此点与对象上的某一位置关联，单个 X 表示此点与对象无关联。可使用对象捕捉来为尺寸延伸线原点指定新关联，或按 Enter 键跳至下一个尺寸延伸线原点。

! 注意：如果用滑轮鼠标平移或缩放，标记消失。

将无关联标注改为关联标注：可以将图形中所有的无关联标注改为关联标注。使用 QSELECT 选择所有非关联标注，然后使用 DIMREASSOCIATE 遍历标注，使每个标注与几何对象上的某个位置相关联。

将关联标注改为无关联标注：可以将图形中的所有关联标注转换为无关联标注。使用 QSELECT 选择所有关联标注，然后使用 DIMDISASSOCIATE 将其转换为非关联标注。

复习思考题

1. 给附录 A 中各图进行标注。
2. 根据上题练习对标注进行编辑。

第9章 辅 助 工 具

计算机辅助设计过程中,常用的辅助工具有设计中心、查询、计算器功能等。

通过设计中心,可以方便地访问其他图形内容,轻松地将源图形中的任何内容拖动到当前图形中,快速地将图形、块和填充拖动到工具选项板上。源图形可以位于计算机上、网络位置或网站上。另外,如果打开了多个图形,则可以通过设计中心在图形之间复制和粘贴其他内容(如图层定义、布局和文字样式)来简化绘图过程。

查询则是按照指定的搜索条件显示特定对象的信息。如了解某一对象的大小、长度、特性或对象之间距离等等;创建并编辑图形的时间等。

9.1 设计中心

使用设计中心可以达到如下目的:

• 浏览计算机、网络驱动器和 Web 页上的图形内容(例如图形或符号库)。

• 在定义表中查看图形文件中命名对象(例如块和图层)的定义,然后将定义插入、附着、复制和粘贴到当前图形中。

• 更新(重定义)块定义。

• 创建指向常用图形、文件夹和 Internet 网址的快捷方式。

• 向图形中添加内容(例如外部参照、块和填充)。

• 在新窗口中打开图形文件。

• 将图形、块和填充拖动到工具选项板上以便于访问。

9.1.1 设计中心窗口

通过以下方式,可以打开“设计中心”:

• 单击标准工具栏 按钮。

• 单击菜单中【工具(T)】→【选项板】→【设计中心(D)】。

• 在命令提示下输入“adcclose”。

• 通过快捷键:“Ctrl+2”。

“设计中心”窗口如图 9-1 所示,它分为两部分:

• 树状图:浏览内容的源。

• 内容区:显示内容。还可以在内容区中将项目添加到图形或工具选项板中。

1. 树状图

显示用户计算机和网络驱动器上的文件与文件夹的层次结构、打开图形的列表、自定义内容以及上次访问过的位置的历史记录。选择树状图中的项目以便在内容区域中显示其内容。

> ! 注意:sample\designcenter 文件夹中的图形包含可插入在图形中的特定组织块。这些图形称为符号库图形。

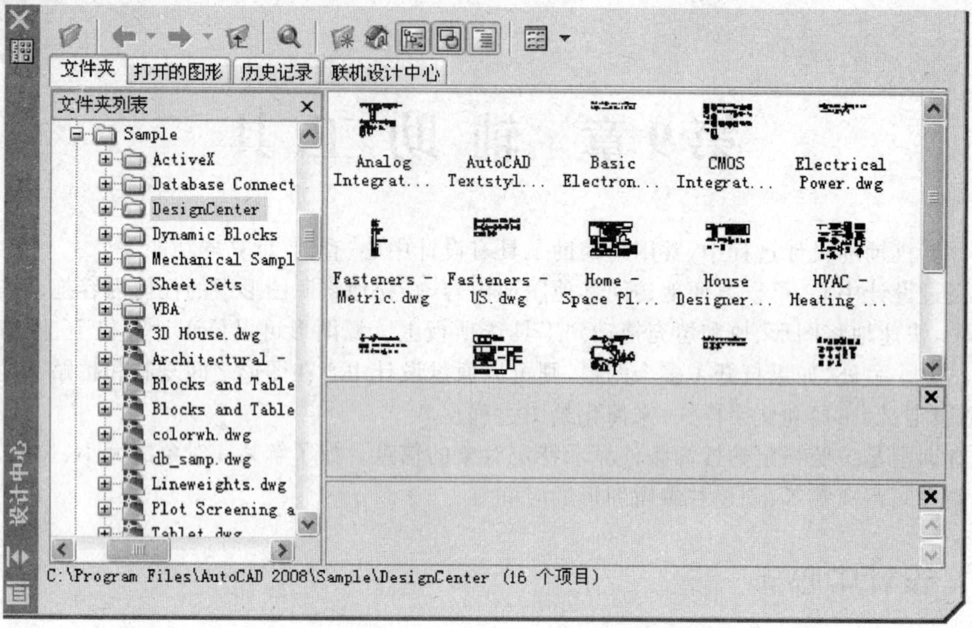

图 9—1　设计中心窗口

使用设计中心顶部的工具栏按钮可以访问树状图选项。

(1)【文件夹】选项卡：显示计算机或网络驱动器(包括“我的电脑”和“网上邻居”)中文件和文件夹的层次结构。可以使用 ADCNAVIGATE 在设计中心树状图中定位到指定的文件名、目录位置或网络路径。

【文件夹】选项卡显示导航图标的层次结构，包括：

• 网络和计算机。

• Web 地址(URL)。

• 计算机驱动器。

• 文件夹。

• 图形和相关的支持文件。

• 外部参照、布局、填充样式和命名对象，包括图形中的块、图层、线型、文字样式、标注样式和打印样式。

单击树状图中的项目，在内容区中显示其内容。单击加号(+)或减号(—)可以显示或隐藏层次结构中的其他层次。双击某个项目可以显示其下一层次的内容。在树状图中单击鼠标右键将显示带有若干相关选项的快捷菜单。

(2)【打开的图形】选项卡：显示当前工作任务中打开的所有图形，包括最小化的图形。

(3)【历史记录】选项卡：显示最近在设计中心打开的文件的列表。显示历史记录后，在一个文件上单击鼠标右键显示此文件信息或从【历史记录】列表中删除此文件。

(4)【联机设计中心】选项卡：访问联机设计中心网页。建立网络连接时，“欢迎”页面中将显示两个窗格。左边窗格显示了包含符号库、制造商站点和其他内容库的文件夹。当选定某个符号时，它会显示在右窗格中，并且可以下载到正在编辑的图形中。

技巧：标记经常使用的内容。设计中心提供了一种方法，可以帮助用户快速找到需要经常访问的内容。树状图和内容区均包括可激活“收藏夹”文件夹的选项。“收藏夹”文件夹可能包含本地驱动器、网络驱动器和 Internet 网址的快捷方式。选定图形、文件夹或其他类型的内容并选择“添加到收藏夹”时，即可在“收藏夹”文件夹中添加指向此项目的快捷方式。原始文件或文件夹实际上并未移动；事实上，您创建的所有快捷方式都存储在“收藏夹”文件夹中。

2.内容区

显示树状图中当前选定“容器”的内容。容器是包含设计中心可以访问的信息的网络、计算机、磁盘、文件夹、文件或网址(URL)。根据树状图中选定的容器，内容区域的典型显示内容包括：含有图形或其他文件的文件夹；图形；图形中包含的命名对象(命名对象包括块、外部参照、布局、图层、标注样式和文字样式)；图像或图标表示块或填充图案；基于 Web 的内容；由第三方开发的自定义内容。

在内容区域中，通过拖动、双击或单击鼠标右键并选择“插入为块”、“附着为外部参照”或“复制”，可以在图形中插入块、填充图案或附着外部参照。可以通过拖动或单击鼠标右键向图形中添加其他内容(例如图层、标注样式和布局)。可以从设计中心将块和填充图案拖动到工具选项板中。

注意：通过在树状图或内容区域中单击鼠标右键，可以访问快捷菜单上的相关内容区域或树状图选项。

加载：显示【加载】对话框。使用【加载】浏览本地和网络驱动器或 Web 上的文件，然后选择内容加载到内容区域。

上一页：返回到历史记录列表中最近一次的位置。

下一页：返回到历史记录列表中下一次的位置。

上一级：显示当前容器的上一级容器的内容。

停止(【联机设计中心】选项卡)：停止当前传输。

重载(【联机设计中心】选项卡)：重载当前页。

搜索：显示【搜索】对话框，从中可以指定搜索条件以便在图形中查找图形、块和非图形对象。搜索也显示保存在桌面上的自定义内容。

收藏夹：在内容区域中显示“收藏夹”文件夹的内容。“收藏夹”文件夹包含经常访问项目的快捷方式。要在“收藏夹”中添加项目，可以在内容区域或树状图中的项目上单击右健，然后单击“添加到收藏夹”。要删除“收藏夹”中的项目，可以使用快捷菜单中的“组织收藏夹”选项，然后使用快捷菜单中的【刷新】选项。

注意：将 DesignCenter 文件夹自动添加到收藏夹中。此文件夹包含具有可以插入在图形中的特定组织块的图形。

默认：将设计中心返回到默认文件夹。安装时，默认文件夹被设置为“...\Sample\DesignCenter”。使用树状图中的快捷菜单可以更改默认文件夹。

树状图切换：显示和隐藏树状视图。如果绘图区域需要更多的空间，请隐藏树状图。

树状图隐藏后,可以使用内容区域浏览容器并加载内容。

在树状图中使用“历史记录”列表时,“树状图切换”按钮不可用。

预览:显示和隐藏内容区域窗格中选定项目的预览。如果选定项目没有保存的预览图像,“预览”区域将为空。

说明:显示和隐藏内容区域窗格中选定项目的文字说明。如果同时显示预览图像,文字说明将位于预览图像下面。如果选定项目没有保存的说明,“说明”区域将为空。

视图:为加载到内容区域中的内容提供不同的显示格式。可以从“视图”列表中选择一种视图,或者重复单击【视图】按钮在各种显示格式之间循环切换。默认视图根据内容区域中当前加载的内容类型的不同而有所不同。

刷新(只适用于快捷菜单):刷新内容区域的显示,以反映所做的更改。在内容区域的背景中单击鼠标右键,然后单击快捷菜单中的【刷新】。

9.1.2 通过设计中心访问内容

使用以下方法可以在内容区中向当前图形添加内容:

• 将某个项目拖动到某个图形的图形区,按照默认设置(如果有)将其插入。

• 双击块将显示【插入】对话框,双击图案填充将显示【边界图案填充】对话框。

• 在内容区中的某个项目上单击鼠标右键,将显示包含若干选项的快捷菜单。其后的操作方法如同“双击”。这里不再介绍。

可以预览图形内容(例如内容区中的图形、外部参照或块),还可以显示文字说明(如果有)。

1. 通过拖放直接引用设计中心的“块”。

例:在“设计中心”按图 9－2 添加“电池”符号。

第一步:在标准工具栏中找到,点击打开“设计中心”。

第二步:在文件夹列表中找到“baseelectronics. dwg”。

第三步:在内容区找到“电池”,如图 9－2 所示。

2. 通过“双击”引用设计中心的“块”。

例:在“设计中心”按图 9－2 添加“变压器”符号。

第一步:在标准工具栏中找到。点击打开“设计中心”。

第二步:在文件夹列表中找到“baseelectronics. dwg”。

第三步:在内容区找到“变压器”,双击弹出如图 9－3 所示的对话框。

第四步:放置至合适的位置。

9.2 查询命令

9.2.1 时　　间

TIME 命令显示图形的日期和时间统计信息。通过以下方式进入“Time”命令:

• 单击菜单中【工具(T)】→【查询(Q)】→【时间(T)】。

• 在命令提示下输入“time”。

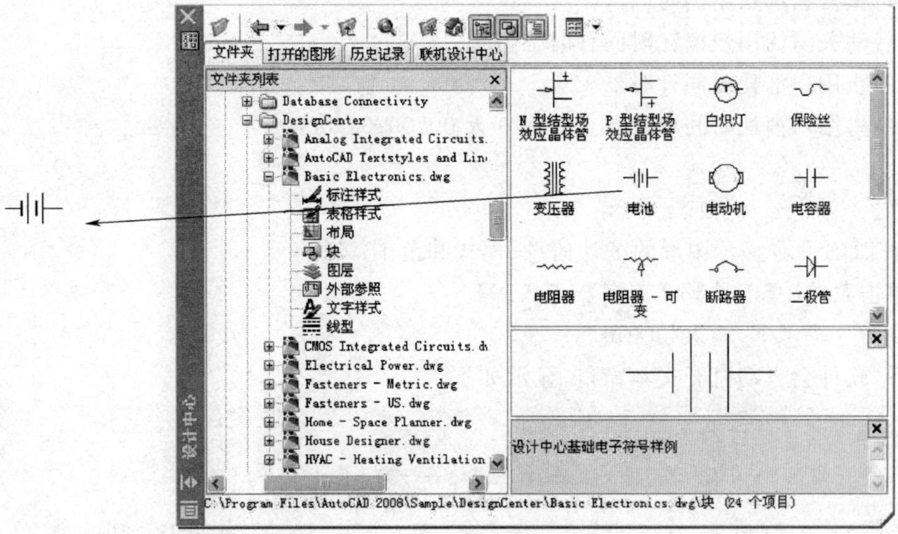

图 9—2　拖放电池

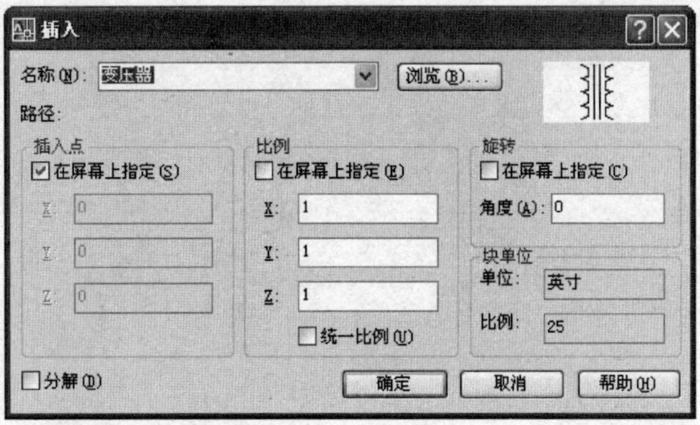

图 9—3　双击

TIME 显示以下信息：

命令：time
当前时间：2009 年 1 月 29 日 17:16:03:421
此图形的各项时间统计：
创建时间：2009 年 1 月 24 日 13:06:28:765
上次更新时间：2009 年 1 月 29 日 16:26:13:359　　*显示当前图形最后一次更新的日期和时间。此日期和时间最初是图形创建的时间。每次保存图形文件后，此时间都会被修改。*
累计编辑时间：0days22:52:48:531　　*显示编辑当前图形花费的时间。此计时器由程序更新，不能重置或停止。累计编辑时间不包括打印时间。如果不保存图形就退出编辑任务，则编辑任务的时间不记入累计编辑时间。*

消耗时间计时器(开)：0days22:52:48:516　　*程序运行时，作为另一个计时器运行。*
下次自动保存时间：＜尚未修改＞
输入选项[显示(D)/开(O)/关(OFF)/重置(R)]：

显示:重复显示更新的时间。

开:启动关闭的用户消耗时间计时器。

关:停止用户消耗时间计时器。

重置:将用户消耗时间计时器重置为0天00:00:00.000。

9.2.2 状　　态

STATUS命令显示图形的统计信息、模式和范围:

- 单击菜单中【工具】→【查询】→【状态】。
- 在命令提示下,输入"status"。

之后,软件会自动打开文本窗口,显示如下:

```
命令: status
3322 个对象在 E:\02CAD 自编讲义\CAD 各章\各种插入图形.dwg 中
模型空间图形界限          X:        0  Y:        0  (关)
                          X:      420  Y:      297
模型空间使用         X:       102  Y:       -65  ** 超过
                          X:     3783  Y:     1267  ** 超过
显示范围                  X:      451  Y:     -202
                          X:      941  Y:       70
插入基点                  X:      112  Y:      246  Z:        0
捕捉分辨率                X:       10  Y:       10
栅格间距                  X:       10  Y:       10
当前空间:                模型空间
当前布局:                Model
当前图层:                0
当前颜色:            BYLAYER—7 (白)
当前线型:        "CEnter"
当前材质:        BYLAYER—"Global"
当前线宽:      BYLAYER
当前标高:                    0  厚度:          0
填充 开   栅格 关   正交 关   快速文字 关   捕捉 关   数字化仪 关
对象捕捉模式:     圆心,端点,交点,中点,延伸
```

STATUS报告当前图形中对象的数目。所有坐标和距离都由STATUS以UNITS指定的格式显示。包括图形对象(例如圆弧和多段线)、非图形对象(例如图层和线型)和块定义。在DIM提示下使用时,STATUS将报告所有标注系统变量的值和说明。

模型空间或图纸空间的图形界限:显示由LIMITS定义的栅格界限。第一行显示界限左下角的XY坐标。第二行显示界限右上角的XY坐标。Y坐标值右边的注释"关"表示界限检查设置为0。

模型空间或图纸空间使用:显示图形范围(包括数据库中的所有对象),可以超出栅格界限。第一行显示该范围左下角的XY坐标。第二行显示右上角的XY坐标。Y坐标值右边的"超过"注释表明该图形的范围超出了栅格界限。

显示范围:列出当前视口中可见的图形范围部分。第一行显示该显示左下角的XY坐标。

第二行显示右上角的 XY 坐标。

插入基点：显示图形的插入点，它存储在 INSBASE 系统变量中，且表示为 X，Y，Z 坐标。

捕捉分辨率：显示 X 和 Y 方向上的捕捉间距，它存储在 SNAPUNIT 系统变量中。

栅格间距：显示 X 和 Y 方向上的栅格间距，它存储在 GRIDUNIT 系统变量中。

当前空间：显示当前激活的是模型空间还是图纸空间。

当前布局：显示“模型”或当前布局的名称。

当前图层：列出图形的当前图层，它存储在 CLAYER 系统变量中。

当前颜色：列出当前颜色，它存储在 CECOLOR 系统变量中。

当前线型：列出当前线型，它存储在 CELTYPE 系统变量中。

当前材质：列出当前材质，它由 CMATERIAL 系统变量存储。

当前线宽：列出当前线宽，它存储在 CELWEIGHT 系统变量中。

当前打印样式：列出当前打印样式，它存储在 CPLOTSTYLE 系统变量中。

当前标高：列出该图形的当前标高，它存储在 ELEVATION 系统变量中。

厚度：列出当前厚度，它存储在 THICKNESS 系统变量中。

显示填充、栅格、正交、快速文字、捕捉和数字化仪等模式为开还是关。

对象捕捉模式：列出由 OSNAP 指定的执行对象捕捉模式。

可用图形磁盘：列出驱动器上为该程序的临时文件指定的可用磁盘空间的量。

可用临时磁盘空间：列出驱动器上为临时文件指定的可用磁盘空间的量。

可用物理内存：列出系统中的可用安装内存。

可用交换文件空间：列出交换文件中的可用空间。

9.2.3 列表显示

LIST 命令在文本窗口中显示选定对象的数据库信息。如，对象的类型、所在空间、图层、大小、位置等。可通过以下方式进入“List”命令：

- 单击查询工具栏。
- 单击菜单中【工具】→【查询】→【列表】。
- 或在命令提示下，输入“list”。

```
命令：list 找到 5 个
                直线        图层：0
                空间：模型空间
                颜色：7（白）  线型：BYLAYER
                线宽：0.30 毫米
                句柄 = 2c2e
                自 点，X=537   Y=－59   Z=   0
                到 点，X=540   Y=－59   Z=   0
                长度 =   3，在 XY 平面中的角度 =0
                增量 X =   3，增量 Y =   0，增量 Z =   0
                圆          图层：0
                空间：模型空间
```

```
颜色：7（白）　　线型：BYLAYER
句柄 = 2c2d
圆心 点，X=540　Y=－59　Z=　0
半径　　　　1
周长　　　　3
面积　　　　1
HATCH　　图层：0
```

9.2.4 坐　　标

ID 命令显示位置的坐标。ID 列出了指定点的 X、Y 和 Z 值，并将指定点的坐标存储为最后一点。通过在要求输入点的下一个提示中输入“@”来引用最后一点。有如下两种操作方式：

- 单击菜单中【工具】→【查询】→【点坐标】。
- 在命令提示下输入“id”。

命令行显示如下：

```
命令：id 指定点：　X = 540　　Y = －59　　Z = 0
```

指定点：使用定点设备指定点。

9.2.5 距　　离

DIST 命令使用当前单位格式来显示距离，测量两点之间的距离和角度。有如下三种操作方式：

- 单击查询工具栏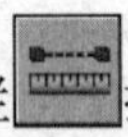按钮。
- 单击菜单中【工具】→【查询】→【距离】。
- 在命令提示下输入“dist”。

```
命令：DIST 指定第一点：　指定第二点：
距离 = 3，XY 平面中的倾角 = 0，　与 XY 平面的夹角 = 0
X 增量 = 3，　Y 增量 = 0，　Z 增量 = 0
```

其中：

距离＝计算出的距离，XY 平面中的倾角＝角度，与 XY 平面的夹角＝角度。

增量 X＝X 坐标变化，增量 Y＝Y 坐标变化，增量 Z＝Z 坐标变化

9.2.6 面　　积

AREA 命令计算对象或指定区域的面积和周长。有如下三种操作方式：

- 单击查询工具栏按钮。
- 单击菜单中【工具】→【查询】→【面积】。
- 在命令提示下输入“area”。

命令：AREA
指定第一个角点或［对象(O)/加(A)/减(S)］：　*计算由指定点定义的面积和周长。所有点必须都在与当前坐标系(UCS)的XY平面平行的平面上。*

指定下一个角点或按 Enter 键全选：　*继续指定点以定义多边形，然后按 Enter 键完成周长定义。*
指定下一个角点或按 Enter 键全选：
指定下一个角点或按 Enter 键全选：
指定下一个角点或按 Enter 键全选：
指定下一个角点或按 Enter 键全选：
面积 = 9，周长 = 12

添加：打开"加"模式后，继续定义新区域时应保持总面积平衡。"加"选项计算各个定义区域和对象的面积、周长，也计算所有定义区域和对象的总面积。可以使用"减"选项从总面积中减去指定面积。

"加"模式选择对象：AREA 将计算面积和周长，并返回打开"加"模式后通过选择点或对象定义的所有区域的总面积。

如果选择开放的多段线，将假设从最后一点到第一点绘制了一条直线，然后计算所围区域中的面积。计算周长时，将忽略该直线的长度。

计算面积和周长时将使用宽多段线的中心线。

9.3　辅助功能

为方便设计和绘制图形，AutoCAD 提供了一些辅助功能，如，计算器、重命名等工具或应用程序。

9.3.1　"快速计算"计算器 CAL

执行各种算术、科学和几何计算，创建和使用变量，并转换测量单位。有如下四种操作方式：

- 单击标准工具栏按钮。
- 单击菜单中【工具(T)】→【选项板】→【快速计算(Q)】。
- 在命令提示下，输入"quickcalc"。
- 快捷菜单：单击鼠标右键，然后单击"快速计算"。

"快速计算"计算器包含以下区域：

1. 工具栏。执行常用函数的快速计算。

清除：清除输入框。

清除历史记录：清除历史记录区域。

将值粘贴到命令行：在命令提示下将值粘贴到输入框中。如果在命令执行过程中以透明方式使用"快速计算"，则在计算器底部，此按钮将替换为【应用】按钮。

获取坐标：计算用户在图形中单击的某个点位置的坐标。

两点之间的距离：计算用户在对象上单击的两个点位置之间的距离。

由两点定义的直线的角度：计算用户在对象上单击的两个点位置之间的角度。

由四点定义的两条直线的交点：计算用户在对象上单击的四个点位置的交点。

2. 历史记录区域。显示以前计算的表达式列表。历史记录区域的快捷菜单提供了几个选项，包括将选定表达式复制到剪贴板上的选项。

3. 输入框。为用户提供了一个可以输入和检索表达式的框。如果单击＝(等号)按钮或按 Enter 键，"快速计算"计算器将计算表达式并显示计算结果。

4. "更多"/"更少"按钮。隐藏或显示所有"快速计算"函数区域。也可以在按钮上单击鼠标右键，选择要隐藏或显示的各个函数区域。

5. 数字键区。提供可供用户输入算术表达式的数字和符号的标准计算器键盘。输入值和表达式后，单击等号(＝)将计算表达式。下表介绍了数字键区上的其他控件。

6. 科学区域。计算通常与科学和工程应用相关的三角、对数、指数和其他表达式。

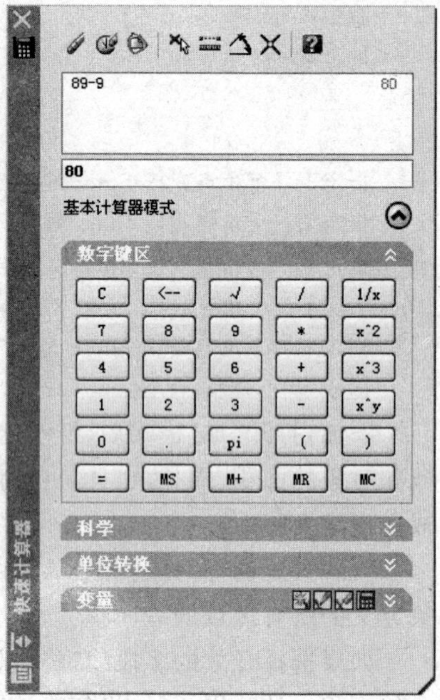

图 9－4　快速计算器

7. 单位转换区域。将测量单位从一种单位类型转换为另一种单位类型。单位转换区域只接受不带单位的小数值。

单位类型：从列表中选择长度、面积、体积和角度值。

转换自：列出转换的源测量单位。

转换为：列出转换的目标测量单位。

要转换的值：提供可供输入要转换的值的输入框。

已转换的值：转换输入的单位并显示转换后的值。

计算器图标：将转换后的值返回到输入框中。

8. 变量区域。提供对预定义常量和函数的访问。可以使用变量区域定义并存储其他常量和函数。

变量树：存储预定义的快捷函数和用户定义的变量。

快捷函数是常用表达式，它们将函数与对象捕捉组合在一起。"新建变量"按钮：打开【变量定义】对话框。

"编辑变量"按钮：打开【变量定义】对话框，用户可以在此更改选定的变量。

"删除变量"按钮：删除选定的变量。

"计算器"按钮：将选定的变量返回到输入框中。

9.3.2　清除图形中的不用对象

PURGE 命令经常用来删除图形中未使用的命名项目，例如块定义和图层等。减小文件的"体积"。有如下两种操作方式：

- 单击菜单中【文件】→【绘图实用程序】→【清理】。
- 在命令提示下输入"purge"。

显示【清理】对话框，如图 9－5 所示。

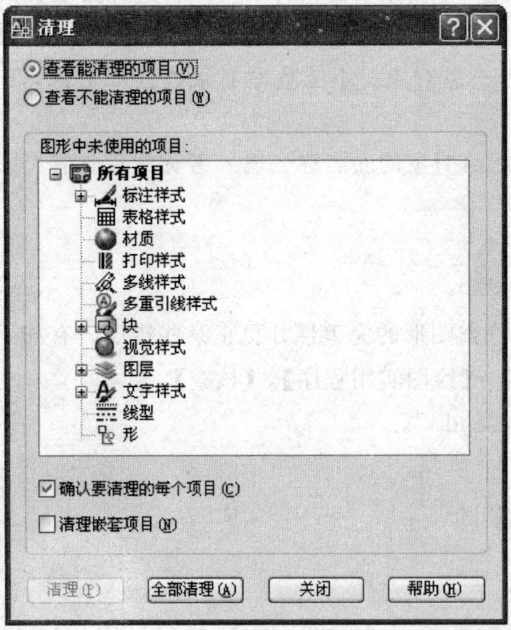

图 9－5　【清理】对话框

! 注意：如果在命令提示下输入"－purge"，将在命令提示下显示选项。

9.3.3 重命名

RENAME 用来重命名对象。有如下两种操作方式：

• 单击菜单中【格式】→【重命名】。

• 在命令提示下输入"rename"。

打开【重命名】对话框，如图 9－6 所示。

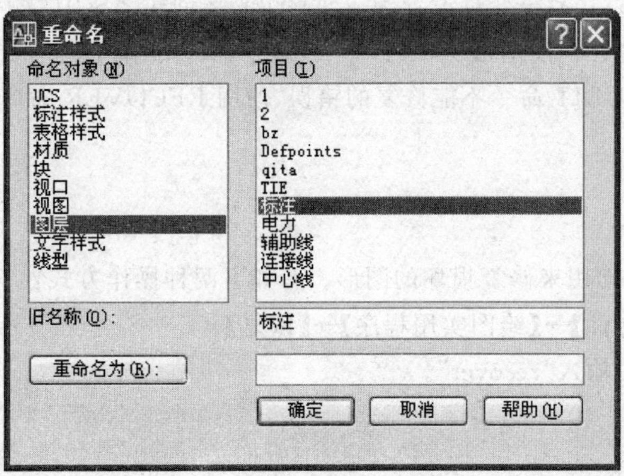

图 9－6　重命名对话框

命名对象：按类别列出图形中的命名对象。选择要重命名的对象。

项目:显示在“命名对象”中指定类型的命名对象。选择要改变的名称。

旧名称:指定要重命名的命名对象。输入名称或从“项目”列表中选择一个名称。可使用通配符“*”和”?“重命名一组对象。不能重命名某些标准对象,例如图层 0 和 CONTINUOUS 线型。

重命名为:指定要分配给对象的新名称。输入名称然后选择“重命名为”以应用此改变的名称。

9.3.4 核　查

AUDIT 命令常用来检查图形的完整性并更正某些错误。有如下两种操作方式:

• 单击菜单中【文件】→【绘图实用程序】→【核查】。
• 在命令提示下输入“audit”。

```
命令:audit
是否更正检测到的任何错误?[是(Y)/否(N)]<N>:y
核查表头
核查表
第 1 阶段图元核查
阶段 1 已核查 3200      个对象
第 2 阶段图元核查
阶段 2 已核查 3200      个对象
核查块
已核查 98        个块
共发现 0 个错误,已修复 0 个
已删除 0 个对象
是否更正检测到的任何错误?[是(Y)/否(N)]<否>:输入"y"或"n",或按 Enter 或空格键。
```

为便于访问,AUDIT 将所有报告错误的对象放置在“上一个”选择集中。但是,编辑命令将仅影响属于当前图纸空间或模型空间的对象。

如果将 AUDITCTL 系统变量设置为 1,AUDIT 将创建 ASCII 文件,说明问题和采取的措施,并将此报告放置在当前图形所在的同一目录中,文件扩展名为“.adt”。

如果图形含有 AUDIT 命令不能修复的错误,使用 RECOVER 命令检索图形并更正其错误。

9.3.5 修　复

RECOVER 命令常用来修复损坏的图形。有如下两种操作方式:

• 单击菜单中【文件】→【绘图实用程序】→【恢复】。
• 在命令提示下,输入“recover”。

```
图形修复。
图形修复日志。
验证句柄表内的对象。
有效对象 2940 个,无效对象 0 个
对象验证完毕。
```

从图形挽回的数据库。
核查表头
核查表
第 1 阶段图元核查
阶段 1 已核查 2900 个对象
第 2 阶段图元核查
阶段 2 已核查 2900 个对象
核查块
已核查 98 个块
共发现 0 个错误,已修复 0 个
已删除 0 个对象
正在打开 AutoCAD 2007 格式的文件。
正在重生成模型。
AutoCAD 菜单实用程序已加载。

在【选择文件】对话框(标准文件选择对话框)中,输入图形文件名或选择损坏的图形文件。在文本窗口显示结果。

输入要修复的图形文件名:在提示下输入"～"(波浪号)可以忽略 FILEDIA 并显示【选择文件】对话框。

! 注意:RECOVER 命令可修复或核查 DWG、DWT 和 DWS 文件。对 DXF 文件执行修复将仅打开文件。

复习思考题

1. 设计中心有哪些功能?在设计中心以通过拖动方式打开与插入文件方式有何区别?
2. 要查询某对象的特性,可以采用哪些方式?
3. 如何获得指定对象的长度和面积?

第 10 章　绘制信号电路图

电路图是用图形符号详细表示电路、设备或成套装置的全部基本组成和连接关系，并尽量按工作顺序排列。电路图不是简图。而简图是用图形符号，带注释的围框或简化外形表示系统或设备中的各组成部分之间相互关系及其连接关系的一种图，是一种只考虑其实际位置的一种图。绘制电路图主要是便于深入理解其作用及原理，分析和计算电路特性，它的具体作用如下：

(1)用图形符号或带注释的围框、项目代号、连接线等说明产品的工作原理。

(2)表明设备及产品各组成部分之间的连接关系。

(3)为绘制接线图，印制电路板图提供依据。

(4)用于产品的安装测试和维修。

在绘制电路图时，要考虑图幅及其分区、标题栏的放置、图纸编号怎么编号、图线怎么绘制、电路图怎么画。下面就电路图绘制的几个方面作简单的介绍。

10.1　图幅及幅面

10.1.1　图　　幅

图纸幅面尺寸是指绘制图样所采用的纸张的大小规格。图纸幅面有基本幅面和加长幅面之分，为了便于管理和合理使用纸张，绘制图样时应优先采用表 10－1 所规定的基本幅面。

表 10－1　图纸基本图幅尺寸

<table>
<tr><td>图幅代号</td><td>A0</td><td>A1</td><td>A2</td><td>A3</td><td>A4</td></tr>
<tr><td>尺寸 $B\times L$(mm×mm)</td><td>841×1 189</td><td>594×841</td><td>420×594</td><td>297×420</td><td>210×297</td></tr>
<tr><td>e</td><td colspan="2">20</td><td colspan="3">10</td></tr>
<tr><td>c</td><td colspan="3">10</td><td colspan="2">5</td></tr>
<tr><td>a</td><td colspan="5">25</td></tr>
</table>

当需要选用加长幅面时，应选用与基本幅面短边成正整数倍增加的加长幅面，如图 10－1 所示，粗实线所示为基本幅面，细实线和虚线所示为加长幅面。

图纸幅面的选择一般应遵循以下原则：

(1)设计对象的规模和复杂程度，图纸高度尽量采用 297 mm。

(2)在保证图面清晰、布局紧凑的前提下，应尽量选用较小的幅面。

(3)需要复印和缩微时，应考虑其特殊要求。

(4)电路图绘制在几张图纸上时，所用图纸幅面一般应相同。

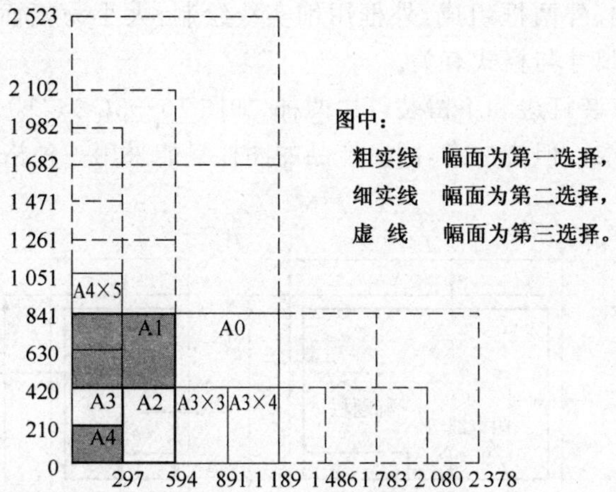

图 10－1　图纸幅面

10.1.2　图幅分区及图框

1. 图幅分区

当需要确定元器件在电路图中的位置或电路某一部分内容时，一般要对电路图幅进行分区，分区的格式如图 10－2 所示。

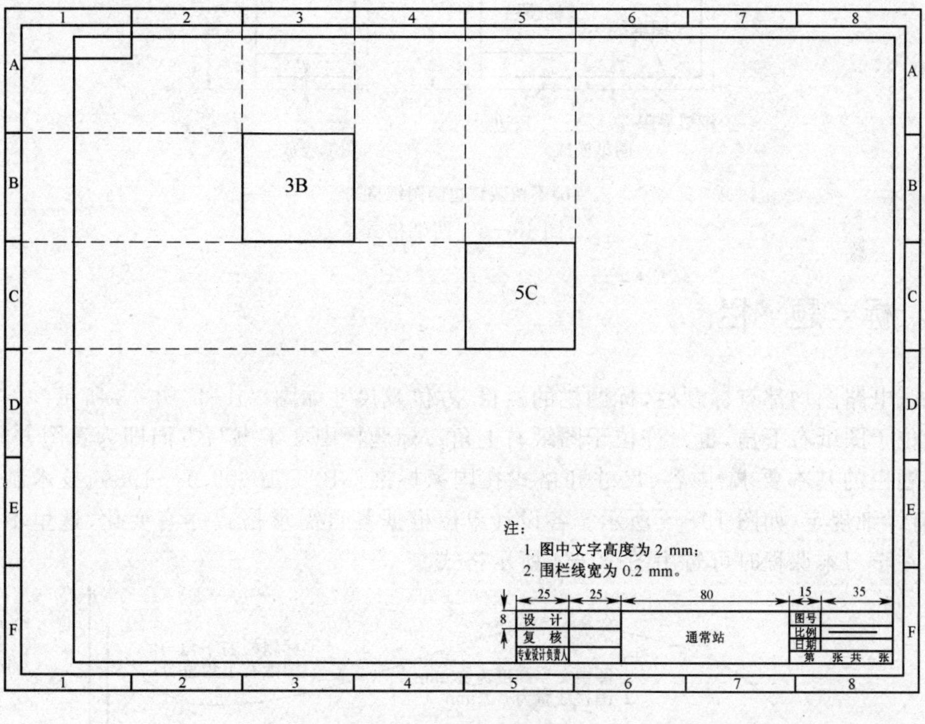

图 10－2　图幅分区格式

图幅分区的数目一般采用偶数，每一分区的长度在 25～75 mm 中选取。每个分区内竖边方向用大写拉丁字母，横边方向用阿拉伯数字分别编号，编号的顺序应从主标题栏相对的左上角开始。分区代号用该区域的字母和数字表示，如 3B、5C 等。

2. 图框格式

图样中的图框由内、外两框组成，外框用细实线绘制，大小为幅面尺寸，内框用粗实线绘制，内外框周边的间距尺寸与格式有关。

图框格式分为留有装订边和不留装订边两种，如图 10－3(a)、(b)所示。两种格式图框周边尺寸 *a*、*c*、*e* 见表 10－1。但应注意，同一产品的图样只能采用一种格式。图样绘制完毕后应沿外框线裁边。

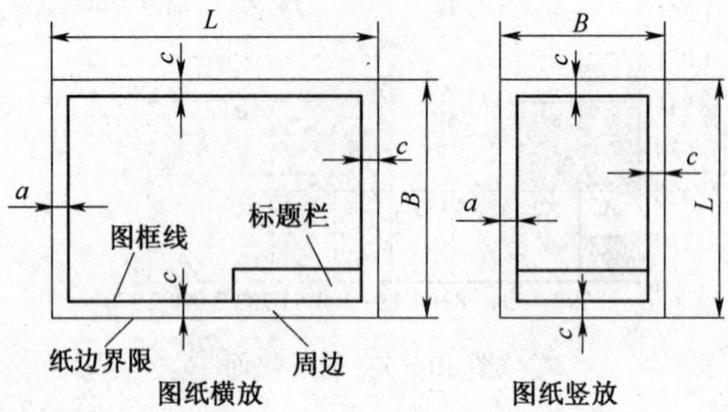

(a)留有装订边的图纸格式

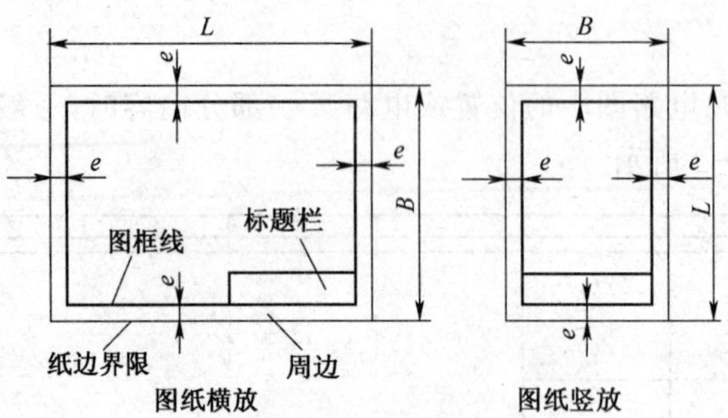

(b)不留装订边的图纸格式

图 10－3　图纸格式

10.2 标　题　栏

每张电路图均都有标题栏，标题栏的栏目、方位及尺寸如图 10－4、10－5 所示。一般情况标题栏位于图纸右下角，也允许位于图纸右上角。标题栏中文字书写方向即为看图方向。

标题栏的基本要求、内容、尺寸和格式在国家标准 GB/T 10609.1－1989《技术制图标题栏》中有详细规定，如图 10－5 所示。各设计单位根据各自需求格式亦有变化，这里不作详细介绍。在学习本课程时可暂用图 10－4 所示格式。

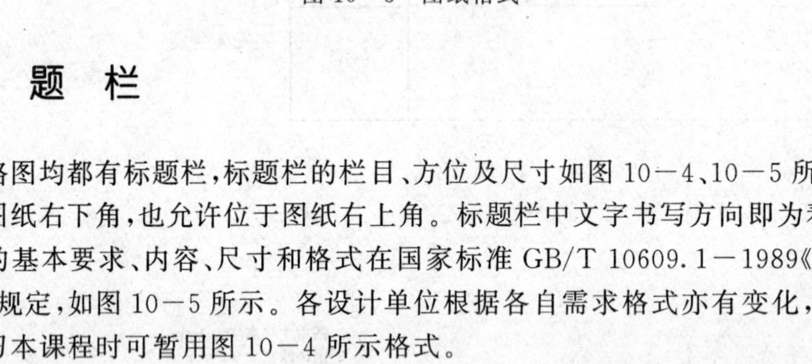

图 10－4　学习用标题栏

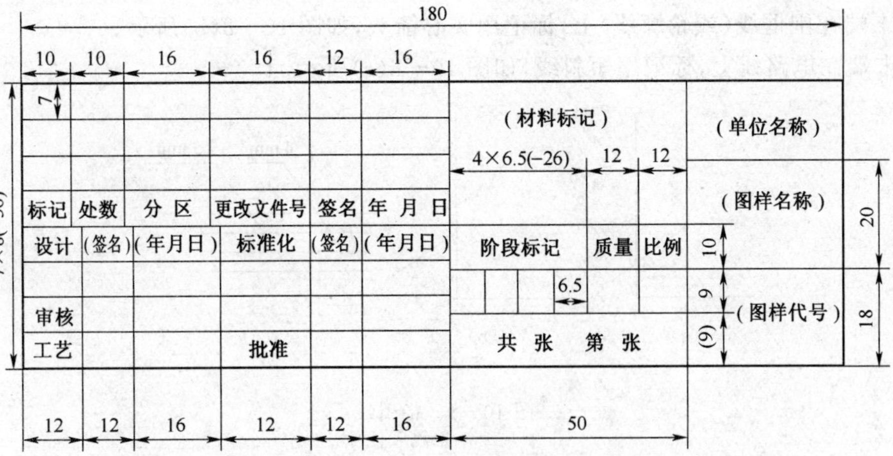

图 10－5 标题栏的内容、尺寸和格式(GB/T 10609.1－1989)

10.3 箭头及围框

10.3.1 箭头和指引线

1. 箭头

信号线和连接线上的箭头应采用开口形状，如图 10－6、图 10－7 所示。

图 10－6 继电器状态箭头

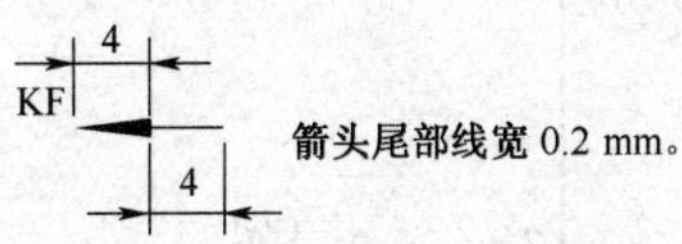

图 10－7 KF 电源用箭头

```
命令：_pline
指定起点：
当前线宽为 0.2000
指定下一个点或[圆弧(A)/半宽(H)/长度(L)/放弃(U)/宽度(W)]：w
指定起点宽度<0.2000>：0.0
指定端点宽度<0.0000>：0.5
指定下一个点或[圆弧(A)/半宽(H)/长度(L)/放弃(U)/宽度(W)]：2
指定下一点或[圆弧(A)/闭合(C)/半宽(H)/长度(L)/放弃(U)/宽度(W)]：w
指定起点宽度<0.5000>：0.1
指定端点宽度<0.1000>：
指定下一点或[圆弧(A)/闭合(C)/半宽(H)/长度(L)/放弃(U)/宽度(W)]：1
指定下一点或[圆弧(A)/闭合(C)/半宽(H)/长度(L)/放弃(U)/宽度(W)]：
```

2. 指引线

指引线应采用细实线，指向被注释处，并在其末端加注标记。

a. 末端在围框线(或轮廓线)内,标记用一小圆点,如图 10－8(a)所示。

b. 末端在围框线(或轮廓线)上,标记用实心箭头,如图 10－8(b)所示。

c. 末端在电路线上,标记用短斜线,如图 10－8(c)所示。

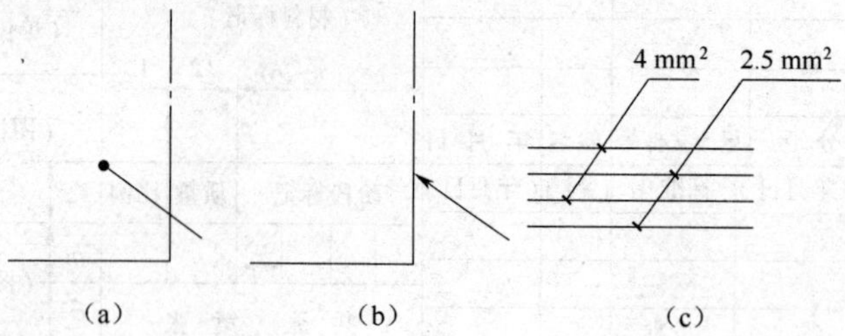

图 10－8　指引线

10.3.2　围　　框

1. 虚线围框

电路图中需要表示出某一部分是功能单元或结构单元时,可采用虚线围框围起来。当用围框围起来的单元有详细资料可查时,则在围框内绘出标记,其内电路可简化,如图 10－9 所示。

2. 点画线围框

用点画线围框围起来表示一个单元的电路图内若含有不属于该单元的元件符号,则对这些符号用点画线围框围起来,并加注代号或注解,如图 10－10 所示。

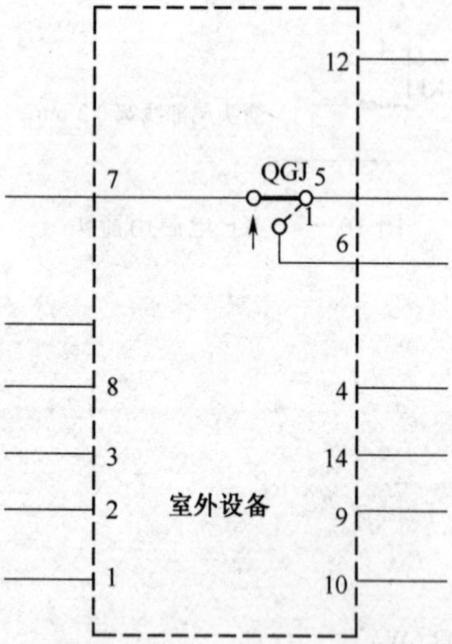

图 10－9　点画线围框

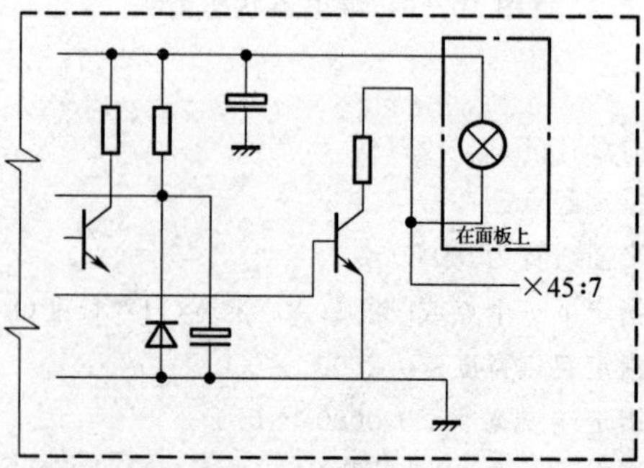

图 10－10　点画线围框

10.4　电路图的布局及画法

10.4.1　电路图的布局

电路图的布局有以下要求:

(1)电路图应布局合理、排列均匀、图面清晰、便于看图。

(2)电路中的导线、信号线、元器件之间的连接线等图线一般应为直线，尽量减少折弯或交叉。

(3)电路图的元器件可以水平布置如图 10－11 所示，也可以垂直布置如图 10－12 所示，也可把相应元件对称布置，采用斜的交叉连接如图 10－13 所示。

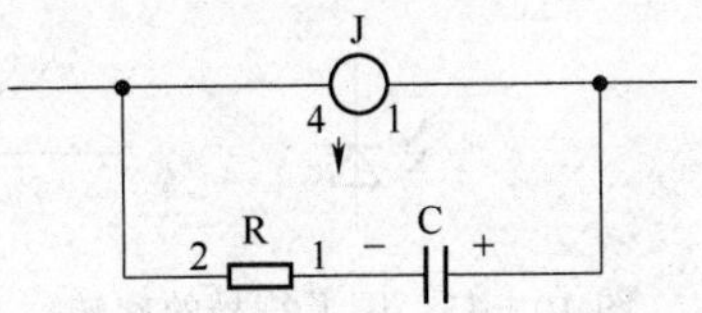

图 10－11　水平布置的电路图

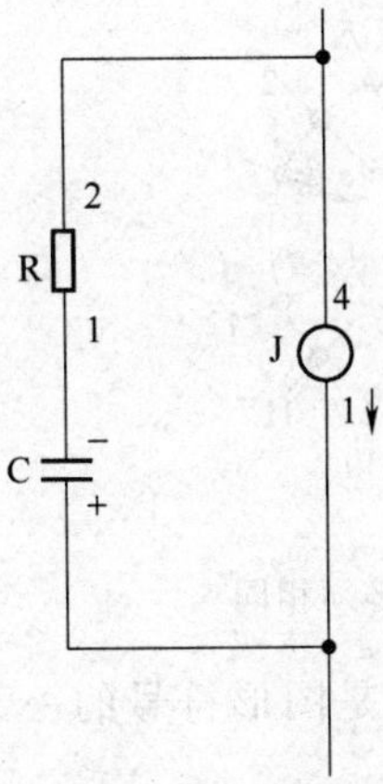

图 10－12　垂直布置的电路图

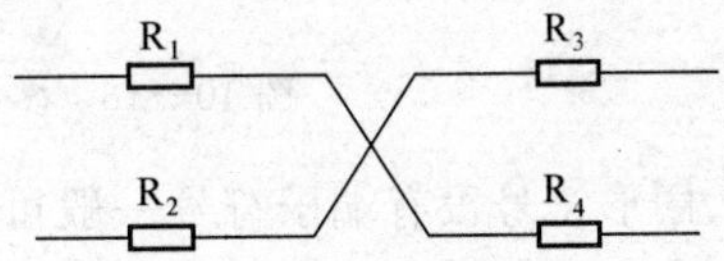

图 10－13　采用斜的交叉连接

(4)电路或元器件应按功能布置，并尽量按工作顺序从左到右从上到下排列。

(5)电路图中，对某些单元也可用方框符号表示。对于采用方框符号表示的单元，应单独有电路图(集成电路除外)。

10.4.2　图形符号、项目代号、波形及端子的标注

(1)图形符号的选用原则

① 一般元器件的图形符号需按 GB 4728 的规定绘制。

② 铁路信号专用的元器件图形符号要按附录 B 的规定绘制。

③ 如需要采用上述标准中未规定的图形符号时，必须在本图中用标注加以说明。

④ 绘制电路图时，在同一张图样上相同元器件的图形符号应一致。

⑤ 绘制电路图时，图形符号的引线可根据需要取不同的方向。如图 10－14 所示，表示不同引线方向的倍频器。

当引线方向改变使得图形符号的含义也随之改变时，则引线的方向不能改变。

⑥ 图形符号可旋转 90°或 180°，但不得将文字和指示方向的符号倒置，如图 10－15 所示。

⑦ 对多接点元件如波段开关、继电器、插头座等，其图形符号可以分开画出几个地方，但各部分所标位号必须相同，如图 10－16 所示。

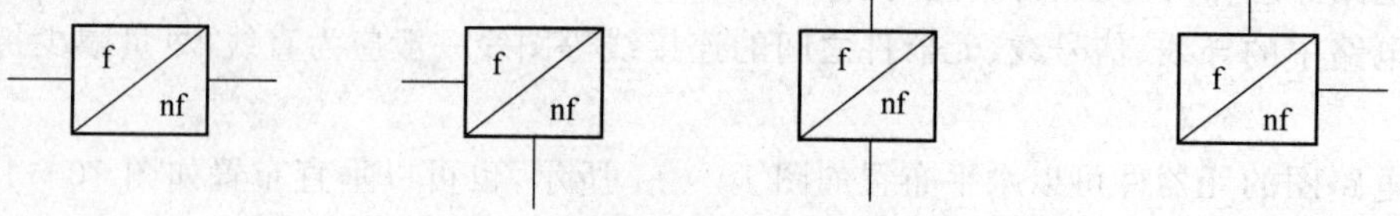

图 10－14　不同方向的图形符号引线

图 10－15　图形符号的旋转

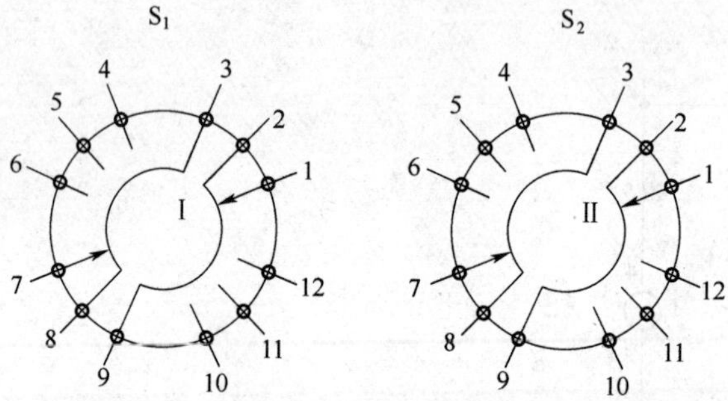

图 10－16　多接点元件各部分所标位号必须相同

⑧ 图形符号没有端子符号一般可不绘出，如果端子符号是图形符号的一部分，则端子符号必须绘出。

(2)项目代号及标注

① 项目代号的选用

电路图中各图形符号旁应标注项目代号。高层代号及位置代号字母及序号由设计者自行编号，种类代号的字母必须符合 GB 7159 的规定，信号继电器的文字代号及在 GB 7159 中未作规定的铁路文字代号，仍按 TB 1023 规定执行。

② 项目代号标注

电路图中元器件的种类代号由字母和序号组成，序号采用阿拉伯数字，如第 12 个电阻器应为 R12，端子序号前应加"："，如第 5 个插头座的第 4 个端子为 5：4。

同一张图上元件的序号从左到右，自上至下按类编制。

种类代号一般标注在图形符号的上方或左方，如图 10－17 所示，其中的序号字体应与其中的字母大小相同，最小不得小于 2.5 号字体。

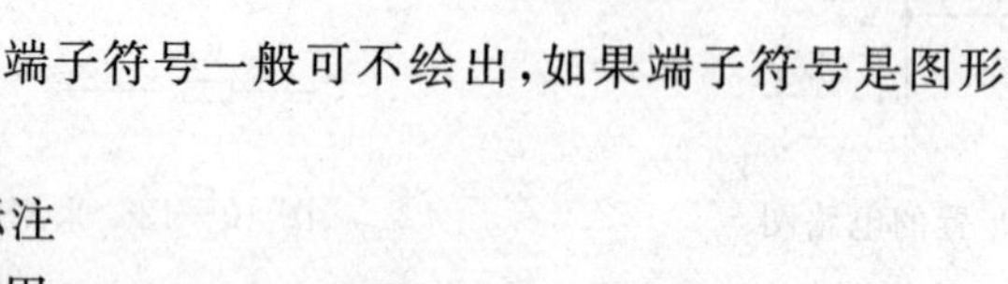

图 10－17　种类代号与其图形的位置关系

当标注在上方或左方位置受限制且不至引起误解时，种类代号也可标注在图形符号的右方。

需要时在电路图中可把半导体管的型号标注在种类代号的下方，电阻器、电容器等元件的参数标注在种类代号的下方，当电阻值单位为欧姆(Ω)、容量单位为皮法(pF)时，可不标出，若电阻值单位为 kΩ 时可简写为 k，电容量单位为 μF 时，可简写 μ。

对于控制元件，信号及监视器件(如转换开关、测量仪器、指示灯、按钮、音频插孔及电位器等)，可根据其在面板上的刻字，标注在电路图相应图形符号的附近。

(3)波形标注

必须说明波形变化时，允许在图上相应的位置附近标出波形形状及其特征数据。

(4)端子标注

端子代号应标注在图形符号的轮廓线外面，如电阻器、继电器、模拟和数字硬件等，符号轮廓线内的空隙可标注有关元件的功能和注解，如关联符，加权系数，如图 10－18 所示。

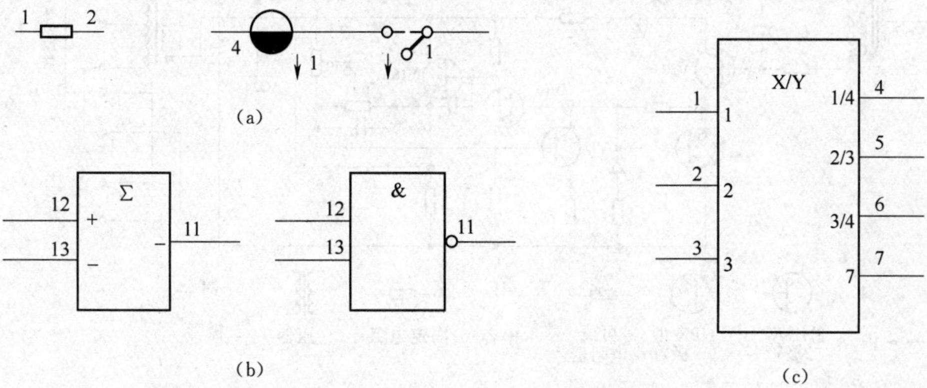

图 10－18　端子标注

在画有围框的功能单元或结构单元中，端子代号必须标在围框内，以免被误解，如图 10－19 所示，在该图中端子代号为－A1－X1∶1，∶2，∶3，∶4和∶5。

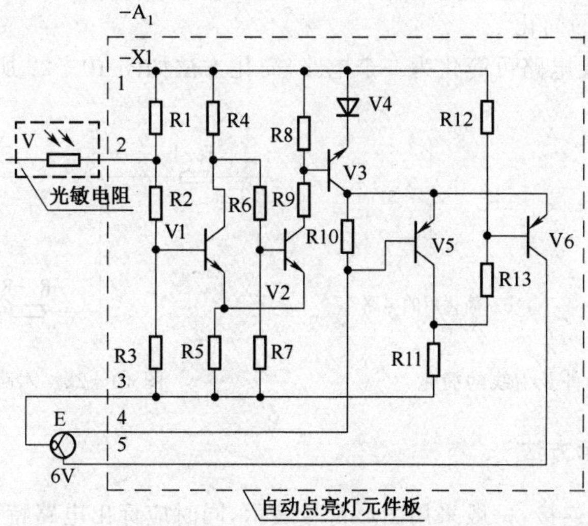

图 10－19　围框端子代号

对于连接、试验或故障查找的连接器件(如端子、插头、插座等)的每一连接点都应给一个代号。

例:如图 10—20 所示,端子代号标注在靠近该元器件符号与连接线交接处附近的适当位置。

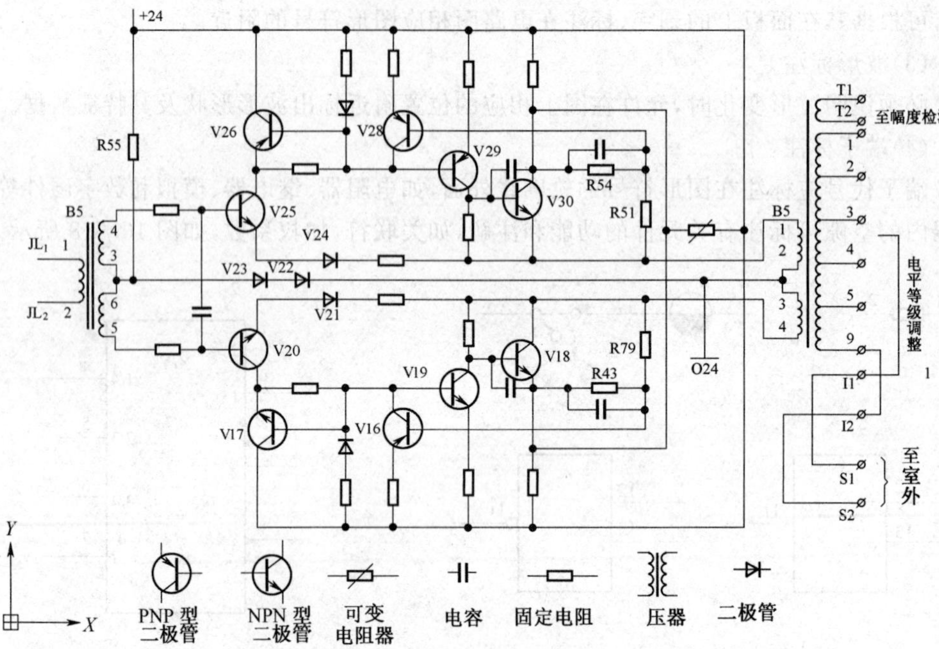

图 10—20 功放电路中端子代号标注方法示意图

10.4.3 电路的简化画法

1. 元件及引线的简化

当元件及引线被简化时,必须用数字说明,例如一个三极开关,如图 10—21 所示。

2. 相同分支电路的简化

两个以上相同分支电路可简化为一个电路,简化方法如图 10—22 所示。

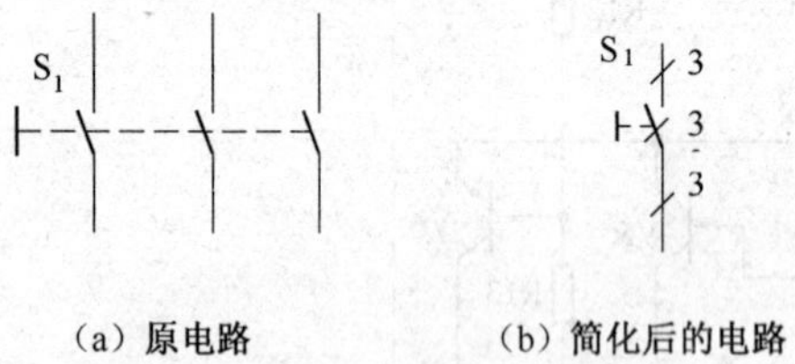

图 10—21 元件及引线的简化

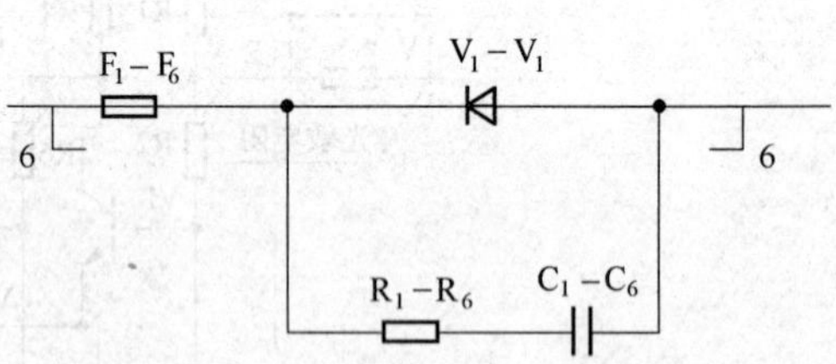

图 10—22 六路并联的简化

10.4.4 电路外接表示方法

例:电路与外部的连接,一般采用图形符号表示,同时应标出电路特性参数及去向。

当电路图由几部分构成,或绘制在两张以上图纸时,接向其他部分的电路或另一张图纸的连接线应在其中断处标出连接线去向的页次、代号、接点号等。如图 10—23 所示中Ⓐ的端子表示方法。

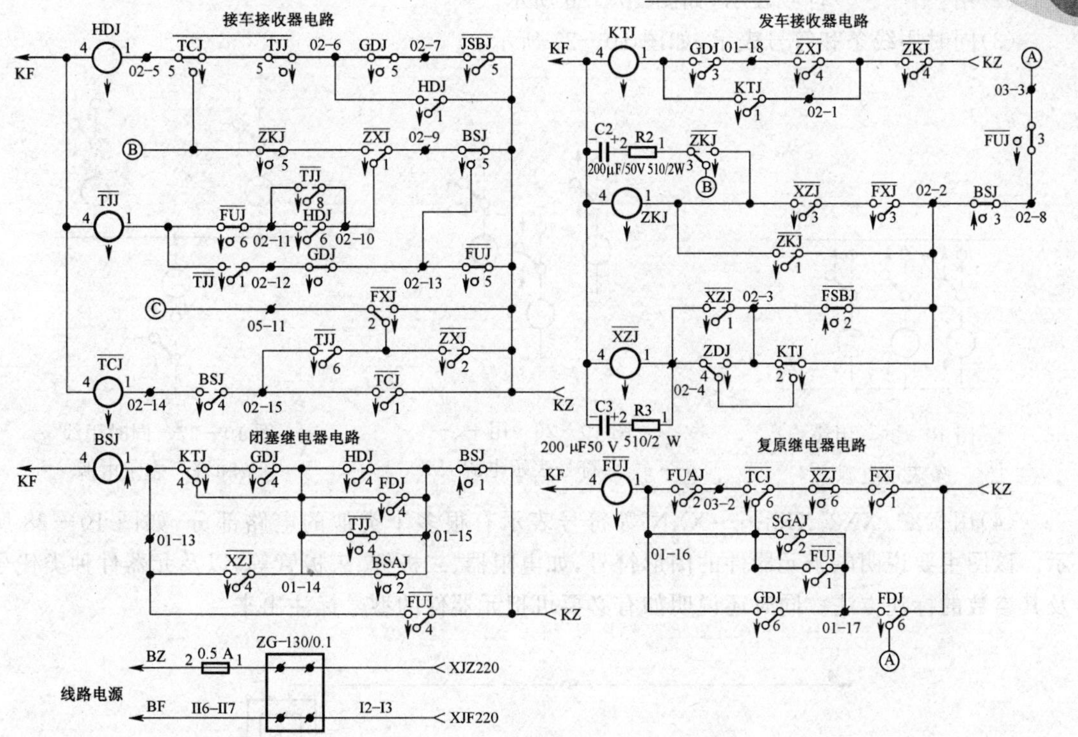

图 10－23　Ⓐ的端子表示方法

10.4.5　电路图的画法

1. 电路图上元器件符号的位置

对于驱动部分和被驱动部分之间采用机械连接的元件、器件，例如断路器和继电器等，采用分开表示法绘制，如图 10－24 所示。

2. 元器件的工作状态或位置的表示方法

电路图中可动元件或指示元件的工作状态或位置按下列规定绘制：

(1)开关在断路位置。

(2)继电器在正常所处的动合或动断位置，接触器、电磁铁在没有电压作用的位置。

(3)事故、备用、报警等开关在正常使用时的位置。

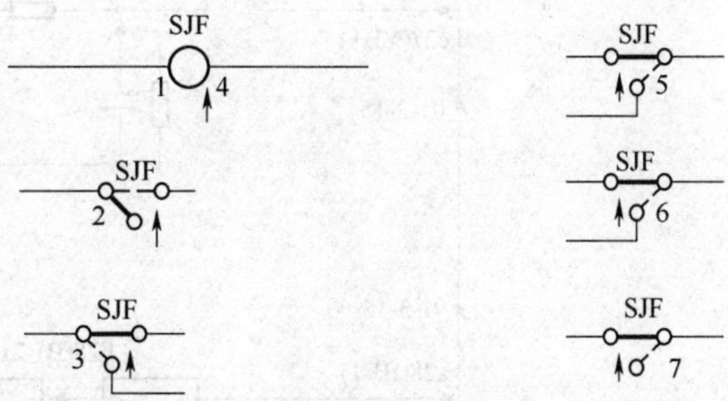

图 10－24　电路图上元器件符号的位置

(4)测试开关及其类似的装置在正常工作的位置，而不在测试位置。

(5)带零位的手动控制开关在零位位置，不带零位的手动控制开关在图中规定的位置。

(6)机械操作开关(如行程开关)在非工作的状态或位置。

(7)多位开关器件的各组成部分必须表示在相互一致的位置，不考虑电路是否处于工作或不工作状态。

凡不符合上述规定位置时，在电路图中应加说明。

3. 电源的表示方法

(1)用线条表示，如图 10－25 所示。

(2)用"＋"、"－"符号表示,如图 10－26 所示。

(3)同时用线条和符号表示,如图 10－27 所示。

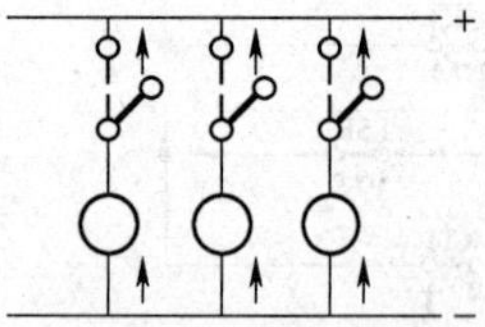

图 10－25 用线条表示电源

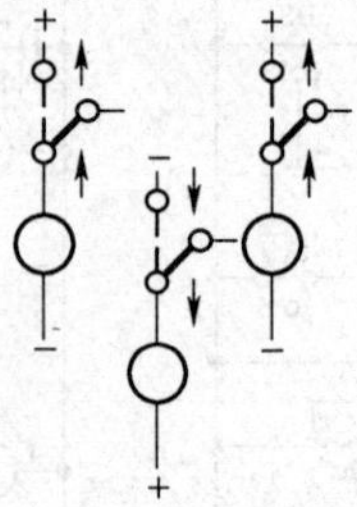

图 10－26 用＋、－符号表示电源

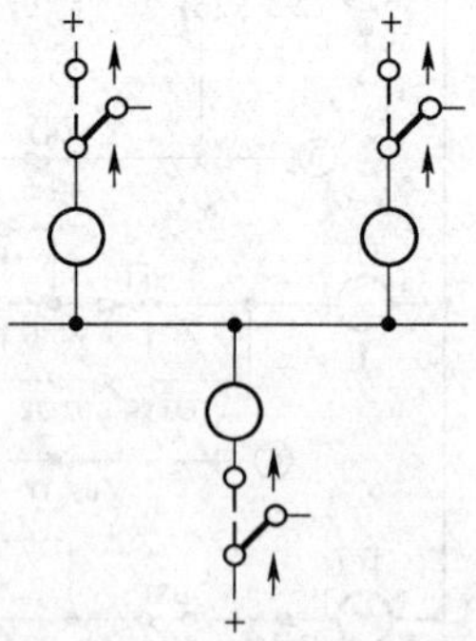

图 10－27 同时用线条和符号表示电源

(4)用 XX1、XX2、XX3……XXN 等符号表示有很多个类似的电路部分,如图 10－28 所示。该图主要说明电子元器件的图形符号,如电阻器、二极管、三极管等,以及元器件种类代号及其参数的标注方法。同时还说明如有必要可把元器件的型号标注出来。

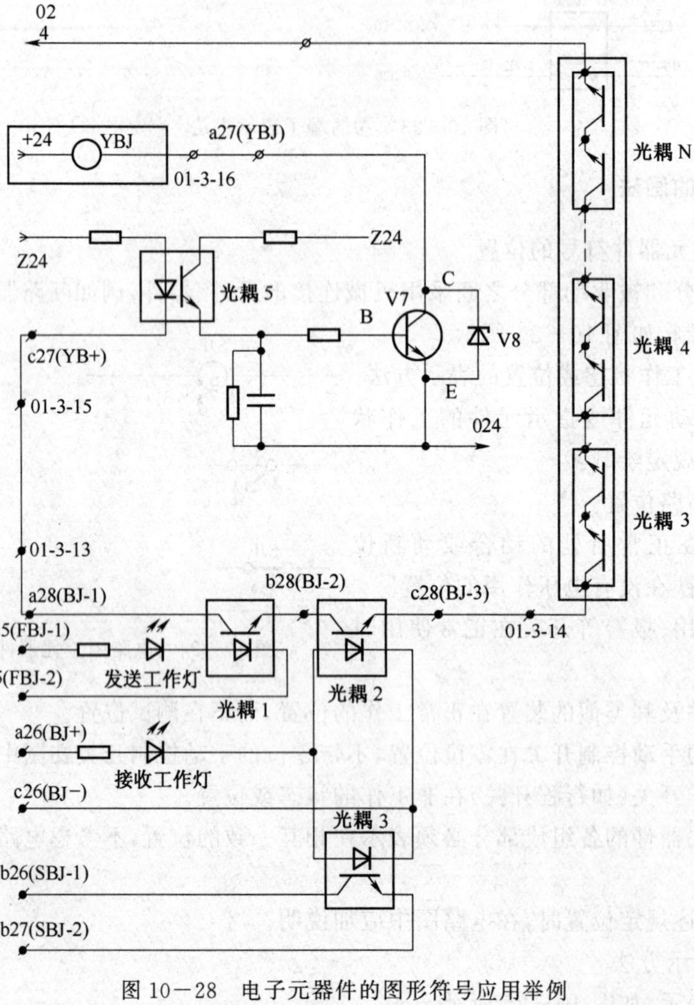

图 10－28 电子元器件的图形符号应用举例

4. 基本电路的绘制方法

(1)在电路图中,当分支电路从上到下绘制时,同类元件图形符号一般水平排列,如图 10—29 所示。

当分支电路从左至右绘制时,同类元件图形符号一般垂直排列,如图 10—30 所示。

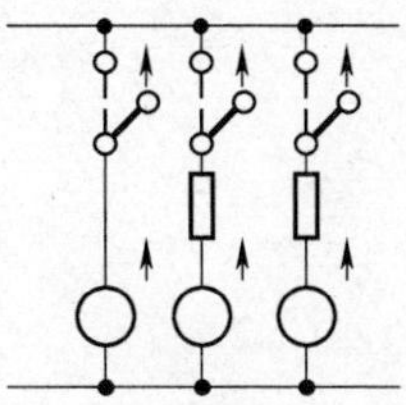

图 10—29　同类元件图形符号的水平排列

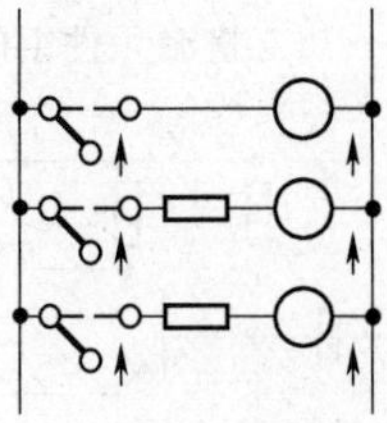

图 10—30　同类元件图形符号的垂直排列

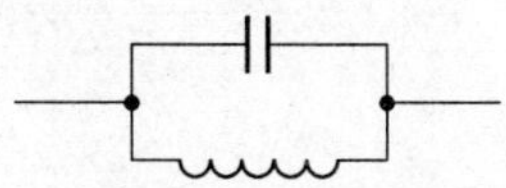

图 10—31　两支路与主电路的对称分布

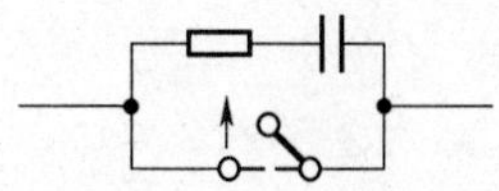

图 10—32　功能上相关项目的靠近绘制

(2)在主电路中,同等重要的元器件并联时,两支路应与主电路对称分布,如图 10—31 所示。

功能上相关项目应靠近绘制,如图 10—32 所示。

(3)无源两端网络的两个端一般应绘制在同一侧,如图 10—33 所示。

(4)无源四端网络的四个端(例如滤波器、平滑电路、衰减器和移相网路)应绘在假想矩形的四个角上,如图 10—34 所示。

(5)常用桥式电路的绘制如图 10—35 所示。

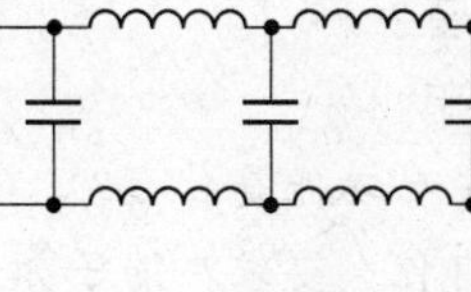

图 10—33　无源两端网络的绘制

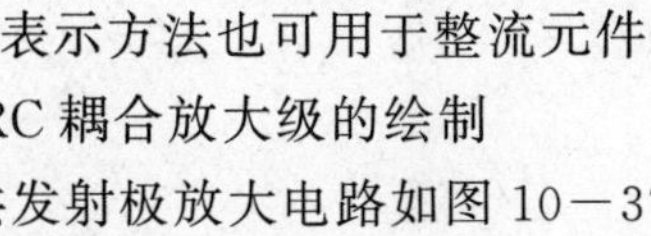

图 10—34　无源四端的绘制

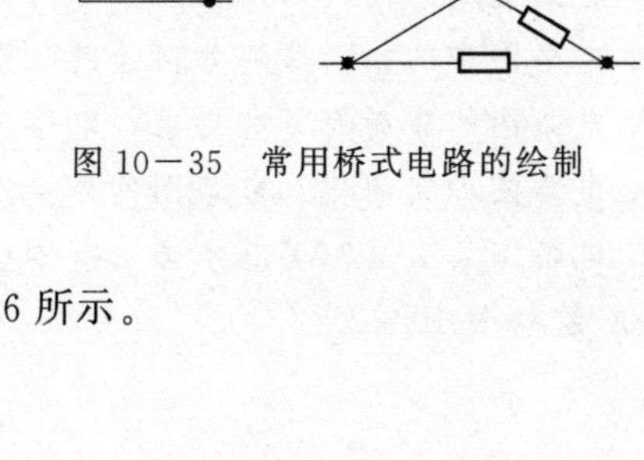

图 10—35　常用桥式电路的绘制

上述表示方法也可用于整流元件组,如图 10—36 所示。

(6)RC 耦合放大级的绘制

a. 共发射极放大电路如图 10—37 所示。

b. 共基极放大电路如图 10—38 所示。

c. 共集电极放大电路如图 10—39 所示。

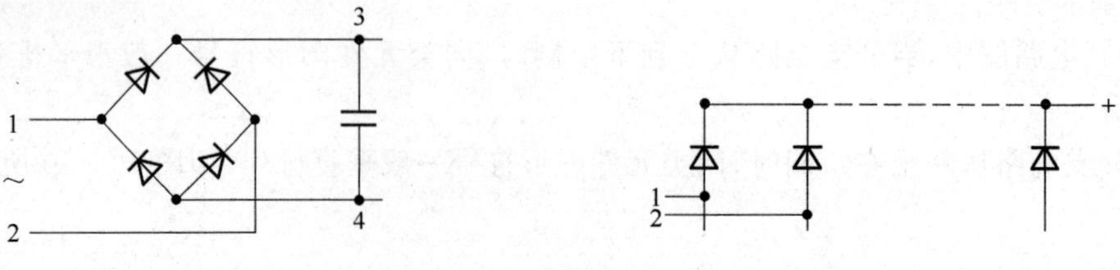

(a) (b)

图 10－36 整流元件组的绘制

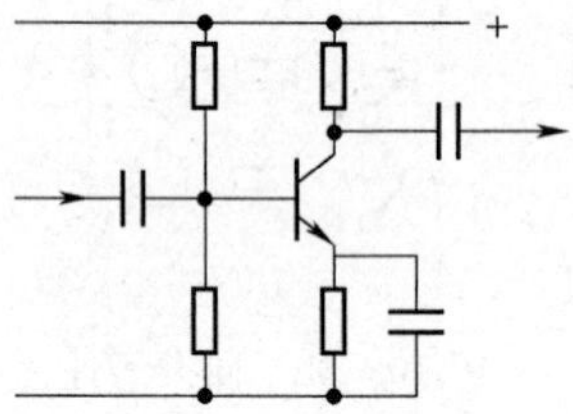

图 10－37 共发射极放大电路的绘制

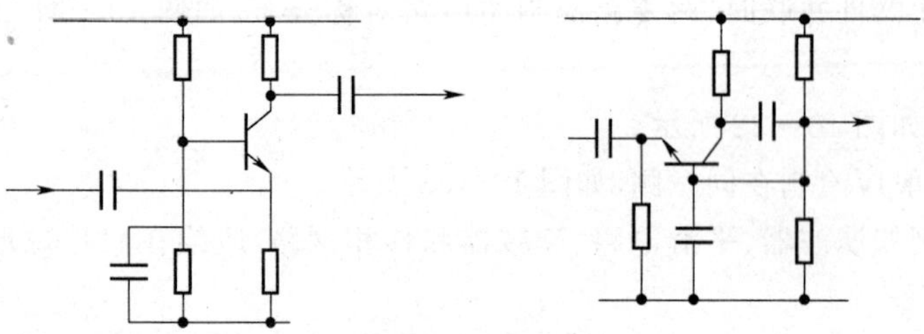

图 10－38 共基极放大电路的绘制

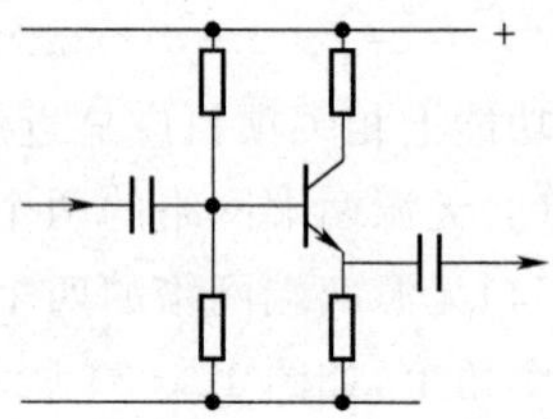

图 10－39 共集电极放大电路的绘制

复习思考题

1. 什么叫电路图？有什么作用？
2. 对信号专业的图幅设定有何要求？图纸长度不符合规定时如何处理？
3. 绘制如图 10－2 所示的图形边框和标题栏。
4. 工程设计时，对图纸标题栏的放置有何要求？如何放置？
5. 在绘制电路图时，对电源的种类、极性、电压值应如何标出？
6. 电路图中的指引线应如何绘制？围框有哪些类型？主要功能是什么？
7. 电路图的布局有哪些要求？电路图的图形符号选用有什么要求？端子如何标注？
8. 电路图如何简化？电路图的外接表示方法有哪些？
9. 电路图怎么画？其基本画法有哪些？
10. 绘制图 10－23。

第 11 章　绘制信号接线图

接线图是表示成套装置、设备的连接关系，用以进行接线和检查的一种简图。接线图和电路图一起为产品的制造、检验和维修提供技术依据，是信号专业工程设计经常使用的图纸。接线图有单元接线图和互连接线图。

单元接线图表示成套装置或设备中一个结构单元内的连接的一种接线图。

互连接线图表示成套装置或设备的不同单元之间连接关系的一种接线图。

接线图图纸幅面及标题栏等的绘制与电路图一样有着共同的要求，这里不再赘述。由于各自的用途不同，接线图有自己的画法要求。本章就接线图绘制的一般规则和基本方法作详细的介绍。

11.1　一般规定

11.1.1　项目的表示方法

接线图中的各个项目如元件、器件、部件、单元、成套设备等一般采用简化外形（如正方形、矩形、圆形等）绘制，如图 11－1 所示的电缆盒采用简化外形如长方形绘制。在电缆径路图中则用圆来简化，如图 11－2 所示的带有数字的圆。

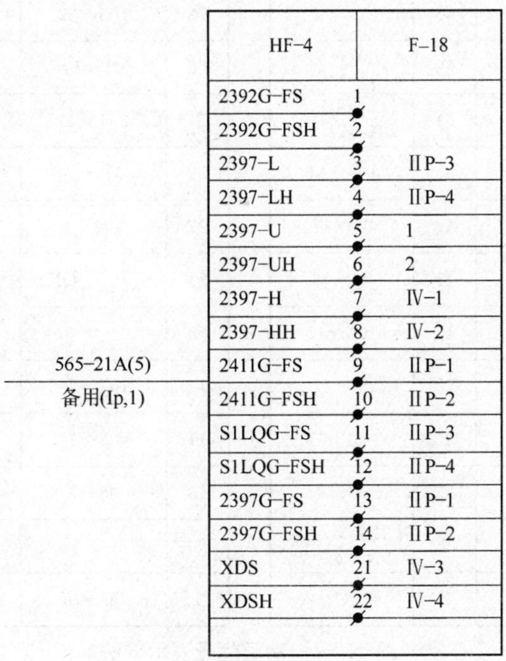

图 11－1　在配线图中简化的方向盒绘制

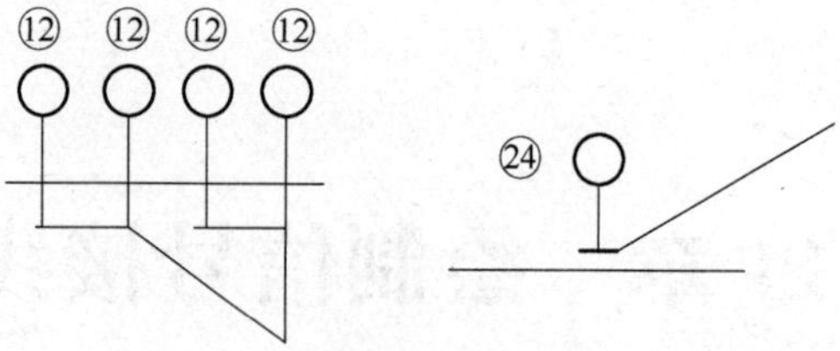

图 11－2　在电缆径路图中简化的电缆盒绘制

接线图中所采用的项目代号要与电路图的标注相一致。插接件的内部接线直接画在图上，端子代号按该插接件编号。

11.1.2　端子的表示方法

端子一般用图形符号和端子代号表示，“○”或“●”表示端子图形符号，阿拉伯数字及大写字母表示端子代号。如图 11－3 所示。

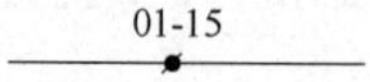

图 11－3　端子及其端子代号

当用简化外形表示端子所在的项目时，不画端子符号，仅用端子代号表示，见图 11－4 中的 32、31、33 等。当表示连接到其他项目的端子时，则在该端子代号前加前缀符号“：”。

102			
QZJF　JWXC－1700			
72	202－1 203－1	82	106－41
71	04－15	81	05－15
73		83	
52		62	07－6 110－31
51		61	12－5 204－21　JZ
53		63	104－61
32	03－14	42	03－17
31	03－13	41	03－16
33	104－31	43	104－41
12	03－11	22	03－12
11	03－3	21	03－4
13	03－7	23	03－8
3	2	4	12－3 104－4　QKF
1	101－32	2	3

101			
QZJ　JWXC－1700			
72	103－73	82	103－83
71	02－11	81	02－12
73	103－52	83	103－62
52	01－11	62	02－7
51	204－41	61	204－31
53	01－16	63	02－10
32	102－1	42	
31	12－1 103－31　QKZ	41	
33		43	
12	107－11	22	107－21
11	05－1	21	205－13
13	05－2	23	04－2
3	2	4	103－4 06－17
1	06－16	2	3

图 11－4　端子代号表示方法

端子代号一般与元器件的实际标志或电路图的标注相一致，当项目的端子无标志时，可自行编号。

11.1.3　导线的表示方法

在接线图中采用一些标记来表示导线，常用标记有：

(1)从属远端标记——导线终端的标记与远端所连接的端子标记相同的标记系统。

(2)主标记——只标记导线或线束的特征，而不考虑其电气功能的标记系统。

(3)补充标记——一般用作主标记的补充，并且以每一导线或线束的电气功能为依据的标记系统。

(4)功能标记——分别考虑每一导线的功能的补充标记；或者一起考虑几个导线的功能的补充标记。

(5)相位标记——表明导线连接到交流系统的某一相的补充标记。

(6)极性标记——表明导线连接到直流电路的某一极性的补充标记。

导线在接线图中可采用两种表示方法：

(1)连续线。表示两端子之间导线的线条是连续的，如图 11－5 所示。

(2)中断线。表示两端子之间导线的线条是中断的，在中断处必须标明导线的去向，见图 11－6。

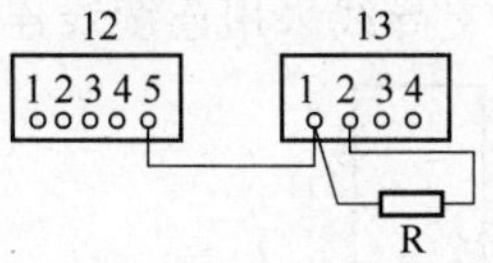

图 11－5　连续线的表示方法

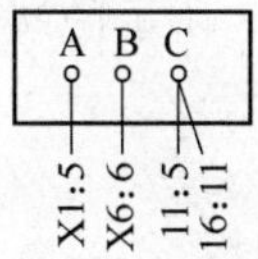

图 11－6　中断线的表示方法

11.1.4　导线标记

1. 标注在导线两端的标记采用从属远端标记或从属远端标记加补充标记表示，从属远端标记在前，如从属远端标记“/”补充标记，见图 11－7 所示。

图 11－7 中 S 表示补充标记，可以标注直流电路极性标记、保护导线和接地线标记、功能标记、相位标记等。

2. 导线标记需要标注直流电路导线极性时，正极用“＋”，负极用“－”。

3. 保护导线和接地线的标记有：

a. 保卫接地导线用字母 PE；

b. 不接地的保护导线用字母 PU；

c. 接地线用字母 E；

e. 保护导线和中性线共用一线时用字母 PEN；

f. 接机壳机架的线用字母 MM；

d. 无噪声接地线用字母 TE。

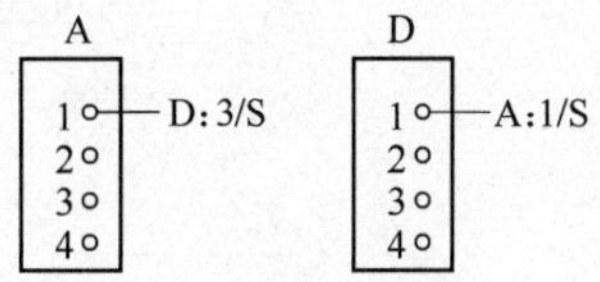

图 11－7　导线两端的标记绘制方法

11.2　接线图的绘制

接线图的布局尽量按单元或元器件近似安装的实际位置排列，互连接线图的各单元一般绘制在一个平面上，如图 11－8 所示。其中，视图的要求如下：

1. 接线图的视图必须清楚地表示出单元、部件、元器件的接线及标记。

2. 绘制视图时，首先选择接线最多的面为主接线面。

3. 接线图中的单元、部件、元器件可按下列两种形式绘制。

(1)按其安装时的相对位置及连接点的实际位置绘制,导线采用连续线连接,见图 11－8;导线采用中断线,导线标记采用从属远端标记表示。

(2)项目以表格形式表示,表中必须标出该项目的端子代号及其相对位置以及端子项目代号与该端子相连的从属远端标记。

(3)单元接线图表示单元内部的连接,不包括单元之间的连接,但可给出与该单元连接的其他单元的图样代号及标记。

4. 互相接线图表示单元之间的连接,不包括单元内部的连接,但可给出与该图有关的单元接线图的图样代号及标记。

5. 当单元与单元之间的连接采用插头座、端子板等元件时,其互连接线图要与插头座、端子板的接线面视图一致,各端子按其相对位置表示。

11.3 举 例

1. 如图 11－8 所示的端子采用图形符号绘制,在接线图上导线采用连续线连接。

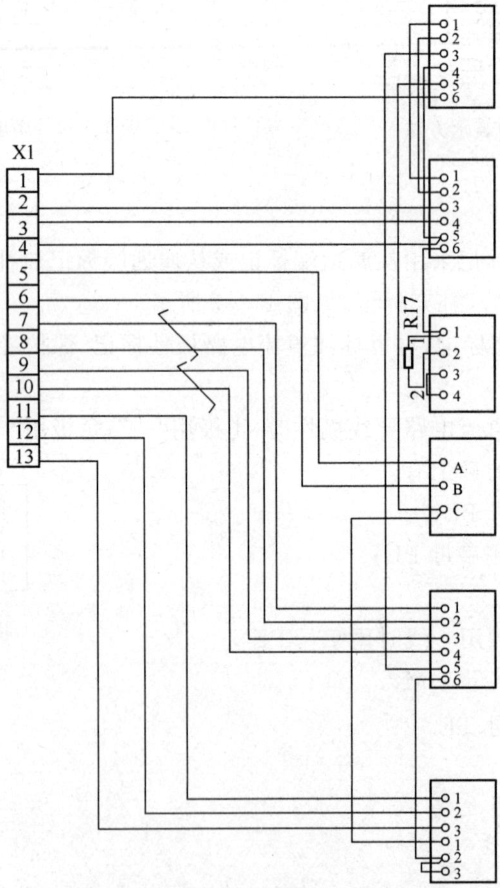

图 11－8　采用图形符号绘制的端子

2. 如图 11－9 所示的接线图展示了器件之间的相互连接关系。

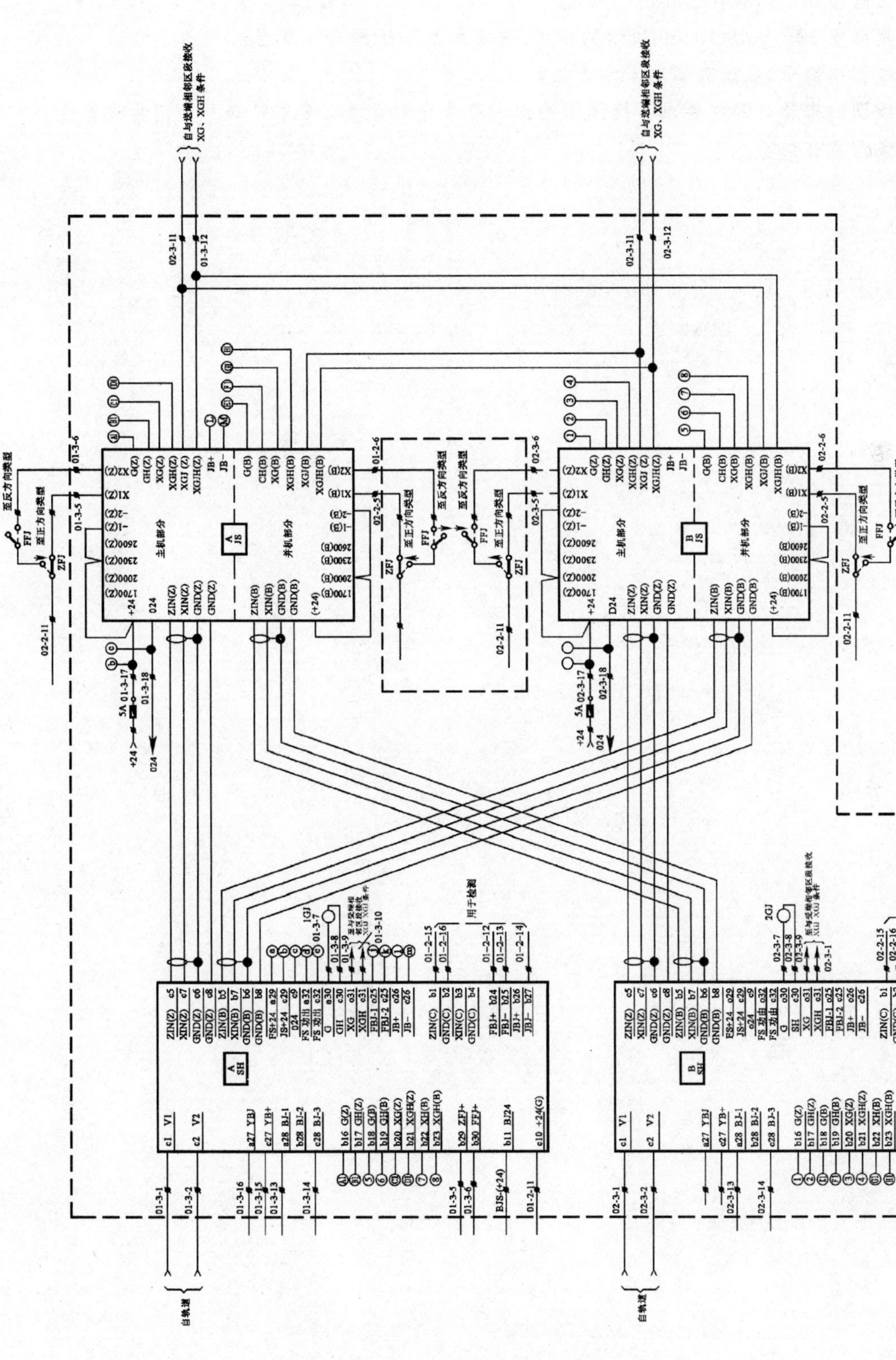

注：1. 图例接收器频设置：
AJS-2(主机)为 2300-1，AJS-3(并机)为 2000-2
BJS-2(主机)为 2000-2，BJS-B(并机)为 2300-1
2. 设 AJS 在移频柜 1 位置，设 BJS 在移频柜 2 位置。
3. 接收盒主机部分的 X1(Z)、X2(Z)与 3-5 和 3-6 的连接关系
并机部分 X1(B)、X2(B)与 2-5 和 2-6 的连接关系根据工程设计在施工中连接。
4. 工程设计配线仅含虚线框外部

图 11－9　器件之间的相互连接关系

复习思考题

1. 什么叫接线图？有什么作用？
2. 绘制如图 10—8、图 10—9 所示的图形，并添加图形边框与标题栏。
3. 接线图中端子、导线有哪些表示方法？
4. 接线图的布局有哪些要求？接线图的图形符号选用有什么要求？端子如何标注？
5. 接线图怎么画？

第12章 输出图形

信号专业的相关图纸通常较长，在完成一幅图纸的绘制工作之后，一般要将图纸打印或生成电子图纸在网络上浏览。在图纸输出时，必须具备一定的技巧。

在打印图纸之前，首先要弄清楚“模型”空间和“布局”空间这两个概念。

【模型】选项卡提供了一个无限的绘图区域，称为模型空间。在模型空间中，可以绘制、查看和编辑模型。绘制图形一般在“模型空间”中进行。

【布局】选项卡提供了一个称为图纸空间的区域。在图纸空间中，可以放置标题栏、创建用于显示视图的布局视口、标注图形以及添加注释。在打印输出前对页面的调整一般在“布局空间”进行。

在模型空间和布局空间之间切换来执行某些任务具有多种优点。使用模型空间可以创建和编辑模型。使用布局空间可以构造图纸和定义视图。

12.1 在“模型”空间中打印

在模型空间中，一般按1∶1的比例绘制模型，并确定一个单位表示一毫米、一分米、一英寸、一英尺还是表示其他在工作中使用最方便或最常用的单位。

输入打印命令可用以下方式：

- 单击标准工具栏按钮。
- 单击菜单中【文件(F)】→【打印(P)...】。
- 在命令提示下输入“plot”。
- 使用快捷菜单：在【模型】选项卡上单击鼠标右键，然后单击【打印】，出现如图12－1所示的对话框。

(1)【页面设置】：列出图形中已命名或已保存的页面设置。可以将图形中保存的命名页面设置作为当前页面设置，也可以在【打印】对话框中单击【添加】，基于当前设置创建一个新的命名页面设置。

【名称】：显示当前页面设置的名称。

> 技巧：若仍需重复前一次的打印设置，只需在名称的下拉列表中选择“上一次打印”。

【添加…】按钮：显示【添加页面设置】对话框，从中可以将【打印】对话框中的当前设置保存到命名页面设置。

(2)【打印机/绘图仪】：指定打印布局时使用已配置的打印设备。

如果选定绘图仪不支持布局中选定的图纸尺寸，将显示警告，可以选择绘图仪的默认图纸尺寸或自定义图纸尺寸。

【名称】：列出可用的PC3文件(局部绘图仪配置文件)或系统打印机，可以从中进行选择，

图 12－1　在模型空间打印

以打印当前布局。

• PC3 文件图标:指示 PC3 文件。

• 系统打印机图标:指示系统打印机。

【特性】:显示绘图仪配置编辑器(PC3 编辑器),从中可以查看或修改当前绘图仪的配置、端口、设备和介质设置。

【绘图仪】:显示当前所选页面设置中指定的打印设备。

【位置】:显示当前所选页面设置中指定的输出设备的物理位置。

【说明】:显示当前所选页面设置中指定的输出设备的说明文字。

【打印到文件】:打印输出到文件而不是绘图仪或打印机。打印文件的默认位置是在“选项”对话框－>“打印和发布”选项卡－>“打印到文件操作的默认位置”中指定的。如果“打印到文件”选项已打开,单击“打印”对话框中的“确定”将显示“打印到文件”对话框(标准文件浏览对话框)。

局部预览:精确显示相对于图纸尺寸和可打印区域的有效打印区域,如图 12－2 所示。

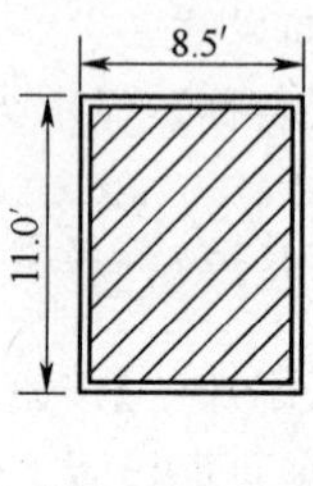

图 12－2　图纸尺寸和可打印区域预览

(3)【图纸尺寸】:显示所选打印设备可用的标准图纸尺寸。如果未选择绘图仪,将显示全部标准图纸尺寸的列表以供选择。如果所选绘图仪不支持选定的图纸尺寸,将显示警告,可以选择绘图仪的默认图纸尺寸或自定义图纸尺寸。

技巧：使用“添加绘图仪”向导创建 PC3 文件时，将为打印设备设置默认的图纸尺寸。

！ 注意：页面的实际可打印区域（取决于所选打印设备和图纸尺寸）在布局中由虚线表示。

(4)【打印份数】：指定要打印的份数。

(5)【打印区域】：指定要打印的图形部分。分别有以下四种方式：

【范围】：打印包含对象的图形的部分当前空间。当前空间内的所有几何图形都将被打印。打印之前，可能会重新生成图形以重新计算范围。

【显示】：打印选定的【模型】选项卡当前视口中的视图或布局中的当前图纸空间视图。

【视图】：打印以前使用 VIEW 命令保存的视图。

【窗口】：打印指定的图形部分。如果选择【窗口】，【窗口】按钮将称为可用按钮。单击【窗口】按钮以使用捕捉模式指定要打印区域的两个角点，或输入坐标值。

技巧：如果打印一幅长大图纸，而又没有专业的输出设备时，利用【窗口】进行打印会很方便。

【布局/图形界限】：打印布局时，将打印指定图纸尺寸的可打印区域内的所有内容，其原点从布局中的(0,0)点计算得出。

(6)【打印偏移】：指定打印区域相对于可打印区域左下角或图纸边界的偏移。通过在【X 偏移】和【Y 偏移】框中输入正值或负值，可以偏移图纸上的几何图形。

【居中打印】：自动计算 X 偏移和 Y 偏移值，在图纸上居中打印。

【X】：相对于【打印偏移定义】选项中的设置指定 X 方向上的打印原点。

【Y】：相对于【打印偏移定义】选项中的设置指定 Y 方向上的打印原点。

(7)【打印比例】：控制图形单位与打印单位之间的相对尺寸。打印布局时，默认缩放比例设置为 1:1。从【模型】选项卡打印时，默认设置为【布满图纸】。

【布满图纸】：缩放打印图形以布满所选图纸尺寸，并在【比例】、【英寸＝】和【单位】框中显示自定义的缩放比例因子。

【比例】：定义打印的精确比例。

【单位】：指定与指定的英寸数、毫米数或像素数等价的单位数。

【缩放线宽】：与打印比例成正比缩放线宽。线宽通常指定打印对象的线的宽度并按线宽尺寸打印，而不考虑打印比例。

(8)【预览】：按执行 PREVIEW 命令时在图纸上打印的方式显示图形。要退出打印预览并返回【打印】对话框，按 Esc 键，然后按 Enter 键，或单击鼠标右键，然后单击快捷菜单上的【退出】。

(9)【应用到布局】：将当前【打印】对话框设置保存到当前布局。

(10)控制是否显示【打印】对话框中其他选项按钮 。

 单击【更多选项】按钮，可以在【打印】对话框中显示更多选项。

①【打印样式表(笔指定)】：设置、编辑打印样式表，或者创建新的打印样式表。

名称(无标签)：显示指定给当前“模型”选项卡或布局选项卡的打印样式表，并提供当前可用的打印样式表的列表。

编辑：显示打印样式表编辑器，从中可以查看或修改当前指定的打印样式表的打印样式。如图 12－3 所示的【打印样式表编辑器】对话框。

图 12－3 【打印样式表编辑器】对话框

②【着色视口】选项。指定着色和渲染视口的打印方式，并确定它们的分辨率大小和每英寸点数(DPI)。

！ 注意：禁用或启用硬件加速都不支持“阴影”时，可以借助图形卡，通过软件模拟打印包含带有不支持硬件效果的着色视口图形。要启用不受图形卡支持的硬件效果的软件模拟，输入 3dconfig，并单击“手动调节”。在“手动性能调节”对话框中，单击“模拟打印时软件中不支持的硬件效果”。不受支持的效果不会实时地显示在视口中，但是会显示在硬拷贝或打印过程中创建的电子文件中。

③【打印】选项：指定线宽、打印样式、着色打印和对象的打印次序等选项。

【后台打印】：指定在后台处理打印。

【打印对象线宽】：指定是否打印指定给对象和图层的线宽。如果选定【按样式打印】，则该选项不可用。

【按样式打印】：指定是否打印应用于对象和图层的打印样式。如果选择该选项，也将自动选择【打印对象线宽】。

【最后打印图纸空间】：首先打印模型空间几何图形。通常先打印图纸空间几何图形，然后再打印模型空间几何图形。

【隐藏图纸空间对象】：指定 HIDE 操作是否应用于图纸空间视口中的对象。此选项仅在布局选项卡中可用。此设置的效果反映在打印预览中，而不反映在布局中。

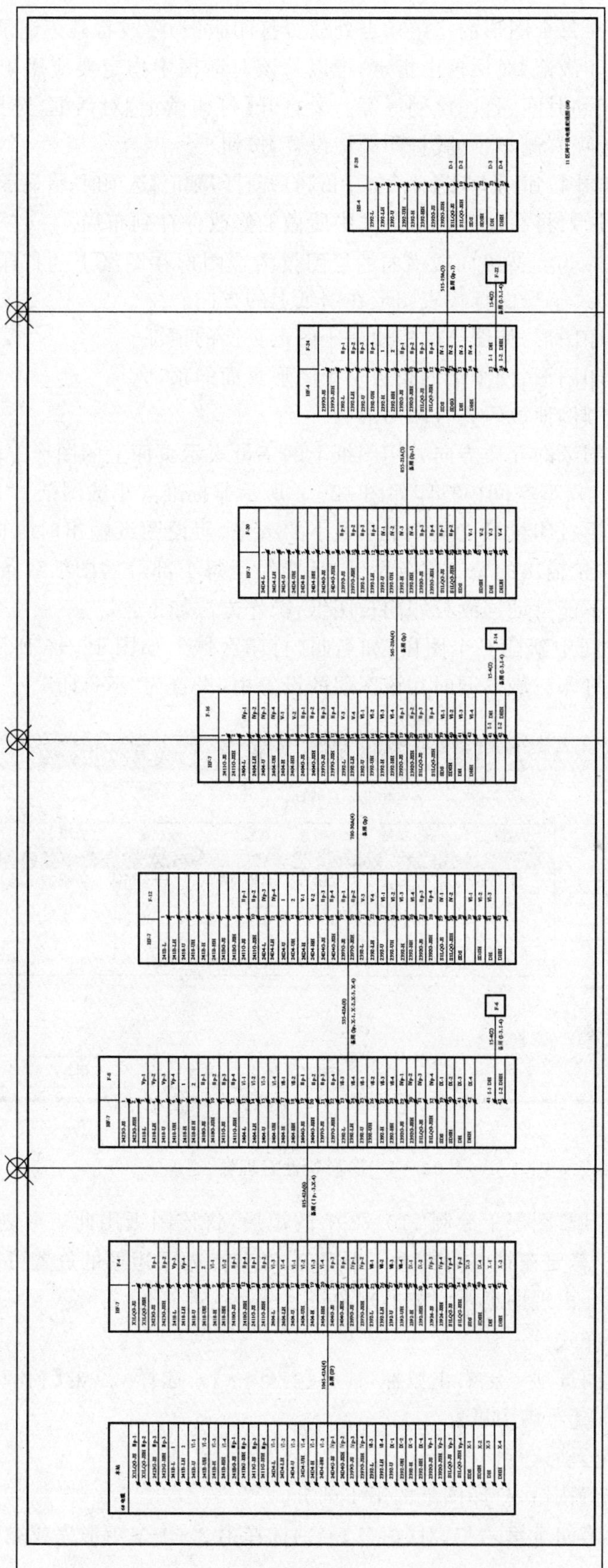

图 12－4 打印区域划分

【打开打印戳记】:在每个图形的指定角点处放置打印戳记并/或将戳记记录到文件中。打印戳记设置可以在【打印戳记】对话框中指定,可以从该对话框中指定要应用于打印戳记的信息,例如图形名称、日期和时间、打印比例等等。要打开【打印戳记】对话框,选择【打开打印戳记】选项,然后单击该选项右侧显示的【打印戳记设置】按钮。

【打印戳记设置】: 选中按钮 【打印】对话框中的【打开打印戳记】选项时,将显示【打印戳记】对话框。

【将修改保存到布局】:将在【打印】对话框中所做的修改保存到布局。

④【图形方向】:为支持纵向或横向的绘图仪指定图形在图纸上的打印方向。图纸图标代表所选图纸的介质方向。字母图标代表图形在图纸上的方向。

【纵向】:放置并打印图形,使图纸的短边位于图形页面的顶部。

【横向】:放置并打印图形,使图纸的长边位于图形页面的顶部。

【反向打印】:上下颠倒地放置并打印图形。

【图标】:指示选定图纸的介质方向并用图纸上的字母表示页面上的图形方向。

例:用 A4 打印机在模型空间中打印如图 12－4 所示非标准大小的图纸。

分析:由于一般家用打印机只能输出 A4 大小的纸张,假设图纸输出时纵向放置,超长图纸在输出后必须人工拼接输出的每一部分图纸,且要保证每个部分的图纸线条要能很好的连接。目前软件版本下,不能自动连续打印超长图纸,操作方法如下:

第一步:在模型空间中新建一个图层,如名叫“打印区域”,如图 12－5 所示,专门放置在“窗口”打印区域中的“打印区域”,同时在该图层的设置中,设置为“不打印”。

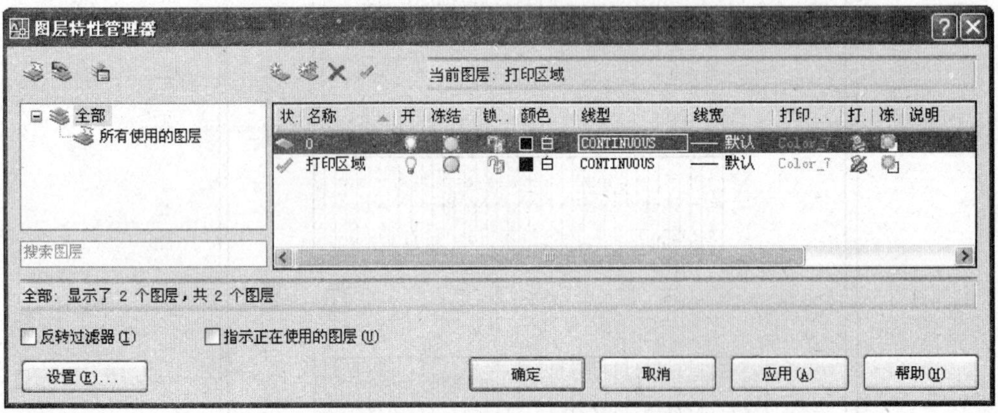

图 12－5　图层特性管理器

第二步:在“打印区域”图层上绘制 210×297 的矩形,将该图纸用此矩形划分成四等份区域。如图 12－4 所示。若要在粘贴时重叠一小部分,在节点处两矩形的放置可以交叉 1 cm 左右。这样在拼贴时,不会出现图纸不完整的现象。

第三步:指定打印样式。

第四步:在模型空间选项卡上右击鼠标,选择【打印…】。选择 ,点击【窗口】按钮,确定打印的区域,同时一定要勾选【布满图纸】。

第五步:点击【预览】确认打印结果。

第六步:单击【确定】按钮,打印图纸的第 1 部分。

第七步:重复以上第四至第六步,对【窗口】分别选择第 2～4 个矩形完成剩余部分的打印。

第八步：人工拼贴图纸。

12.2　布局空间

默认情况下，新图形最开始有两个布局选项卡，即【布局 1】和【布局 2】。如果使用图形样板或打开现有图形，图形中布局选项卡可能以不同名称命名。

可以使用以下方法之一创建新的布局选项卡：

• 单击布局工具栏
• 单击菜单：【插入】→【布局】。
• 命令行输入  "layout"。
• 在布局选项卡上右击鼠标出现如图 12－6 所示的快捷菜单，选择"新建布局"。

可以使用【创建布局】向导创建新布局。向导会提示有关布局设置的信息，其中包括：新布局的名称；与布局相关联的打印机；布局要使用的图纸尺寸；图形在图纸上的方向；标题栏；视口设置信息；布局中视口配置的位置。

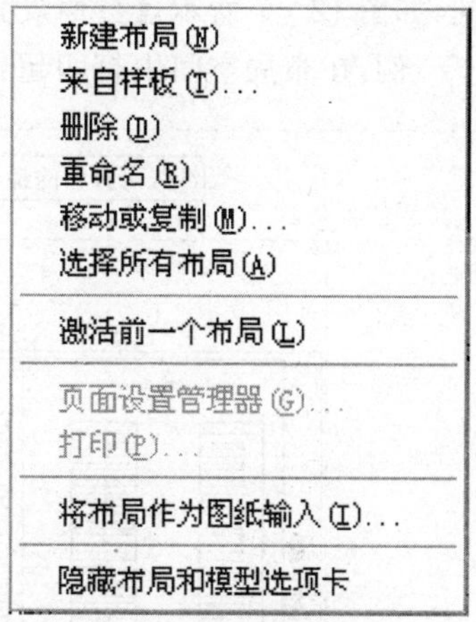

图 12－6　布局选项卡快捷菜单

> ! 注意：可以在图形中创建多个布局，每个布局都可以包含不同的打印设置和图纸尺寸。但是，为了避免在转换和发布图形时出现混淆，通常建议每个图形只创建一个布局。

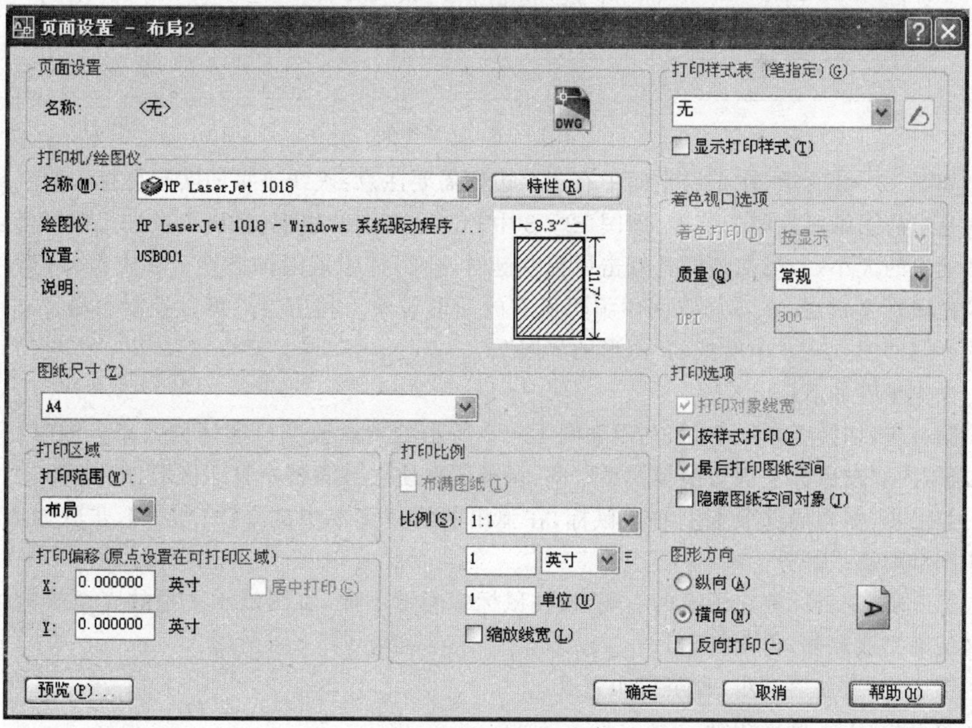

图 12－7　布局设置

与模型空间中的【打印…】对话框不同的是：

• 打印布局时，将打印指定图纸尺寸的可打印区域内的所有内容，其原点从布局中的(0,0)点计算得出。从【模型】选项卡打印时，将打印栅格界限定义的整个图形区域。如果当前视口不显示平面视图，该选项与范围选项效果相同。

• 打印范围的下拉菜单中，【页面设置－布局】与【打印－模型】对话框的选择内容有所不同，如图 12－7 所示，【页面设置－布局】对话框无  中按钮。

例：在布局空间中打印超长如图 12－8 图纸。

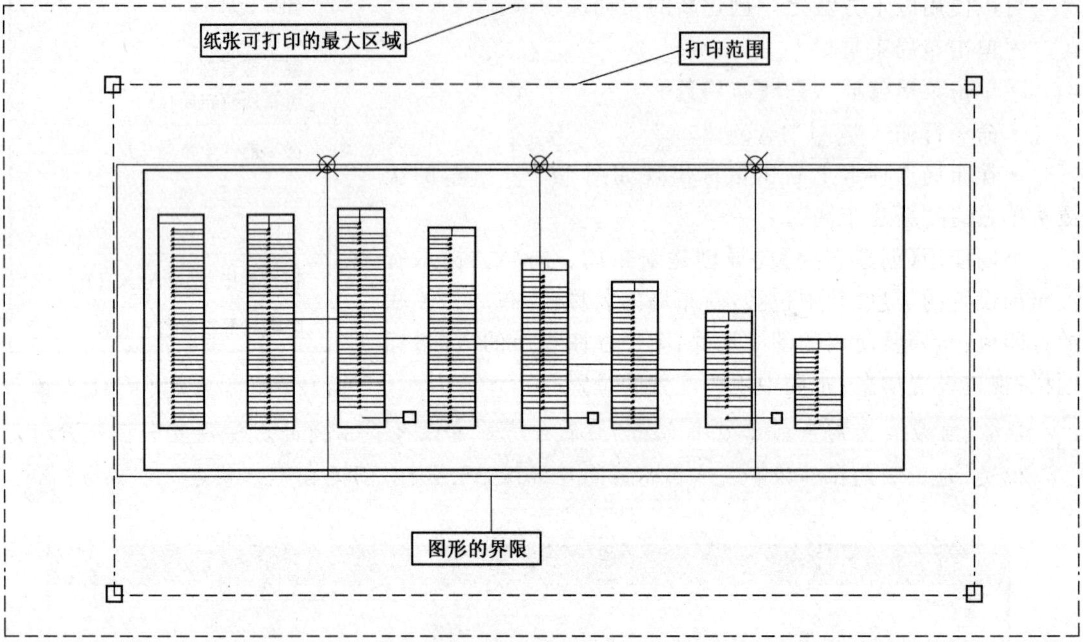

图 12－8　布局空间

如图 12－8 所示，在布局空间中有三个边框需要注意：虚线是页面实际可打印的区域。细实线是当前图纸所打印的范围(即图 12－8 中有四个夹点的边框，对该夹点进行编辑可以控制图纸输出的大小)。当在该框外双击鼠标左键时，会将打印范围抻满整个编辑窗口；当在该框内双击鼠标左键时，在布局空间中编辑所有的图形对象。利用这点可以控制布局及图形。图纸的界限即图 12－8 中所指的“图形的界限”。

操作步骤如下：

第一步：切换至布局空间，利用如图 12－8 所示的夹点改变打印区域大小。同时在【打印区域】框内双击鼠标左键切换至模型空间，调整图形使之抻满整个打印区域，如图 12－9 所示。

第二步：在布局选项卡上右击鼠标，在弹出的快捷菜单中选择【打印…】，步骤如前所述。打印图纸的第一部分。

第三步：把鼠标放在图纸的右侧，按住鼠标中间键不放，将图纸水平拖放直至鼠标到达打印区域细实线左侧，再次打印。

第四步：重复第三步，直至打印完成。

第五步：人工拼接图纸。

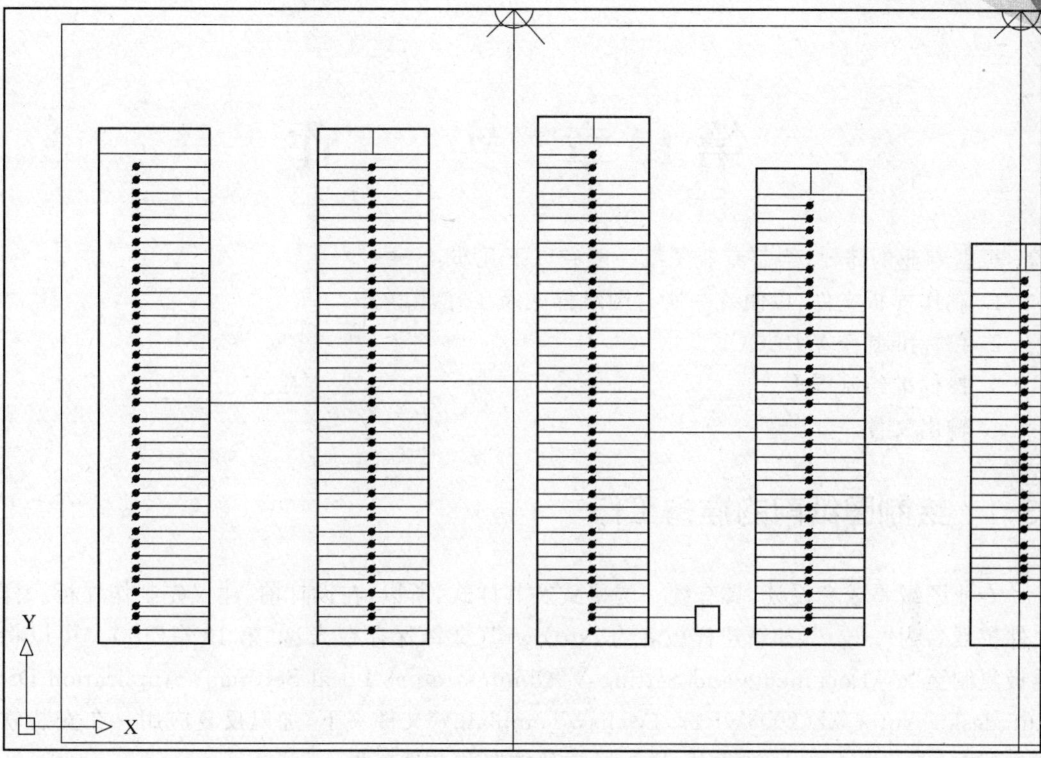

图 12－9　在布局空间双击鼠标使图形抻满整个屏幕

复习思考题

1. 在模型和布局空间中绘制图形有什么区别？
2. 如何在模型空间中利用“窗口”进行打印？说明其操作步骤。
3. 用 A4 家用打印机输出一张 A3 图幅的图纸。

第13章 实　　作

根据专业的需要，绘制专业图纸一般有以下几步：

1. 制作样板文件，以便统一所有图纸样式及工作环境。
2. 按标准制作 WBLOCK。
3. 按标准绘制图形。
4. 输出文件。

13.1 绘制图纸前的准备工作

专业图纸是成套设计，具有统一的格式及其样式，所以，在设计前，建议先制作样板。样板文件扩展名为“.dwt”，如新建样板名为“xh.dwt”（文件保存在光盘“第 13 章”中）。可以将该样板复制至“c:\Documents and Settings\ Administrator\ Local Settings\ Application Data\ Autodesk\ AutoCAD 2008\ R17.1\ chs\ Template\”文件夹下，加以反复应用。在安装软件的过程中，有关 AutoCAD 的相关样板通常都放在此文件夹里。

样板的设置包括：

1. 编辑区显示的颜色：一般采用黑色。
2. 图层及其相关内容设置，如图 13－1 所示。

• 0 图层——放置所需实体对象，如轨道、信号机、道岔及其编号等。

• 文字图层——放置所有的图纸说明或注释。

• 标注图层——放置尺寸标注。

• 更改图层——放置添加的内容或所需预留的项目及其说明。

• 配线图层——放置定型组合中需要更改或添加的内容。

• 辅助线图层——一般采用虚线。

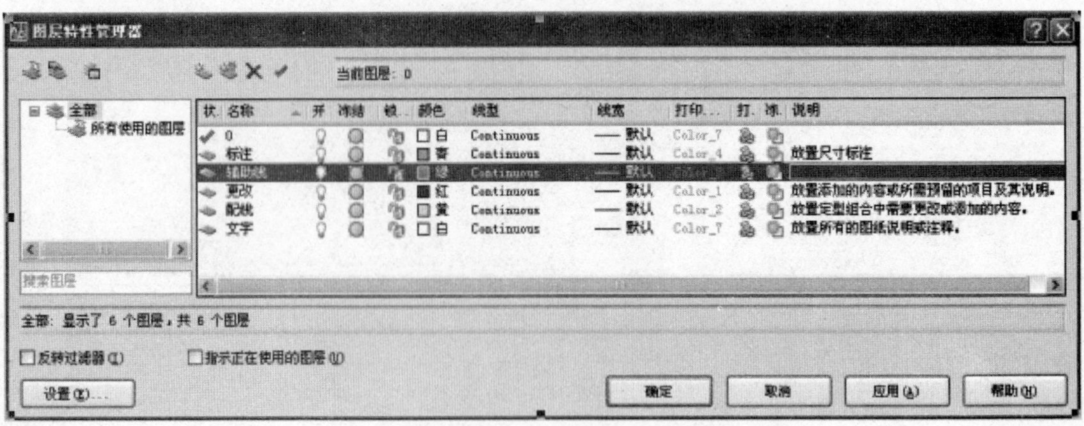

图 13－1　图层设置

3. 添加文字样式：

- STANDARD：为默认样式，专门放置有关配线及符号。
- CHINESE：放置汉字注释说明，如图 13－2(a)所示。
- HDM_FONT：放置标注，如图 13－2(b)所示。
- HZ：如图 13－2(c)所示。

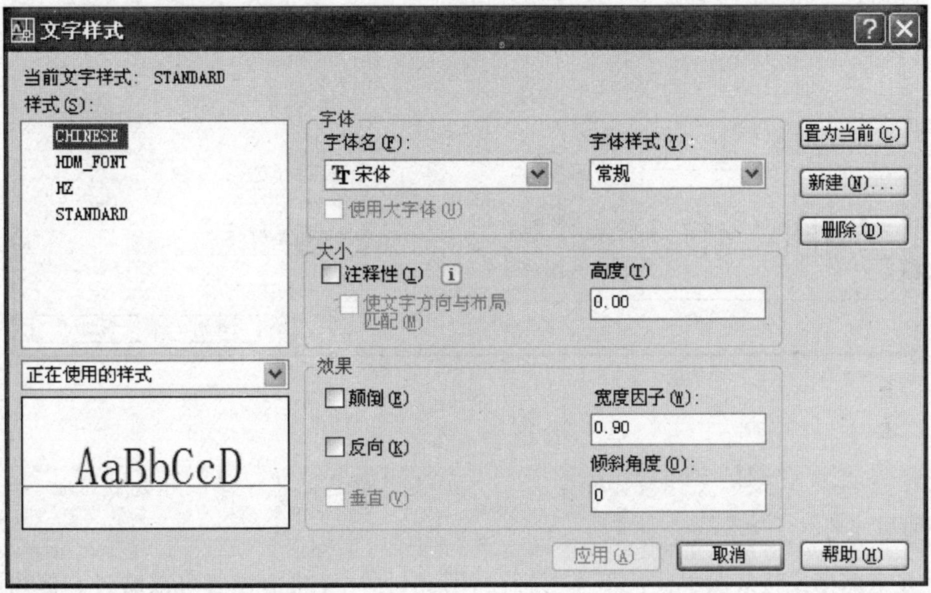

(a)

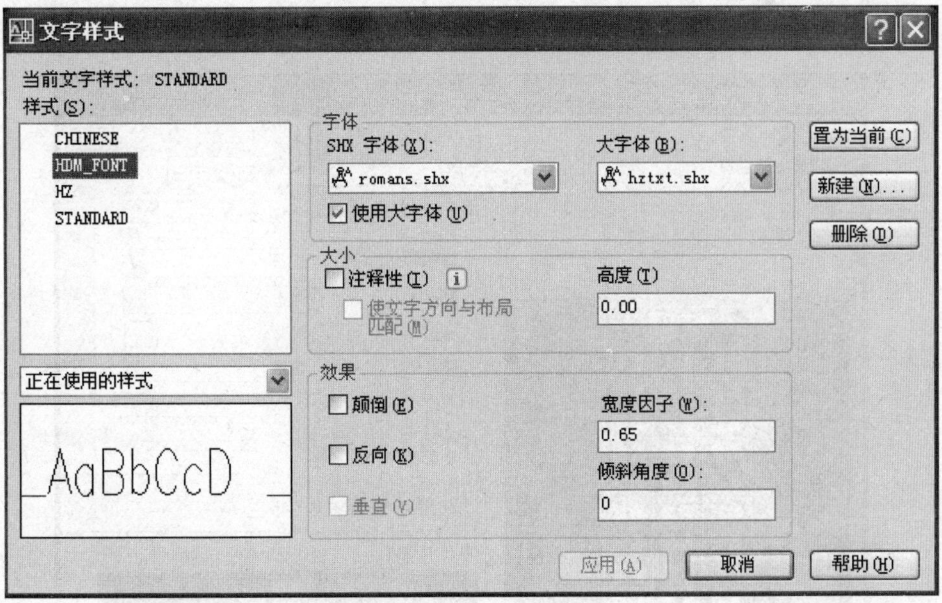

(b)

图 13－2 文字样式

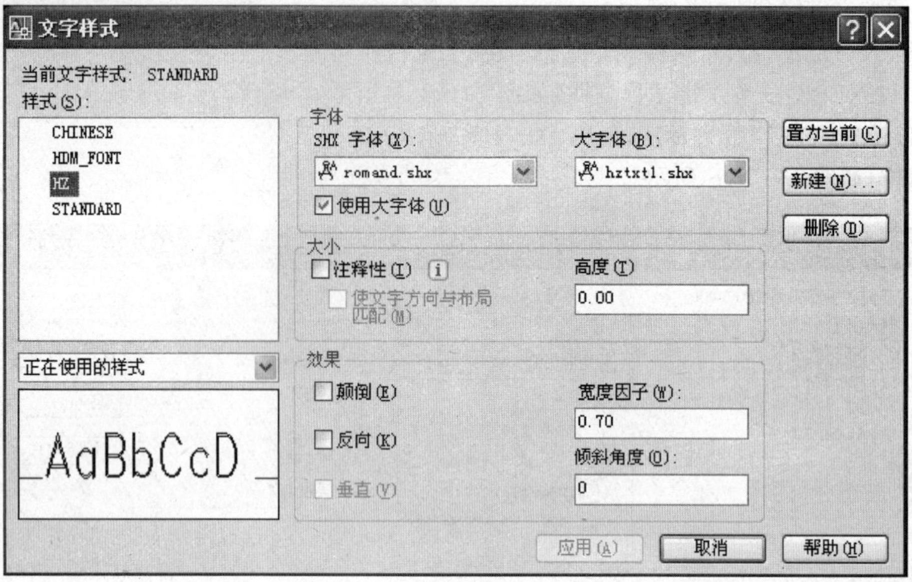

(c)

图 13－2　文字样式

! 注意：当要把“.dwg”文件拷贝给其他人时，一定不要忘记将字库一起复制给他，否则，打开的图中有许多乱码。

4. 在电路图或接线图中往往不需要标注，因此，标注样式的设置可以略过。但当绘制如转辙机机械结构图时，则需要详细的加以设置。

5. 由于 AutoCAD 有强大的表格设置功能，根据专业需要可以设置相应的表格样式，如图 13－3 所示。

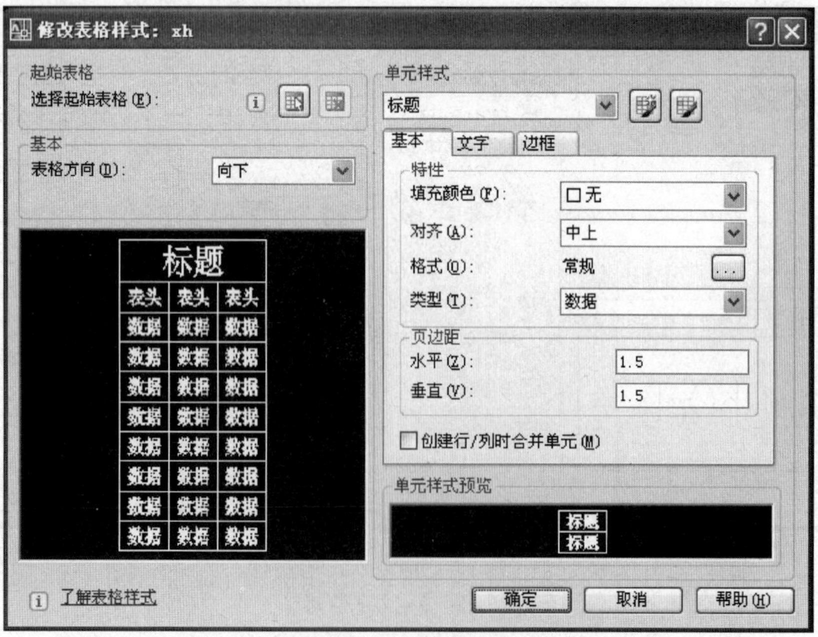

图 13－3　表格样式

6. 创建点样式，如图 13－4 所示。

7. 由于专业电路图、接线图、平面布置图、配线图等对单位精度的要求并不高，因此，在精度设置中只需采用“0.0”即可，如图 13－5 所示。

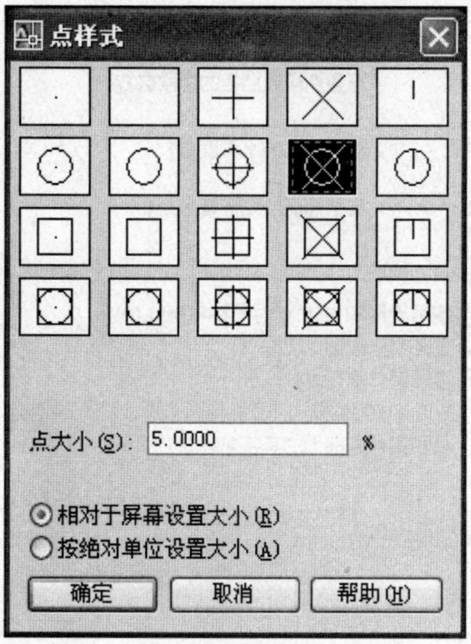

图 13－4　点样式

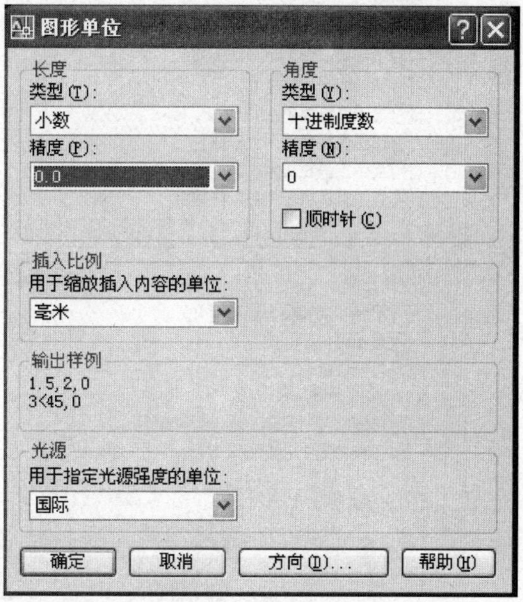

图 13－5　单位设置

8. 捕捉模式设置：一般打开极轴(追踪 45°)、对象捕捉、极轴追踪，如图 13－6 所示。

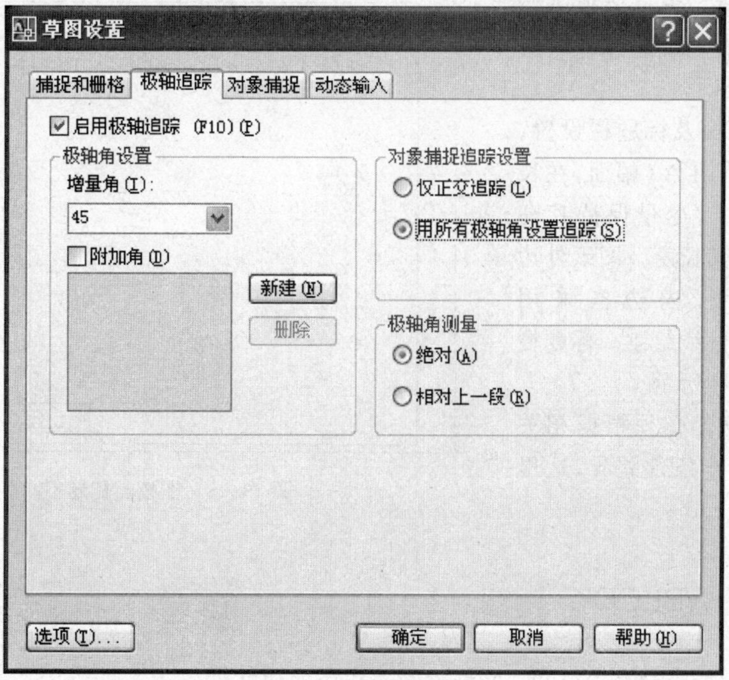

图 13－6　极轴追踪设置

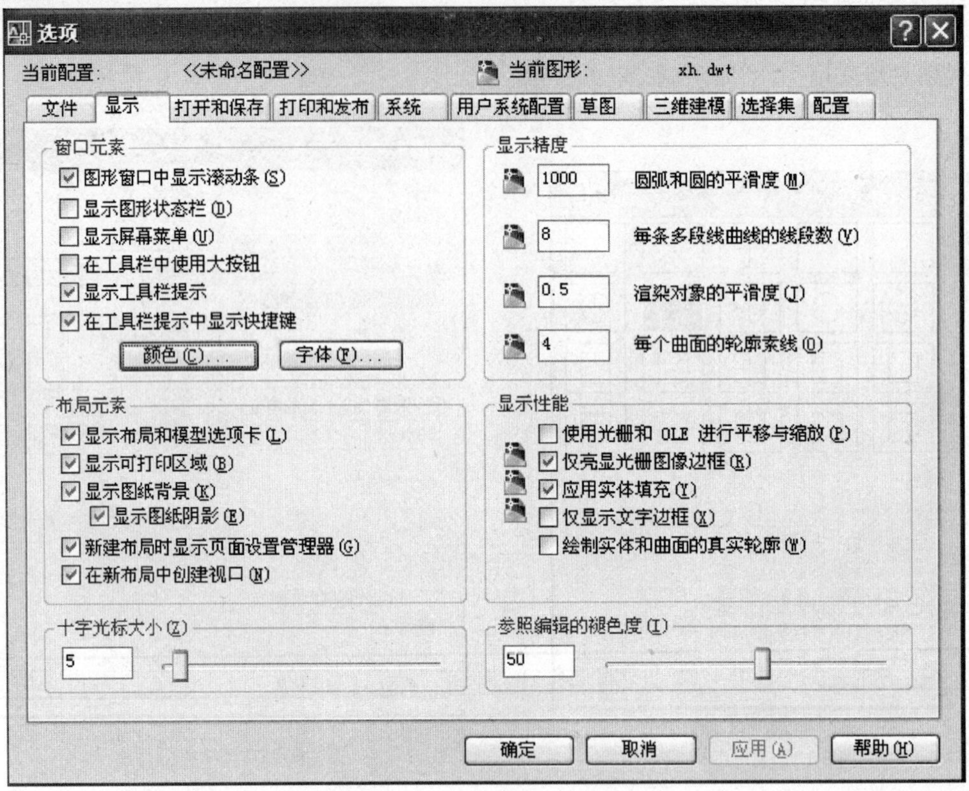

图 13－7　选项设置

9. 选项设置。根据要求进行相应的选项设置，如图 13－7 所示。

10. 图纸幅面及标题栏设置。信号专业一般采用 A3 幅面，在长度不够的情况下，尽量保持其高度，按标准扩展其长度。图纸外边框采用细实线，内边框采用 0.5 mm宽的多段线绘制。标题栏的绘制如图13－8所示。

11. 打印设置必须根据相关条件进行，因各自条件差异，这里不再介绍。

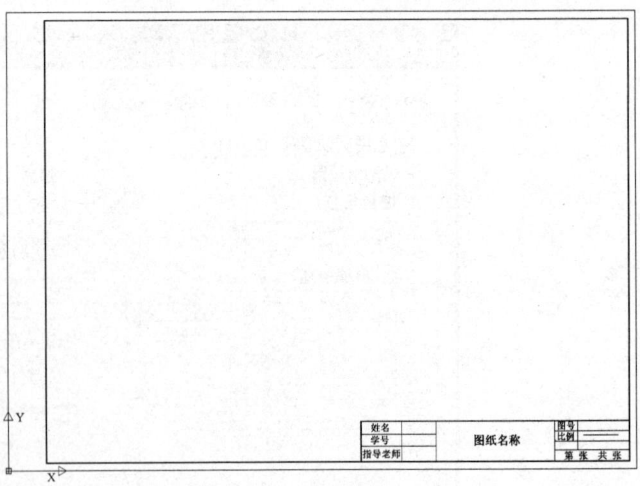

图 13－8　图幅与标题栏

13.2　制作 WBLOCK

对于信号专业，根据TB1122－92标准制作相应的块文件。

值得注意的是：在模型空间中，线宽以像素显示，并且在缩放时不发生变化。因此，在模型空间中精确表示对象的宽度时不应该使用线宽。例如，如果要绘制一个实际宽度为 0.5 mm

的对象，就不能使用线宽而应该用宽度为 0.5 mm 的多段线表现对象。正因如此，在专业的平面布置图、电路图、接线图等图中大量使用多段线。包括圆、线段等都采用多段线。

例：绘制继电器符号。其过程如下：

命令：_pline

指定起点：

当前线宽为 0.2000

指定下一个点或[圆弧(A)/半宽(H)/长度(L)/放弃(U)/宽度(W)]：w　　*设置线宽。*

指定起点宽度＜0.2000＞：

指定端点宽度＜0.2000＞：

指定下一个点或[圆弧(A)/半宽(H)/长度(L)/放弃(U)/宽度(W)]：a　　*用圆弧绘制继电器。*

指定圆弧的端点或　　*指定起始点。*

[角度(A)/圆心(CE)/方向(D)/半宽(H)/直线(L)/半径(R)/第二个点(S)/放弃(U)/宽度(W)]：r　　*指定圆弧半径。*

指定圆弧的半径：3.5

指定圆弧的端点或[角度(A)]：7　　*指定终点。*

指定圆弧的端点或

[角度(A)/圆心(CE)/闭合(CL)/方向(D)/半宽(H)/直线(L)/半径(R)/第二个点(S)/放弃(U)/宽度(W)]：　　*捕捉另一圆弧的端点，即第一个圆弧的起始点。*

指定圆弧的端点或

[角度(A)/圆心(CE)/闭合(CL)/方向(D)/半宽(H)/直线(L)/半径(R)/第二个点(S)/放弃(U)/宽度(W)]：

13.3　绘制车站信号设备平面布置图(图见附录 C)

1. 图形分析

举例站场由四部分组成。信号专业图纸，尤其是平面布置图、电路图或接线图，没有详细标注尺寸，在绘制前，先要根据相关标准估计每个对象的尺寸及其所占据的位置。

该图纸核心区域是站场平面图；其上方是坐标标注；左下方是图形注释(股道有效长度表和道岔类型表)；右下方是标题栏。这四部分分别占据了整个幅面的四个区域。考虑到美观及图中每个对象绘制过程的灵活性，图纸应该从中间向两边、上下进行绘制。其中：

(1)站场部分主要由信号机符号、道岔图标、和表示线路的线段组成。

① 信号机符号可以充分利用已经制作的块。

② 道岔图标利用多段线进行绘制，也可以先做成 WBLOCK，再进行插入。道岔侧向夹角应为 30°。集中联锁道岔符号()尖端部分填充黑色色块(估计 0.5 mm×1.5 mm)。

③ 线路的绘制可以直接采用多段线。但它们相互之间的间距到底多少合适呢？根据 TB 1122－92标准，矮型信号机两个机构并设的话，它们就需 8 mm，加上绝缘节符号宽 2 mm，轨道线一侧占据 1 mm，信号机与绝缘节之间大概有 2 mm。从举例站场来看，北京方面下行正线应该占据图纸正中间的位置。正线粗 0.5 mm，其他线路采用线宽 0.2 mm。因此线路间距应该等于 8＋2＋1＋2＝13。考虑到多段线的宽度(粗实线 0.5 mm)，因此，线路间距应为 15 mm左右。

(2)设备坐标标示。主要由文字构成，但文字要与设备坐标对齐，对齐可以通过辅助线完成。同时,文字还与水平线成－90°夹角。

(3)图形注释主要由表格构成。

(4)样板中的幅面不能满足站场图所占据的需要,所以先将幅面的长度拉长两倍。标题栏可以利用 xh.dwt 中已经构建的内容,只要在相应的单元格中填入相应的内容。但内容的填写必须放在单元格的正中。故文字可以采用正中对正的方式填写。

2. 绘制步骤

(1)绘图前的准备。

① 用 xh.dwt 样板建一个图纸文件,命名为“举例站场车站信号设备平面布置图”。由于样板中的幅面不能满足绘图需求,故需用【拉伸】按钮将其拉伸为原来的 2 倍。

② 划分绘图区域。将(4)中的幅面划分成上、中、下等分。最上部分用作道岔及信号机坐标绘制,中间部分用作站场平面图的绘制,下部分用作注释及标题栏的绘制。

(2)绘制站场线路

① 股道的绘制。该站场有 5 条股道,其中ⅠG 的位置位于图纸水平中心线上。股道编号位于图纸垂直中心线上。用“偏移”工具绘制ⅢG、5G、ⅡG 及 4G。用“打断”工具将线路沿中心线左右打断。用单行文字工具绘制股道编号。

② 道岔的绘制。方法是从垂直中心两侧向外绘制。由于信号平面布置图并不需要按实际线路尺寸来绘制,只需按坐标估计其左右的位置即可。例如,绘制 X 咽喉时,在 23＃,25＃之间再绘制 27＃、19＃道岔,然后绘制 21＃,17＃,15＃,11＃,13＃,9＃,7＃,3＃,5＃,1＃道岔。然后,用“修剪”工具修剪线条多余部分。并标注“东郊方面”和“北京方面”。

(3)绘制绝缘节和信号机。

由于信号机处的钢轨绝缘与信号机坐标相同,故在信号机块的制作过程中,已经将此绝缘节与信号机做在一起了。在插入信号机块的同时,也插入了绝缘节。与绘制道岔的顺序一样,按 S4,SⅡ,SⅢ,S,S5,D15,D13,D11,D9,D7,D5,D3,D1,XD,XF,X,YXD 顺序,插入已经做好的块。

(4)绘制警冲标与线路运行方向。

(5)标出线间距及中心线的位置,并绘制出信号楼的符号。上行咽喉的绘制方法同 X 咽喉类似。这里不再赘述。

(6)绘制道岔及信号机坐标。

① 绘制表格。将图层切换到辅助线层,用辅助线将设备当前位置与坐标对齐。

② 绘制文字。由于文字具有不同的高度,故需“多行文字”工具绘制,然后将其旋转 90°,放置辅助线上。

(7)绘制“股道有效长度表”及“道岔类型表”,用“表格”工具。

(8)绘制标题栏中相关内容。

13.4 绘制 TD5 型提速区段 6502 继电集中控制台盘面布置图

控制台盘面图见附录 C。

1. 盘面布置图布局分析

(1)图幅的确定。由于每个轨道电路光带的长度不得少于两个单元,因此,图纸幅面的选择应满足一定的长度要求。对于举例站场一般采用长＝840 mm;宽＝297 mm。图纸按对象构成的区域划分，大致分为上、中、下三个部分。盘面两侧分别留出一列空位。图纸最右侧应给出控制台三段类型选择示意。

(2)控制台盘面布置图绘制依据。控制台盘面布置图的绘制依据是信号平面布置图。绘制车站信号屏幕布置图时，不论信号楼位于站场的哪一侧，都把下行咽喉画在图纸的左侧。而在绘制控制台盘面图时，必须注意信号楼的图形符号( )是在车站信号平面布置图线路的上方还是下方。具体布置如下：

① 当信号楼的图形符号位于平面布置图下方时，控制台盘面布置图在左侧亦是下行咽喉。

② 当信号楼的图形符号位于平面布置图上方时，控制台盘面布置图在左侧亦是上行咽喉。

控制台分段类型的选择必须根据站场的具体规模。举例站场采用 ACA 三段式结构。

A 段：横向选择 10 个单元块；竖向选择 20 个单元块。

C 段：横向选择 30 个单元块；竖向选择 20 个单元块。

为了便于操作，盘面的下部留出一行空位，不排列任何按钮和表示灯。折角处不排列道岔单元块和按钮。考虑到美观的需要，盘面的上部也留一行空位。

2. 图形对象构成分析

盘面图图形对象的构成比较有规律，由相应的单元块构成。因此，在正式绘制盘面图之前应根据剩下的空间设定单元块的大小。建议按控制台单元块的实际尺寸等比例绘制。也可以按图幅尺寸确定单元块的大小：

高度：(297－2×5－2×5)/20＝277/20＝13.8 m。

宽度：[420×2－25(左侧装订线边距)－5 右侧页边距－2×13.8(左右竖向空位)－20(控制台三段类型选择示意)]/50＝15.2 mm。

根据 TD5 控制台单元类型图建立相关块。在创建块时，注意：由于各块之间有共性也有不同之处，建议创建带有属性的块；基点设定建议以左下角为基准点。

3. 控制台盘面图绘制

控制台盘面图绘制包括：图幅及绘图环境设置；图层设置；辅助功能设置；绘制边框及标题栏；绘制块；插入块；绘制电流表；文字及相关数字标注；绘制三段控制台类型选用示意；输出。

复习思考题

1. 在信号专业图纸的绘制过程中，为什么要采用多段线？粗实线与多段线有何区别？
2. 在绘图过程中，对象捕捉模式设置为什么不能全选？
3. 对信号电路图、接线图及平面布置图、控制台盘面图中块的制作有何要求？
4. 绘制 ZD6 单动道岔控制电路图。
5. 绘制进站信号机点灯电路图。

参考文献

[1]郑阿奇.AutoCAD2002 实用教程.北京:电子工业出版社,2004.
[2]中华人民共和国铁道行业标准 TB 2080—铁路信号产品接线图绘制方法.1989.
[3]中华人民共和国铁道行业标准 TB 1122—92—铁路信号图形符号.1992.
[4]中华人民共和国铁道行业标准 TB 2079—89—铁路信号产品电路图绘制方法.1989.

附录 A　图形符号推荐尺寸

1. 信号机、表示器

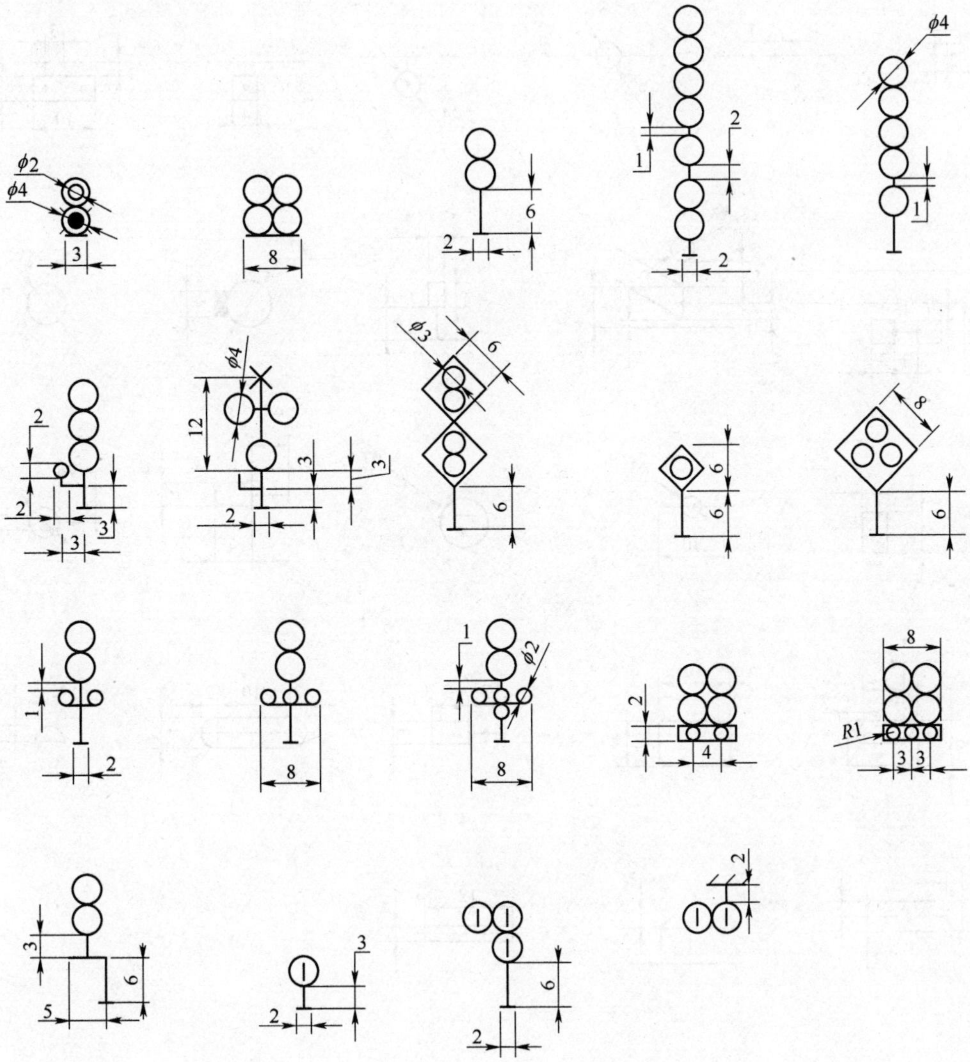

2. 室外设备

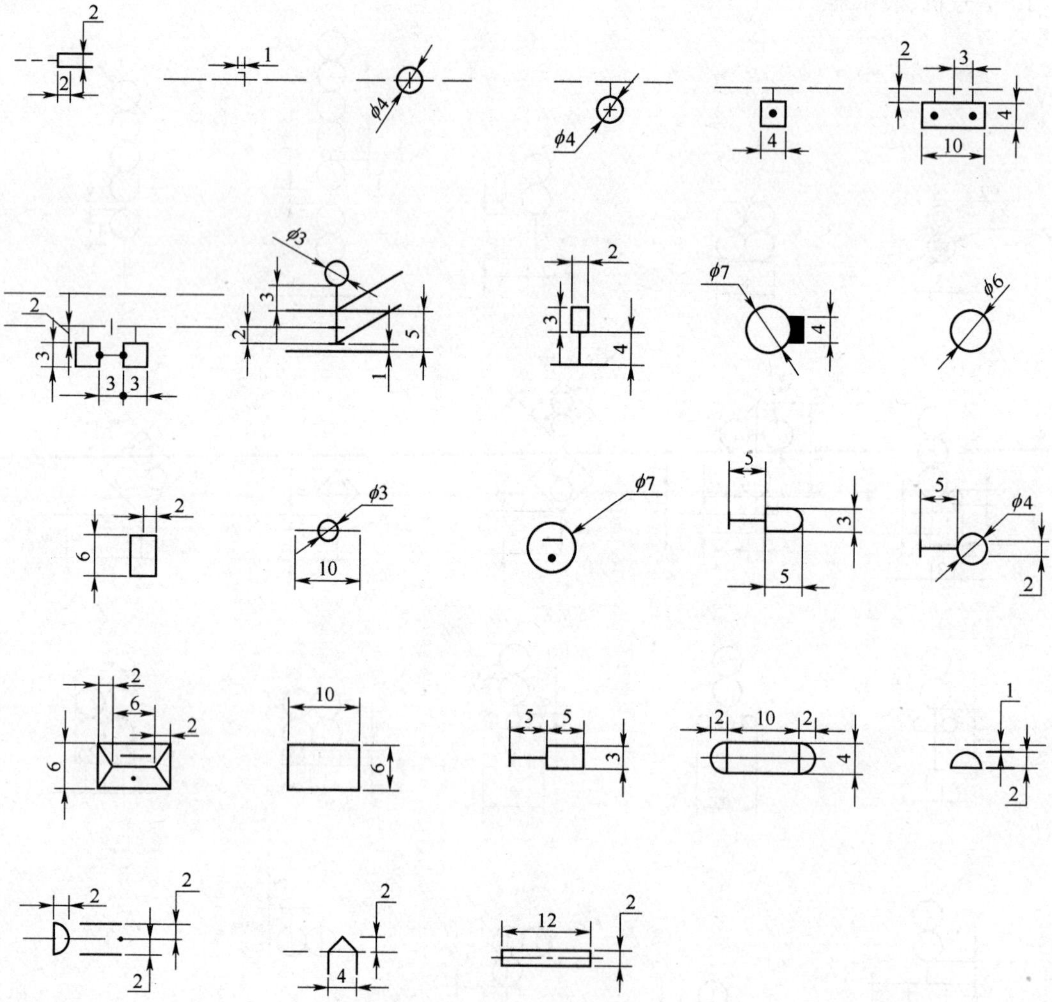

3. 继电器、接点及各种元器件

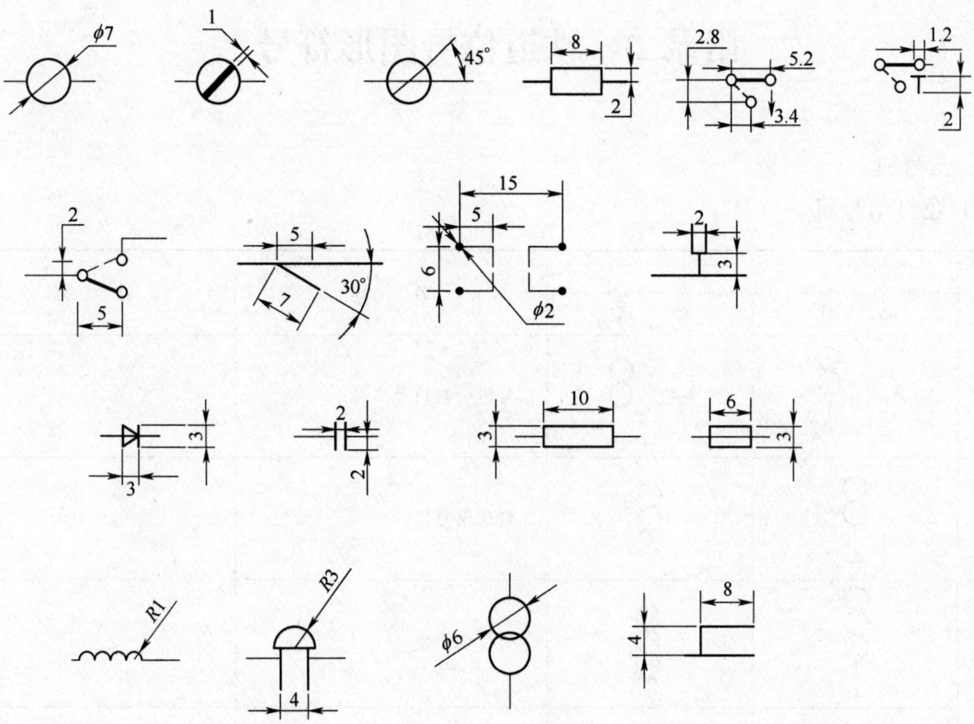

附录 B 铁道信号图形符号

1. 信号机

(1)色灯信号机

序号	符号		名称	说明
	高柱	矮型		
1	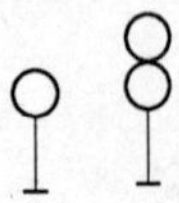	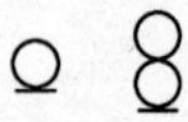	信号机一般符号	
2			二灯位信号机	
3			三灯位信号机	
4			进站信号机前方第一架通过信号机	
5	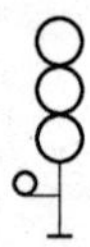		带容许信号的通过信号机	
6			四灯位信号机	
7			五灯位信号机	
8			七灯位信号机	

续上表

序号	符号		名称	说明
	高柱	矮型		
9		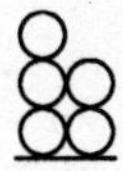	五灯位信号机	
10			反面兼调车的信号机	调度集中区段反面兼调车的进站信号机
11			八灯位信号机	
12	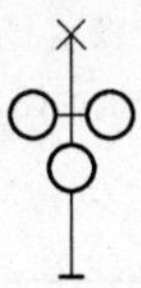		道口信号机	
13			道口信号机附自动拦木	
14			遮断及其预告信号机出站、调车复示信号机	
15			出站、调车复示信号机	

续上表

序号	符号		名称	说明
	高柱	矮型		
16	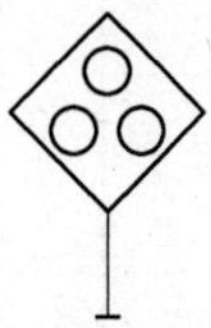		进站复示信号机	
17	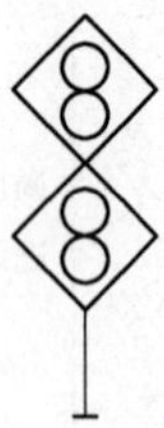		驼峰复示信号机	
18	 或		信号托架	安装臂板信号机时应改用臂板信号机的图形符号
19	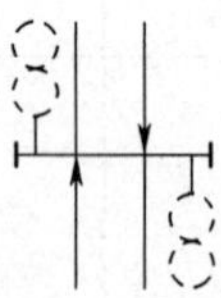		信号桥	安装臂板信号机时应改用臂板信号机的图形符号

(2)表示器

序号	符号	名称	说明
1		调车表示器	
2	(1)  (2) 	发车表示器	(1)柱式(2)悬挂式
3	 	发车线路表示器	矮型用于驼峰

续上表

序号	符 号	名 称	说 明
4	(1) 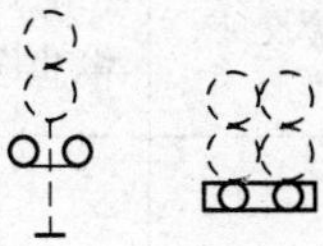 (2) 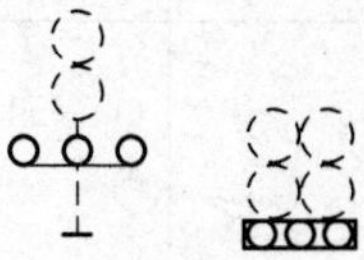 (3) 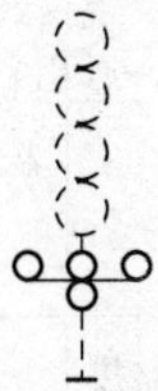	进路表示器	(1)两方向(2)三方向(3)四或五方向
5		道岔位置表示器	开通直向为紫灯;开通侧向为黄灯
6	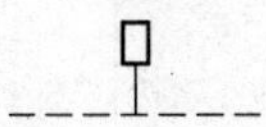	脱轨表示器	

2. 轨道电路及信号固定设备

(1)轨道电路

序号	符 号		名 称	说 明
	单 轨	双 轨		
1	(1) 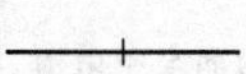 (2) 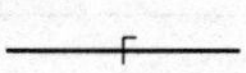 (3) 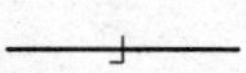	(1) 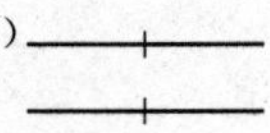 (2) 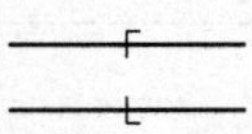 (3) 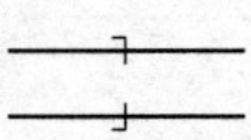	钢轨绝缘	(1)两端均设轨道电路 (2)仅右端设轨道电路 (3)仅左端设轨道电路
2	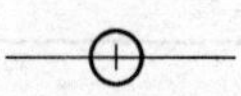	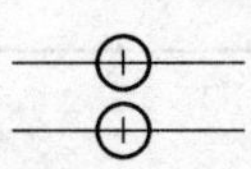	侵入限界的钢轨绝缘	
3	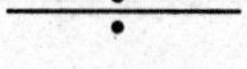	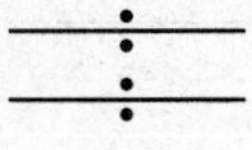	无绝缘轨道电路的电气接头	

续上表

序号	符号		名称	说明
4		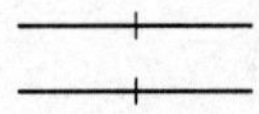	轨道电路极性、相位、频率交叉	粗细分别为不同的极性、频率、相位
5		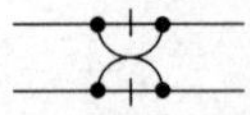	人工交叉	
6	(1) 	(2)	轨道电路发送端	(1)一组发送端(2)两组发送端
7	(1) 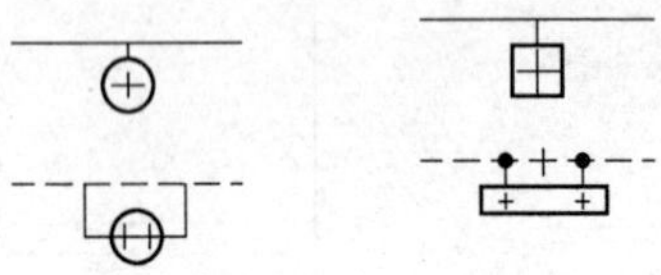	(2)	轨道电路接/收端	(1)○为电缆盒(2)□为变压器箱
8	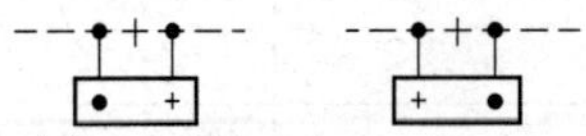		共用同一变压器箱的轨道电路接收、发送端	
9	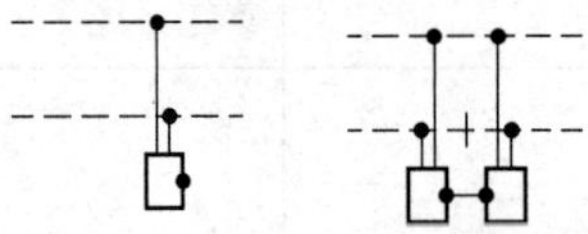		扼流变压器	
10	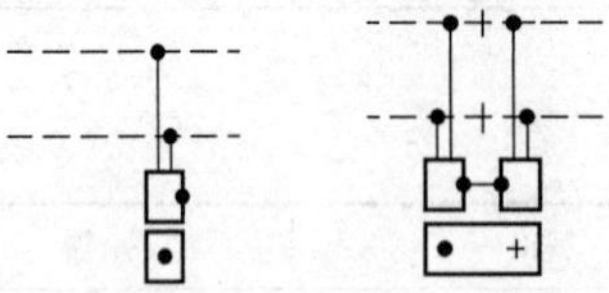		扼流变压器与轨道电路接收、发送端同设一处	
11	(1) 	(2)	轨条连接线	(2)通牵引电流
12	(1) 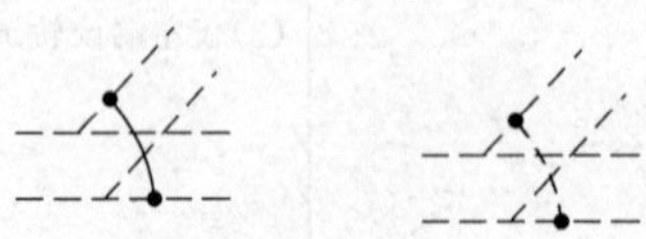	(2)	道岔跳线	(2)通牵引电流
13	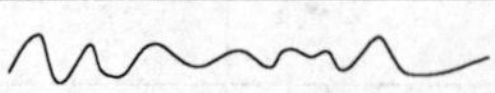		牵引电流横向连接线	

(2)信号固定设备

序号	符号	名称	说明
1	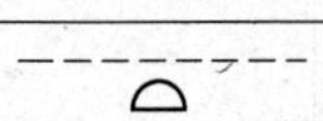 或 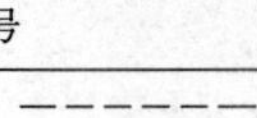	计轴器	

续上表

序号	符 号	名 称	说 明
2	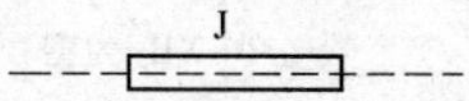	车辆减速器	
3	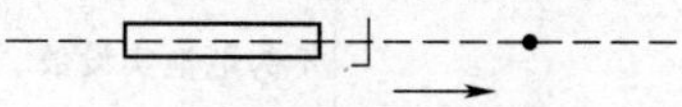	测长区段	
4		测重器	
5	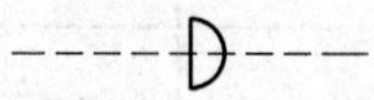	测速雷达	
6	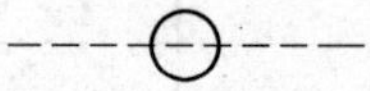	车辆限界检查器	
7	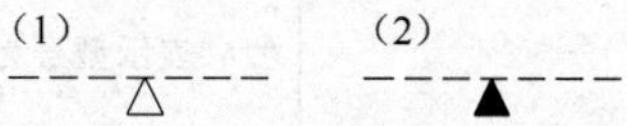	轨道接触器、传感器、应答器	(2)带方向
8	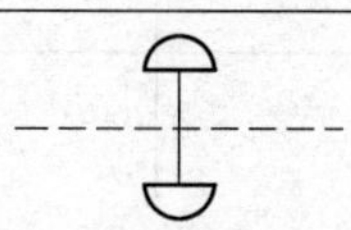	光探测器	
9	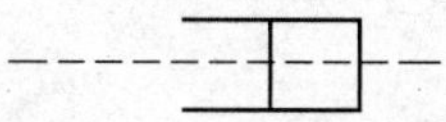	停车器	
10	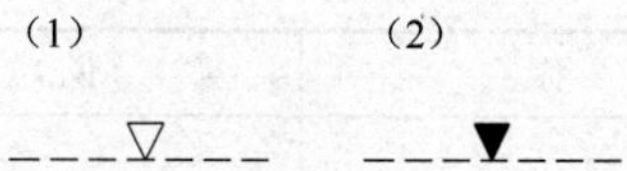	无绝缘轨道电路收发器	(1)开路式(2)闭路式
11		按钮柱	
12	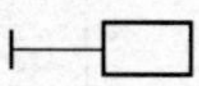	提勾显示盘	
13	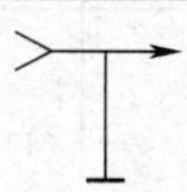	风向标	
14		牵引小车	
15	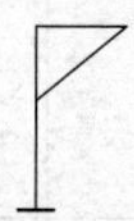	局部控制盘	
16		通话柱	
17	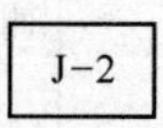	继电器箱	2 表示层数

续上表

序号	符　号	名　称	说　明
18	 XB_2	变压器箱	XB_2 为型号
19		电池井	7 为电池实设数
20		分向电缆盒	7 为 7 方向
21		终端电缆盒	“24”表示型号为 HZ24
22		杆上电缆盒	“16”表示型号为 HG16
23	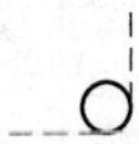	导线平轮	

3. 站场固定设施

(1)线路道岔及其转换设备

序号	符　号		名　称	说　明
1	单　轨 	双　轨 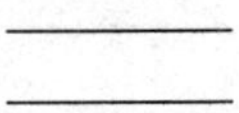	线路	
2	单　线 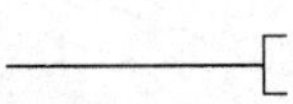	双　线 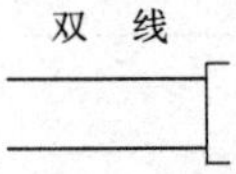	尽头线	
3	(1) 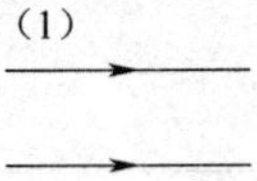	(2) 	列车运行方向	(1)单向运行(2)双向运行
4			超限货物列车运行方向	
5	(1) 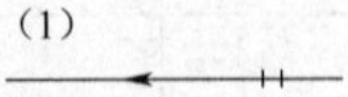 (2) 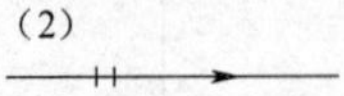		机车出入库运行方向	(1)出库线(2)入库线
6	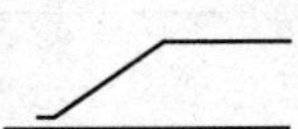	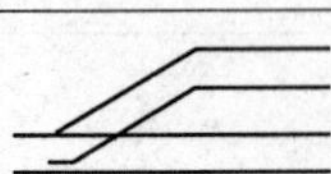	单开道岔	直向开通
7	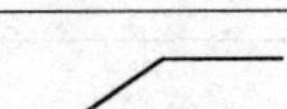	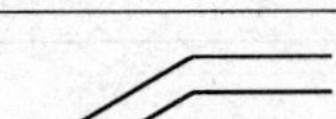	单开道岔	侧向开通

续上表

序号	符　号		名　称	说　明
8	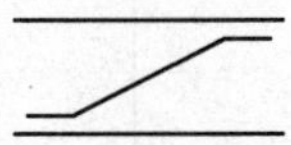		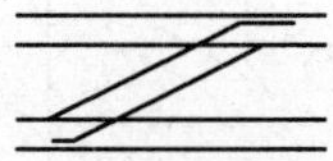	渡线
9			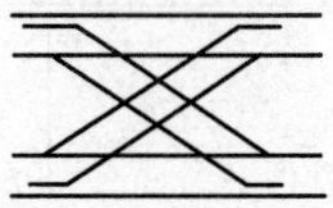	交叉渡线
10	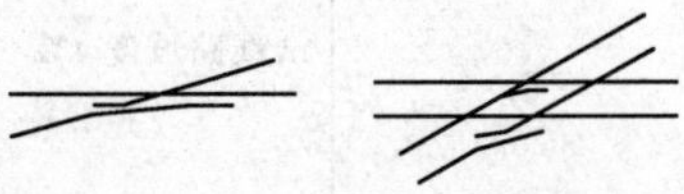		单式交分道岔	
11	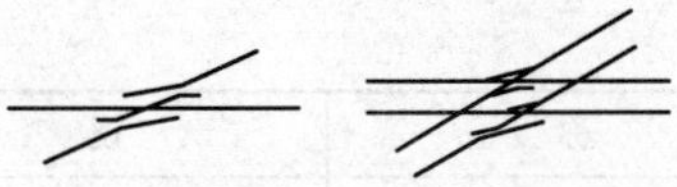		复式交分道岔	
12	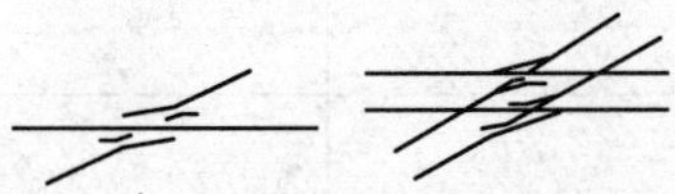		复式交分道岔	附中央可动辙叉
13	单　线	双　线	单线、双线单开道岔	附可动心轨
		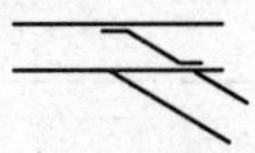		
14	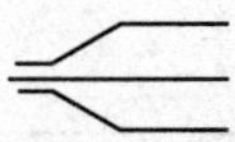	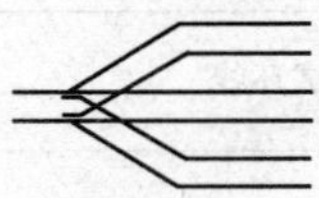	三开道岔	
15	（1）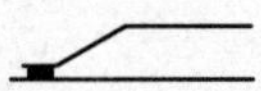	（2）	集中联锁道岔	(2)驼峰对称道岔
16	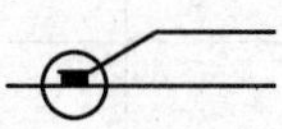		双重控制道岔、局控道岔分路道岔	
17	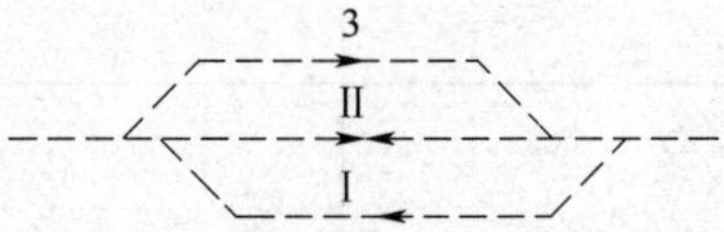		车站股道接车进路	1、Ⅱ、3 为股道编号、箭头为接车进路
18			线群与线群分束	
19			驼峰峰顶	

续上表

序号	符　号	名　称	说　明
20		转辙机	
21	(1) 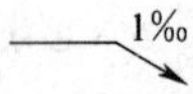 (2) 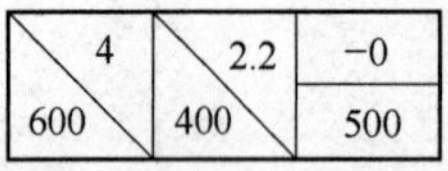	坡度	(1)换算坡度、箭头为下坡道方向(2)线路实际坡度，如600 m线路坡度4‰

(2)线路有关固定设施及房屋

序号	符　号	名　称	说　明
1		公里标	
2	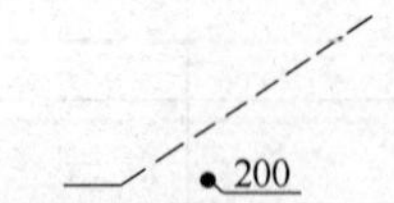	警冲标	“200”表示距信号楼或值班员室中心距离
3	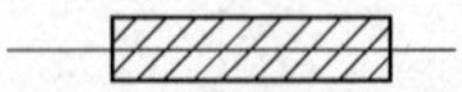	机车信号检查点	
4	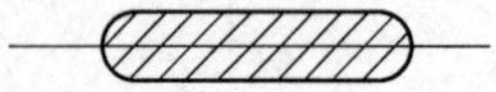	机车信号测试环线	
5	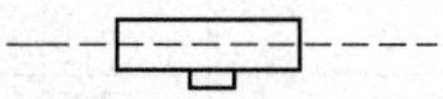	轨道衡	
6	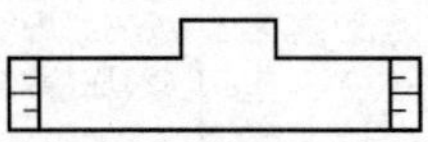	站坪及基本站台	
7	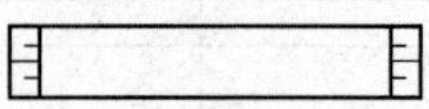	站　台	
8	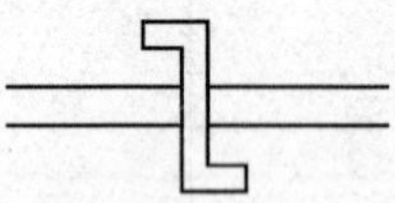	天　桥	
9	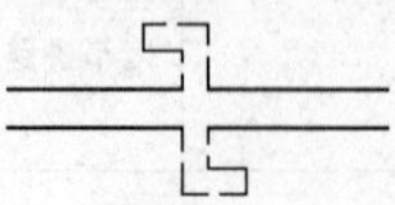	地　道	
10	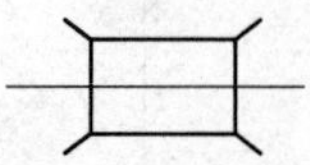	道　口	
11	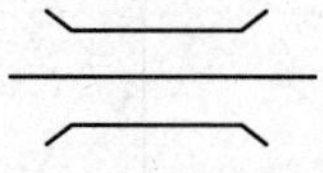	桥	

续上表

序号	符　　号	名　　称	说　　明
12	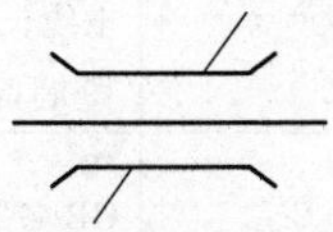	铁路与铁路立体交叉	
13	(1)　(2) 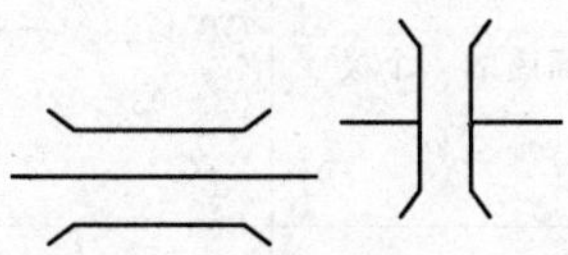	铁路与公路立体交叉	(1)铁路在上 (2)铁路在下
14	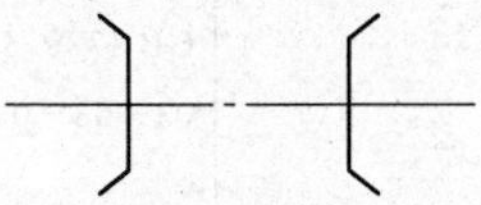	隧　道	
15	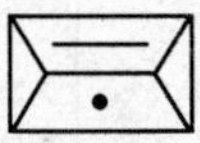	信号楼	
16	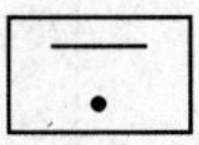	值班员室	
17		调车楼(室)	
18	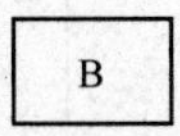	各种房屋	"B"板道房,"K"空压站,"DF"道口看守房,"Z"机务段用楼
19	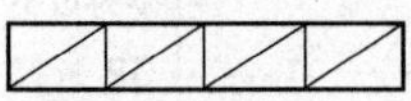	电缆地沟	

4. 电线路及配线

序号	符　　号	名　　称	说　　明
1		单极导线、电缆一般符号	GB 4728.3－84 03－01－01
2	或 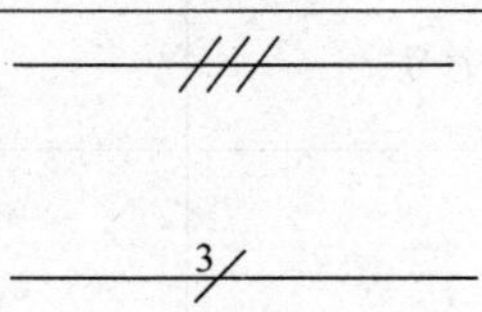	3 极导线	n 极导线注明 n GB 4728.3－84 03－01－02 03－01－03
3	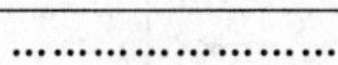	干线电缆径路	
4	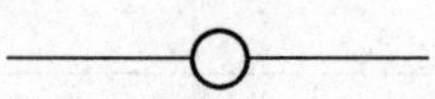	架空明线线路	
5	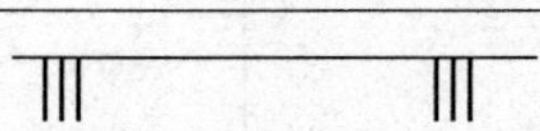	架空电缆	
6		光缆的一般符号	GB 4728.10－85 10－25－01

续上表

序号	符　　号	名　　称	说　　明
7	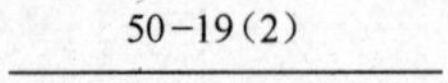	电缆线路标记	电缆长 50 m 19 芯备用 2 芯
8		导线的连接	GB 4728.3－84 03－02－05
9	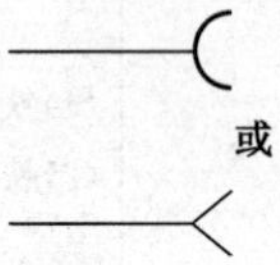	插座(内孔的)或插座的一个极	GB 4728.3－84 03－03－01 03－03－02
10	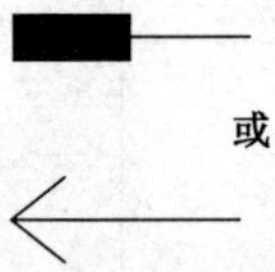	插头(凸头的)	GB 4728.3－84 03－03－03 03－03－04
11	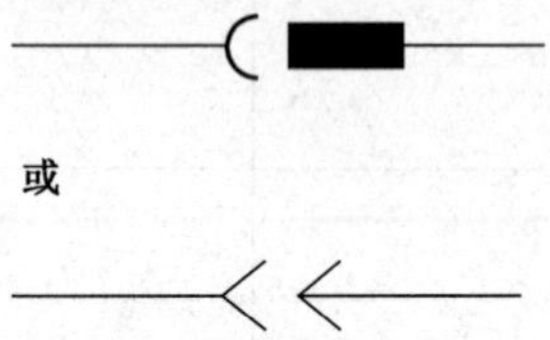	插头和插座(凸头和内孔的)	GB 4728.3－84 03－03－05 03－03－06
12	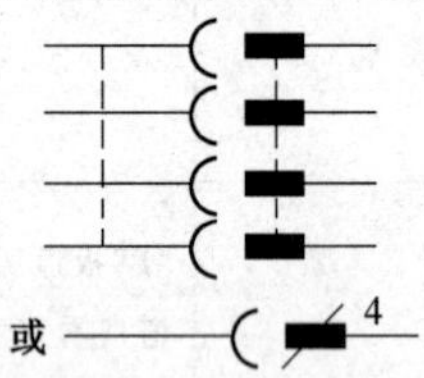	多极插头和插座	GB 4728.3－84 03－03－07 03－03－08
13		端子	ϕ 为可拆卸的端子 GB 4728.3－84 03－02－01

5. 室内台、屏、盘、架

(1)台、屏、盘、架

序号	符　　号	名　　称	说　　明
1	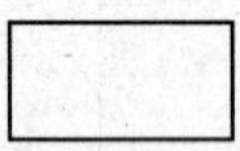	屏、台、盘、架一般符号	
2	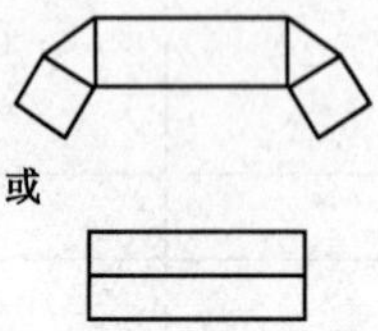	控制台	
3	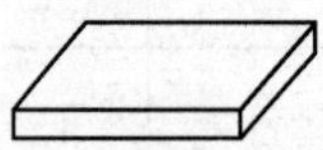	微处理机	
4	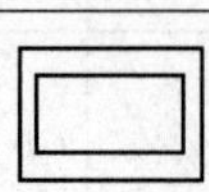	图形显示器	

续上表

序号	符　　号	名　　称	说　　明
5		显示终端	
6	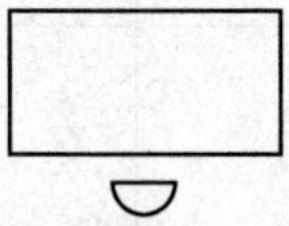	测试台一般符号	GB 4728.11—85 11—04—07

(2)控制台(表示盘)盘面

序号	符　　号	名　　称	说　　明
1		二位自复式按钮带灯	
2			带铅封
3			带灯,H为红灯
4			带铅封
5		二位非自复式按钮	
6			带灯带铅封
7			带　灯
8		三位按钮	带　灯 带灯按下自复拉出停留
9		联动按钮	三联
10	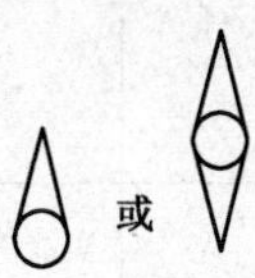	二位式手柄	
11	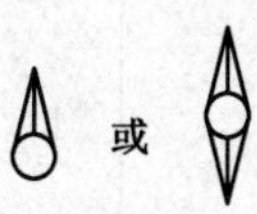	三位式手柄	
12		二位式按钮手柄	

续上表

序号	符　　号	名　　称	说　　明
13		三位式按钮手柄	
14		二位式按钮手柄	先按后转
15		三位式按钮手柄	
16	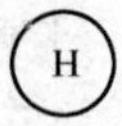	表示灯	圈中字母根据表示灯颜色填写
17	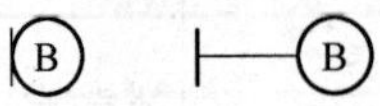	信号复示器	一个表示灯
18	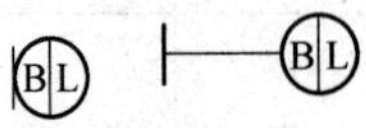		二个表示灯
19	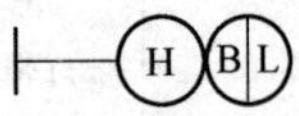	高柱信号复示器	三个表示灯
20			四个表示灯
21	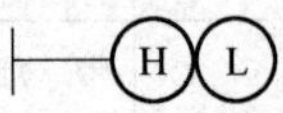		面板式控制台用二个表示灯
22	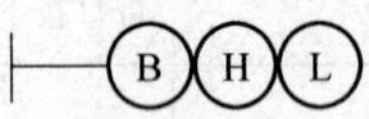		面板式控制台用三个表示灯
23	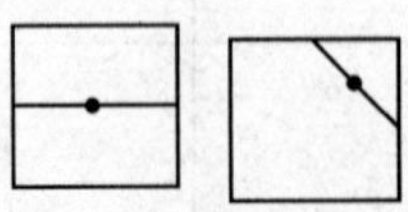	光带单元	
24		光节	实线为线路
25	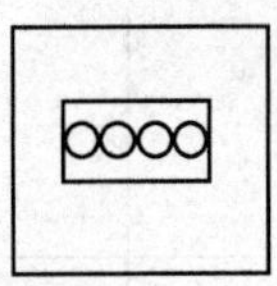	计数器	

6. 继电器及其他

(1)继电器线圈

序号	符 号	名 称	说 明
1	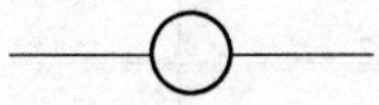	直流无极继电器	
	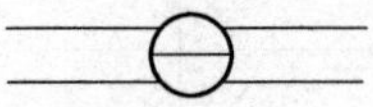		两线圈分接
	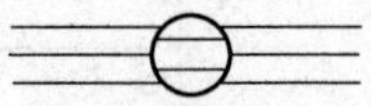		三线圈分接
2		直流无极缓放继电器	
3		直流无极缓放继电器	单线圈缓放
4		无极加强继电器	
5		有极继电器	
6		有极加强继电器	
7		整流式继电器	
8		极性保持继电器	
9	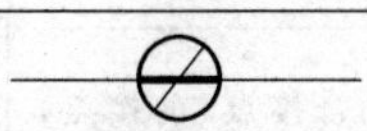	极性保持加强继电器	
10		极性保持缓放继电器	
11		偏极继电器	
12	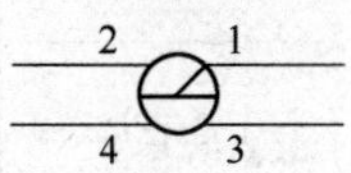		两线圈分接
13		时间继电器	3″为时间
14	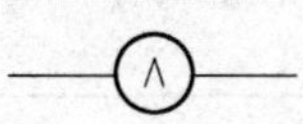	脉冲继电器两线圈分接	
	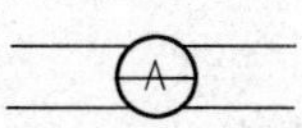		两线圈分接
15		交流继电器	
16	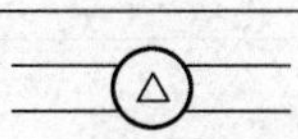	单闭磁继电器	
17		交流二元二位继电器	

续上表

序号	符　　号	名　　称	说　　明
18	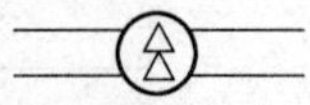	二元差动继电器	
19		动态继电器	
			两线圈分接
20		电码继电器传输继电器灯丝转换继电器	
21	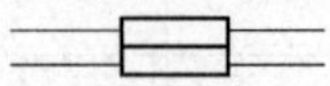	电码继电器	线圈分接
22		电码缓放继电器	

(2)接点

序号	符　　号		名　　称	说　　明
	标准图形	简化图形		
1	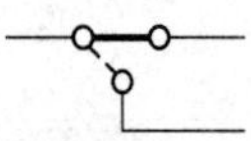	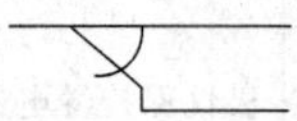	无极接点	
2	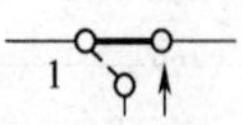	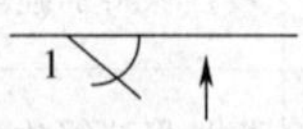	动合接点(前接点)闭合	
3	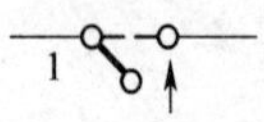	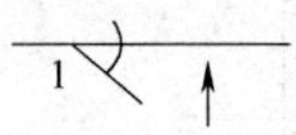	动断接点(后接点)断开	
4	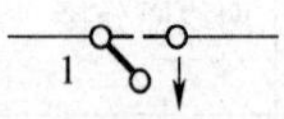	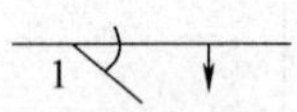	动合接点断开	
5	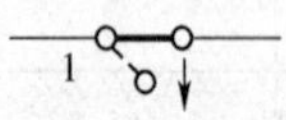	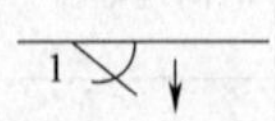	动断接点闭合	
6	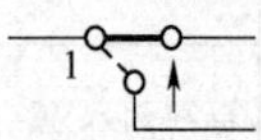	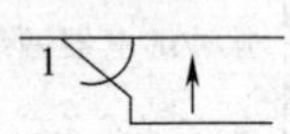	接点组	动合接点闭合、动断接点断开
	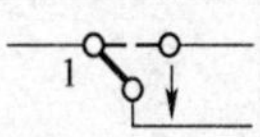	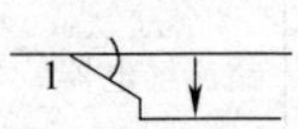		动合接点断开、动断接点闭合
7	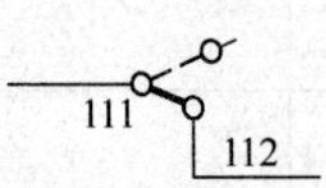	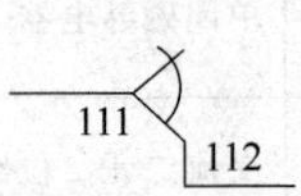	极性定位接点闭合	

续上表

序号	符号		名称	说明
8	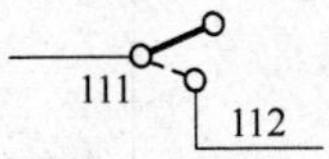	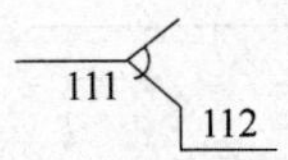	极性定位接点断开	
9	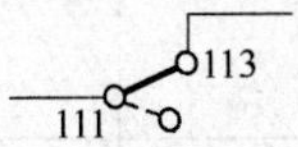	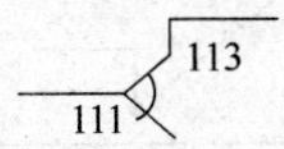	极性反位接点闭合	
10	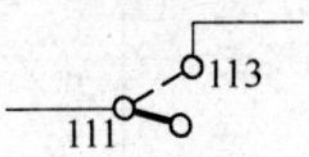	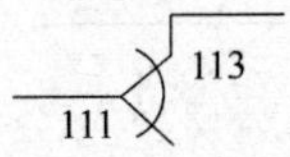	极性反位接点断开	
11	(1) 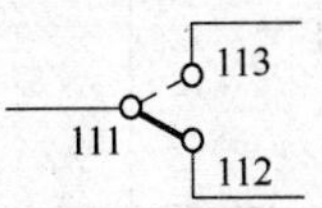 (2) 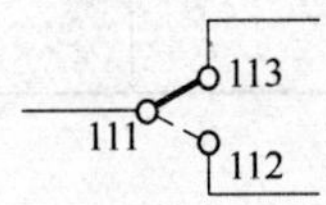	(1) 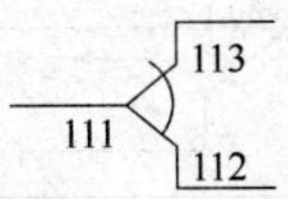 (2) 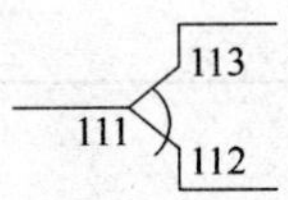	极性定反位接点组	(1)定位接点闭合反位接点断开(2)定位接点断开反位接点闭合
12	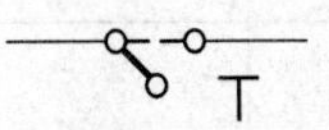	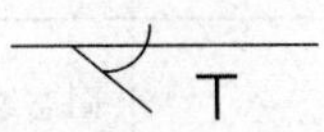	非自复式按钮接点	按下接通
	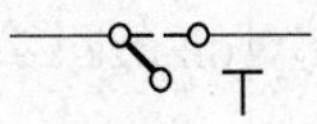	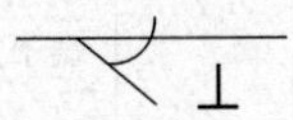		拉出接通
13	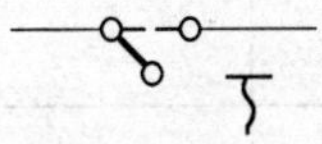	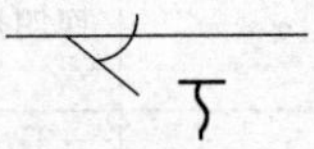	自复式按钮接点	按下接通
	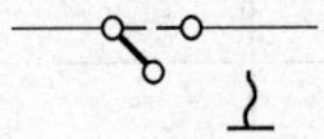	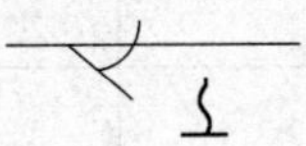		拉出接通
14	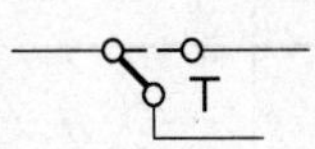		非自复式按钮按压接点组	
15	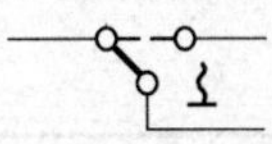	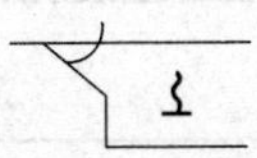	拉出接点组	
16	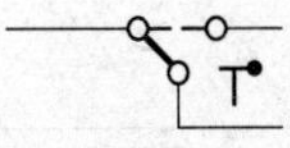	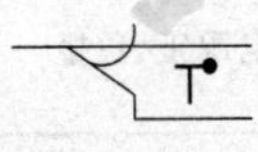	非自复式按钮按压接点组	带铅封
17	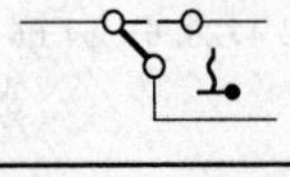	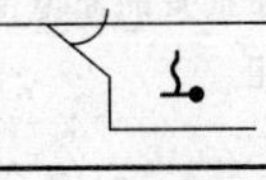	自复式按钮拉出接点组	带铅封

续上表

序号	符　　号		名　称	说　明
18	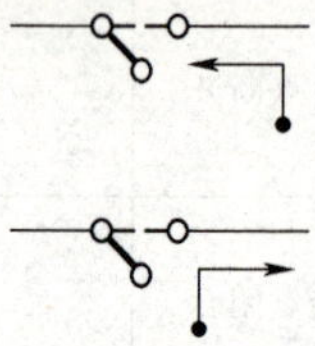	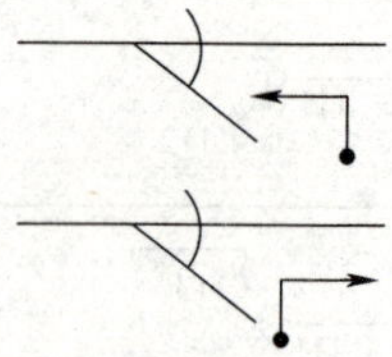	手柄接点	向右板动闭合
19	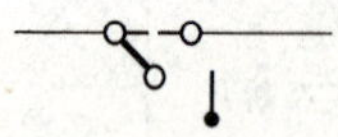	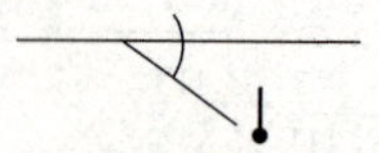	二位式手柄接点	
20	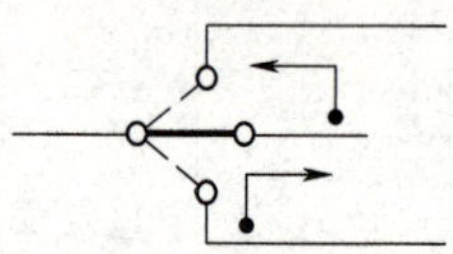	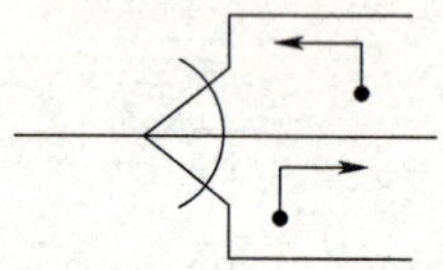	手柄接点组	
21	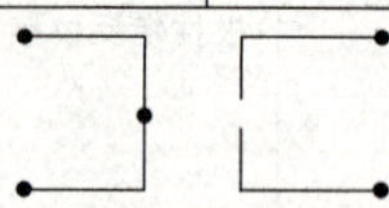		转辙机自动开闭器接点	

(3)其　他

序号	符　　号	名　称	说　明
1		固态继电器	
2	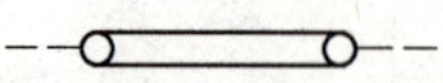	端子连接片	GB 4728.2—84 03—03—02
3		照明灯	
4		电空阀	
5		插销座	
6	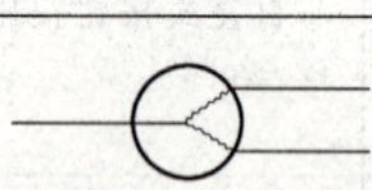	双灯丝信号灯泡	

7. 电路中常用的电工电信符号

序号	图形符号	名　称	说　明
1		电源正、负极	
2		带抽头的原电池组或蓄电池组	GB 4728.6—84 06—26—04

续上表

序号	图形符号	名 称	说 明
3		光电池	GB 4728.5－85 05－06－03
4	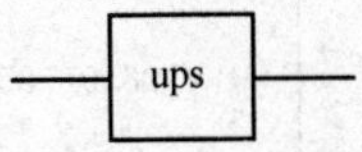	不间断电源	
5	(1) (2) 或 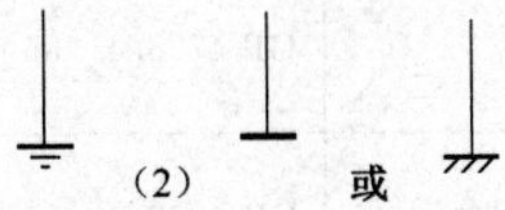	接地	GB 4728.2－84 02－15－(01、05、04)(2)接机壳或底板
6	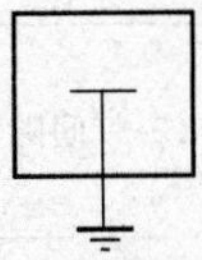	接地板	
7		等电位	GB 4728.2－84 02－15－06
8	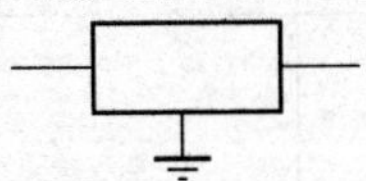	防雷组合单元可接地接机壳	
9	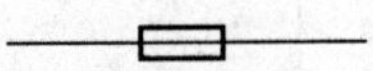	熔断器	GB 4728.7－84 07－21－01
10	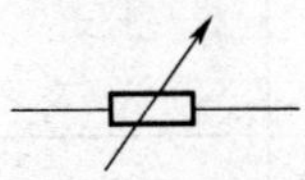	可变电阻器、可调电阻器	GB 4728.4－85 04－01－03
11	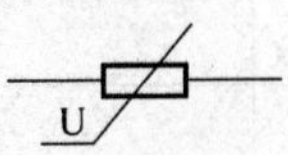	压敏电阻器	GB 4728.4－85 04－01－04U 可用 V 代替
12	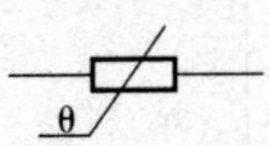	热敏电阻器	GB 4728.4－85 04－01－05θ 可用 t* 代替
13	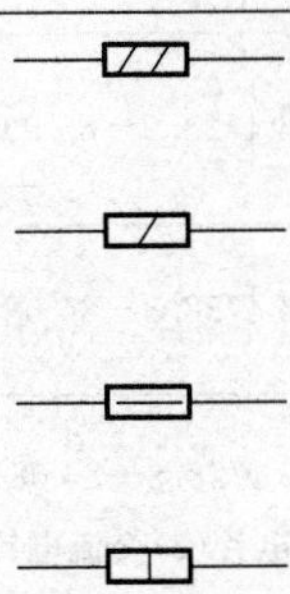 0.125W 0.25W 0.5W 1W	表示出功率电阻器	GB 4728.4－85 04－01－(06～09)大于 1W 用阿拉伯数字表示
14	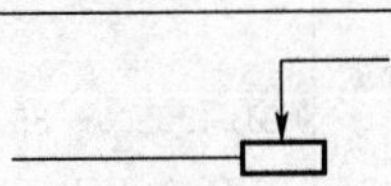	滑线式变阻器	GB 4728.4－85 04－01－11

续上表

序号	图形符号	名　　称	说　　明
15	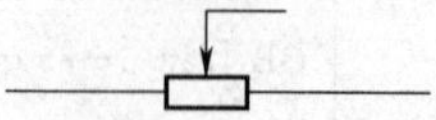	滑动触点电位器	GB 4728.4—85 04—01—18
16	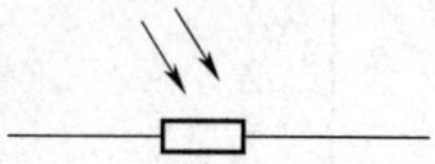	光敏电阻	GB 4728.5—85 05—06—01
17	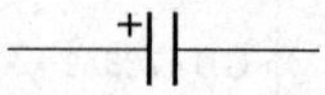	极性电容器	GB 4728.4—85 04—02—05
18		可调电容器可变电容器	GB 4728.4—85 04—02—07
19	(1) (2) 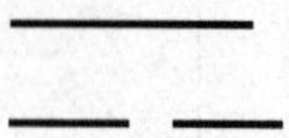	铁芯	(2)带间隙铁芯
20	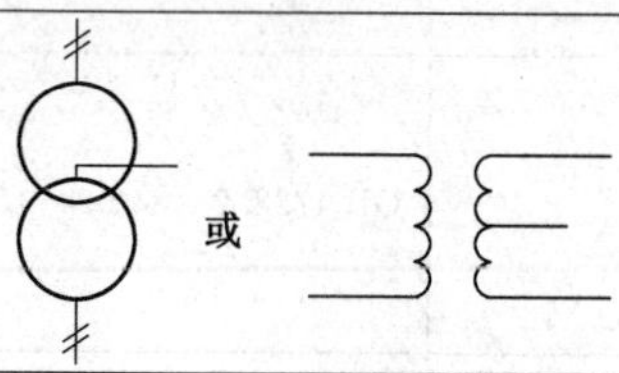	带抽头的变压器	GB 4728.6—84 06—02—(03、04)
21	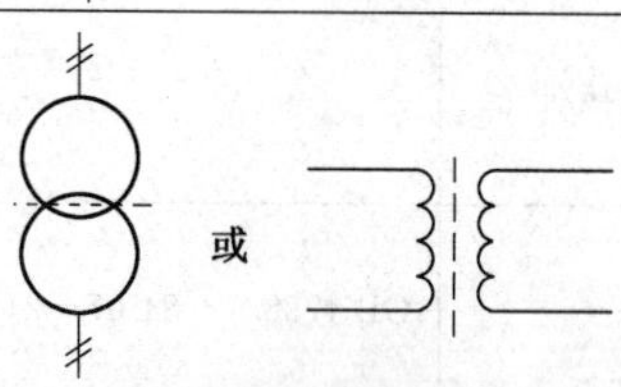	屏蔽变压器	GB 4728.6—84 06—02—(01、02)
22	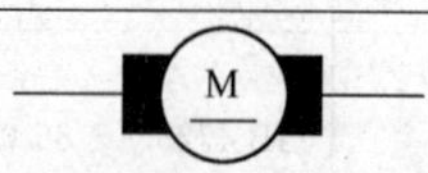	电动机示出换向器上电刷	
23	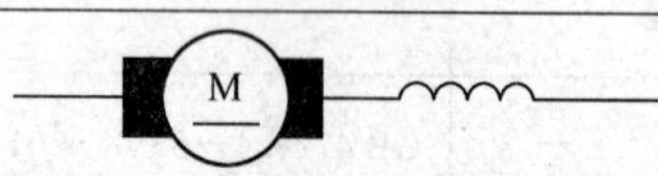	串激直流电动机示出换向器上电刷	
24	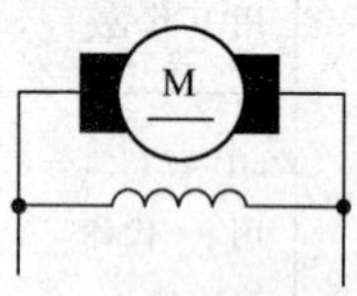	并激直流电动机示出换向器上电刷	
25	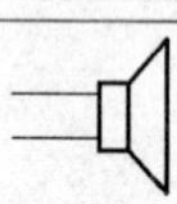	扬声器	GB 4728.9—85 09—10—11
26	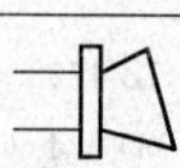	电喇叭	GB 4728.8—84 08—10—05
27	 (1)  (2)	电铃	GB 4728.8—84 08—10—06(1)直流电铃(2)交流电铃
28		电话机	GB 4728.9—85 09—05—01

续上表

序号	图形符号	名 称	说 明
29		开关(机械式)	GB 4728.7—84 07—13—01
30		钮子开关	
31		光电二极管	GB 4728.5—85 05—03—02
32		发光二极管	GB 4728.5—85 05—06—02
33		隧道二极管	GB 4728.5—85 05—03—05
34		单向击穿二极管 电压调整二极管 江崎二极管	GB 4728.5—85 05—03—06
35		双向击穿二极管	GB 4728.5—85 05—03—07
36	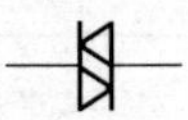	双向二极管交流开关二极管	GB 4728.5—85 05—03—09
37	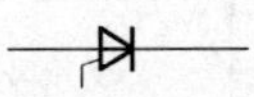	反向阻断三极晶体闸流管	GB 4728.5—85 05—04—05N 型控制极
38	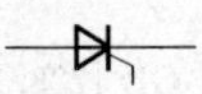	反向阻断三极晶体闸流管	GB 4728.5—85 05—04—06 P 型控制极
39		光控晶体闸流管	GB 4728—5—85 05—04—15
40		光电半导体管	GB 4728.5—85 05—06—04
41	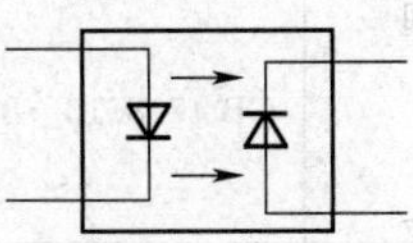	光电二极管型光耦合器	GB 4728.5—85 05—06—11
42	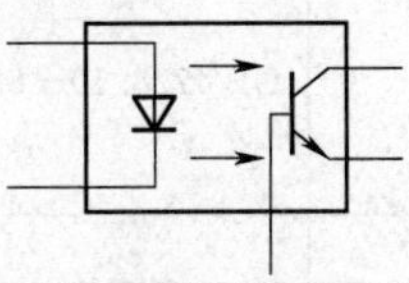	光电三极管型光耦合器	GB 4728.5—85 05—06—13
43	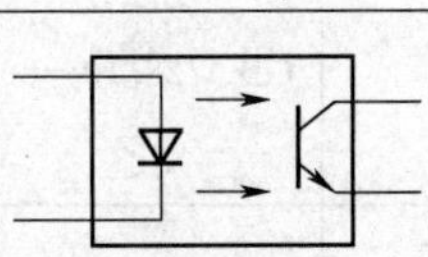	光耦合器光隔离器	GB 4728.5—85 05—06—17
44	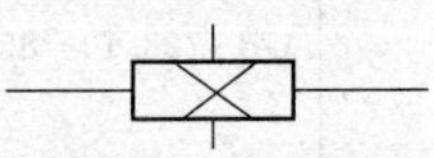	有 4 个欧姆接触的霍尔发生器	GB 4728.5—85 05—06—07

续上表

序号	图形符号	名　　称	说　　明
45		调幅器、解调幅器	GB 4728. 10—85 10—19—05
46	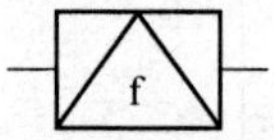	调频器、鉴频器	GB 4728. 10—85 10—19—06
47	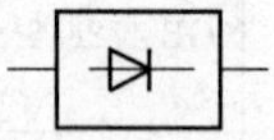	检波器	GB 4728. 10—85 10—19—08
48	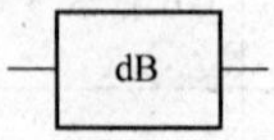	固定衰减器	GB 4728. 10—85 10—16—01
49	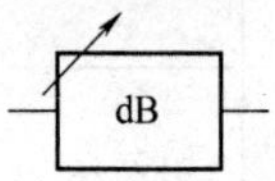	可变衰减器	GB 4728. 10—8 10—16—02
50		滤波器一般符号	GB 4728. 10—85 10—16—03
51	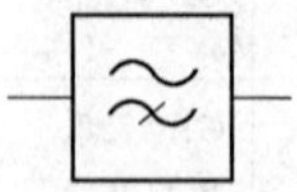	高通滤波器	GB 4728. 10—85 10—16—04
52	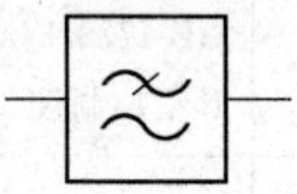	低通滤波器	GB 4728. 10—85 10—16—05
53	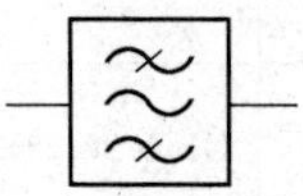	带通滤波器	GB 4728. 10—85 10—16—06
54	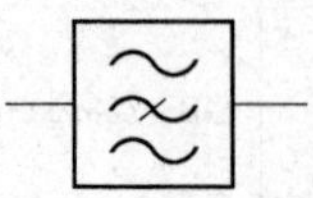	带阻滤波器	GB 4728. 10—85 10—16—07
55	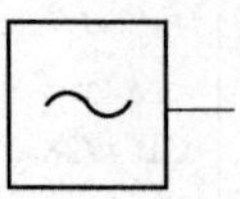	振荡器一般符号	GB 4728. 10—85 10—13—10
56	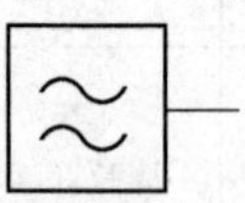	音频振荡器	GB 4728. 10—85 10—13—11
57	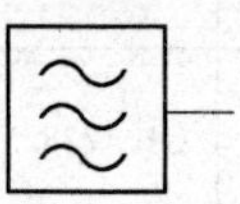	超音频、载频射频振荡器	GB 4728. 10—85 10—18—04

续上表

序号	图形符号	名　　称	说　　明
58	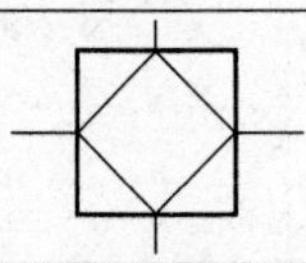	混合线圈	GB 4728.10－85 10－18－04
59	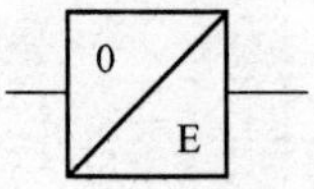	光电转换器	GB 4728.10－85 10－26－23
60	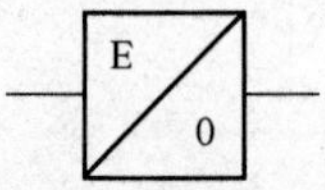	电光转换器	GB 4728.10－85 10－26－24

8. 区段内各种信号设备

序号	符　　号	名　　称	说明
1	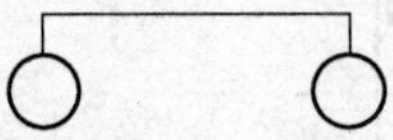	自动闭塞	
2	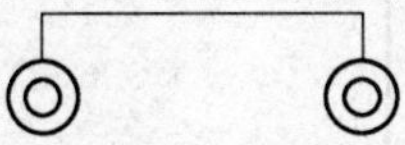	调度集中	
3	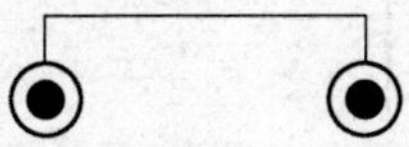	调度监督	
4		半自动闭塞	

附录C　举例站场信号平面布置图

距信号楼中心（m）

信号机	距离
YX_D	2074
X X_F	899
X_D	864
D D	849
D	777
D D D	757
D_{12} D_{15}	642 621
S_1	545
S_6	558
S	524
S_{11} S_4	453 0
D_{16} X_5	458
D_{16}	517
X	532
X_1	545
X_{11} X_4	571
D_{14}	589
D_{12} D_{10}	642
D D	757
D_4	801
S S_F	875
D_2	858

道岔	距离
1 5	846
3 7	760
9 13	754
11 15	645
17 21 23 19	639 626 613 553
25 27	527 547
信号楼	0
22	514
20	520
18	600
16 14	639
12 8	645
10 6	754
4	760
2	855

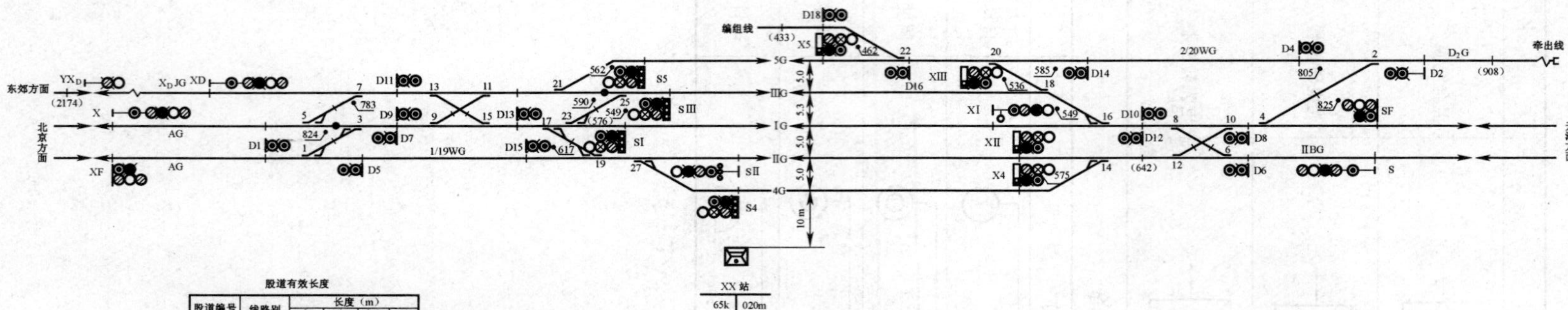

股道有效长度

股道编号	线路别	长度（m）			
		起	止	上行	下行
ⅠG	正线	S	警冲标		
		X	警冲标	1094	1094
ⅡG	正线	S	警冲标	1028	
		X	警冲标		1028
ⅢG	正线	S	警冲标	1060	
		X	X		1060
4G	站线	S	警冲标	1028	
		X	警冲标		1028
5G	站线	S	警冲标	1020	
		X	警冲标		1020

道岔类型表

类型	辙叉号	号码	备注
50kg/m	1/9	2、22	
60kg/m	1/12	7、11、13、21、25、18、20	
60kg/m 提速	1/12	9、15、4、6、8、10、12	固定辙叉
60kg/m 提速	1/12	1、3、5、17、19、23、27、14、16	可动心轨

学生姓名		举例站场信号平面布置图	号	
学号			比例尺	
指导老师			日期	
			第1张共1张	